- 全国高等院校古籍整理研究工作委员会直接资助出版项目
- 国家社会科学基金重大委托项目《巴蜀全书》(10@zh005) 系列成果
- 四川省重大文化工程《巴蜀全书》(川宣〔2012〕110号) 系列成果
- 四川大学古籍整理与经典文献研究中心培育基地重点资助出版项目

古籍整理与文献学学科建设

安平秋 舒大刚 主编
王小红 执行主编

中国社会科学出版社

图书在版编目（CIP）数据

古籍整理与文献学学科建设 / 安平秋，舒大刚主编. —北京：中国社会科学出版社，2021.7
ISBN 978 – 7 – 5203 – 8829 – 0

Ⅰ.①古… Ⅱ.①安…②舒… Ⅲ.①高等学校—古籍整理—学科建设—中国—文集②高等学校—文献学—学科建设—中国—文集
Ⅳ.①G256 – 53

中国版本图书馆 CIP 数据核字（2021）第 157482 号

出 版 人	赵剑英
责任编辑	郝玉明
责任校对	张爱华
责任印制	王　超

出　　版	中国社会科学出版社
社　　址	北京鼓楼西大街甲 158 号
邮　　编	100720
网　　址	http://www.csspw.cn
发 行 部	010 – 84083685
门 市 部	010 – 84029450
经　　销	新华书店及其他书店
印　　刷	北京君升印刷有限公司
装　　订	廊坊市广阳区广增装订厂
版　　次	2021 年 7 月第 1 版
印　　次	2021 年 7 月第 1 次印刷
开　　本	710×1000　1/16
印　　张	23
字　　数	378 千字
定　　价	129.00 元

凡购买中国社会科学出版社图书，如有质量问题请与本社营销中心联系调换
电话：010 – 84083683
版权所有　侵权必究

在"全国高校古籍整理与文献学学科建设学术研讨会"开幕式上的讲话
（代序）

全国高等院校古籍整理研究工作委员会主任、
北京大学教授　安平秋

尊敬的四川大学晏世经副校长，尊敬的舒大刚教授，尊敬的各位同仁、各位朋友，大家上午好！

谢谢晏校长刚刚讲得真诚而又简明的欢迎词。这次会议是全国古籍整理与古文献学科建设的研讨会。这个会议的缘起是在一年多以前，由舒大刚先生提出来，四川大学想举办一次关于文献学的学术研讨会，他到北京与我们全国高校古委会的同行商量这件事，我们觉得非常有必要，也很支持。这是因为全国高校古委会系统的各个研究所、各个古典文献专业，已经有很久没有聚在一起开会了。有这样的机会，大家在一起对古文献学、古籍的整理和研究做进一步的探讨和商量，十分必要。同时，近十年来古籍整理和学科建设的发展，也需要我们坐在一起商量今后发展的一些问题。我们和四川大学古籍整理研究所一起来开这个会，这次是劳烦四川大学古籍整理研究所的各位同仁，从所长舒大刚先生，副所长尹波先生，一直到在座的各位。王小红老师工作非常细致，我们从会议手册的制作就可以看出，连成都这几天的天气预报都列入手册了，见微知著，我们从中可以看到四川大学古籍整理研究所承办这次会议的细致和周到。所以我想借这个机会，感谢四川大学古籍整理研究所参加本次会务工作的每一位老师和研究生，谢谢你们！

刚才说到这次会议的主题，我们现在写的是"全国高校古籍整理与文献学学科建设学术研讨会"，实际上涉及的还不仅仅是高校的古籍整理和研究工作，而是全国范围的，也涉及整个国内文献学学科的建设。

为什么这样说？这是因为最近十几年来，古籍整理事业的发展出现了一些新的情况。20世纪50年代，从1958年开始，我们国家只有一个古籍研究的组织协调机构——国务院古籍整理出版规划小组。但是到了80年代，1981年中共中央37号文件下达以后，国家恢复了国务院古籍整理出版规划小组的工作（因为"文革"中间，该机构工作已经停止）；1983年教育部建立了全国高校古委会。这样一来，我国在80年代就有两个机构来协调组织全国的古籍整理研究工作，同时又协调全国古典文献学的学科建设工作。到了21世纪，又增加了一个新的机构——文化部系统国家古籍保护中心，来协调古籍的保护和收藏。从2007年建立至今11年，这个保护中心的工作也是有声有色。2015年，国家又成立了古籍保护协会。所以目前国内的古籍整理机构，就不仅仅是原来的国务院古籍整理出版规划小组（现在叫国家古籍整理出版规划领导小组），也不仅仅是教育部系统的全国高校古委会，还有文化部系统的古籍保护中心和古籍保护协会，它实际上是由三个部分组成。

这三个部分的主要工作，简单而言，就是古籍的收藏与保护、古籍的整理与研究、古籍的出版与规划。这三个部分，第一部分是古籍的收藏与保护，以图书馆为主，11年里，这方面的工作做得风生水起；第二部分是古籍的整理与研究，以高校为主，我们的工作做得深入而扎实；第三部分是古籍的出版与规划，以出版社为主，工作也做得有声有色。这三个组成部分摆在我们面前，我们需要思考下一步我们应该怎么办？

我们首要思考的问题是：这三个部分的工作，应该建立一个协调机制。当然，这不是我们要做的，而是国家要做的。对我们高校系统来说，我们应该思考高校的古籍整理和研究工作，如何在古籍收藏与保护的基础上更好地进行。如何在既有的成果基础上，深入地进行古籍的整理和研究，这是摆在我们面前的一个时代课题。同时，我们整理和研究的成果需要由出版社来出版，而且前期还会受到国务院古籍整理出版规划小组（现国家古籍整理出版规划领导小组）规划的影响，所以如何将古籍的规划和出版相衔接，这也成了我们需要思考的一个问题。

为此，我们应该加强高校古籍整理的自主工作。前面讲到的这三个部分的组成和发展，其实都涉及古籍整理与研究人才的培养。三个部分对人才培养的要求有共性，也有侧重点的不同，需要让我们高校培养的本科生、硕士研究生、博士研究生多参加实践工作，无论是图书馆的工作、出版社的工作，还是高校科研的工作，这样的实践都是至关重要的。这是让我们的学生把所学到的知识具体化、成熟化的一个过程，同时也通过这些实践，达到我们在学科上的整合，即应该考虑建立统筹这三部分内容的中国古文献学学科。这个学科不仅仅在自然发展的过程中存在，而且是能够更有目标的、更有明确思想的整合。那就是，给中国古文献学应有的学术地位，使其列入国务院学科分类的一级学科，成为中国文化的新发展里的一个重要组成部分，为中华文化的新发展打下根基，这也是我们这个会议应该探讨的问题。所以，我们这次会议叫"全国高校古籍整理与文献学学科建设学术研讨会"，一定要把文献学学科建设突出出来，作为里面一个重要的组成部分，这也正是这次会议的意义之一。

我们全国高校古委会联系的20家古籍整理研究所（主要培养研究生）、5个古典文献专业（主要培养本科生）的负责人今天都到会了，尽管有几个机构因为各种各样的原因没有人来参会，但今天与会人员也有30位左右，已经相当可观了。我们大家能够坐在一起探讨，这也是近年来难得的机会。当然，这也是一个初步的探讨，我们以后还会有更进一步的研讨和工作。

最后，我们应该用掌声再次感谢四川大学各位领导和四川大学古籍整理研究所的各位同仁。谢谢！

目 录

三十五年来古籍整理工作交流与总结

中国高校的古籍整理研究工作 ……………………………… 杨　忠（3）
复旦大学古籍整理研究所学科建设的回顾与展望 ………… 陈广宏（19）
华东师范大学古籍研究所简介 ……………………………… 顾宏义（30）
近十年来上海师范大学古籍整理研究所的文献
　　整理与研究 ……………………………………………… 张剑光（36）
南京大学古典文献研究所古籍整理研究工作回顾
　　（1983—2018 年） ……………………………………… 张宗友（43）
山东大学古典文献研究所三十五年回顾 ………… 郑杰文　张　伟（64）
暨南大学古籍研究所三十五年的成就与不足 ……………… 刘正刚（77）
考文献以爱旧邦
　　——四川大学古籍整理研究所建所三十五年汇报 …… 舒大刚（82）
西北师范大学古籍整理研究所的三十五年 ………………… 漆子扬（98）
后《全元文》时期之科研、人才培养及学术平台建设概况
　　——北京师范大学元代文化研究中心工作汇报 ……… 魏崇武（113）

专题文献整理与研究

也谈楚简《恒先》与八股文 ………………………………… 张固也（125）
尉缭与《尉缭子》考论 ……………………………………… 赵逵夫（139）
中华书局点校本《史记》修订工作回顾 ………… 赵生群　王永吉（195）

新出隋代墓志铭整理与研究概述……………………………周晓薇（204）
关于重新校释汉文《大藏经》的一点想法 ……………………方一新（218）
朱熹与师友门人往来书札述论………………………………顾宏义（222）
从《朱子全书》到"朱子学文献大系"
　　——以"专题文献整理研究"构建"学术史研究"
　　　文献平台的尝试……………………………………严佐之（234）
略说《四库总目》与东亚汉籍分类观念的近代衍变 ……吴国武（244）
读玉海楼刻本《籀庼述林》……………………………………陈　絜（261）
求全与出新
　　——写在《全宋笔记》出齐之际……………………戴建国（266）
中国书院文献及其价值
　　——《中国书院文献丛刊》代前言…………………邓洪波（277）
江苏文化的文献视野
　　——《江苏文库·文献编》前言………………………程章灿（285）

文献学学科建设研究

古籍整理专业人才培养的现状与隐忧………………………董恩林（299）
古典文献学专业的特点与现状刍议…………………………王云路（307）
历史文献学学科建设的内涵与发展向度……………………周少川（311）
古文献专业硕士、博士研究生研究方向设置中的因与革
　　——复旦大学古籍整理研究所的经验和教训…………陈正宏（320）
古籍整理事业需要一种精神
　　——安平秋先生在闭幕式上的讲话 …………………………（327）
"全国高校古籍整理与文献学学科建设学术研讨会"综述
　　………………………………………………………王小红（331）

三十五年来古籍整理工作交流与总结

中国高校的古籍整理研究工作

北京大学中国古文献研究中心
全国高等院校古籍整理研究工作委员会　杨忠

　　1983年至2017年，这35年中国高校的古籍整理工作，是中华人民共和国成立之后全国古籍整理工作的延续。高校35年来在整理古籍、研究古籍、培养后继人才方面所取得的成果的数量，远远超过了1949年至1982年的33年；这35年高校古籍整理研究所取得的成就，也超过了中国历史上任何一个朝代在这方面所取得的成绩。这里面凝聚着占全国古籍整理人才80%以上的高校古籍整理研究学者的心血与辛劳，凝聚着全国80余家古籍整理研究所（中心）、5家古典文献专业的负责人和古委会40名委员的心血与辛劳，也凝聚着作为组织、协调的中枢机构的全国高校古委会及其秘书处人员的心血与辛劳。同时，也与国家古籍整理出版规划领导小组、国家古籍保护中心以及全国各古籍出版社和各级图书馆的支持、帮助和鼓励密不可分。

一　中国高校古籍整理研究工作的历史和现状

　　（一）"文革"前中国古籍整理研究事业全面起步的两个标志——国务院古籍整理出版规划小组建立和北京大学古典文献专业创办

　　20世纪50年代前半期，我们国家处于继续战胜敌对势力的残余、巩固新政权和大力开展经济建设、解决国计民生诸多问题的阶段，古籍整理工作没有形成合力，也可以说古籍整理工作还没有成为一项国家的事业，虽然有一些出版社出版了一些古籍，但数量不多，也不成气候。不过，党和国家对古籍整理研究工作在社会主义建设中的重要性和价值是十分重视的，毛泽东同志在研读马列经典著作的同时，也研读了"二十四史"和《资治通鉴》，并要求高级干部认真阅读，从中取得治理国家的借鉴。50年代后期，周恩来同志亲自布置有关部门组织专家点校"二十四史"与《资治通鉴》，并于1958年建立了国务院古籍整理出版规划小组（现国家古籍整理出版规划领导小组），配合当时全国的科学规划，制订有关古籍整理的出版规划。这是一件大事，是古籍整理工作第一次成为国家的自觉行为，而不再如过去那样只是学者散漫无序的个人行为。国务院古籍整理出版规划小组的建立，标志着新中国古籍整理事业的全面起步，因为从此之后，中国的古籍整理出版工作有了专门的领导机构，有了具体的规划，有了努力奋斗的目标，而且从此之后，中国知识界更多人有了古籍整理的自觉观念。它的建立也表明，古籍整理是国家建设不可或缺的一项事业。国务院古籍整理出版规划小组的建立不仅推动了古籍整理出版工作，还推动了古文献学的学科建设，并且催生了中国第一个古典文献专业，正因为有了国务院古籍整理出版规划，古籍整理人才青黄不接的问题便突显出来了，因此为了使古籍整理事业后继有人，同样在1958年，中共中央委托当时的国家科委主任聂荣臻、国务院副秘书长齐燕铭、高教部长杨秀峰，在高等学校建立中国古典文献系科。在郭沫若、翦伯赞、魏建功、吴晗、邓拓、金灿然等老一辈学者的支持下，1959年在北京大学创建了古典文献专业，并招收了第一批学生。古典文献专业在北京大学创办并招生，是新中国古籍整理事业全面起步的又一个标志，因为它意味着古文献学成为一个学科，古典文献专业成了培养古籍整理研究人才的教学基地，专业的培养目标、课程设置、教材建设都有了规划。从长远看，国家的古籍整理人才储备有了保障，所以这也是一个划时代的变化。

（二）改革开放后中国古籍整理研究事业的新气象

1. 中国古籍整理研究事业起死回生的里程碑——《中共中央关于整理我国古籍的指示》发布

1966年开始的"文化大革命"使国务院古籍整理出版规划小组的工作、"二十四史"的点校和北京大学的中国古典文献专业人才培养工作处于停顿状态。1972年遵照中共中央的指示，北京大学古典文献专业恢复招生；同年底，"二十四史"的点校工作也得到恢复。

1978年教育部在武汉召开全国高校文科工作会议，有关行政主管部门认为古典文献专业面过窄，社会需要量小，与现实联系不紧密，因而取消了该专业。北京大学中文系古典文献专业教师通过正常途径反映，希望能重视古籍整理工作，保留这一专业，以便培养后继人才，但却一直未能得到解决。延至1981年5月，北京大学中文系古典文献专业全体教师联名给陈云同志写信，反映当时古籍整理工作的严重状况，希望重视这一工作。7月，陈云同志派秘书到北京大学召开座谈会，转达了陈云同志对古籍整理工作的重视、关心，并进一步听取意见。9月，中共中央书记处专门讨论了古籍整理工作，下达了《中共中央关于整理我国古籍的指示》，专门对古籍整理与研究及出版工作、对古文献学学科建设和人才培养做了部署，强调"整理古籍，把祖国宝贵的文化遗产继承下来，是一项十分重要的、关系到子孙后代的工作"，"是一件大事，得搞上百年"，指出"需要有一个几十年陆续不断的领导班子，保持连续的核心力量"，"可以依托于高等学校。有基础、有条件的某些大学，可以成立古籍研究所。有的大学文科中的古籍专业（如北京大学中文系的古典文献专业）要适当扩大规模"。1982年年初，国务院古籍整理出版规划小组恢复工作，制订了1982年至1990年古籍整理出版的九年规划。而人才培养工作和全国高等院校的古籍整理工作，则决定由教育部主持。《中共中央关于整理我国古籍的指示》开辟了中国古籍整理事业的新时代，它使停止工作已久的国务院古籍整理出版规划小组恢复了工作，使已经停止招生的北京大学古典文献专业恢复招生，还使全国高等院校古籍整理研究工作委员会（本书以下简称"全国高校古委会""古委会"）得以建立，更使大家增强了信心、鼓舞了斗志。因此，中央指示使陷于停顿的国家古籍整理事业存亡继绝、起死回生。

2. 高校古籍研究所的兴起和教育部全国高等院校古籍整理研究工作委员会的成立

在中共中央指示精神的号召和鼓舞下，全国高等院校纷纷建立古籍研究所或研究室，广大教师整理研究古籍的热情高涨。各研究所（室）处于草创阶段，各自有自己的设想，所提出的古籍整理项目五花八门，多有重复。为了协调全国各高校古籍所的工作，1983年2月，教育部召开高等院校古籍整理研究规划会议，研究高校整理研究古籍与人才培养规划及古籍整理研究机构的设置。为贯彻中央指示，抓好全国高校的古籍整理研究与人才培养工作，1983年9月教育部党组根据中央文件的指示精神，批准建立了全国高等院校古籍整理研究工作委员会。全国高校古委会的主要工作任务包括三个方面。（1）接受教育部的委托，负责组织、协调全国高校古籍整理的科学研究与人才培养工作，包括重点古籍整理研究项目的规划、审订和项目进展工作的检查、指导；人才培养工作（包括古典文献专业本科生、各研究所的研究生及研讨班）的协调；队伍的组织和研究机构的建设。（2）为高校开展古籍整理研究和人才培养工作创造必要的条件，包括必要的图书资料、设备及出版印刷等。（3）负责财政部指拨的高校古籍专款的分配与使用，并检查使用情况。全国高校古委会设秘书处处理日常工作，办公地点在北京大学。秘书处下设办公室、古籍信息研究中心和刊物编辑部，工作人员由北京大学教师兼任。全国高校古委会下设三个业务工作小组，即科研项目评审工作小组、学科建设和人才培养工作小组和对外交流工作小组，均由高校教授组成。从此，高校的古籍整理研究工作走上了有领导、有组织、出人才、出成果的发展道路。

  自20世纪80年代以来，在高校系统陆续建立了一批古籍整理的科研与教学机构，目前由全国高校古委会直接联系的有19个研究所、2个研究中心和5个古典文献专业，共26家。这些机构，如综合大学中的北京大学中国古文献研究中心（原北京大学古文献研究所）、北京大学中国古代史研究中心、南京大学古典文献研究所、复旦大学古籍整理研究所、南开大学古籍与文化研究所、四川大学古籍整理研究所、山东大学古典文献研究所、武汉大学古籍整理研究所、中山大学中国古文献研究所、吉林大学古籍研究所、暨南大学古籍研究所（又称"中国文化史籍研究所"）、浙江大学古籍整理研究所；师范院校中的北京师范大学古籍与传统文化研究所（院）、华东师范大学古籍研究所、陕西师范大学古籍整理研究所、华中师范大学历史文献学研究所、东北师范大学古籍整理研究所、上海师范大学古籍整理研究所、西南大学（原西南师范大学合并进入）汉语言文献研究所、西北师范大学古籍整理研究所；后来又加入了中国政法大学法律古籍整理研究所。古典文献专业，则在北京大学之外，增设了浙江大学、南京师范大学、上海师范大学3处。后来，陕西师范大学也设立了古典文献学专业，并成为全国高校古委会直接联系机构。此外，各省市所属院校和部分教育部直属院校也陆续建立了一批研究所、研究室，如华南师范大学中国古文献研究所、吉林师范学院（今北华大学）东亚历史与文献研究中心、南京师范大学古典文献研究所、清华大学科技史暨古文献研究所、湖南大学岳麓书院古籍整理研究所、南昌大学科技史暨古文献（原江西大学）古籍整理研究所、西北大学古籍整理研究所、厦门大学古籍整理研究所。目前，在这些机构中工作的专兼职科研、教学人员有3000余人，其中，教授、副教授2000余人，约占3/4，博士生导师近千人。

这批科研、教学机构有三个共同特点。一是自成系统，即都在高校范围之内，科研补助经费与人才培养补贴经费均由全国高校古委会提供，学术活动互相联系，各机构都在脚踏实地地从事科研与教学工作，在教学、资料乃至人力上常是彼此支持、互相协作。二是有实力，高校的古籍整理工作者在数量上约占全国古籍整理人员的80％，其中有很多学有专长的学者。三是大多数研究机构已经形成研究方向和学术特色。如北京大学、四川大学、复旦大学、山东大学、南京大学等研究机构分别进行《全宋诗》《全宋文》《全明诗》《两汉全书》《全唐五代诗》的编纂工作，已各自形成相应朝代的文史资料基地与研究特色；吉林师范学院（今北华大学）东亚历史与文献研究中心多年从事《长白丛书》的编纂，已出版40余册，逐步形成了吉林地方史料的资料中心与研究特色；北京师范大学、南开大学两个研究所因为承担《全元文》《清文海》的编纂，形成了在元、清两代文史资料收集与研究上的优势。

二　全国高校古委会重点古籍整理研究项目的实施和人才培养工作的进展

（一）全国高校古委会的重点科研项目

全国高校古委会的科研规划有个形成过程。早在1983年2月和10月，教育部高教一司和全国高校古委会两次邀请有关专家到北京制订规划，但制订出的规划都不尽如人意。于是改变方式，暂不制订规划，而是在1983年第四季度要求各高校自报拟进行项目和正在进行的项目，1984年便由全国高校古委会秘书处从中筛选若干重点项目予以资助。考虑到全国高校古委会秘书处人员的人手与学力有限，于1985年设立了全国高校古委会科研项目专家评审工作小组，作为科研项目的评审机构，由各高校教师申报项目，每年评审一次，根据项目本身的学术意义和各研究机构及承担人的学术力量与水平，并考虑到可行性，从各校报来的项目中选择重点，逐年积累，至1986年已初具规模，形成了全国高校古委会规划的基础。后来经过不断补充，已形成全国高校古委会科研规划的格局。全国高校古委会将古籍整理研究项目的规划管理作为工作重点之一，陆续制订了全国高校古籍整理研究的"七五""八五""九五""十五""十一五""十二五""十三五"规划。全国高校古委会认真规划，并努力组织实施。全国高校古委会的科研项目分直接资助的重点项目、一般项目和间接资助的项目三种类别。1985年至2018年，全国高校古委会共评出直接资助项目1491项，另外还有大量的间接资助项目，合计约6000余项。其中比较重要的有五类。

1. 大型断代文献总汇项目——"九全一海"

全国高校古委会规划的大型文献总汇项目共10项，即学术界简称的所谓"九全一海"。

《两汉全书》（山东大学古籍整理研究所主持）、《魏晋全书》（东北师范大学古籍整理研究所主持）、《全唐五代诗》（南京大学古典文献研究所与苏州大学、河南大学合作主持）、《全宋诗》（北京大学中国古文献研究中心主持）、《全宋文》（四川大学古籍整理研究所主持）、《全元戏曲》（中山大学主持）、《全元文》（北京师范大学古籍整理研究所主持）、《全明诗》（复旦大学古籍整理研究所主持）、《全明文》（复旦大学古籍整理研究所主持）、《清文海》（南开大学古籍与文化研究所主持）。10个大型项目中前2项为文献总汇，后8项为历代诗文总汇，这8项按中国历史朝代编纂下来的断代诗文总集，为研究各历史时期的政治、经济、社会、文化起到了重要的无可替代的作用，真正具有填补学术研究空白的意义。10个大项目中，规模大的有1亿多字，小的也有上千万字。其中，《全宋诗》72册已于1998年全部出版，荣获第二届全国古籍整理图书一等奖、第四届国家图书奖荣誉奖、中国图书奖特等奖；《全宋文》360册于2006年出版，荣获首届中国出版政府奖；《全元戏曲》12册已全部出版；《全元文》61册已于2007年出齐，并荣获2006年第四届高校人文社会科学研究优秀成果一等奖；《两汉全书》36册，已于2009年完成并出版；《魏晋全书》4册，于2008年出版；《全唐五代诗》初盛唐部分11册，于2014年出版；《全明诗》亦已出版3册。

2. 古委会的其余大型项目

比如文史哲大家集及其他：如《楚辞学文库》《陶渊明集笺注》《李白全集编年笺注》《杜甫全集校注》《白居易集笺校》《韩愈全集校注》《苏轼全集校注》《朱子全书》《明清时期台湾诗词全编》《顾炎武全集》

《清名家诗丛刊初集》《清诗纪事》《全粤诗》等均已出版。

再如，语言文字文献整理与研究：如《殷墟甲骨刻辞类纂》《商周铜器铭文汇释》《两周铜器铭文研究》《故训汇纂》《尔雅诂林》《郭店楚简研究》等均已出版，目前正在编纂大型项目"古音汇纂"。

又如，资料丛编与研究：如《敦煌文献合集》《全唐五代笔记》《中国历代登科总录》《拓片史料发掘整理》《清人别集总目》《石刻中的唐人资料汇编》《登科记考补正》《古本戏曲剧目提要》《台湾文献汇刊》《澳门历史文化汉文资料全编》等。

还有，其他基础文献整理项目，如《文献通考》《全明杂剧》《稀见明代戏曲整理与研究》等。

另外，大型古籍研究项目：全国高校古委会直接组织20余家研究机构共同参与编纂大型的"中国典籍与文化研究丛书"，发动全国高等院校中的学者提供较高质量的研究成果，编纂出版。已出版三辑28种，第四辑正在陆续出版之中。

此外，电子版古籍基本文库及图书馆古籍数字化工程，如《中国基本古籍库》（已出版，收录古籍1万余种，约20亿字，图像2000万页，内容总量相当于3部《四库全书》，是目前为止收书最多而又方便电脑检索的重要成果）、《北京大学数字图书馆古文献资源》、《宋代文献数据库》等。

全国高校古委会资助的一般项目，有约2000余项，如《杨龟山全集》《逸周书集训校释》《中华野史》《东北谱编》《隋书新注》《〈经典释文〉电脑处理系统》《全汉字字族表（电脑处理）》。

各研究所、各地方所属院校自己的重点项目，约2000余项，如上海师范大学的《全宋笔记》、山东大学的《子海》、华南师范大学等校编纂的《岭南丛书》、西北师范大学编纂的《陇右文献丛书》，江西师范大学、南昌大学等整理的《豫章丛书》等。

3. 全国高校古委会的海外汉籍复制工作

根据陈云同志指示和中央文件中要求的关于"散失在国外的古籍资料，也要通过各种办法争取弄回来，或复制回来，同时要有系统地翻印一批孤本、善本"的指示精神，全国高校古委会经过艰苦努力与细致工作，在日本友人的帮助下，于1997年12月与日本宫内厅书陵部签订协议，合作复制日本宫内厅书陵部所藏宋元版中国古籍144种。目前全国高校古委会已复制日方提供的宫内厅书陵部藏宋元版中国古籍143种，于2001年年底由线装书局出版了"日本宫内厅书陵部藏宋元版汉籍影印丛书"第一辑（14种30函156册），2003年出版了第二辑（7种16函75册）。该线装版在国内外引起广泛而良好的反响。之后，又于2013年精选143种中的66种，由上海古籍出版社出版了《日本宫内厅书陵部藏宋元版汉籍选刊》170册。该项目是全国高校古委会着力抓的海外汉籍复制工程最早见成果的一项，其余如《日本国会图书馆藏宋元本汉籍选刊》《日本国立公文书馆藏宋元本汉籍选刊》《美国图书馆藏宋元版汉籍图录》等项目也都已完成出版。

目前正在进行《日本足利学校藏汉籍善本选刊》《日本东京大学东洋文化研究所藏汉籍善本选刊》《日本庆应大学附属斯道文库藏汉籍善本选刊》等复制工作，并与日本静嘉堂文库等藏书机构商谈汉籍复制事宜。此外，还派人赴英国大英图书馆实地考察，并完成了《大英图书馆藏中文古籍目录》的编制工作。此外，北京大学荣新江教授团队完成了收藏在英国、法国、俄罗斯等国的敦煌文献、黑水国文献的复制工作；南京大学张伯伟教授团队复制韩国所藏汉籍；中山大学黄仕忠教授团队复制了大量日本所藏中国戏曲小说典籍；复旦大学陈正宏团队、首都师范大学团队等都在海外汉籍复制工作中取得显著成绩。

以上情况说明国内学术界（以教育部直属高校为主体）在国外汉籍的调查、编目、复制、研究、出版等方面做了大量工作，取得了显著成绩，与国外学者及藏书机构建立了良好的合作关系。大家的工作虽然并无统一规划，但全国高校古委会大致掌握总体情况。

我们认为国外所藏汉籍中有许多价值较高的善本，应该争取复制回来，特别是那些国内缺藏的。但也不可过高估计国外所藏汉籍的价值，不可认为凡藏于国外的都有价值，国外所藏汉籍大半国内都有，即以珍贵的宋元版汉籍而论，藏于国外的宋元版书也不一定全有出版价值，因为许多国内藏本比国外藏本好。总之，我们应该将国内外藏本做一些比对，做一些初步研究，再决定是否复制或出版，因此实在没有必要将国外所藏汉籍都复制回来。

4. 高校教师的大型项目

除全国高校古委会直接规划的大型项目和全国高校古委会直接联系的各古籍所组织的项目之外，高校广大教师还承担了其他机构规划的大型项目或其中的子项目。如国家社会科学基金、教育部社会科学基金批准的许多大中型项目，大半都是高校教师承担的。再如国家《清史》项目中的文献项目，《清史》是个大工程，正编之外，还搞了许多与清代有关的大中型文献整理项目，大半亦由高校教师完成。又如目前各省市区正竞相组织实施的乡邦文献整理项目，规模讲究大、范围收罗广，其实际承担整理工作的也多半系高校教师。此外，如《中华大典》《儒藏》等特大型类书、丛书的整理、编纂，主要工作亦由高校教师完成。许多教师还在自己多年研究的基础上，向有关机构申报项目，自己组织实施，也取得了令人瞩目的成就。以上所举，只是择重要者而言，全国高校广大教师为国家的古籍整理事业作出了显著的贡献，始终是主力军。

5. 项目实施的经验教训

全国高校古委会的规划项目，取得了成果，也提供了经验。经验主要有五条。一是坚持正确方向，坚持马克思主义，排除民族虚无主义和历史复古主义的干扰，为社会主义精神文明建设服务。如编写"古代文史名著选译丛书"是贯彻党中央和陈云同志关于古籍要今译、要让读懂报纸的人都能读懂古书的指示，目的在于弘扬中华优秀传统文化，对青少年进行爱国主义教育。最初由巴蜀书社出版，陆续印刷7.5万套，被中国台湾锦绣出版集团买去海外版权，印刷发行6000套；凤凰出版社又于2011年将该丛书修订再版，后来又选印30种为精华版，获得了广泛的好评。又如1989年年底开始的"近现代中国国情丛书"意在古为今用，用历史教育青少年，使青少年正确了解近现代的中国，从而认识只有社会主义才能救中国。二是规划的构成与组织，采取分层次、有重点的办法。在各单位自报基础上，全国高校古委会由专家评审小组评议、统筹。规划项目的形成既有广泛的群众基础，又经专家把关形成重点。将规划和广大教师的申报结合起来，全国高校古委会规划大项目，各研究所组织适合本所的项目，各人自报自己有优势的项目，调动各方积极性。三是依靠研究机构，使科研项目的开展与队伍建设、研究机构的发展相结合。在队伍建设中，注重扶持中年学术带头人，以保证项目与研究的连续性。四是注意普及与提高两个方面。既有学术价值高的研究项目，又有向人民群众普及中华优秀传统文化的项目。五是整理与研究结合。整理要充分吸收研究的成果，而好的整理成果又能大大促进研究工作。

当然不足之处也是有的，从项目实施的角度看，主要是一些项目推进缓慢。其原因主要有两方面，一是负责人的责任心不强，二是项目的组织架构有问题。比如有的所长拿到项目却拖延不做，耽误许多宝贵时间；有些项目由几个单位协作，有时常为经费分配、出力多少、排名先后扯皮。这成为一个教训，也算一个经验，以后特大型项目只能由一个单位牵头、指挥。

（二）全国高校古委会的人才培养工作

1. 古文献专业的发展

"文化大革命"前，古典文献专业只有北京大学一家。1981年《中共中央关于整理我国古籍的指示》发表后，增加了杭州大学（后并入浙江大学）、上海师范大学、南京师范大学三家，加上北京大学，共四家。但新增的三家，集中在东部沿海，分布不太合理。进入21世纪以后，陕西师范大学经过论证与努力，也创办了古文献专业，使西北地区也有了一家培养古籍整理研究人才的基地。目前，四川大学亦有意创办古文献专业，正在论证与努力中，若申办成功，西南地区也有了培养古籍整理研究人才的基地，这使得该专业在全国的布局将更合理，古籍整理研究人才培养工作将会有新局面、新进展。

2. 古文献专业的培养目标、课程设置和教材建设

全国高校古委会建立之后，秘书处曾多次派人到四个专业和各研究所调查了解人才培养情况，召开师生座谈会探讨培养规格和课程设置，旁听本科生的课，参加研究生的论文答辩。在此基础上，古委会于1984年10月、1985年12月和1989年10月召开了三次人才培养工作会议，研究本科生与研究生的培养规格、课程设置、外语要求及如何办好研讨班等问题。经过几年的工作，古籍整理的人才培养工作已经形成富有特色的格局。

目前，古籍整理与研究的人才培养工作分为两个渠道、三个层次。两个渠道，一是通过整理和研究的实践培养学术接班人，围绕若干个科研项目的开展带出若干个有特色的学术群体，而每一个学术群体都主要集中在一个研究机构中，如北京大学中国古文献研究中心编纂《全宋诗》、四川大学古籍整理研究所编纂《全宋文》，这两个研究所的人员在参加这两个项目工作中，逐步形成宋代文化研究的学术群体，并能培养出一批具有真才实学的专家。二是通过学校的教学培养人才。

三个层次，是指通过学校的教学培养人才分为本科生、研究生和研讨班三个不同层次。本科生由古文献专业培养，截至2017年12月，35年来共招收本科生2494人，已毕业走上工作岗位的有2000余人，目前还在学校学习的有数百人。本科生的培养工作有四个特点。一是有明确的培养规格。古文献学是一门综合学科，因此要求学生基本功扎实、知识面宽广；古文献学又是一门实践性强的学科，学生必须具有实际动手能力；而我国古代文化遗产精华与糟粕并存，学生又必须具有坚实的理论素养和较高的鉴别能力。因此，在培养规格上，要求古典文献专业的本科生在毕业的时候，除了与其他专业的学生一样德智体美劳全面发展之外，还应该具有较好的理论素养、广博的文史哲基础知识、阅读古书与整理古籍的基本能力、准确地反映整理与研究成果的文字表达能力。学生对这四个方面的基础知识与技能，应该融会贯通。这种明确的培养要求，是根据社会的实际需要，在多年教学实践中形成的，也充分体现了古典文献专业的特色。二是建立起科学的、系统的课程体系。为了实现上述培养要求，5个古文献专业的课程设置都经过精心安排，反复征询过许多著名专家学者的意见。课程除政治理论、外语等文科共同课程外，主要包括：（1）汉语言文字方面的基本知识：如现代汉语、古代汉语、文字学、音韵学、训诂学；（2）古代历史文化知识：如中国通史、中国文学史、中国古代文化史；（3）古籍整理的基本知识与技能训练：如目录学、版本学、校勘学、古籍整理实习、电子计算机应用；（4）理论修养与学术信息：如专业理论课、现状研究课、海外汉学现状课；（5）专书选读：如《论语》《孟子》《老子》《庄子》《荀子》《诗经》《楚辞》《左传》《史记》《汉书》。此外还有若干选修课。三是摸索出一套教学方法。（1）强调基础。除古汉语、文字、音韵、训诂、目录、版本、校勘等专业的基础课外，要求学生整本通读先秦两汉古籍并提倡重点背诵默写。（2）注重实践。既注重整理古籍的实践，又注重历史文化遗存的实地考察。学生在三四年级时参加古籍整理实习，校点或译注古籍，在三年级末在教师带领下去敦煌、西安、洛阳、开封及天一阁、嘉业堂考察、实习。（3）请校内外学有专长的学者前来讲学，增广学生视野、开阔学生思路。四是形成严谨踏实的学风。上述课程设置与教学要求，使学生入学后就受到严格的训练，逐步形成了注重理论修养、注重实学、不尚浮夸的学风。由于本科生培养的规格明确、课程设置合理、教学方法对路、学习风气端正，大部分毕业生基本功较为扎实，知识面较为宽广，适应能力亦较强。他们当中有相当一批人考取了文、史、哲、经、法、科技史、中医药等专业的研究生，除在对口单位工作之外，在报刊、广播、电视、文化、宣传、旅游、海关等岗位上工作的毕业生也能愉快胜任。还有不少人成了中央和地方各部门的领导干部。

为了规范教学内容，全国高校古委会还组织一些著名学者编撰了一套古文献学本科生使用的教材，受全国高校古委会委托，裘锡圭先生和笔者主持这项工作。这套教材主要作为古文献专业本科生的教学参考书，也可以作为古文献专业研究生甚至博士研究生的自学参考书。因为目前古文献专业的硕士研究生、博士研究生中有一部分人在本科阶段并不是学古文献学的，他们并未受到古文献学基本知识的系统训练，所以这套书取名"古文献学基础知识丛书"，笔者想古籍出版社的编辑们和图书馆有关工作人员大概也不可能全是古文献学专业出身的，也可以将这套书作为参考书使用。

研究生的培养主要由各研究机构承担。35年来，已招收硕士研究生6000余人，博士研究生1777人。其中已经毕业走上工作岗位的，硕士研究生5500余人、博士研究生1500余人。研究生的培养工作有两个特点。一是培养目标要求在具备本科生应有的知识、能力基础上，做到初步兼通文史，并有一门专长，能够独立从事一般古籍的整理，独立进行学术研究。二是在做法上，有的让研究生随从导师，继承其学术专长；有的是让研究生参加大型科研项目，从中锻炼成长。前者是研究生导师培养学生的常规做法；后者如北京大学古文献研究所主编《全宋诗》，招收了一个研究生班，研究生边学习边参加《全宋诗》的整理编纂，在实践中成长。四川大学、复旦大学的古籍整理研究所的研究生也从编纂《全宋文》《全明诗》工作中得到锻炼和提高。目前，各研究所自1983年以后培养出来的研究生，已有一大批人成为教授、研究员或编审，其中有的在学术上取得了显著的成绩，成为有影响的著名学者。

研讨班根据需要不定期举办，时间可长可短。有的称为讲习班、培训班、短训班。自1983年以来，受全国高校古委会委托，各单位已办了12个研讨班。其中有专题性的，如吉林大学于省吾先生主办的古文字学讲习班，杭州大学姜亮夫、蒋礼鸿先生主办的敦煌学讲习班；有综合性的，如四川大学杨明照先生主办的古籍整理讲习班，华中师范大学张舜徽先生主办的历史文献讲习班。1985年全国高校古委会又主办了由复旦大学中文系承办的古籍整理讲习班。1987年北京大学古文献研究所与江西高校在庐山合办了"白鹿洞传统文化研讨班",与深圳大学国学所合办了传统文化研讨班;1989年和1990年北京师范大学古籍整理研究所受国家中医药管理局的委托主办了两期"中医古籍研讨班";1990年9月复旦大学古籍整理研究所与中文系合办了为期一年的中国传统文化研讨班。这些研讨班,几年来为高校、为各古籍出版社、为图书文博系统培训了四五百名在职工作人员,为提高在职人员的业务水平,为广泛地培养古籍整理人才做出了努力。

以上三个层次培养出来的古籍整理人才,有许多人在古籍整理研究机构、教学单位、图书文博系统、出版社及与古籍整理研究有关的文化教育部门工作,缓解了20世纪70年代后期到80年代初期古籍整理青黄不接、后继乏人的状况。

为了弘扬中国传统文化、鼓励古典文献学科的本科生、研究生的学习积极性,全国高校古委会设立了"中国古文献学奖学金",自1990年起实施,每两年评一次,到2018年奖学金已评选十五届,评出三个生别各三个奖项共计750人。

(三) 其他工作

1. 对外宣传与交流工作

全国高校古委会已与日本、美国及我国的香港、台湾地区的学者有交流、合作,有的研究所还派出人员到国外有关学术机构讲学或进修。全国高校古委会曾委托有关研究机构于1988年8月和1991年8月分别召开了"昭明文选国际学术讨论会"和"国际宋代文化学术研讨会",为全国高校古委会的对外宣传与交流工作起到了一定的作用。

1991年6月,全国高校古委会在中国香港举办了"全国高校古籍整理研究成果展览",全国高校古委会赴港人员在香港做了两次大陆高校古籍整理研究状况及有关中国传统文化的讲演,与中国香港5所大学的教师、学者座谈,中国香港6家报纸连续几天发表了综合报道、专访和照片。同年8月,全国高校古委会与中国台湾《国文天地》刊物合作,在《国文天地》第75期发表了"中国古籍在大陆"专辑,刊登了全国高校古委会系统人员的17篇文章,介绍大陆高校的古籍整理研究成果,为此该刊以"是该好好思考和规划的时候了"为题发表专论,呼吁中国台湾当局要像大陆一样重视古籍整理和中华传统文化，以利于国家统一。1996年4月、1998年5月和2001年4月，全国高校古委会与中国台湾汉学研究中心合作，分别在台北和北京召开了三次海峡两岸古籍整理研究学术研讨会，并在中国台湾"中央图书馆"举办了大陆高校古籍整理研究成果展览。

1992年8月，全国高校古委会人员赴美，与美国中西部11所大学文学院联合组织签订了合作交流意向书。此后，全国高校古委会与美国密歇根州立大学签订了合作协议，双方互派学者讲学、研究，合作一直持续至今。全国高校古委会经过努力，与一些国家和地区的学者在科研项目上的合作也有了进展。到目前为止，主要的项目有《北美汉学家辞典》（已出版）、《日本中国学研究论著目录索引》《日本汉学家辞典》《北美汉学研究机构概览》《美国汉籍藏书机构综览》等。各高校的古籍研究所也都与国外大学或研究机构有学术交流或项目合作。

2. 创办弘扬传统优秀文化的刊物

全国高校古委会于1985年创办了学术刊物《古籍整理与研究》，半年刊。刊登有关古籍整理与研究的文章，内容有较强的学术性。为适应形势发展的需要，于1992年6月改为《中国典籍与文化》季刊，受到读者欢迎。

三 当前古籍整理研究工作的困难与问题

中华人民共和国成立以来，我国的古籍整理研究工作取得了显著的成绩，为保存和弘扬中国传统文化，提高民族自信心作出了重大贡献。特别是改革开放以来，我国的古籍整理研究工作处于最好的历史时期，取得了辉煌的成就。这主要表现在三个方面。一是近60年已出版了古籍的整理本约3万多种，影印本7万多种（据顾青讲演）。成果丰硕、成绩巨大。二是建立了国家级的古籍的收藏保护、整理研究、规划出版的管理、协调机构。分别是文化部的国家古籍保护中心、教育部的全国高等院校古籍整理研究工作委员会、中宣部的国家古籍整理出版规划领导小组。使我国的古籍保护整理出版等工作更有规划、更有条理、更加系统，也更具规范。三是人才培养工作成绩显著。各高校古籍所、高校的文史哲考古图书等院系、社会科学院、出版社、图书馆、文博系统、方志办等机构人才辈出，从事古籍整理研究的队伍日益壮大。

但在欣欣向荣、一派繁盛的局面下，当前古籍整理研究工作也存在一些问题和困难，这主要表现在四个方面。

1. 古籍整理的总体质量不尽如人意，亟须努力提高。目前古籍整理成果数量多而质量差强人意，平庸的成果多而精品少，相当数量的成果错得离谱，这些粗制滥造的成果一定难以传世，需要重新整理，造成很大的浪费。特别是一些重要典籍的深度整理工作做得不够，以至于出现了诸如版本的考辨不全面、不深入，底本选择不当，校勘少有新发现，对作家作品的研究不够深入，缺少高质量的前言等问题。质量差的原因很多，其中突出的有两条。一是与社会上追求数量、不重质量，追求项目、不重检查的痼疾有关。一些整理者忙于"短平快"地出成果，本来就不屑于精耕细作。二是目前项目太多，内行的人手不够，一些没有做过古籍整理工作、缺乏专业基础知识和实践训练的学者贸然从事此项工作，因而容易出错。即使是一些学科的专家，若无古籍整理的实践经验，也难免错误频出。

2. 古籍整理成果大量重复。成果重复的情况其实很复杂，有些重复也是难免的，有些重复并不是完全不好，比如一个点校本质量不太理想，后来出了质量更好的，这种重复是以好本子取代差本子。笔者这里担忧的重复，是质量差不多的书重复出版，如前些年的《容斋随笔》《资治通鉴》、"四大名著"等，近些年的《论语》《老子》《庄子》等，各出版社都出，五花八门，质量参差不齐。这些是古籍单种的重复。还有一些丛书和地方编纂的乡邦文献中也有不少重复，编纂乡邦文献，则本土的、流寓的、游宦的、过路的……只要是名人，都希望拉进来。编丛书的又将古籍不断地排列组合，于是一种古籍便出现在不同丛书中。清代、中华民国编的一些丛书内容重复，是因为当时的信息传播还不灵通，一些人又纯为牟利，现在情况不同了，应该可以避免过多的重复。更麻烦的是一些新编大型类书中收录的材料重复。如一些赈灾救荒文献，明人的著作大量引用宋人著作中的材料，清人又大量引用宋人、明人材料，甚至一字不差。于是我们可以在新编类书中隔几页甚至同一页隔几行看到出处或许不同而内容相同的资料，这不仅灾梨祸枣，也浪费读者的时间，而这种重复和浪费本来是可以避免的。

3. 海外汉籍复制工作缺乏整体的规划和协调。近年来海外汉籍复制工作是个热门，不少机构和学者个人都在做，大家一哄而上，极易造成浪费。国外图书馆所藏的某种汉籍，被国内不同机构要求复制，与国内几个甚至十几个机构签订内容相同的合同。这种无序竞争不仅浪费科研经费，也容易引起国外藏书机构的反感，增加了复制工作的难度。海外汉籍复制工作还有认识上的歧见，一些学者把外国人用汉字写的著作也算作海外汉籍，如《燕行录》《韩国文集》等，认为这些颇有学术价值，应该复制出版。这其实是将国家规划中的中国古籍整理和学术研究需要混同起来了。外国人用汉字写的著作具有学术价值这是无疑的，学者自然可以研究甚至视需要介绍到中国出版，但这些是外国人的著作，不应纳入中国古籍整理规划之内。

4. 古籍保护、整理、出版三个机构的工作需要进一步相互协调。中国的古籍整理工作若从中华人民共和国成立算起近70年了，从《中共中央关于整理我国古籍的指示》下达算来也38年了。几个协调机构、几十家出版社、几百种项目、几千人从事这项工作，需要进一步加强规划和协调。目前国家古籍保护中心、全国高校古委会、国家古籍出版规划领导小组各自协调古籍的收藏保护、整理研究、规划出版等工作。但三个系统的工作如何配合、协调仍然是必要的，也有较大的思考余地。特别面对上述问题，如何更好地加以解决，是三个机构应该沟通协商的。古籍整理如何深入地进行，也是需要进一步规划的。比如，对中国古籍总数的准确估计，对古籍整理出版的科学规划，对古籍保护、整理、出版人才的合理培养与使用等，都需要三个机构的协调，工作才能做得更好更深入。又如，我们应该认真思考，是否所有古籍都需要整理，哪些应该整理，哪些不必整理，该整理的还有哪些尚未整理，特别是1958年的规划和后来的历次规划中还有哪些尚未落实的，最好有个全国性的规划。我们也期待着这些协调工作能顺利进行。

古籍整理是一项弘扬中国传统文化、维系中华民族根脉、增强民族凝聚力、提高民族自信心、激励中国人民奋勇前行、实现中华民族伟大复兴的重要事业。我们应该毫不懈怠、努力奋进，才能上不辱没祖先、下不愧对子孙，也才能完成我们肩上的历史责任。

复旦大学古籍整理研究所学科建设的回顾与展望

复旦大学古籍整理研究所 陈广宏

与众多兄弟所一样，复旦大学古籍整理研究所成立于1983年，是教育部首批批准设立的古籍整理研究机构之一，也是全国高等院校古籍整理研究工作委员会直接联系的高校古籍所之一。其背景是在陈云同志的直接关心下，中央书记处专门下达了《中共中央关于整理我国古籍的指示》，对古籍整理与研究，古文献学学科建设和人才培养做了重大部署。对于全国高校的古籍整理与研究事业，这是一个重要的历史机遇。

35年来，复旦大学古籍整理研究所（以下简称"古籍所"）在诸多方面取得重大发展和成绩。就学科建设而言，由原来1个博士点、2个硕士点，发展为5个博士点、5个硕士点，已培养硕士研究生、博士研究生300余名，包括数十名日、韩、美等国的硕士研究生、博士研究生和高级进修生，在读硕士、博士研究生由寥寥数名发展至稳定在百余名的规模。这些发展与成绩，是在全国高校古委会与复旦大学的领导的支持下取得的，凝聚着老一辈学者的心血与辛劳，凝聚着全所（包括曾经在所）研究人员的共同努力，也与各兄弟单位的支持、帮助密不可分。

本所创所所长是复旦大学杰出教授章培恒先生，其时他尚任复旦大学中文系主任。复旦大学古籍整理研究所当时的主要任务，是以承担全国高校古委会重点项目《全明诗》的编纂为重心，开展古籍整理研究，培养古籍整理研究的人才队伍。在这样的目标下，章先生又有自己进一步的建设思路，即通过逐步开展对明代文献的较有系统的整理研究，进而探讨明代社会、思想、文学的发展过程及其特点，形成独特的研究方向与特色。正是基于这样的构想，古籍所成立后，先后设立了明代古籍整理研究室、目录版本校勘学研究室和哲学古籍整理研究室，担任专兼职教授的老一辈学者有蒋天枢、顾廷龙、吕贞白、吴杰、徐鹏、陆树仑、潘富恩诸位先生，研究人员则多为本校中文、历史、哲学三系的本科与硕士、博士毕业生，且绝大多数人年龄都在40岁以下，具有较为充沛的活力与研究潜力。

也正是秉持科研项目与研究所学科建设结合、整理与研究并重的方针，章先生在带领全所研究人员编纂《全明诗》《全明文》的同时，一是特别注重基本资料的建设与基础文献的整理，如通过在海内外藏书、研究机构的广泛搜集，复制收藏明人文集约3000种，还开展《明代碑传集》《明代碑传文通检》《现存明别集全目》《明代文集提要》等工具书资料的编纂，构筑起在海内外有影响力的明代文史资料与研究高地。二是特别注重培养青年教师及研究生的学术眼界与理论修养。如请蒋天枢、顾廷龙、吕贞白等老一辈学者指导、授课，打好文献学功底；积极开展与海外的学术交流，且通过翻译日、英文的论著，吸收海外成果，如章先生自己主持翻译日本著名学者吉川幸次郎《中国诗史》，以及在此风气影响下，主要由本所青年教师主持或参加翻译的其他一系列国外汉学论著。三是带领所里中青年教师，参加《中国禁书大观》《文史名著选译丛书》以及《古本小说集成》《近代小说大系》等项目的编撰整理，多侧面地开展文史实证训练。而作为明代研究格局重要组成方面的明代文学研究，亦成为重新认识中国文学总体发展进程的一个突破口。我们无论从章先生自己于1985年发表的《李梦阳与晚明文学新思潮》、1989年发表的《明代的文学与哲学》等一系列富有创见的论文，还是从他指导古典文献学专业硕士学位论文，以明代重要文学家的年谱为专题的系列成果，指导元明清文学专业博士学位论文，以明代地域文学研究等为专题的系列成果，都可以看到，章先生有意在有明一代文献及实证研究基础上，着力探讨中国古代文化及文学向"五四"新文化、新文学演进的宏观思考。

1987年，章先生承接为全国自学考试编写文学史教材的任务。1988年至1992年，他在《上海文论》开辟"古典文学新论"专栏，亲自执笔，并带动一批青年学者参与重写文学史的思潮。1996年，由他和骆玉明教授主编的三卷本《中国文学史》（复旦大学出版社），作为最早突破现有文学史格局的一部标志性著作，被学界誉为"石破天惊"之作。为了追求学术的新高度。2007年，由上海文艺出版社与复旦大学出版社出版全面重写的《中国文学史新著》（2011年又由复旦大学出版社出版增订本），受到中国古代文学与现代文学研究领域的许多著名专家的高度评价，认为该书以人性的发展作为文学演变的基本线索，兼及这种发展与文学的艺术形式和美学特征演变的关系，初步揭示了中国古代文学、现代文学的内在联系，开创了中国文学史研究富于创造性的新途径。《中国文学史新著》先后获第九届上海市哲学社会科学优秀成果著作一等奖、教育部人文社会研究优秀成果著作二等奖、第十届上海市哲学社会科学学术贡献奖，并入选新闻出版总署第二届"三个一百"原创图书出版工程。日本关西大学井上泰山教授率领团队于2014年出版了《中国文学史新著》日译三卷本（关西大学出版部），而韩语全本的翻译工作也正在韩国开展。

20世纪90年代中期以来，章先生对古籍所的学科布局做了新的调整与补充。一是通过引进汉语史研究方向的学术带头人、《三国志》研究专家吴金华教授，增设了汉语言文字学的博士点，该学科与中文系的同学科一起，成为国家重点学科。二是通过聘请校图书馆古籍部吴格先生为兼职教授，增设了中国古典文献学的博士点，该学科随后成为复旦大学的特色学科。这两个学科与原有也是国家重点学科的古代文学（元明清方向）博士点，初步构成文学、文献、语言诸领域彼此交叉的格局，并且，在章先生其时已关注的中古文献整理研究领域也有了新的学术生长点。

1999年教育部启动人文社会科学重点研究基地建设，代表了改革开放以来我国文科科研机构发展的新阶段，章先生按照教育部的相关精神，在古籍所的基础上，联合中国语言文学研究所，成功申报建立复旦大学中国古代文学研究中心，成为教育部首批批准的人文社会科学重点研究基地之一。以此新的科研机制为契机，一方面继续推进各学科的发展，另一方面全面开展中国古代文学研究的更新与深化。

就中国古代文学专业而言，在原有元明清文学的基础上，先后增设汉魏晋南北朝文学、唐宋文学以及先秦文学方向，并按照章先生在《中国文学史新著》中提出的文学史分期设想，构成上古文学（先秦）、中世文学Ⅰ（汉魏晋南北朝）、中世文学Ⅱ（唐宋）及近世文学（元明清）四段全体，目前在国内外，可以说唯有本所是使用这样的名目招生的。这并非只是一种名目上的出新，而是确实希望遵循对中国文学总体发展的进程，看清楚各历史阶段的演变情况。该专业先后出版的代表性成果有：马美信的《晚明文学新探》，陈建华的《中国江浙地区十四至十七世纪社会意识与文学》，郑利华的《明代中期文学演进与城市形态》《王世贞研究》，陈居渊的《清代诗歌与王学》，邵毅平的《传统中国商人的文学呈现》，韩结根的《明代徽州地区文学研究》，黄仁生的《日本现存稀见元明文集考证与提要》《杨维祯与元末明初文学思潮》，陈正宏的《明代诗文研究史》，陈广宏的《竟陵派研究》，黄毅的《明代唐宋派研究》，徐艳的《晚明小品文体研究》等。章先生的《献疑集》（岳麓书社）获教育部首届人文社会科学研究优秀成果著作一等奖。《不京不海集》则是他生命最后阶段的自选集，凝聚了数十年研究中国文学的精思与创见。

中国古典文献学专业，除开展传统的版本目录校勘学、古籍整理研究，还拓展出文学文献学、美术文献学、四库学、海外中国古籍的收藏与研究，以及古典文献学与计算机技术的应用等诸多方向，多头并进，理论与实践相结合。随着国家对古籍保护的重视，学科带头人陈正宏、吴格教授较早参与相关工作，并担任国家古籍保护工作专家委员会委员。为加强海外所藏汉籍及汉学研究的科研与教学力量，我所还聘请在日本金泽大学任教的李庆先生为兼职教授，协助指导此一新方向的硕士研究生、博士研究生。该专业已出版代表性成果如：章培恒主编的《新编明人年谱丛刊》（含《杨维祯年谱》《杨士奇年谱》《李东阳年谱》《沈周年谱》《祝允明年谱》《康海年谱》《王世贞年谱》《钟惺年谱》等），李庆的《顾千里研究》，陈正宏、谈蓓芳的《中国禁书简史》，陈正宏的《古籍印本鉴定概说》《史记精读》，吴格的《嘉业堂藏书志》《续四库提要三种》《翁方纲纂四库提要稿》等。章培恒、陈广宏编"光华文史文献研究丛书"，是章先生设计的倡言实证研究的专业丛书，他生前为之倾注了大量心血，从丛书的学术定位、入选书目、学术品质等方面皆严谨斟酌、亲力亲为，迄今已出版中外学者高品质学术著作五种。

汉语言文字学专业，通过优秀博士研究生留校等方式，组建起一支年轻的梯队，协助吴金华先生开展中古汉语史、训诂学的教学与研究，并承担"二十四史"修订工程中的《三国志》修订工作。其间吴金华先生与挪威奥斯陆大学何莫邪教授开展《三国志》英译的国际合作项目，还同青年教师一起建设"《三国志》整理研究资料数据库"。已出版代表性成果如：吴金华《〈三国志〉校诂》《〈三国志〉丛考》《〈世说新语〉考释》《古文献研究丛稿》《古文献整理与古汉语研究》《〈三国志〉论集》，以及苏杰《〈三国志〉异文研究》等在博士学位论文基础上修订而成的系列成果。

此外，我所还有逻辑学（因明学）专业，专门开展几乎成为绝学的汉传佛教因明学研究，学科带头人郑伟宏教授在此领域潜心探研，相关研究处于国内领先地位，所著《佛家逻辑通论》《因明正理门论直解》《汉传佛教因明研究》等分别获上海市哲学社会科学研究成果著作奖、普通高校人文社会科学研究成果著作奖。

与此同时，章先生根据他在文学史总体研究中形成的新理念，首倡设立新兴交叉学科——中国文学古今演变研究，于2005年被教育部正式批准为二级学科自设博士点，目前全国也只有我校有这一学科的博士点。迄今已培养博士研究生近20名（包括马来西亚留学生1名），硕士生近20名（包括美国留学生1名）。有关中国文学古今演变这一新理念，自章先生在《复旦学报》上与陈思和先生共同主持专栏讨论，又持续举办六届中国文学古今演变研究国际、国内学术研讨会，已在国内外获得广泛而热烈的反响，成为学界公认的前沿研究课题。已出版代表性成果如：谈蓓芳的《中国文学古今演变论考》，章培恒、陈思和编的《开端与终结——现代文学史分期论集》，章培恒、梅新林等编的《中国文学古今演变论集》一编至四编等。

2011年章培恒先生不幸因病逝世，2013年吴金华先生又不幸病逝，我所遭受不可估量的重大损失。不过，章先生对于古籍所的学科建设一直有长远的规划，即便在他生命的最后阶段，仍牵挂"十二五"期间的具体发展部署。他为本所定下的基调是：以古今贯通研究这一新的学术理念为主导，以文献实证为基础，进一步建设古典研究诸学科彼此交叉、相辅相成的科研与教学格局。古籍所全体同人也都齐心协力，要为实现这一学术愿景而努力。故一方面是如何保持已有的优势、特色，另一方面还要在章先生指引的方向上有新的拓展。具体的发展部署有四个方面。

一　优先发展新兴交叉学科——中国文学古今演变研究

该学科原由包括章先生在内的3位专兼职教授分别承担"中国文学古今贯通研究""13—20世纪中国文学整合研究""中国文学古今演变

的地域性研究"3个方向的教学与科研。章先生逝世后，学科发展就面临困难，基本上由谈蓓芳教授独力支撑日常研究生教学。为此，先是聘请章先生最早培养的古代文学博士，后又在美国哈佛大学师从李欧梵先生学习现代文学并获博士学位的陈建华教授（时为香港科技大学教授）担任该专业的兼职教授，加强这方面的力量；又经过近两年的不懈努力，成功引进他为复旦特聘讲座教授，应该说，无论是对于章先生古今文学演变思想的理解，还是该领域已有成就及国际声誉，陈教授都是最合适的人选。目前他已全面开展工作：设计成立古今文学演变专业的第四个方向——"中国现代文学的开端研究"，招收新的研究生并开设相关课程；所著《革命与形式——茅盾早期小说的现代性展开》一书获上海长江出版基金会的英译出版资助，已由荷兰 Brill 出版公司出版；一方面着手准备组建研究团队，另一方面筹划搭建中美学界交流平台，今年年底与复旦大学国际文明中心及斯坦福大学联合举办"中国文学与文化研究范式新探索"国际学术研讨会即是一个尝试。

二 继续发展已有一定优势的中国古代文学与中国古典文献学研究

中国古代文学在明代文学研究基础上发展起近世文学的研究特色，同时又力图覆盖上古、中世、近世全体，其中上古、中世文学的研究生教学，现主要通过加快所里中青年学者的培养，比如支持他们到美国斯坦福大学、哈佛大学，英国剑桥大学等世界一流大学访学交流，使之尽快成长起来，独当一面。与此同时，在科研上，亦由原先元明清文学单个重点，拓展到六朝文学与明清文学这两个中国文学史上的关键时期。六朝文学以构建汉魏晋南北朝文学文献资料库——《先秦两汉魏晋南北朝诗汇编》的编纂为契机，通过承担教育部人文社会科学重点研究基地重大项目与全国高校古委会项目，主要开展中古文学文本与语言形态研究，章先生奠定的新的学术生长点已初见成效。已出版代表性成果如：谈蓓芳、吴冠文、章培恒合作整理的《玉台新咏汇校》、合作撰著的《玉台新咏新论》，徐艳的《中国中古文学思想史——以文学语言观念发展为中心》，吴冠文的《谢灵运的心路历程与诗歌创作》等；明清文学方面，继续发挥明代文学研究的特长，如郑利华主持的《明代诗学思想史》、黄仁生主持的《明代文学流派考论》、钱振民主持的《明代文学名家诗文别集的整理与研究》等教育部人文社会科学重点研究基地重大项目正在有序推进，有的已接近完成；陈广宏主持国家社会科学重大项目"全明诗话新编"，已有阶段性成果《稀见明人诗话十六种》《稀见明人文话二十种》《明人诗话要籍汇编》出版，分别获华东地区古籍整理优秀图书特等奖、全国古籍整理优秀图书二等奖、上海市图书奖提名奖等；郑利华合作主编的《王世贞全集》，也是国家社会科学基金重大项目，已出版的《弇山堂别集》，获上海市哲学社会科学优秀成果二等奖、全国古籍整理优秀图书二等奖。唐宋文学方面，则有黄仁生教授主持湖南省重点文化工程"湖湘文库"子课题，已出版《唐代湘人诗文集》《唐宋人寓湘诗文集》等整理著作。出版的研究专著，有郑利华的《前后七子研究》，黄仁生的《中国文学古今演变研究刍议》，陈广宏的《文学史的文化叙事——中国文学演变论集》《中国文学史之成立》《闽诗传统的生成——明代福建地域文学的一种历史省察》等。

中国古典文献学在已有诸多方向的基础上，重点发展海外所藏汉籍及汉学研究，包括海外所藏东亚汉文文献与相关文物的调查、编目与研究，欧洲著名汉学家或图书馆藏汉籍整理与研究等新的项目。学术带头人陈正宏教授以《东亚汉籍版刻图录》《东亚汉籍版本学辞典》的编纂为契机，集中、日、韩、越、法等国学者，进一步扩大国际合作；已出版代表性成果《东亚汉籍版本学初探》，讨论前现代时期中、朝、越、琉、日五国汉籍，并注重其关联性，为古籍版本学研究提供了新的思路。在带领研究生承担我校文史研究院《越南燕行文献集成》的重要任务之后，他又作为总策划人，联合中日双方学者，完成《琉球王国汉文文献集成》的出版，目前，该文献集成的续编亦即将出版。他主持的与法国亚洲学会的合作项目，以法国早期汉学家文库的整理为抓手，进一步拓展欧洲汉学研究乃至世界早期文明古文献研究的领域；与英国剑桥李约瑟研究所的合作项目，开展其图书馆所藏典籍鉴定、目录编订及文献研究诸方面的工作，相关成果将陆续推出。苏杰教授通过承担浦江计划等相关科研项目，编选欧美著名学者的相关成果，介绍西方校勘学的原理与方法，并与中国传统校勘学进行比较研究，拓展出比较文献学方向，继刊行《西方校勘学论著选》后，又出版《古希腊罗马的图书与读者》《分析书志学纲要》《抄工与学者：希腊、拉丁文献传播史》等重要译著，并有论著《中西古典语文论衡》等问世。钱振民教授通过主持国家古籍整理出版规划小组资助项目"上海古籍总目"、"985"三期工程

"关于上海历代著述的整理与研究"等项目，立足于为本地文化建设服务，开展上海历代文献的调查、整理与研究，已完成全部目录的清理、著录，分为《元代及以前著述》《明代著述》《清代中前期著述》《晚清传统著述》《晚清新学著述》五卷，拟汇成《上海历代著述总目》出版。

三 积极推进已有一定优势的汉语言文字学

一方面，该专业原本计划在吴金华先生的带领下，以完成"二十四史"修订工程中的《三国志》修订为契机，推出《三国志汇校集释》等重大系列成果，结果因吴先生的不幸病逝而令人憾惜。现值得告慰的是，《三国志》一书由吴金华先生的公子接力，即将完成"二十四史"修订工程的任务。另一方面，则继续推进中古汉语词汇研究及古籍校释学诸方向，已出版季忠平的《中古汉语语典词研究》、何凌霞的《〈三国志〉专名研究》等成果。若干年前我们配合中文系，引进了相当稀缺的音韵学领域的学科带头人刘晓南教授到古籍所工作，因而令汉语语音史、方音史研究成为新的发展重点。刘晓南教授主持国家社会科学基金项目"宋代四川方音研究"，相关研究成果《宋代四川语音研究》入选国家社会科学基金成果文库，并获得第十五届王力语言学二等奖。现继续开展作为中国第一部断代语音史的《宋代语音史》的延展研究，同时，利用上海市"高峰计划"，主持本专业"中近古传世文献语言研究"；另外，还对明清以来的韵书字书进行全面搜集和整理汇编。

四 在已有与哲学、宗教相关的因明学研究的基础上，继续拓展新的相关学科与方向

郑伟宏教授在完成教育部所属逻辑基地重大项目"佛教逻辑研究"后，又主持2012年国家社会科学基金项目"印度佛教因明研究"，"玄奘因明典籍整理与研究"则被批准为2016年国家社会科学基金重点项目。其专著《因明大疏校释、今译、研究》获上海哲学社会科学著作二等奖、中国逻辑学会三等奖，教育部基地重大项目成果《佛教逻辑研究》于2016年出版。2018年3月，郑伟宏教授还出席中国驻加尔各答总领馆与杭州灵隐寺、加尔各答玄奘寺、印度国际大学中国学院合作举办的"中印佛教及相关友好交流：历史与未来"国际研讨会，并做专题学术演讲。此外，本所聘请美国芝加哥大学博士、佛罗里达大学终身教

授王岗先生来我所做兼职教授，开辟具有极为丰富资源的本土传统宗教——道教的文献整理与研究。王教授利用"复旦大学海外优秀学者讲座项目"与"复旦学者"项目，以集中讲义的形式，每年在复旦开设选修课，分别讲授"道教文献学""西方汉学（道教学）""道教史"和"道教文学"等课程，旨在培养道教文献、道教文化以及宗教与中国文学研究等领域的研究人才；同时拟在复旦建立相关研究团队，开展"稀见道教经书整理计划"，已出版的《茅山志》是其中第一种（他在牛津大学出版社出版的专著《明代王府与道教：一个精英层的制度化护教》之中译本亦即将出版）。

资料建设方面，一是在明代集部文献特色收藏的基础上，进一步加强明代及近世文史研究的资料建设，保证较为充足的资金投入。二是推出长期积累的相应成果，支持学科建设。如由钱振民教授主持，作为全国高校古委会立项和教育部外教司、上海市"高峰计划"资助的重大科研项目"20世纪中国古代文学研究文献总目"，目前已全部完成编纂工作，该项目为国内最为完善并汇集日、韩及欧美中国文学研究论著目录的大型数据库，其成果汇成35册，约1500万字，即将由国家图书馆出版社出版。三是继续加强名家或专题文库的建设。本所曾先后接受蒋天枢、赵景深、顾易生等老一辈学者的赠书，海外则有日本三浦理一郎文库，以及正在洽谈的已故美国著名教授的藏书，这些都是相当宝贵的学术资源，做好相关文库的建设工作，不仅可以加强各专业图书资料的利用，更好地为学术研究服务，也是促进海内外学术交流合作的重要渠道。

人才培养方面，一是走出去：青年教师培养如前已述，积极利用国家留学基金及校际交流等项目，赴美国斯坦福大学、哈佛大学、纽约市立大学，英国剑桥大学，日本立命馆大学、关西大学等校访学交流，掌握海外前沿学术动态；研究生的海外交流，近年来明显加强，有越来越多的硕士研究生、博士研究生于在学期间，赴美国普林斯顿大学，日本早稻田大学、关西大学、立命馆大学，"国立"台湾大学、"国立"台湾师范大学、"国立"中山大学等校学习，转益多师，掌握多样的研究方法。二是请进来：利用"章培恒"讲座、"复旦大学光华杰出人文学者"讲座、"古籍研究所前沿学术"讲座、"古文献·新视野"系列讲座等各种机会，邀请海内外成就卓著的专业学者举行各种专题演讲。迄今为止，"章培恒"讲座已举办17场，先后有裘锡圭、王靖宇、金学主、山田敬

三、伊维德、安平秋等先生莅临演讲,演讲录已结集出版的,有《中国经典新诠论》《域外文献里的中国》《六合观风:从俗文学到域外文献》三种。属于"复旦大学光华杰出人文学者"讲座的有法兰西学院院士、法国亚洲学会会长——让-皮埃尔·马艾先生来复旦大学做"从埃及到高加索:探索未知的古文献世界"的系列演讲,演讲录亦以专集出版。另如法兰西学院院士、法国亚洲学会副主席皮埃尔-西尔万·菲利奥扎先生及其夫人——法籍印度裔著名印度学家瓦桑达拉·卡瓦利·菲利奥扎来复旦大学做有关印度古文献学的系列演讲,法兰西学院院士、法国亚洲学会副主席让-马里·杜朗先生来复旦大学做两河流域古文献学的系列演讲等,皆由本所承办,对于从事文史研究的年轻学者与学生了解不同文明的古文献世界,产生相当重要的影响。此外,通过与华东师范大学古籍研究所、上海师范大学古籍整理研究所联合举办一年一次的"光华研究生"论坛,鼓励研究生加强三校间相近专业的学术交流,建立互学共进、科研创新的讨论平台,迄今已举行七届。

海外交流与合作方面,前亦有所言及,我所与美国斯坦福大学,法国亚洲学会,英国剑桥李约瑟研究所,日本早稻田大学、关西大学,韩国首尔大学、高丽大学,以及中国台湾"中央研究院"中国文哲研究所等研究机构,皆有较为密切的学术交流与合作。除相关项目合作、访学交流,还有不少是以定期举办学术会议的形式,如与北京大学中国古文献研究中心、日本早稻田大学中国古籍文化研究所合办每年一次的中日学者学术研讨会,论题比较集中于东亚视阈与汉籍研究,迄今已历十一届;与美国芝加哥大学神学院、中国台湾"中央研究院"中国文哲研究所联合举办"中西古典之间:文本、宗教与文学"国际学术研讨会,尝试拓展中西经典文本的比较研究。其他如通过与宁波天一阁博物院、故宫博物院故宫研究所等单位联合举办富有特色的专题国际学术研讨会,亦能聚合各相关领域的海外专业学者进行较为深层的切磋、对话。

我所现在面临的主要问题有四点。(1) 摊子不小,人手有限。13个专职研究人员分布在多个专业的硕士点、博士点,各专业又都根据自己的特点有进一步发展的需求,是扩大规模为主还是集约高效为主,或是两者兼顾需要进一步思考。在实际操作中,从人员到资源分配,都会碰到许多具体的困难,需要进一步对各专业的发展趋势与合理布局做细致论证,并制订好更为长远的规划。(2) 学术队伍的年龄结构亟待进一步调整和改善。目前本所专职学术队伍的年龄结构，65 岁以上 1 人，55 岁以上 7 人，45 岁以上 3 人，40 岁及以下 2 人，年轻的学术研究力量严重不足。补充新生学术力量，尤其是加强 35 岁以下年龄层学者的引进、培养，保障各学科的可持续发展，是我们的当务之急。（3）努力争取用于学科建设的必要资源并加以合理分配，是我们必须重视的重要保障。目前我们主要是在全国高校古委会和学校的支持下，又利用诸如上海市"高峰计划"、"章培恒"学术基金等多渠道资源来开展各项工作，但如何有效地争取更多资源，并与成果产出挂起钩来，同样是我们迫切需要解决的问题。（4）如何更好地创造条件、凝聚力量、有序推进，早日产出标志性成果，在重大科研项目的带动下，使新生学术力量脱颖而出，也是我们目前较为迫切的任务。

总结以往的经验教训，展望未来，我们设定继续努力的目标为三点。（1）注重内涵发展，响应打造一流学科、培养一流人才的要求，以学术创新为主导，坚持拓展新材料、挖掘新问题，构建更加充满活力、富有效率的科研与教学体制机制。（2）秉持多学科协同发展的方针，促进相邻学科间的交叉、碰撞，资源共享，协作攻关，如此也有利于培养复合型人才。（3）拓展国际合作与交流，以跨文明比较研究视野中的学科建设为方向，在与世界其他文明的比较中，寻求中国文化所具的特殊价值。中国学派、中国话语，必须是在跨文明比较研究的经验中，才可能真正形成。

华东师范大学古籍研究所简介

华东师范大学古籍研究所　顾宏义

华东师范大学古籍研究所（以下简称"古籍所"）是国家教育部全国高等院校古籍整理研究工作委员会直接联系的高校古籍研究所之一，并获全国高校古委会重点资助，主要从事古籍整理和研究、研究生培养工作。古籍所的前身是成立于20世纪70年代的古籍整理研究室，承担过中华书局标点本"二十四史"中的《新唐书》《新五代史》的整理工作，1983年升格为研究所。起初设有文学、历史、教育史、哲学与科技史、辞书编纂等研究室，此后调整为文学、历史、哲学史与版本目录学4个研究室，现有中国古典文献学、中国古代文学两个专业方向。历任所长为徐震堮、李国钧、朱杰人、严佐之、陈大康、严佐之、顾宏义。现有专任教师15人，其中具有正高级职称7人、副高级职称5人。古籍所是国务院学位办批准的全国第一批招收硕士研究生、博士研究生的学术机构之一，自1978年恢复研究生招生制度以来，已培养了100多名硕士研究生、博士研究生。

古籍所创所时所长为徐震堮教授、副所长为程俊英教授。徐震堮（1901—1986年），字声越，浙江嘉善人。1923年毕业于东南大学（原南京高等师范学堂）文史部，1939年入浙江大学执教，20世纪50年代初院系调整，转入华东师范大学中文系任教授，曾被选为上海市政协委员。1982年华东师范大学古籍所成立后任所长，并受聘为国务院古籍整理出版规划小组成员，博士研究生导师。1984年后任古籍所名誉所长。其中学时受业于章太炎门人朱宗莱和谭献弟子刘毓盘，学习文字、音韵、训诂、考证和词章；入大学后，又从王瀣、吴梅受诗、词、曲之学，柳诒徵尝称许其所作诗词"清隽苍老，卓然名家"。此外，徐震堮先生好读外文，遂通英、法、德、意、俄、西班牙六国文字及世界语，并用以翻译、写作，向国外介绍我国的古典名著和新文学作品，所创作的世界语诗歌，曾流传于国内外，增进了国际对中国文化的了解。其于古籍整理和研究方面，编著亦甚宏富，有《唐诗宋词选》《汉魏六朝小说选注》《三家注李长吉歌诗》《敦煌变文集校记补正》《再补》《世说新语校笺》等，其中《世说新语校笺》一书，费20余年之功，偏重释词，清通简要，别具特色，深为学术界所重视。

程俊英（1901—1993年），女，福建福州人。北京女子高等师范学校国文部毕业。1919年，参加五四运动，同年主编《益世报·女子周刊》。20世纪20年代初，发表《周代学在王官考》《汉魏时代之心理测验》《诗人之注意及兴趣》《诗之修辞》等论文。此后任教于北京女子师范大学、上海暨南大学私立培成女校、大夏大学。20世纪50年代初任教华东师范大学，为中文系副主任，1973年被迫退休。1978年复职，任古籍所副所长。其主要研究方向是中国古典文学，尤精先秦文学研究，是国内著名《诗经》专家，先后撰写或合作撰写出版的专著有《诗经译注》《诗经漫话》《诗经选译》《诗经注析》等。此外，还校点整理《论语正义》《论语集解》与《诗毛氏传流》等清儒经学注疏名著。

古籍所前辈学者还有：周子美（1896—1998年），字君实，号子美，后以号行，浙江湖州人。1913年毕业于浙江法政学校政治经济科。1917年加入南社。1924年受同乡刘承幹之邀，任嘉业堂藏书楼编目部主任8年之久，编成《嘉业堂藏书目录》《嘉业堂明刊善本书目》《嘉业堂抄校本目录》等十几种书目，影响所及，于1924年被吸收为中华图书馆协会第一届会员。1932年发表《慈云楼藏书志考》，受到行家好评。自是年秋，任上海圣约翰大学中文系教员、副教授，兼任震旦大学文学院、中法"国立"工学院教授。1952年调入华东师范大学，历任中文系、教育学系副教授，1971年调入"二十四史"标点组（古籍所前身），参加《新唐书》《新五代史》的点校工作，后遂为古籍所版本目录学教授。著有《庄氏史案考》《洛阳伽蓝记注》《施北研年谱》《翰墨因缘》《南浔镇志稿》等，编辑校印了《南林丛刊》（初集5种，次集7种）、《万洁斋丛刊》（7种）、《邈园丛书》（26种）、《蝉隐庐丛书》（21种）和《浔溪词征》《蓬山两寓贤诗抄》《永乐大典本金刚经》《聊斋志异拾遗》《礼耕堂诗集》《楝花矶随笔》等，共计72种。

潘雨廷（1925—1991年），号观玩客，上海人。1949年毕业于上海圣约翰大学教育系，先后师从周善培、唐文治、熊十力、马一浮、杨践形、薛学潜等先生研究中西学术，自20世纪70年代初始从事道教文化研究，融会贯通，自成一家，对道教史学及易学皆有很深造诣。1978年受聘于华东师范大学讲授易学，后任古籍所教授和哲学研究室主任。1985年后担任上海市道教协会副会长，1988年兼任《上海道教》主编，担任中国《周易》研究会副会长。代表著作有《周易终始》《周易表解》《易学史论文集》《周易参同契考证》等，并点校整理清代学者李道平所撰《周易集解纂疏》。

李国钧（1930—2001年），河南临颍人。1955年北京师范大学教育系学校教育专业毕业，1958年华东师范大学教育史专业研究生毕业，先后任华东师范大学教育系中国教育史教研室主任，古籍所副所长、所长；尝为全国高等院校古籍整理研究工作委员会委员、上海市古籍整理出版规划小组顾问等。长期潜心中国教育史教学与研究，及中国教育文献的整理研究工作，尤专明清教育史的研究。其著有《王船山教育思想初探》《颜元教育思想简论》等，主持和参与编撰了六卷本《中国教育通史》、《中国教育家评传》（1989年获全国首届优秀教育理论著作奖）、《中国教育通史》（1992年获全国优秀教育图书一等奖、"吴玉章奖"等奖）、《中国教育思想通史》、《中国书院史》、《中华大典·教育典》、《中国古代太学志丛刊》等。

裴汝诚（1931—2013年），天津人。1955年毕业于天津师范学院，1958年研究生毕业于东北师范大学历史系，随即任教于上海师范学院历史系。1971年任《宋史》标点组组长。1981年调入华东师范大学古籍所，教授。长期从事宋史及宋代文献整理与研究，2006年中华书局启动"二十四史及清史稿点校本修订计划"后，再与戴建国教授共同主持《宋史》点校本的修订工作。校点《王安石年谱三种》，此外还参与《续资治通鉴长编》和《文献通考》的点校整理工作，与人合作整理《忠肃集》《净德集》《东斋纪事》《春明退朝录》等十几种文集、笔记，合著《续资治通鉴长编考略》《校勘述略》《十大史学家》，撰有论文集《半粟集》等。

现有专任教师中的严佐之教授、刘永翔教授为华东师范大学终身教授。严佐之，安徽歙县人。1981年华东师范大学古籍研究室研究生毕业，留校任教；古籍所中国古典文献学专业博士生导师；华东师范大学学术委员会委员，华东师范大学思勉人文高等研究院特聘研究员、中国经典研究中心主任；国家古籍整理出版规划领导小组成员，全国高校古委会委员、项目评审专家组成员。严佐之先后师从顾廷龙、潘景郑、徐震堮、周子美等前辈大家，学兼众长，旨归会通，为国内外知名的古籍整理研究和目录版本学专家。其代表作《古籍版本学概论》《近三百年古籍目录举要》被北京大学等高校古典文献学专业列为研究生考试参考书。自20世纪90年代初以来，参与主持《朱子全书》《顾炎武全集》编纂校点整理，现今正主持国家社会科学基金重大项目"朱子学文献整理与研究"。

刘永翔，浙江龙游人。1981年华东师范大学古籍研究室研究生毕业，留校任教；古籍所中国古代文学专业博士生导师；华东师范大学思勉人文高等研究院特聘研究员，国家古籍整理出版规划领导小组成员。其师从徐震堮先生，长期从事宋代文史及古代文论研究，兼擅古、骈文及旧体诗词创作，是著名中国古代文史研究专家。著有《清波杂志校注》《蓬山舟影》等，合著有《文学的艺术》《古典文学鉴赏论》《袁枚续诗品详注》《先秦两汉散文选》等。主编或合作整理《胡云翼集》《中华古文观止》《上海图书馆藏明代尺牍》《明清上海稀见文献五种》《沧趣楼诗文集》等。其中《清波杂志校注》一书，被誉为"当今校点注释本之上上乘"。

受前辈学者熏陶影响，古籍所形成了谙熟文献、兼容文史，考据征实、义理求真之严谨学风，形成特色，点校整理以及研究成果在国内外学术界享有较高的学术声誉。自"二十四史"标点组以来，点校整理的重要古籍于《新五代史》（1974年中华书局出版）、《新唐书》（1975年中华书局出版）以外，尚结合自身多学科的特点和优势，承担并完成了整理《王文公文集》（1974年上海人民出版社出版）、《容斋随笔》（1978年上海古籍出版社出版）、《续资治通鉴长编》（1979—1993年中华书局出版，与上海师范大学古籍整理研究所合作）、《朱子全书》（2002年上海古籍出版社、安徽教育出版社出版）、《中华大典·教育典》（2012年上海古籍出版社出版）、《顾炎武全集》（2012年上海古籍出版社出版）、《朱子学文献大系·近思录专辑》（2015—2012年华东师范大学出版社出版）、《历代"朱陆异同"典籍萃编》《历代"朱陆异同"文类汇编》（皆上海古籍出版社2018年出版）等，在海内外学术界产生了重大影响。其中《续资治通鉴长编》于 1983 年获得上海高校文科科研成果一等奖，《顾炎武全集》获得 2015 年度教育部高校科学研究优秀成果奖（人文社会科学）二等奖等。30 余年来，古籍所先后承担国家级、省部级研究课题近 40 项，出版学术著作及古籍整理著作过百种，发表学术论文 300 余篇，获得省部级以上科研成果奖 7 项。近年来，随着"朱子学文献整理与研究"项目的展开深入，古籍所的研究方向主要集中在唐宋文史文献整理与研究、朱子学文献整理与研究方面。

以下简要介绍其他教师主持或参与整理的重要古籍以及部分研究专著。古籍整理。朱菊如、段飑、潘雨廷、李德清的《齐东野语校注》，华东师范大学 1987 年版。朱杰人的《毛诗注疏》，上海古籍出版社 2013 年版；《朱子著述宋刻集成》，华东师范大学出版社 2010 年版。郑明的《明代尺牍》，上海科学技术文献出版社 2002 年版。黄珅的《海藏楼诗集》，上海古籍出版社 2014 年版；《中华古文观止》，学林出版社 1995 年版。周瀚光的《管子直解》，复旦大学出版社 2000 年版。徐德明的《清河书画舫》，上海古籍出版社 2011 年版；《吴越所见书画录》，上海古籍出版社 2015 年版；《清代学术笔记丛刊》（合编），学苑出版社 2006 年版。严文儒的《订顽日程》，上海古籍出版社 2010 年版；《董其昌全集》，上海书画出版社 2013 年版；《明清松江稀见文献丛刊》，上海古籍出版社 2015 年版。戴扬本的《〈校邠庐抗议〉评注》，中州古籍出版社 1998 年版；《汉书详节》，上海古籍出版社 2007 年版。顾宏义的《景德传灯录译注》，上海书店出版社 2009 年版；《历代四书序跋题记资料汇编》，上海古籍出版社 2010 年版；《宋代日记丛编》《金元日记丛编》，上海书店出版社 2013 年版；《宋元谱录丛编》，上海书店出版社 2015—2017 年版；《朱熹师友门人往还书札汇编》，上海古籍出版社 2017 年版。罗争鸣的《杜光庭记传十种辑校》，中华书局 2013 年版。方笑一的《中华经典诗词 2000 首》，上海教育出版社 2018 年版。李慧玲的《礼记注译》，中州古籍出版社 2010 年版。任莉莉的《七录辑证》，上海古籍出版社 2011 年版。丁小明的《快雪堂日记》，凤凰出版社 2010 年版；《箨石斋诗文集》，上海古籍出版社 2012 年版；《〈谭屑〉拾馀：晚清驻朝使臣致朝鲜大臣金昌熙丛札》，国家图书馆出版社 2014 年版。唐玲的《唐庚诗集校注》，中华书局 2016 年版。

专著。林艾园的《应用校勘学》，华东师范大学出版社 2008 年版。

李德清的《中国历史地名避讳考》，华东师范大学出版社1905年版。王铁的《宋代易学》，上海古籍出版社2005年版。黄珅的《杜甫心影录》，江苏古籍出版社1991年版。周瀚光的《传统思想与科学技术》，学林出版社1989年版；《中国古代科学方法研究》华东师范大学出版社1992年版；《先秦数学与诸子哲学》，上海古籍出版社1994年版；《刘徽评传》，南京大学出版社1994年版；《中国科学思想史》，安徽科学技术出版社2001年版。徐德明的《清人学术笔记提要》，学苑出版社2004年版。马镛的《中国家庭教育史》，湖南教育出版社1997年版；《外力冲击与近代上海教育》，湖北教育出版社2003年版；《中国古代教育文献概要》，上海古籍出版社2003年版；《传统与再生：中国私立和民办中小学的本土成长》，山东教育出版社2008年版；《清代乡会试同年齿录研究》，上海科学技术文献出版社2013年版。戴扬本的《北宋转运使考述》，上海古籍出版社2007年版。顾宏义的《教育政策与宋代两浙教育》，湖北教育出版社2003年版；《宋初政治研究——以皇位授受为中心》，华东师范大学出版社2010年版；《宋朝方志考》，上海古籍出版社2010年版；《金元方志考》，上海古籍出版社2012年版；《宋代〈四书〉文献论考》，上海古籍出版社2014年版。罗争鸣的《杜光庭道教小说研究》，巴蜀书社2005年版。方笑一的《北宋新学与文学——以王安石为中心》，上海古籍出版社2008年版；《经学、科举与宋代古文》，浙江大学出版社2017年版。刘成国的《荆公新学研究》，上海古籍出版社2006年版；《变革中的文人与文学：王安石的生平与创作考论》，浙江大学出版社2011年版；《王安石年谱长编》，中华书局2018年版。丁红旗的《魏晋南北朝骈文史论》，巴蜀书社2012年版；《唐宋〈文选〉学史论》，上海人民出版社2015年版。

近十年来上海师范大学古籍整理研究所的文献整理与研究

上海师范大学古籍整理研究所　张剑光

上海师范大学是上海市重点建设的一所市属高校，古籍整理研究所现隶属于人文与传播学院。

上海师范大学古籍整理研究所有着深厚的学术渊源。1971年，上海师范学院成立"二十四史"标点组，具体负责整理《宋史》。"文革"结束后的第二年，标点组改名为古籍整理研究室。1983年，古籍整理研究室和中文系《汉语大词典》编写组合并，建立古籍整理研究所，成为全国高等院校古籍整理研究工作委员会直接联系的研究所之一。1996年12月，古籍整理研究所与中文系、历史系联合组建成立人文学院。自建所以来，先后担任古籍整理研究所所长的是程应镠、朱瑞熙、范能船、虞云国、朱易安、戴建国。在各位前辈的规划、领导下，古籍整理研究所的工作开展十分顺利，完成了很多重大项目，为今天的学科和教学发展奠定了基础。目前有专职教师18人，其中教授10人、副教授2人、讲师及以下6人，另有几位教授在学校相关部门任领导职务。

自成立以来，古籍整理研究所的各项工作之所以能有序推进，长期以来得益于全国高校古委会在业务上的有力指导和经济上的强力资助。1984年，古籍整理学科为上海市高教局批准的上海市地方高校第一批重点学科。2007年，由我所和历史系共同申报的中国古代史成为上海市教委第五批重点学科。2010年以后，中国古典文献学和历史文献学都先后成为学校重点学科进行建设。近年来，中国古典文献学作为上海市"高峰计划"中国语言文学的一部分，历史文献学作为上海市"高原计划"中国史的一部分，参与建设。从总体上看，学科建设进入良性循环的轨道，不断向前跃进。

30多年中，前辈科研人员先后整理和出版了大量唐宋文献，屡获全国和上海各类科研和图书奖项。古籍所曾经整理大型著作《宋史》《续资治通鉴长编》《汉书补注》《传世藏书》集部之宋金元别集以及《唐诗汇评》等，参与了《汉语大词典》的编纂和统稿、审稿工作，此外还整理过大量的中小型著作，如《白鹿洞书院古志五种》《事物纪原》《南朝宋会要》《南朝齐会要》《南朝梁会要》《中兴小记》《国语》《蔡襄集》《皇朝编年纲目备要》《续资治通鉴长编拾补》以及数十种宋人笔记小说。

从古籍整理研究所成立开始，全所科研工作的重点是以宋代文献整理研究为主，兼及唐宋历史与文化、唐代文学和语言研究。那么，近十多年来，古籍整理研究所的学术研究是否继续保持前辈们的传统，是否仍然重视基础文献的整理研究？

一 近十多年来的古籍整理工作

进入21世纪以来，特别是最近十年，上海师范大学古籍整理研究所教师发扬前辈的精神，在唐宋文献整理和校勘上苦下功夫，编纂了一批古代文献资料，出版了很多古籍整理和点校著作。

（一）点校《文献通考》。《文献通考》共348卷，是一部详记典章制度的历史巨著。20世纪80年代，我所和华东师范大学古籍研究所联合曾对《文献通考》进行标点，后因故未曾出版。90年代末，《文献通才》曾收入大型丛书《传世藏书》，但横排简体，没有书名，校记大幅删削，加上《传世藏书》流传不广，学术界很难看到引用。2005年，该书在时任所长戴建国的策划下，古籍整理研究所和华东师范大学古籍研究所重新进行标点。2011年，由中华书局出版，全书约1000万字。该书获第三届中国出版政府奖图书提名奖、全国古籍优秀图书奖一等奖、教育部人文社会科学优秀成果著作三等奖。

（二）《全宋笔记》的整理与编纂。21世纪来，古籍整理研究所在朱易安和戴建国的策划组织下，集全所之力，编纂和整理了《全宋笔记》。传世的宋人笔记绝大多数分散在各种丛书中，有些十分稀见，寻觅极为不易。因此，对传世的宋人笔记进行系统整理，编纂出版一部笔记总汇，并对宋人笔记蕴含的价值进行深入系统的探讨和总结，是一项重大的基础性文化学术工程。该书编纂历时19年，自2003年由大象出版社出版第一编，至2018年出版第十编全部出齐，总计102册，2266万字，收入宋人笔记477种。2010年，戴建国领衔成功申报国家社会科学基金重大项目，并于2017年结题。9种研究著作也将在近期出版。

（三）《中华大典·历史典·编年史分典》之隋唐五代总部、宋辽夏金两总部。自20世纪90年代开始，古籍整理研究所部分教师参与了《中华大典》的编纂工作，古籍整理研究所负责的《历史典·编年史分典》两个总部，俞钢任分典副主编，于2008年由上海古籍出版社出版，其中"隋唐五代"总部为300万字，"宋辽夏金"总部为350万字。近年来，《中华大典·历史典·人物分典》之"隋唐五代"总部、"宋辽夏金"总部也相继编成，于2018年出版，其中"隋唐五代"总部约为320万字，"宋辽夏金"总部为380万字。总部负责人为俞钢、张剑光、燕永成、程郁。

（四）《〈一切经音义〉：三种校本合刊》（上、中、下三册）。该书整理者为徐时仪，长期从事佛教音义研究，以高丽藏为底本，广泛参校海内外诸善本及敦煌写经等，并加以标点，成为较为完善的合刊校本。2008年上海古籍出版社出版。

（五）《朱子语类汇校》。徐时仪与杨艳对《朱子语类》各种版本进行汇校，于2014年出版。之后，徐时仪与潘牧天对李道传的《朱子语录》进行标点和整理，于2016年出版。

（六）宋代史书的整理。汤勤福教授的《宋史礼志辨证》是对《宋史·礼志》部分进行逐条考证、分析，运用大量典籍修正其中的错误，并进行相应的论证。该书2012年由生活·读书·新知三联书店出版。燕永成教授也对宋代史书整理用力甚勤，先后在中华书局和甘肃人民出版社出版《皇宋十朝纲要》《宋太宗实录》。

（七）地图与地方史资料整理。钟翀教授近年来特别重视古地图的整理与搜集，先后出版《上海城市地图集成》（三册）、《温州古旧地图集》《旧城胜景：日绘近代中国鸟瞰图集》，其中《上海城市地图集成》获2018年上海哲学社会科学一等奖。张剑光参与了对上海古代乡镇志的标点和整理，出版了《真如镇志》《二十六保志》的标点。2018年，出版了《上海史文献资料丛刊》（第一辑二册），150万字。

（八）《汉书补注》。该书是20世纪80年代古籍整理研究所集体项目，90年代正式完成。全书12册580万字，2008年上海古籍出版社正式出版。

（九）《越南汉文小说集成》。由孙逊任主编、本所教师朱旭强任副主编的《越南汉文小说集成》于2010年上海古籍出版社出版，全书20册600万字，本所多位教师参与点校工作。

（十）《唐诗学文献集粹》。该书由陈伯海任主编，本所教师查清华为第一编撰者，于2016年出版。

上述这些成果是近十多年来全所教师努力工作的结果。目前古籍整理研究所教师在从事的主要古籍整理研究项目有：戴建国主持的"点校本二十四史修订《宋史》"，曹旭主持的"东亚《诗品》《文心雕龙》文献研究集成"（2014年国家社会科学重大项目），李孝聪、钟翀主持的"外国所绘近代中国城市地图集成与研究"（2015年国家社会科学重大项目），查清华主持的"东亚视野下的唐诗学文献"，张剑光主持的"上海史文献资料丛刊"第二辑，俞钢主持的"玉海"点校，俞钢接替李时人主持的"明代作家分省人物志"，赵维国主持的"韩国汉文小说整理与研究"，程郁主持的"基于图像史料的宋代女性文化研究"，潘牧天主持的"东亚朱子语录文献语言研究"，胡绍文主持的"《夷坚志》词汇研究"，等等。

二 近十多年来工作的一些思索

从上面罗列的近十多年来的研究成果看，我们的古籍整理工作呈现出一些特点，简单地说有四个方面。

（一）集体项目推动了古籍所的科研工作

在上述这些项目中，有多项是集体项目。如《全宋笔记》，由于历时较长，整理的笔记数量庞大，工作有难度，因而是举全所之力进行的一个项目，古籍整理研究所几乎所有的在职教师都参加了标点，甚至还聘请了兄弟系科的部分退休教师参与项目。在当今重名重利的风气下，全所教师怀着对古籍整理热爱之心不计报酬参加工作，在实践中锻炼自己，在整理工作中不断提高自己的业务能力。再如《中华大典·历史典·编年史分典》，也是一个时间跨度极长的集体项目，古籍整理研究所几乎所有研究历史的老师都参加过这个项目。

集体项目能够开展，与时任古籍整理研究所领导的个人魅力有关。由于学院规定的工作量主要以教学为主，因而古籍整理实际上成为义务工作，而很长时间以来，我们的集体项目一直能够开展下去，与领导的组织有关，与教师的自觉有关。

（二）古籍整理工作保持着以整理唐宋文献为特色

《文献通考》《全宋笔记》等文献的整理出版，使得经整理过的宋代文献资料基本上呈现出一个完整的概貌，它连同北京大学、四川大学等单位编纂整理的《全宋诗》《全宋文》《全宋词》以及点校本《宋史》《续资治通鉴长编》《宋会要辑稿》等，构成了比较齐全的宋代研究数据库。《中华大典·历史典·编年史分典》的编纂，本所根据自己的科研力量，主要专注于隋唐五代、宋辽夏金两个时段。《皇宋十朝纲要》《宋太宗实录》《宋史礼志辨正》等都是对一些宋史研究基本资料的整理，在学界产生了一定的影响。

（三）古籍整理工作与研究相结合

《全宋笔记》编纂整理时，还有根据笔记而进行的研究著作，如朱易安的《全宋笔记书目提要》、顾宏义的《宋代笔记研究》、张剑光的《宋人笔记视域下的唐五代社会》、范荧的《笔记语境下的宋代信仰风俗》、方健的《宋人的社会生活——以笔记为中心的考察》、程郁的《宋代的仕女与庶民女性——笔记内外所见妇女生活》、徐时仪的《宋代笔记语言概论》、戴建国的《宋代笔记国际学术研讨会论文集》等。汤勤福在《宋史礼志辨正》的基础上申报了国家社会科学重大项目"中国礼制变迁与现代价值研究"，课题组设计撰写6卷本300多万字的断代研究。

就最近十多年古籍整理研究所教师的学术研究而言，大家通过整理和研究相结合的方式，出版了大量著作，取得了丰硕的成果。如戴建国的《宋代刑法史研究》《唐宋变革时期的法律与社会》，汤勤福的《中国史学史》《历史文献整理研究与史学方法论》，俞钢的《唐代文言小说与科举制度》，朱易安的《唐诗学史论稿》《唐诗与音乐》《唐诗学史论稿》《中国诗学史》（明代卷），曹旭的《诗品研究》，查清华的《明代唐诗接受史》《格调论诗学研究》，徐时仪的《玄应〈众经音义〉研究》《佛经音义研究通论》《汉语语文辞书发展史》《朱子语类词汇研究》《近代汉语词汇学》，赵维国的《教化与惩戒——中国古代戏曲小说禁毁问题研究》，程郁的《蓄妾习俗及法规之变迁》，燕永成的《南宋史学史研究》,张剑光的《唐五代农业思想与农业经济研究》《江南城镇通史》(六朝隋唐五代卷)等。

(四) 整理工作从基本资料不断向各类特色文献拓展

除了基本文史研究的资料外,古籍整理研究所的整理工作在不断向各个领域延伸和拓展。如徐时仪对佛教文献不断进行整理的研究,进而发现理学家朱熹与佛教关系紧密,大量的日常用语与佛教有关,遂花了大力气对朱熹文献进行研究,并整理朱子文献。朱旭强、赵维国、查清华纷纷对越南、韩国、日本等国家的诗歌、小说文献进行搜集整理,并取得不少成果,申报国家社会科学项目屡获成功。钟翀近年来潜心对古地图进行搜集和研究,通过出版城市地图集,产生了许多意想不到的影响,并进行加强城市史的研究工作。张剑光近年来对方志和地方史文献有一定的研究,对南方城市的研究也产生了一定的影响。

三 古籍整理工作中的一些现实问题

目前来说,我们的古籍整理和研究工作仍然是按我们的初衷继续在推进,但不可避免地碰到一些现实问题,或多或少会影响工作的顺利、快速开展。首先,现行的科研考核体制是重论文和重项目,这对古籍整理研究所工作会产生一定的影响。部分高校,至少我们上海师范大学的考核是以论文为主,凡发表在CSSCI上的论文给予一定的奖励,杂志级别越高奖励越多,一般杂志,包括CSSCI集刊不再给予奖励。对年轻人而言,职称的评定主要看发表的论文的数量和发表在什么杂志上,有几个项目。出版的著作若不在奖励范围之内的,除非能评上省市一级以上的社会科学奖项,否则与没出版无异。而古籍点校著作,在学校的评价体系里更是在著作之下,评奖无望,更不可能在考核的范围之内。这种制度下,可能年轻教师把更多的精力是放在怎样把论文发表在高等级的杂志上,这是大家都能理解的一种做法,因而他们对编撰著作的兴趣很小,对古籍整理更是兴趣不大。一本古籍著作的出版,要核查大量的版本,要进行严格的文字校勘,很多人会认为同样花费这么多时间和精力点校一本著作还不如在核心期刊发表一篇万把字的论文,时间一长,会对古籍整理工作产生不利影响,会影响古籍整理工作的进行。

其次,学校考核和晋升比较重项目,因此古籍整理除非是申请到省市或国家级项目,大家才有开展工作的兴趣,否则费力费财,对具体工作的老师而言没有任何好处。比如我们从事《中华大典》编纂时，由于不计入项目，不计算工作量，编纂的老师纯是义务地开展工作。

最后，目前的一些规定限制了集体项目的开展。大中型的整理点校工作，会牵扯很多人力，在现有的体制下，这样的工作必须申请到高级别的项目，才能进入学校体制内计算，并且有足够的经费保证。然而，现行的项目制的形式在考核时只以项目第一人计，而其他参加项目者几乎都是被忽略的，这样就大大影响了参加项目者的热情。我们所《全宋笔记》的整理，全所同人之所以能大力支持，一方面有戴建国教授个人的号召力，另一方面因为是我们第一个国家社会科学基金重大项目，因而大家都能按时保质地完成，但以后这样大型的项目，操作时恐怕会有一定的难度。或许有人会说在项目中可以大量使用学生做一些初步工作，但这样的话，质量可能会难以保证。因而在目前形势下，倾全所之力的大项目可能难以再出现，而小型的古籍整理只有申请到项目才能开展，这对整个古籍整理工作多少会有一些影响。

总之，虽然近十年，我们在古籍整理研究上取得了一定的成绩，整理出了不少古籍，也出版了一些学术著作，但毕竟由于教师们在应对考核工作，需要职称评定，在纯粹的历史和文学研究上负担较重，或多或少会影响古籍整理的数量和质量，不过这也说明我们在加强整理工作上还有一定的发展潜力。展望今后，随着教师队伍新老交替的进行，随着对学术传统的继承，相信我们在古籍整理工作上会更上一层楼。在新的征程上，在全国高校古委会的领导下，我们仍需继续努力，保持学科特色和水准。

南京大学古典文献研究所古籍整理研究工作回顾（1983—2018年）

南京大学古典文献研究所　张宗友

南京大学古典文献研究所，成立于1983年，是全国高等院校古籍整理研究工作委员会直属研究机构之一，以整理研究中国古代有关文史哲诸学科文献、弘扬和发展优秀传统文化为宗旨。

一　本所古籍整理与研究概况

自成立以来，在程千帆先生、周勋初先生、程章灿教授等几任所长带领下，本所同人围绕上述宗旨，立足于古籍整理、文献传承，在科学研究、文化交流、人才培养等领域，取得了较为丰硕的成果。

（一）学术著作

本所同人的学术成果，可分为著作与论文两大类。据不完全统计，截至2018年年底，本所同人共发表各类学术文章1349篇，平均每年37.5篇；出版著作260种（次）。此外，本所同人还主编或参与主编了十余种丛书，包括"明清文学理论丛书"（程千帆先生主编）、"中国思想家评传丛书"（匡亚明主编，周勋初先生、卞孝萱先生担任副主编）、"文化认同与文献传承丛书"（程章灿主编）、"古典文献新视野丛书"（程章灿主编）、"清代家集丛刊"及"续编"（徐雁平主编）等，均在学界产生深远影响。（本所同人出版之学术著作，详见本文第二部分。）

（二）科研项目

本所同人共承担国家社会科学基金、全国高校古委会、教育部、江苏省社会科学基金等各级各类项目共50项。由周勋初先生担任第一主编的"全唐五代诗"项目、由程章灿教授担任首席专家的"中国古代文献文化史"项目（国家社会科学基金重大项目），意义重大，本所同人均积极参与，是集体智慧的结晶。

（三）学术集刊

本所同人主编了两种学术集刊。《古典文献研究》（现由程章灿教授主编，赵益教授担任执行编辑）创刊于1988年，迄今已出版21辑（自第17辑起分上、下卷），共刊发论文674篇。该刊系CSSCI学术集刊。《清代文学研究集刊》由曹虹教授及蒋寅教授、张宏生教授共同担任主编，前后出版6辑，刊发论文102篇。

（四）学术交流

本所同人积极致力于学术研讨与文化交流活动。截至2018年，已主办、承办各类学术会议22次，如：中国唐代文学学会第五届年会暨唐代文学国际学术研讨会（1990年）、魏晋南北朝文学国际学术研讨会（1995年）、第四届辞赋学国际学术研讨会（1998年）、明清文学与性别国际学术研讨会（2000年）、中国古代文学文献学国际学术研讨会（2004年）、中国诗学学术研讨会（2006年）、《文选》与中国文学传统国际学术研讨会（2011年）、中国典籍与文化古委会第三届青年学者学术研讨会（2011年）、中国古典文学与东亚文明高端论坛（2015年）、省思与突破：骈文国际学术研讨会暨第四届中国骈文学会年会（2015年）等，群贤毕至，斯文荟萃，以友辅仁，文道并美。

另据不完全统计，本所同人参加校外各类学术会议达224次，在校外进行学术交流、举行学术讲座等达76次；受邀前来本所进行学术交流或举办学术讲座者，也有72人（次）。程章灿教授主持的欧美汉学前沿讲座，邀请美国、英国等汉学名家前来交流，蔚成系列。2018年4—12月，本所"中国古代文献文化史"课题组与南京大学图书馆联合主办"琅嬛探秘——中国文献文化史"系列讲座。12月21—28日，本所会同南京大学文学院、图书馆、博物馆等单位，举行"胡小石和他的时代——纪念胡小石先生诞辰150周年"系列活动，包括书法展、座谈会以及系列讲座等。本所程章灿教授、武秀成教授、赵益教授、徐雁平教授等，分别担任主讲人或主持人。

(五) 学术奖励

至 2018 年年底，本所同人共获得国家级奖励 9 项，省部级奖励 53 项，校级奖励 28 项。如程千帆先生、徐有富教授的《校雠广义》，荣获第四届国家图书奖一等奖（1999 年）；周勋初先生主持的《册府元龟》（校订本），荣获首届中国出版政府奖图书奖（2007 年）；徐雁平的《清代东南书院与学术及文学》，亦获此殊荣（2011 年）等。程千帆先生、周勋初先生、徐有富教授、程章灿教授等，均享受国务院特殊津贴。

本所同人还多次入选各类人才工程。如现任所长程章灿教授，系长江学者、江苏省"333 高层次人才培养工程"中青年科技领军人才等。

二 本所学术著作一览

说明：（1）本编备列本所成员入职本所以来之著作，按时间先后汇总，截至 2018 年 12 月 31 日；（2）"类别"，指的是：专著、译著、古籍整理、论文集、创作集、工具书等；（3）著作默认为独立完成，如系合作，备注中写明"同某某合著/合撰/合编"等；（4）合作者如均系本所成员，则只著录一次，如程千帆、徐有富；（5）凡丛书，备注中标明"主编"；（6）丛书子目较少时，将子目括注于"著作名称"栏内，如子目较多，则于当年统计表后注明。

著作名称	类别	出版社	出版时间	责任者	备注
明清文学理论丛书	古籍整理	齐鲁书社	1983—1992	程千帆	主编
文论十笺	专著	黑龙江人民出版社	1983	程千帆	
古诗今选	古籍整理	上海古籍出版社	1983	程千帆	选注，同沈祖棻合作
中国无神论资料选编·先秦编	古籍整理	中华书局	1983	王友三编，顾曼君、马俊南注	
闲堂文薮	专著	齐鲁书社	1984	程千帆	

续表

著作名称	类别	出版社	出版时间	责任者	备注
中国古代文学英华	专著	上海教育出版社	1984	程千帆	主编
古诗考索	专著	上海古籍出版社	1984	程千帆	
量守庐学记黄侃的生平和学术	专著	生活·读书·新知三联书店	1985	程千帆	主编，同唐文合作
沈祖棻创作选集	创作集	人民文学出版社	1985	程千帆	选编，沈祖棻著
中国古代文学英华注音本	专著	上海教育出版社	1985	程千帆	主编
韩非	专著	江苏古籍出版社	1985	周勋初	
扬州八怪研究资料丛书（12种）	古籍整理	江苏美术出版社	1985	卞孝萱	主编
五代史话	专著	北京出版社	1985	卞孝萱	同郑学檬合编
郑板桥全集	古籍整理	齐鲁书社	1985	卞孝萱	主编
全清散曲	古籍整理	齐鲁书社	1985	凌景埏、谢伯阳	编著
中国无神论资料选编·两汉编	古籍整理	中华书局	1985	王友三编，顾曼君、马俊南注	
治学小言	专著	齐鲁书社	1986	程千帆	
九歌新考	专著	上海古籍出版社	1986	周勋初	
唐代文史论丛	论文集	山西人民出版社	1986	卞孝萱	
江西诗派研究	专著	齐鲁书社	1986	莫砺锋	
中国无神论史纲	专著	上海人民出版社	1986	王友三	编著

续表

著作名称	类别	出版社	出版时间	责任者	备注
中国古代文学英华	专著	中华书局（香港）有限公司	1987	程千帆	主编
唐语林校证（2册）	古籍整理	中华书局	1987	周勋初	（宋）王谠撰
文史探微	论文集	上海古籍出版社	1987	周勋初	
建康实录	古籍整理	上海古籍出版社	1987	孟昭庚、孙述圻、伍贻业	点校（唐）许嵩撰
日本汉诗选评	专著	江苏古籍出版社	1988	程千帆	同孙望合作
校雠广义目录编	专著	齐鲁书社	1988	程千帆	同徐有富合撰
汪辟疆文集	文献整理	上海古籍出版社	1988	程千帆	
中国思想家评传丛书	专著	南京大学出版社	1988—2006	周勋初、卞孝萱等副主编	匡亚明主编
古代文史名著选译丛书	古籍整理	凤凰出版社	1988—2011	周勋初	副主编
刘禹锡丛考	专著	巴蜀书社	1988	卞孝萱	
中国无神论资料选编·隋唐编	古籍整理	中华书局	1988	王友三编，顾曼君、马俊南注	
中国无神论资料选编·魏晋南北朝编	古籍整理	中华书局	1988	王友三编，顾曼君、马俊南注	
刘禹锡研究	专著	贵州人民出版社	1989	卞孝萱	同屈守元合著
中国历代著名文学家评传（续编三）	专著	山东教育出版社	1989	曹虹	参撰，吕慧鹃等编

续表

著作名称	类别	出版社	出版时间	责任者	备注
被开拓的诗世界	专著	上海古籍出版社	1990	程千帆等	同莫砺锋、张宏生合撰
程千帆诗论选集	论文集	山西人民出版社	1990	程千帆	张伯伟选编
唐诗大辞典	工具书	江苏古籍出版社	1990	周勋初（主编）	莫砺锋、严杰副主编
新译唐人绝句选	古籍整理	台北：三民书局	1990	卞孝萱	同朱崇才合作注译
刘禹锡集（上、下）	古籍整理	中华书局	1990	卞孝萱	校订
牧女与蚕娘——法国汉学家论中国古诗	论文集	上海古籍出版社	1990	钱林森	译著
宋代传奇选译	古籍整理	巴蜀书社	1990	姚松	
唐五代笔记小说选译	古籍整理	巴蜀书社	1990	严杰	
辛亥人物碑传集	古籍整理	团结出版社	1991	卞孝萱	同唐文权合编
唐诗精华	古籍整理	朝华出版社	1991	姚松	参编（王洪主编）
隋书选译	古籍整理	巴蜀书社	1991	武秀成、赵益	
沈祖棻程千帆新诗集	创作集	武汉大学出版社	1992	沈祖棻、程千帆	陆耀东编
程千帆推荐古代辞赋	古籍整理	辽宁少年儿童出版社	1992	程千帆、曹虹、程章灿	程千帆选编，曹虹、程章灿注释
六朝丛书	专著	南京出版社	1992	卞孝萱	主编
历代廉吏污吏史话	专著	江苏教育出版社	1992	卞孝萱	主编
五代史话	专著	北京出版社	1992	卞孝萱	同郑学檬合编、再编
魏晋南北朝赋史	专著	江苏古籍出版社	1992	程章灿	

续表

著作名称	类别	出版社	出版时间	责任者	备注
唐诗入门	专著	贵州人民出版社	1992	程章灿	
二十世纪文史哲名著精义	专著	江苏文艺出版社	1992	姚松	参编（蒋广学、赵宪章主编）
两宋文学史	专著	丽文文化事业股份有限公司	1993	程千帆	同吴新雷合撰
当代学术研究思辨	专著	南京大学出版社	1993	周勋初	
欧阳修年谱	专著	南京出版社	1993	严杰	
刘克庄年谱	专著	贵州人民出版社	1993	程章灿	
西京杂记全译	古籍整理	贵州人民出版社	1993	程章灿	同成林合译
沈祖棻诗词集	创作集	江苏古籍出版社	1994	程千帆	笺注
高适和岑参	专著	上海古籍出版社	1994	周勋初、姚松	
嵇康诗文选译	古籍整理	台湾锦绣出版事业公司	1994	武秀成	
隋书选译	古籍整理	台湾锦绣出版事业公司	1994	武秀成	同赵益合译
西京杂记	古籍整理	台湾地球出版社	1994	程章灿	同成林合作
陈书选译	古籍整理	巴蜀书社	1994	赵益	
日落九世纪：大唐帝国的衰亡	专著	江苏人民出版社	1994	赵益	
骈字类编音序索引	专著	武汉出版社	1995	程千帆	同陶芸合编
唐人轶事汇编（全4册）	古籍整理	上海古籍出版社	1995	周勋初	同姚松合编

续表

著作名称	类别	出版社	出版时间	责任者	备注
中华民族优秀传统文化丛书（45种）	专著	辽宁古籍出版社	1995	卞孝萱	主编
民国人物碑传集	古籍整理	团结出版社	1995	卞孝萱	同唐文权合编
古代文化基础	专著	岳麓书社	1995	曹虹	参撰
汉赋揽胜	专著	上海古籍出版社	1995	程章灿	
古典诗歌风物风情系列·月	专著	江苏古籍出版社	1995	程章灿	同成林合编
月沉西子湖：大宋帝国的衰亡	专著	江苏人民出版社	1995	赵益	
诗仙李白之谜	专著	台湾商务印书馆	1996	周勋初	
中国文学批评小史	专著	辽宁古籍出版社	1996	周勋初	
唐人笔记小说考索	专著	江苏古籍出版社	1996	周勋初	
资治通鉴新编	专著	黄山书社	1996	卞孝萱	主编
刘禹锡评传	专著	南京大学出版社	1996	卞孝萱	同卞敏合著
宋诗精华	专著	广西师范大学出版社	1996	姚松	参编（王洪主编）
阳湖文派研究	专著	中华书局	1996	曹虹	
史通全译	古籍整理	贵州人民出版社	1997	姚松	同朱恒夫合译
文史通义全译（上、下册）	古籍整理	贵州人民出版社	1997	严杰、武秀成	
中华文学通史	专著	华岳文艺出版社	1997	曹虹	撰稿人之一
魏晋南北朝诗	专著	天地出版社	1997	程章灿	
校雠广义校勘编	专著	齐鲁书社	1998	程千帆、徐有富	

续表

著作名称	类别	出版社	出版时间	责任者	备注
校雠广义典藏编	专著	齐鲁书社	1998	程千帆、徐有富	
校雠广义目录编	专著	齐鲁书社	1998	程千帆、徐有富	
俭腹抄	专著	上海文艺出版社	1998	程千帆	巩本栋编
六朝文学丛书（8种）	专著	黑龙江教育出版社	1998	卞孝萱	主编
韩愈评传	专著	南京大学出版社	1998	卞孝萱	同张清华、阎琦合著
南京社会科学志·图书馆学	专著	方志出版社	1998	徐有富	
郑樵评传	专著	南京大学出版社	1998	徐有富	
洛阳伽蓝记释译	古籍整理	台湾佛光山出版社	1998	曹虹	
世族与六朝文学	专著	黑龙江教育出版社	1998	程章灿	
程氏汉语文学通史	专著	辽海出版社	1999	程千帆、程章灿	
魏晋南北朝文学论丛	论文集	江苏古籍出版社	1999	周勋初	
冬青书屋笔记	论文集	东方出版中心	1999	卞孝萱	
唐宋传奇经典	专著	上海书店出版社	1999	卞孝萱	同周群主编
游记精华	专著	巴蜀书社	1999	卞孝萱	主编
中国古代文学作品选	专著	华中师范大学出版社	1999	卞孝萱	同黄清泉主编
闻一多	专著	江苏文艺出版社	1999	徐有富	

续表

著作名称	类别	出版社	出版时间	责任者	备注
古文类选读本	古籍整理	南京大学出版社	1999	曹虹	参撰
中国文学史（第三编）	专著	高等教育出版社	1999	曹虹	参撰
石学论丛	论文集	台湾大安出版社	1999	程章灿	
丘处机	专著	江苏人民出版社	1999	赵益	
唐宋诗名篇	古籍整理	辽宁人民出版社	2000	程千帆	选注
桑榆忆往	专著	上海古籍出版社	2000	程千帆	张伯伟编
涉江诗词集	创作集	河北教育出版社	2000	程千帆	笺注
中国中古文学史讲义	专著	上海古籍出版社	2000	程千帆、曹虹导读	刘师培撰
程千帆全集	专著	河北教育出版社	2000	程千帆	
中华大典·文学典	工具书	江苏古籍出版社	2000	程千帆	主编
唐诗鉴赏辞典	工具书	上海辞书出版社	2000	程千帆	同萧涤非、马茂元等合编
程氏汉语文学通史	专著	河北教育出版社	2000	程千帆、程章灿	
文心雕龙札记	专著	上海古籍出版社	2000	周勋初导读	黄侃著
周勋初文集（7册）	专著	江苏古籍出版社	2000	周勋初	
中国改革史鉴丛书（6种）	专著	南京大学出版社	2000	卞孝萱	主编

续表

著作名称	类别	出版社	出版时间	责任者	备注
中华大典·文学典·隋唐五代文学分典（全4册）	专著	江苏古籍出版社	2000	卞孝萱	分典主编
改革通鉴	专著	湖北人民出版社	2000	卞孝萱（主编）	同胡阿祥合著
十朝诗乘	古籍整理	福建人民出版社	2000	卞孝萱、姚松点校	（清）龙顾山人撰
王霸义利：北宋王安石改革批判	专著	南京大学出版社	2000	赵益	
程千帆新选新评新注唐诗三百首	专著	辽海出版社	2001	程千帆	
中华文化百科（100种）	专著	辽海出版社	2001	卞孝萱	主编
两汉文学	专著	安徽教育出版社	2001	卞孝萱	同王琳合著
唐传奇新探	专著	江苏教育出版社	2001	卞孝萱	
魏晋南北朝赋史（修订本）	专著	江苏古籍出版社	2001	程章灿	
宋诗精选	专著	江苏古籍出版社	2002	程千帆	
闲堂诗学	专著	辽海出版社	2002	程千帆	
全清词·顺康卷	古籍整理	中华书局	2002	程千帆	主编
白居易选集	古籍整理	人民文学出版社	2002	周勋初、严杰	选注
中华传统优秀道德文化丛书（8种）	专著	江苏古籍出版社	2002	卞孝萱	主编
文献学研究	专著	江苏古籍出版社	2002	徐有富	同徐昕合著
慧远评传	专著	南京大学出版社	2002	曹虹	

续表

著作名称	类别	出版社	出版时间	责任者	备注
史通	古籍整理	台湾古籍出版有限公司	2002	姚松	同朱恒夫合注
馆员文存：江苏省文史研究馆建馆五十周年纪念文集	论文集	凤凰出版社	2003	周勋初	主编
江海骊珠江苏省文史研究馆建馆五十周年馆藏书画作品选集（1953—2003）	论文集	江苏美术出版社	2003	周勋初	主编
唐诗大辞典（修订本）	工具书	江苏古籍出版社	2003	周勋初	主编
李白研究	专著	湖北教育出版社	2003	周勋初	
唐人小说与政治	专著	鹭江出版社	2003	卞孝萱	
唐代文学百科辞典	工具书	汉语大词典出版社	2003	卞孝萱	主编
治学方法与论文写作	专著	南京大学出版社	2003	徐有富	
《旧唐书》辨证	专著	上海古籍出版社	2003	武秀成	
新译诗品读本	古籍整理	台北：三民书局	2003	程章灿	与成林合作
迷楼	译著	生活·读书·新知三联书店	2003	程章灿译	宇文所安著
胡适与整理国故考论	专著	安徽教育出版社	2003	徐雁平	
名家赏文坊：汉魏六朝文	专著	上海辞书出版社	2004	程千帆等	
闲堂书简	专著	上海古籍出版社	2004	程千帆	陶芸编

续表

著作名称	类别	出版社	出版时间	责任者	备注
师门问学录（增订本）	专著	凤凰出版社	2004	周勋初	余历雄记录
名家赏文坊：先秦文	专著	上海辞书出版社	2004	周勋初	同周本淳、陈志明、吴小林等合著
郑板桥丛考	论文集	辽海出版社	2004	卞孝萱	
永志毋谖：纪念抗日战争胜利60周年文集	论文集	南京大学出版社	2005	周勋初	主编
李白评传	专著	南京大学出版社	2005	周勋初	
中国历代骈文话	专著	辽海出版社	2005	卞孝萱	同于景祥合著
唐代妇女生活与诗	专著	中华书局	2005	徐有富	
颜真卿评传	专著	南京大学出版社	2005	严杰	
中国辞赋源流综论	专著	中华书局	2005	曹虹	
中国古代文学通论·隋唐五代卷	专著	辽宁人民出版社	2005	曹虹	参撰
中国古代文学通论·清代卷	专著	辽宁人民出版社	2005	曹虹	参撰
赋学论丛	论文集	中华书局	2005	程章灿	
南朝文化（上）	专著	南京出版社	2005	程章灿	同成林合作
古典术数文献述论稿	专著	中华书局	2005	赵益	
册府元龟（12册）	古籍整理	凤凰出版社	2006	周勋初、姚松、武秀成等	周勋初主编，姚松、武秀成副主编
唐人轶事汇编（2册）	古籍整理	上海古籍出版社	2006	周勋初	主持
现代国学大师学记	专著	中华书局	2006	卞孝萱	

续表

著作名称	类别	出版社	出版时间	责任者	备注
韩愈集	古籍整理	凤凰出版社	2006	卞孝萱	与张清华共同编选
旧时燕：一座城市的传奇	专著	凤凰出版社	2006	程章灿	
中国古代文学文献学国际学术研讨会论文集	论文集	凤凰出版社	2006	程章灿	主编
白居易集	古籍整理	凤凰出版社	2006	严杰	
陈振孙评传	专著	南京大学出版社	2006	武秀成	
六朝南方神仙道教与文学	专著	上海古籍出版社	2006	赵益	
中国文学批评小史	专著	复旦大学出版社	2007	周勋初	
中国文学批评小史	专著	丽文文化事业股份有限公司	2007	周勋初	
中国古典文学批评史（日文版）	专著	东京：勉诚出版社	2007	周勋初	高津孝据长江版翻译
韩愈评传	专著	南京大学出版社	2007	卞孝萱	同张清华、阎琦合著
诗学原理	专著	北京大学出版社	2007	徐有富	
清代东南书院与学术及文学	专著	安徽教育出版社	2007	徐雁平	
重五集锦	专著	凤凰出版社	2008	周勋初	
胡小石文史论丛	论文集	南京大学出版社	2008	周勋初	主编
余波集	论文集	南京大学出版社	2008	周勋初	
唐诗研究入门	专著	凤凰出版社	2008	周勋初	
唐代笔记小说叙录	专著	凤凰出版社	2008	周勋初	

续表

著作名称	类别	出版社	出版时间	责任者	备注
中国文学批评小史	专著	香港三联书店	2008	周勋初	由复旦版授权，再版
国学四十讲	专著	湖北人民出版社	2008	卞孝萱	同胡阿祥共同主编
冬青书屋文存	论文集	陕西人民出版社	2008	卞孝萱	
家谱中的名人身影——家谱丛考	专著	辽海出版社	2008	卞孝萱	
唐诗入门	专著	凤凰出版社	2008	程章灿	
中国古典文学史料学	专著	北京大学出版社	2008	徐有富	
《洛阳伽蓝记》今译	译著	中华书局	2008	曹虹	
韩非	专著	南京大学出版社	2009	周勋初	
韩非子校注（修订本）	古籍整理	凤凰出版社	2009	周勋初	校注
淑世心声：江苏省文史研究馆馆员风采录	专著	凤凰出版社	2009	周勋初	主编
中华传统文化丛书（13种）	专著	南京大学出版社	2009	卞孝萱	主编
书院与文化传承	论文集	中华书局	2009	卞孝萱、徐雁平	共同主编
文献传承与文化认同（10种）	主编	中华书局	2009	程章灿	主编
古刻新诠	专著	中华书局	2009	程章灿	
石刻刻工研究	专著	上海古籍出版社	2009	程章灿	
纸上尘	专著	重庆出版社	2009	程章灿	
目录学与学术史	专著	中华书局	2009	徐有富	
唐五代笔记考论	专著	中华书局	2009	严杰	

续表

著作名称	类别	出版社	出版时间	责任者	备注
《经义考》研究	专著	中华书局	2009	张宗友	
师门问学录（修订本）	专著	马来西亚文化出版社	2010	周勋初	余历雄记录
李白（中英对照本）	专著	南京大学出版社	2010	周勋初	同童强合撰，Curtis D Smith 英译
卞孝萱文集（全7册）	专著	凤凰出版社	2010.09	卞孝萱	
古典文献新视野丛书（6种）	专著	凤凰出版社	2010—2015	程章灿	主编
摄山志	古籍整理	中国文史出版社	2010	程章灿等点校，程章灿撰写前言	（清）陈毅等著
李清照	专著	南京大学出版社	2010	徐有富	
清代常州骈文研究	专著	江苏人民出版社	2010	曹虹	第一作者。同陈曙雯、倪惠颖合著
日落九世纪——唐帝国晚期政治叙事（修订本）	专著	江苏文艺出版社	2010	赵益	
西风凋碧树——公元十一至十二世纪的双城故事（修订本）	专著	江苏文艺出版社	2010	赵益	
清代文学世家姻亲谱系	专著	凤凰出版社	2010	徐雁平	
左传（注译）	古籍整理	中州古籍出版社	2010	张宗友	
师门问学录（增订本）	专著	凤凰出版社	2011	周勋初	余历雄记录

续表

著作名称	类别	出版社	出版时间	责任者	备注
唐钞文选集注汇存（增补本）	古籍整理	上海古籍出版社	2011	周勋初	
新国学三十讲	专著	凤凰出版社	2011	卞孝萱	同胡阿祥、刘进宝共同主编
韩愈评传	专著	南京大学出版社	2011	卞孝萱	同张清华、阎琦合著
刘禹锡评传	专著	南京大学出版社	2011	卞孝萱	同卞敏合著
民国人物碑传集	专著	凤凰出版社	2011	卞孝萱	同唐文权共同编著
辛亥人物碑传集	专著	凤凰出版社	2011	卞孝萱	同唐文权共同编著
鬼话连篇	专著	广西师范大学出版社	2011	程章灿	
徐有富诗钞	创作集	河南文艺出版社	2011	徐有富	
真诰点校	古籍整理	中华书局	2011	赵益	
古典研究方法导论	专著	华东师范大学出版社	2011	赵益	
宋代传奇选译（修订本）	古籍整理	巴蜀书社	2011	姚松	
文史知新	专著	凤凰出版社	2012	周勋初	
新译唐人绝句选	古籍整理	台北：三民书局	2012	卞孝萱	
郑板桥全集全三册（增补本）	专著	凤凰出版社	2012	卞孝萱	同卞岐合编
诗歌十二讲	专著	岳麓书社	2012	徐有富	
千家诗赏析	古籍整理	上海古籍出版社	2012	徐有富	
宋才子传笺证·南宋后期卷	古籍整理	辽海出版社	2012	程章灿	主编

续表

著作名称	类别	出版社	出版时间	责任者	备注
金陵百咏·金陵杂兴·金陵杂咏·金陵百咏（外一种）	古籍整理	广西师范大学出版社	2012	程章灿	同成林合撰
清代世家与文学传承	专著	生活·读书·新知三联书店	2012	徐雁平	
闲堂书简（增订本）	专著	上海古籍出版社	2013	程千帆著，程章灿增订	
程千帆书法选集	创作集	南京大学出版社	2013	程千帆	程章灿作序
程千帆、沈祖棻年谱长编	专著	南京大学出版社	2013	徐有富	
诗学问津录	专著	中华书局	2013	徐有富	
程千帆先生百年诞辰纪念文集	论文集	凤凰出版社	2013	本所及学科同人等	莫砺锋主编
玉海艺文校证	古籍整理	凤凰出版社	2013	武秀成、赵庶洋	
宋人轶事汇编	古籍整理	上海古籍出版社	2014	周勋初	主编
全唐五代诗（初盛唐部分）	古籍整理	陕西人民出版社	2014	周勋初	主编
神女：唐代文学中的龙女与雨女	专著	生活·读书·新知三联书店	2014	程章灿译	[美]薛爱华著
朱雀：唐代的南方意象	专著	生活·读书·新知三联书店	2014	程章灿译	[美]薛爱华著，同叶蕾蕾合译
南雍随笔	创作集	南京大学出版社	2014	程章灿	主编

续表

著作名称	类别	出版社	出版时间	责任者	备注
《文选》与中国文学传统：第九届《文选》学国际学术研讨会论文集	论文集	中华书局	2014	程章灿	主编
何处是蓬莱	专著	凤凰出版社	2014	程章灿	同于溯合著，于溯为第一作者
朱彝尊年谱	专著	凤凰出版社	2014	张宗友	
江苏社科名家文库·周勋初卷	专著	江苏人民出版社	2015	周勋初	
文心雕龙解析（上、下册）	专著	凤凰出版社	2015	周勋初	
诗栖名山	专著	凤凰出版社	2015	程章灿	主编
清代家集丛刊（201册）	古籍整理	国家图书馆出版社	2015	徐雁平	第一主编
《新唐书·地理志》研究	专著	凤凰出版社	2015	赵庶洋	
钟山愚公拾金行踪	专著	复旦大学出版社	2016	周勋初	
艰辛与欢乐相随——周勋初治学经验谈	专著	凤凰出版社	2016	周勋初	
胡小石文史论丛（第2版）	专著	南京大学出版社	2016	周勋初著	
文献学管窥	专著	凤凰出版社	2016	徐有富	
抱朴归真——道教的修炼	专著	江苏人民出版社	2016	赵益	
四存编	古籍整理	凤凰出版社	2016	徐雁平	
书史纵横——中国文化中的典籍	专著	江苏人民出版社	2017	程章灿	同许勇合作

续表

著作名称	类别	出版社	出版时间	责任者	备注
秦淮广纪	古籍整理	南京出版社	2017	程章灿（点校）	同成林合作
摄山志	古籍整理	南京出版社	2017	程章灿	同卢海鸣等合作点校
南京历代经典散文	古籍整理	南京出版社	2017	程章灿	同成林合选
南北朝诗选	古籍整理	商务印书馆	2017	程章灿	选注
诗学原理	专著	北京大学出版社	2017	徐有富	
省思与突破——第四届骈文国际学术研讨会论文集	论文集	江苏人民出版社	2017	曹虹	主编
玉海艺文校证（修订本）	古籍整理	凤凰出版社	2017	武秀成、赵庶洋	
抱朴归真——道教的修炼	专著	江苏人民出版社	2017	赵益	
清代家集叙录（3册）	专著	安徽教育出版社	2017	徐雁平	
清代家集丛刊续编（201册）	古籍整理	国家图书馆出版社	2017	徐雁平	主编
"江苏文库"（文献编）（首批38册）	文献整理	凤凰出版社	2018	周勋初、程章灿	主编
唐诗入门	专著	中华书局（香港）有限公司	2018	程章灿	
南大往事	专著	江苏人民出版社	2018	徐有富	
千家诗赏析	古籍整理	中华书局	2018	徐有富	

三 本所主要成员及治学专长

本所主要成员及其治学专长如次：

程千帆先生（1913—2000年）：中国古代文学，中国古典文献学；

周勋初先生：中国古代文学，中国古典文献学；

卞孝萱先生（1924—2009 年）：中国古代文学，中国文化史，唐代文献，清代文献；

程章灿：中国古代文学，石刻与艺术文献，国际汉学，江苏地方文献；

徐有富：中国古典文献学，中国诗学，中国学术史；

曹虹：中国古代散文研究，骈文研究，佛教文献研究；

姚松：中国古典文献学，古籍数字化研究，中国文化史研究；

严杰：唐宋文献研究，笔记文献研究；

武秀成：唐宋文献研究，史部文献研究；

赵益：中国古典文献学，中国古代文学，中国文化史研究；

徐雁平：清代文学研究，清代文献学研究；

张宗友：经学文献研究，目录学研究，朱彝尊专题研究；

于溯：中古文学研究，中古文献研究；

赵庶洋：唐代文献研究，四库学，古籍整理研究；

赫兆丰：魏晋南北朝文学，魏晋南北朝史，中国古典文献学。

山东大学古典文献研究所
三十五年回顾

山东大学古典文献研究所　郑杰文　张　伟

　　山东大学素以古典文史研究见长，以古代典籍整理与思想内涵发掘的有机统一作为鲜明的学术特色之一。20世纪50年代以来，高亨、冯沅君、陆侃如、萧涤非、黄孝纾、殷孟伦、殷焕先及童书业、王仲荦、黄云眉、郑鹤声、张维华等山东大学前辈学者均十分重视古典文献研究，并取得了丰硕的古籍整理研究成果，为山东大学中国古典文献学学科的建立与发展奠定了坚实的基础。

　　1981年9月，为更好地传承中华优秀文化遗产，中共中央下达《中共中央关于整理我国古籍的指示》（中发〔1981〕37号），指出："整理古籍，把祖国宝贵的文化遗产继承下来，是一项十分重要的、关系到子孙后代的工作"，"古籍整理工作，可以依托于高等院校，有基础、有条件的大学，可以成立古籍研究所"。由此，山东大学结合自身学术优势，于1983年成立古籍整理研究所，在全国高等院校古籍整理研究工作委员会的部署和支持下，取得了诸多学术成果，为古籍整理与研究事业作出了自己的贡献。

一　山东大学古典文献研究所的建制沿革与学科建设

　　山东大学古籍整理研究所成立后，由校长吴富恒教授兼任首任所长，殷孟伦教授、萧涤非教授任副所长，董治安教授任常务副所长。1985年后，董治安、刘晓东等教授先后担任所长一职。现任所长为山东大学讲席教授郑杰文。目前，山东大学古典文献研究所有在职人员23人，其中教授6人，副教授9人，讲师2人，英、日翻译3人，资料及行政人员3人。

2002年，山东大学古籍整理研究所与文史哲研究所、民俗学研究所等科研单位联合组建文史哲研究院。2003年，古籍整理研究所改名为古典文献研究所。2012年，古典文献研究所又随同文史哲研究院，与儒学研究院、儒学研究中心和《文史哲》编辑部整合成新的山东大学儒学高等研究院。目前，古典文献研究所为儒学高等研究院下属6个二级科研单位之一。

山东大学古籍整理研究所于1986年设立中国古典文献学硕士学位授权点，1998年设立中国古典文献学博士学位授权点。在古典文献研究所师生的共同努力下，中国古典文献学学科迅速成长为山东大学的优势学科，并于2006年成为山东省重点学科，2007年被遴选为国家重点（培育）学科。山东大学古典文献研究所自成立以来，培养了数百名硕士研究生、博士研究生，其中多人已成为本领域的知名学者，为古籍整理、研究及经济社会发展作出了突出贡献。焦桂美博士的博士学位论文《南北朝经学史》（指导教师：徐传武教授）于2008年获全国优秀博士学位论文奖。

二 山东大学古典文献研究所的研究方向与科研成果

山东大学古籍整理研究所成立初期确定以"唐以前文献整理与研究"（董治安教授主持）、"目录版本校勘学"（王绍曾教授主持）和"汉语历史文献语言研究"（蒋维崧教授主持）为主要研究方向，承担了"先秦文献四十种人名汇考""柳宗元集校注""清史稿艺文志拾遗"等古籍整理与研究项目，出版《古字通假会典》《毛诗训诂研究》《山东文献书目》等学术专著数十种，论文数百篇。经过十余年的发展，至21世纪初，改名后的山东大学古典文献研究所在科学研究、人才培养、对外交流等方面都取得了重大成就，综合学术实力及学术影响力大幅度提高，并在建所初期研究方向的基础上，形成了新的学术研究方向：先秦汉魏六朝文献整理与研究（学术带头人：郑杰文教授）、经学文献整理与经学史研究（学术带头人：王承略教授）、目录版本学研究（学术带头人：杜泽逊教授）。

（一）先秦汉魏六朝文献整理与研究方向

先秦汉魏六朝文献整理与研究以先秦汉魏六朝基本文献的系统整理与深入研究为重点，陆续推出了《先秦文献与先秦文学》《两汉文献与两汉文学》《中国古代纵横家论》《战国策文新论》《古代文学与古代文化》等学术专著,并在《文学评论》《文学遗产》《文史哲》《文史》《文献》等刊物上发表学术论文百余篇。在本方向的学术成果中,最为学界所关注的有董治安教授主持整理的《两汉全书》(山东大学出版社2009年版)、《中华大典·文学典·先秦两汉文学分典》(凤凰出版社2008年版)及郑杰文教授所著《中国墨学通史》(人民出版社2006年版)。

由于年代久远,两汉时期的文献流传至今者已属吉光片羽,弥足珍贵;现存典籍也不同程度地存在窜乱、讹误,至于断章残篇就更缺乏必要的调查和整辑。鉴于两汉文献的现状,为适应学术研究和文化发展的需要,由董治安教授主持自1997年起开始着手编纂《两汉全书》,至2009年编成。是书在前人成果的基础上,对所有现存两汉文献做了全面的汇集、整理。凡属高祖元年至献帝延康元年之间的所有文献,如各种专著、别集,单篇诗、文、赋,以及经籍传注、小学著作、石刻简牍等,包括佚文残篇,悉在《两汉全书》收录范围之内。它基本以人物为单元排列先后,于人物名下逐次著录有关文献;各人物名下,撰有作者小传,略述人物生平、论著等;次列专著(依经、史、子为序),再列别集(含单篇文、赋、诗),后列其他文献资料,并为收录的著作撰写提要,说明著作的年代、流传与版本等。全书共收录人物870余人,总计1300余万字,是迄今为止海内外第一部现存两汉文献的总汇。《两汉全书》集两汉文献之大成,以规模宏大、资料全备、体例完美、点校精良而获得学界的广泛好评。此书的出版不仅有力地推动了两汉历史文化的断代研究,而且有助于中国传统文化特色的全面总结。

《中华大典》是国务院批准的重大文化出版工程,是国家文化发展纲要的重点出版工程项目,位列"十一五"期间国家重大出版工程规划之首。《先秦两汉文学分典》是《中华大典·文学典》的六个分典之一,分类汇编有关先秦两汉作家作品的研究性文献,共800万字。此分典原则上采用《古今图书集成》经目与纬目相交织的统一框架结构,分"绪论""先秦文学部一·诗经""先秦文学部二·楚辞""先秦文学部三·先秦经传""先秦文学部四·先秦诸子""汉文学部一""汉文学部二""汉文学部三"八个部分,汇编辛亥革命以前历代有关先秦两汉作家作品的资料性文献(不收作品本身)。是书涵盖了从先秦至清末两千多年间关于先秦两汉文学的研究资料，为先秦两汉文学研究的必备参考资料。

郑杰文教授所著《中国墨学通史》的出版，结束了战国时曾与儒家并称"显学"的墨家没有学术发展通史的局面，被同行誉为"填补学术空白"之作。《中国墨学通史》一书对早期墨学的内容和特点、墨学发展源流、历代学者对《墨子》及墨学的研究成果等做了深入、细致的研究。提出了"《墨子》53篇所反映的墨家学说，有一个较长时期的发展过程""墨家学团是一个政治一体化、经济一体化的准军事化的学术结社组织""墨家传《诗》《书》有自己独立的学术系统""汉代起'视墨同儒'的学术观念妨碍了墨学的研究和流传"等一系列关于墨学史的新见解。原西北大学校长、著名思想史学者方光华教授认为《中国墨学通史》的创新之处体现在"第一，对墨学早期的历史作了新的定位"，"第二，对秦汉到明清时期墨学研究的材料进行了挖掘，勾勒了'墨学'中绝后墨学的研究与流传的发展线索"，"第三，对20世纪的墨学研究进行了十分详细的研究分析"。[①] 著名历史学家何炳棣先生在清华大学演讲中多次提及《中国墨学通史》一书，并称赞此书在墨家学团组织、巨子制演变及墨家学派分裂原因等方面的论述"均较前人论述详细"，尤其是对墨者"论辩""说书""从事"三派的功能与活动，"有很好的叙述与分析"。[②]《中国墨学通史》一书出版后，入选《国家社会科学基金成果文库》第一批优秀成果（共10种），并于2009年获教育部人文社会科学研究成果奖一等奖。

（二）经学文献整理与经学史研究方向

经学文献整理与研究是山东大学古典文献研究的优长与特色，前辈学者高亨先生即撰有《周易古经今注》《周易大传今注》《诗经今注》等蜚声海内外的经学文献整理专著。此方向以经学文献整理为基础，以《诗经》、谶纬等经部文献的整理与研究为重点，承担了《两汉全书》中大量经学文献的整理及"《儒藏》整理与研究"《诗经部》《儒藏·谶纬部》的点校，推出了《中国经学学术编年》《历代诗经论说述评》《经部要籍概述》《经学十二讲》《郑玄与今古文经学》等成果。其中董治安、

---

① 方光华：《穷源索流的中国墨学通史》，《光明日报》2006年8月19日第7版。
② 何炳棣：《国史上的"大事因缘"解谜：从重建秦墨史实入手》，《何炳棣思想制度史论》，中华书局2017年版，第359、391页。

郑杰文、王承略三位教授领衔整理的《儒藏·诗经部》《儒藏·谶纬部》，因为高质量、高速度地完成了任务，赢得了学界的广泛赞誉。山东大学副校长陈炎教授曾代表山东大学在教育部主持召开的《儒藏》工作会议上，介绍过项目实施经验。

本研究方向的学术带头人王承略教授在30余年的学术研究历程中撰作了大量经学研究论著，其中既有《论两汉经学发展的基本走向》《论两汉经学发展的五个阶段》等整体论述、考说汉代经学发展历程的论文，也有《四家诗在汉代不同的学术地位和历史命运》《论毛诗的经本及其学派归属》《〈孔子诗论〉说〈关雎〉等七篇义解》《论陈奂〈诗毛氏传疏〉的解经体例及校勘成就》《孝经论证逻辑辨析》《论〈孔子家语〉的真伪及其文献价值》等单经研究成果。王承略教授关于《毛诗序》的撰作年代早于《毛传》，可能出于孟子学派；今本《孔子家语》的主体内容尚保持着刘向校本的原貌，因而未可笼统地将其视为伪书，应该重视并肯定其文献价值等学术观点在学界具有较大影响，为众多论著所征引。除撰有大量经学研究论著外，王承略教授还曾担任《儒藏精华编·诗经类》主编并亲自整理了苏辙的《诗集传》、吕祖谦的《吕氏家塾读诗记》、杨简的《慈湖诗传》、陈奂的《诗毛氏传疏》、陈启源的《毛诗稽古编》、王先谦的《诗三家义集疏》等多部重要《诗经》学文献，其中的《诗集传》《慈湖诗传》《诗毛氏传疏》《毛诗稽古编》等皆属首次整理，而《诗毛氏传疏》尤为重要，已列入中华书局《十三经清人注疏》出版计划。

由郑杰文教授主编的《中国经学学术编年》（凤凰出版社2015年版）是我国第一部编年体经学通史著作，共有"先秦""秦汉""魏晋南北朝""隋唐五代""两宋""辽金元""明代""清代"8卷15册，共770万字。该书以时间为经，以相关传世文献和出土文献的编排为纬，首次以编年的形式反映了西周初年至清末3000年间中国经学的发展历程。来自北京大学、山东大学、中山大学、山东师范大学等高校的数十位作者在郑杰文教授带领下，从3400余种古籍中选列万余条文献资料，历时十年精心打磨而撰成此书。该书以文献史料为支撑，并将其按年代逐一编排，为中国经学史、学术史研究提供了基础性史料。此外，该书还对中国经学史上的众多基本问题做了细致、深入的考辨，是一部在古典学术研究方面取得诸多突破的创新之作。此书出版后，受到学术界的广泛关注,于2018年11月获第三届全球华人国学成果奖。

(三) 目录版本学研究方向

该方向由王绍曾教授开创,以古典目录学、版本学及藏书史研究为重点,既重视古籍目录编纂与古典文献校勘实践,又重视古典文献学理论与方法的总结,主要成果有《订补海源阁书目五种》《四库存目标注》《山东文献集成》《二十五史艺文经籍志考补萃编》《中国古籍整理体式研究》《文献学概要》等。其中,杜泽逊教授所撰《文献学概要》(中华书局2001年版)于2006年入选"十一五国家级教材"。

史志目录为中国古典目录的重要分支,自《汉书·艺文志》以来,《隋书》《旧唐书》《新唐书》《宋史》《明史》等纪传体正史均有艺文志或经籍志。由于史志目录价值巨大,自宋代以来,对史志目录的订补也逐渐成为中国古典目录学的重要组成部分。中华民国初年成书的《清史稿》亦有艺文志四卷。但限于当时的主客观条件,《清史稿·艺文志》仅著录清人著作9633部、138078卷,不足以反映清代学术文化的全貌。为弥补《清史稿·艺文志》的脱漏,武作成撰有《清史稿艺文志补编》,在《清史稿·艺文志》的基础上增补四部典籍10438种、93772卷。二者相加,尚不足两万部,与清人著作之盛相去仍远。有鉴于此,自1983年开始,王绍曾教授即着手编纂《清史稿艺文志拾遗》(以下简称《拾遗》)。1989年,《拾遗》编纂工作被列入全国高校古委会资助项目,1992年被列入国务院古籍整理八五规划项目。2000年,《拾遗》由中华书局正式出版。全书共3册,按经、史、子、集、丛著录,清人著述为《清史稿·艺文志》及《补编》所未收者54888部。该书体大思精,既是"目前国内规模最大、收录最全、分类最细、使用最便的清代史志目录"[1],又开史志目录著录版本之先河,可谓补史志目录之冠。《拾遗》于2003年7月获全国高校人文社会科学优秀成果一等奖。

《四库全书总目》是清乾隆年间官修的一部大型提要目录,自撰成之日起,即以体例之完善、评论之精当而为学者所重视。由于《四库全书总目》于所著录诸书版本标注不确,故自清代起便有为《四库全书总目》增补版本信息之行为,但前辈学者多集中于《四库全书》所收之

---

[1] 黄爱平:《拾遗补阙,嘉惠学林——〈清史稿艺文志拾遗〉读后》,《清史研究》2003年第2期。

书，而于其中的"存目"部分则付诸阙如。杜泽逊教授在参与国家重点古籍整理出版项目"四库全书存目丛书"编纂工作中，目验《四库存目》古籍 5000 余种并详作札记。在此基础上，杜泽逊教授撰成《四库存目标注》（上海古籍出版社 2007 年版）一书。是书共 8 册，于每一书目下逐一注明进呈本所录，知见本版本形式、现状、藏所，并录有关序跋题识、印记、写刻工，间加按语。是书既是"一部'四库学'、版本目录学研究者必须阅读的学术专著，也是一部从事目录、索引编纂和藏书史、出版史及版本鉴定者必备的工具书"①。

由于史志目录对于学术研究具有重要作用，因此为了方便学术研究、考察传统学术，把附于各部正史的艺文、经籍志，把处于分散状态的艺文志考补之作汇集一编，是学术发展的必然。姚振宗所撰《快阁师石山房丛书》、日本学者所编《八史经籍志》以及近年国家图书馆影印出版的《历代史志书目丛刊》均为从事此项工作的代表性成果。而由王承略、刘心明两位教授主编的《二十五史艺文经籍志考补萃编》（清华大学出版社 2010—2014 年版）代表了当前汇编与整理史志目录的最高成就，在诸多方面都有超越前人之处。是书收录"二十五史"中的艺文志或经籍志，及其在宋代至中华民国间的考证、注释与补遗之作，收录清代至中华民国间补撰的各朝艺文志或经籍志，收录宋、明、清三朝的国史艺文志或经籍志，共计 83 种，每一种都做了标点、校勘，大致根据时代和篇幅分为 27 卷 30 册。这是史志目录首次大规模的汇辑和整理，显示了各代藏书与著述之盛，在一定程度上摸清了中国古代文献典籍的家底，反映了各个时代各种学术的兴起、发展与演变，体现了中国古代思想、文化与科技的繁荣，为贯通考察典籍的成书、著者、卷帙、真伪、流传等情况，提供了最基本、最可信的依据。

2002 年，国家重大文化工程"《清史》编纂工程"正式启动。由于有编纂《清史稿艺文志拾遗》的学术基础，国家《清史》编纂委员会又将纂修《清人著述总目》和《清史·艺文志》的工作交给了山东大学古典文献研究所，并由杜泽逊教授主持。《清人著述总目》作为《清史》附录之一以著录有清一代人物所有著述为目的。全目分经、史、子、集、

---

① 王锷：《新时期四库学的力作——读〈四库存目标注〉》，《图书馆工作与研究》2008 年第 3 期。

西学、丛书六大部,每部分若干类,每类分若干属,属下酌情再分小类。《清人著述总目》的材料来源是诸家书目,包括《中国古籍善本书目》《中国丛书综录》等著录现存古籍的大型目录,《四库全书总目》《续修四库全书总目提要》等大型提要目录,《清人别集总目》《清人诗文集总目提要》等知见书目,《古典戏曲存目汇考》《中国分省医籍考》等专科目录,《江苏艺文志》《皖人书录》等地方文献目录,此外还有天津图书馆、浙江图书馆、清华大学图书馆、山东省图书馆等藏书机构的卡片目录。经编撰长编、合并条目、分类编排、编制索引4步程序,历时8年,最终形成著录清人著述22.7万余种,共计1200余万字的《清人著述总目》。

三 山东大学古典文献研究所现有重大项目

历经20世纪80年代中期至21世纪初数十年的发展,山东大学古典文献研究所在2010年以后进入了快速发展的新时代,先后承担了"《子海》整理与研究""俄藏中文古籍的调查编目、珍本复制与整理研究""法国国家图书馆所藏中文古籍的编目、复制与整理""《五经正义》汇校与研究"等国家社会科学基金重大项目和教育部哲学社会科学研究重大委托项目"大英图书馆所藏中文古籍的整理与文献学研究",及国家重点文化工程——"全球汉籍合璧工程"。

(一)从"《子海》整理与研究"到"全球汉籍合璧工程"

自20世纪50年代以来,山东大学就是海内外知名的子学文献整理与研究重镇。鉴于山东大学在子学文献整理与研究方面的深厚积淀和突出贡献,2010年全国哲学社会科学规划办公室下发46号文件,委托山东大学实施国家社会科学基金重大委托项目"《子海》整理与研究"(10@ZH011,以下简称"《子海》项目"),由古典文献研究所所长郑杰文教授担任项目首席专家。"《子海》项目"是对子部精华典籍予以整理,对传统子学进行研究,为民族文化事业的发展提供文献依据和智力支持,以推动中国文化走向世界的大型文化建设工程。

2013年11月,《子海》首批重大成果发布会暨"两岸古籍珍本合璧工程"论证会在山东大学举行。山东省常务副省长孙伟,国台办前副主任、海协会副会长孙亚夫,全国哲学社会科学规划办公室副主任杨庆存等出席成果发布会,中央电视台、《人民日报》、《光明日报》等28家新闻媒体现场采访并予以报道。在此次成果发布会上发布的"《子海》项目"成果为影印子部要籍543种的《子海珍本编》第一辑（含凤凰出版社出版的《大陆卷》120册、台湾商务印书馆出版的《台湾卷》50册）。尤其可贵的是，在《子海珍本编》第一辑的编纂工作中，对一些分散于不同藏书单位的残本做了合璧整理，为今后古典学术研究奉献了完整的史料。如《大德重校圣济总录》一书，中国台湾"中央研究院"存日本抄本200卷、共122册，日本宫内厅书陵部存覆宋刊本残本35卷，大陆4家图书馆共存残本37卷（内一卷重复），《子海珍本编》影印时，将各残本合为一体，为学界提供了关于此书最为全面的珍贵资料。《子海珍本编》第一辑的编纂是在促进两岸学术文化合作方面的一次有益尝试，实现了大陆科研单位与中国台湾"国家图书馆""故宫博物院""中央研究院"等文化学术机构共同编纂、联合出版的长期愿望，开启了海峡两岸学术界倾力合作、共担民族文化传承重任的新局面，意义重大而深远。此后，"《子海》项目"又陆续推出了《珍本编·台湾卷》第二辑至第五辑、《珍本编·海外卷（日本）》《珍本编·大陆卷》第二辑，《子海精华编》第一辑至第三辑以及美国汉学家安乐哲著《儒家角色伦理学——一套特色伦理学词汇》等重要成果。截至2018年7月，"《子海》项目"已出版420册重要成果（含1118种古籍及相关著述）。

基于海峡两岸合作编纂出版《子海珍本编》第一辑的成功经验，应和学界的倡议，山东大学于2013年11月设计并提出了"全球汉籍合璧工程"（简称"合璧工程"）的基本构架和主体任务，计划对境外中华古文献进行调查、复制、整理和综合性研究，并建设有关数据库。"合璧工程"中的"合璧"一词是比喻用法，意思是将分藏于两处及以上、彼此都残缺的中华古籍，通过各类方式予以复制，然后合在一起，为读者提供更加完整的学术资料。

2017年4月19日，山东省委宣传部与山东大学联合召开"合璧工程"启动暨第一次工作会议。会议通过了"合璧工程"实施意见、工程工作委员会成员名单、发展规划、五年工作计划、经费预算以及"合璧工程"成果出版计划、出版保障措施等文件，以郑杰文教授为工程首席专家，以王培源、王承略、刘心明等教授为分工程团队学术协调人的"合璧工程"正式启动。

2017年4月21日，李克强总理莅临山东大学视察，听取了郑杰文教授关于"合璧工程"相关情况的汇报,并给予了高度关注。10月10日,李克强总理在文化部《关于支持山东大学"全球汉籍合璧工程"有关情况的报告》上做出批示,肯定了开展海外中华古籍调查、回归和整理工作告慰先人、传承后世、裨补中华文化完整性以更好地弘扬民族优秀传统文化的重要作用。并指出,这是一项系统工程,山东大学在这方面的工作已坚持数年,要求文化部会同教育部、财政部、新闻出版广电总局等统筹协调,北京大学等研究机构通力协作,把这件要事办好。

2018年7月18日,在文化与旅游部的组织协调下,"合璧工程"实施方案专家评估会在山东大学召开,专家评估组听取了工程首席专家郑杰文教授及分团队学术协调人对"合璧工程"实施方案的介绍说明,经过认真评估和考察,通过了《全球汉籍合璧工程实施方案》。目前,"合璧工程"已立为国家重点文化工程,资助经费2.2亿元人民币。

截至2018年11月,"合璧工程"已联合北京大学、南京大学、复旦大学、中山大学、四川大学、厦门大学、清华大学、中国社会科学院、中国国家图书馆、中华书局等国内14所高校和学术文化机构,组建起23个学术团队;同境外耶鲁大学等8所著名高校签署合作意向书,与英国国家图书馆,法国国家图书馆,俄罗斯"国立"图书馆,日本内阁文库、宫内厅书陵部、日本"国立"国会图书馆、东洋文库、静嘉堂文库、蓬左文库,韩国韩国学"中央研究院"藏书阁,德国巴伐利亚州立图书馆,瑞典戈斯德六世远东研究图书馆,美国国会图书馆等52家境外图书馆建立合作关系或达成合作意向。随着今后工作的不断开展,将与越来越多的藏书机构建立合作关系。"合璧工程"还组建了专门的数据库建设团队,实现工程成果面向全社会的公益使用,揭示中华古籍蕴含的深厚文化内涵,支持学术研究与文化传播。

目前,"全球汉籍合璧工程"正在扎实、稳步推进中,预计通过招标、委托或特别资助等方式设立50项境外汉籍编目复制类项目、20项境外汉籍点校整理类项目、数项国际汉学研究项目并启动境外汉籍与汉学研究论著数据库建设。预计推出的成果有10种境外藏汉籍目录、150种境内缺藏汉籍珍本、20种境外汉籍点校整理成果,为全球汉籍目录数据库增加约1100万字的目录及文献数据,为境外中华古籍珍本全文图像数据库增加800种古籍。

（二）承担多项国家级、省部级重大项目

除"《子海》整理与研究"和"全球汉籍合璧工程"外，山东大学古典文献研究所承担了多项国家级、省部级重大项目。它们分别是：由古典文献研究所兼职教授王培源任首席专家的国家社会科学基金重大项目"俄藏中文古籍的调查编目、珍本复制与整理研究"，由古典文献研究所教授刘心明任首席专家的"法国国家图书馆所藏中文古籍的编目、复制与整理"，由古典文献研究所教授王承略任首席专家的教育部哲学社会科学研究重大委托项目"大英图书馆所藏中文古籍的整理与文献学研究"，由古典文献研究所教授杜泽逊任首席专家的"《五经正义》汇校与研究"。

1. 俄藏中文古籍的调查编目、珍本复制与整理研究

俄罗斯作为我国邻邦，通过各种渠道，收藏了数量可观的中文古籍。俄藏中文古籍是海外藏中文古籍的重要组成部分。但到目前为止，国内外学术界对俄藏中文古籍的总体状况及学术文化价值，尚缺乏完整清晰的了解和较为系统的研究。有鉴于此，由王培源教授任首席专家的国家社会科学基金重大项目"俄藏中文古籍的调查编目、珍本复制与整理研究"（16ZDA180）从掌握俄罗斯中文古籍收藏全貌的角度出发，通过实地调查，结合已有成果，在新编或完善各家馆藏目录的基础上，计划编纂能全面反映俄罗斯中文古籍收藏状况的《俄藏中文古籍总目》，并通过数字化复制的方式，完成中国大陆缺藏古籍和珍稀版本的再生性回归，以完善大陆古籍善本的收藏，开辟新的文献研究领域，促进中俄文献学研究和汉学研究之间的深层交流。

该课题分为以下四个子课题：（1）俄藏中文古籍的调查编目；（2）俄藏中文古籍复制影印与数据库建设；（3）俄藏中文古籍的整理研究；（4）俄国汉学视阈下的俄藏中文古籍译介与比较研究。最终成果为约60万字的《俄藏中文古籍总目》、约2700万字的《俄藏中文古籍珍本丛刊》以及约20种专题研究成果。以上所有成果在出版专书的同时都将收入"俄藏中文古籍与俄罗斯汉学研究"数据库。

2. 法国国家图书馆所藏中文古籍的编目、复制与整理

法国作为汉学发达的欧洲国家，收藏了相当数量的汉籍，无论质量、数量都堪称欧洲之最。法国国家图书馆乃至整个法国所藏汉籍是海外藏汉籍的重要组成部分。由刘心明教授任首席专家的"法国国家图书馆所

藏中文古籍的编目、复制与整理"（17ZDA267）即为对法国国家图书馆所藏中文古籍的综合考察和整理研究的国家社会科学基金重大项目。该课题的主要内容包括法国国家图书馆所藏汉籍的编目、以遴选复制的方式实现珍贵古籍的再生性回归、重要古籍的校点注释等整理工作及与法国国家图书馆所藏汉籍有关的文献学研究；同时，借助当代计算机技术，建立"法图所藏汉籍与法国汉学研究"综合性数据库。总而言之，就是要遴选法藏汉籍珍本使之数字化回归以完善境内古籍存藏系统，并为法国汉学乃至整个国际汉学研究提供最便捷的文献资料服务和最新研究成果。

该项目的最终成果为《法国国家图书馆所藏汉籍总目》《法国国家图书馆所藏汉籍珍本丛刊》《法国国家图书馆所藏中文石刻珍本拓片》《法国汉学家中文古籍译介研究》《法藏中文古籍对法国文化以及中法文化交流的影响》及"法图所藏汉籍与法国汉学研究"数据库。

3. 大英图书馆所藏中文古籍的整理与文献学研究

由王承略教授任首席专家的"大英图书馆所藏中文古籍的整理与文献学研究"（17JZDW04）于2017年12月被立为教育部哲学社会科学研究重大委托项目。该项目计划对大英图书馆所藏中文古籍进行综合考察和整理研究。其主要内容包括大英图书馆所藏而中国缺藏的汉籍的整理、大英图书馆所藏汉籍稿抄本的专题研究、大英图书馆所藏汉籍的文献学研究。该项目的实施，对于进一步完善国内古籍的存藏体系，为汉学研究提供丰富的文献资料服务和最新研究成果，对促进中英汉学研究的深层交流，均具有重要意义。

目前，该项目已基本完成大英图书馆所藏汉籍稿抄本700余种书志的撰写；对大英图书馆所藏稿本《借树山房诗草》《玉说》《福次咸诗草》等的整理研究，也已陆续展开，并取得阶段性成果。

4. 《五经正义》汇校与研究

"十三经"是我国古籍中的基本典籍，与"二十四史"构成传统典籍的骨干，历来受到研习中国传统学术者的高度重视，因此对其进行整理、研究对中国传统学术发展具有重要意义，而"整理"的基础性工作就是校勘。鉴于《十三经注疏》的重要学术价值和文化意义，且缺乏校勘精审之本，杜泽逊教授于2012年3月主持启动了"《十三经注疏》汇校"（以下简称"汇校"）。"汇校"以明万历北监本为底本，旨在通过对《十三经注疏》唐、宋、元、明、清主要版本进行全面系统的校勘，并吸收历代校勘成果，形成完整记载异文材料的《十三经注疏汇校》。汇校《十三经注疏》，对于整理出错误较少的《十三经注疏》通行本，考察《十三经注疏》各版本之间复杂的流变关系及评价历史上作为重大文化活动的刊刻《十三经注疏》工程的功过均具有重要意义。"汇校"完成后将为深入研究、释读儒家经典提供重要的文字参考，也为进一步整理出版具有当代水平的《十三经注疏》通行本打下坚实的基础。

在杜泽逊教授主持下，共计3000多页、60余万字的《尚书注疏汇校》于2014年3月完成，2018年4月由中华书局出版，并入选2018年中华书局古籍整理类十佳图书。目前，其余各经的汇校整理工作正在稳步推进之中。2018年11月，在"汇校"基础上形成的"《五经正义》汇校与研究"（18ZDA244）被立为国家社会科学基金重大项目。

除以上所述重点文化工程和重大项目外，山东大学古典文献研究所王承略教授的《后汉书》整理与研究、刘心明教授的石刻文献整理与研究、何朝晖教授的明代书籍史研究、聂济冬教授的秦汉子书研究均为海内外学界同行所关注，具有较大的学术影响力。

历经35年的发展，山东大学古典文献研究所已成长为海内外知名的中国古典文献整理与研究重镇之一，在境外汉籍调查整理、目录版本校勘学及先秦两汉文史文献研究领域居于全国学术前列。山东大学古典文献研究所将在完成以上重大项目、工程，推出重大学术成果的同时，加强海外学术交流，创新人才培养模式，以求为传承、发展中华优秀传统文化作出更大贡献。

暨南大学古籍研究所三十五年的成就与不足

暨南大学古籍研究所　刘正刚

暨南大学古籍研究所（又称"中国文化史籍研究所"，以下简称"古籍所"）于1984年11月经教育部批准正式成立，是全国高等院校古籍整理研究工作委员会直属重点研究机构之一。2019年迎来建所35周年的喜庆日子。

一　古籍研究概况

古籍所首任所长为陈乐素教授。陈先生系我国著名历史学家、教育家陈垣先生的长子。陈乐素教授继承父业，长期致力于中国古代史与历史文献学专业的研究和教学，是我国著名的宋史研究大家和历史文献学专家。他治学严谨、勤学不倦，是20世纪中国宋史研究的开拓者与奠基者之一。其代表性作品为《求是集》（一、二集）、《陈乐素史学文存》等。1984年从杭州大学南下广州，组建暨南大学古籍研究所。

自陈乐素教授以后，先后有常绍温教授、毛庆耆教授、张其凡教授、张玉春教授担任古籍所所长。现任所长为刘正刚教授。

暨南大学古籍研究所由历史学和文学两个学科组成。全所现有专职师资17人，其中教授8人、副教授5人、讲师2人、行政人员和资料员各1人。现下设3个研究室，即历史文献与文化研究室、古典文献与文化研究室、港澳台及海外文献与文化研究室。此外，港澳历史文化研究中心、基督教史研究中心的研究力量也挂靠古籍所，研究队伍也以古籍所人员为主。

我所是暨南大学全校院系中唯一一个拥有独立资料室的单位，藏书达3万多册，尤以中国港台地区图书最具特色。此外，暨南大学图书馆也会根据古籍所的建议，积极筹措专项资金，购置了一些大部头的学术研究资料，包括各种数据库，为我们开展学术研究提供了较好的资料保障。

古籍所自 2008 年以来，在学校的关怀下，改善了全所的办公条件，每位在岗的教师都有一间独立的办公室，为开展学术研究创造了良好的条件。古籍所拥有自己的会议室、研究生课室等。

古籍所始终以继承和弘扬中国传统文化为宗旨，以整理古代典籍为特色，先后为中国港澳台地区和大陆培养了大批硕士研究生和博士研究生，在我国重点侨务高等院校——暨南大学的建设与发展中发挥了重要作用。

二　科研项目

我所自成立以来，始终坚持以项目带动学术研究。

（一）在 20 世纪 90 年代参与了由全国高校古委会下达的国家教委古籍整理"七五"规划重点项目"古代文史名著选译丛书"中的"宋史选译""诸葛亮文选译""淮南子选译""越绝书选译""海国图志"等课题。又参与并承担了 20 世纪八九十年代广东省古籍整理重点项目"岭南丛书"中的"粤海关志校点""东坡事类校点""文溪存稿校点"等近 30 多种古籍的研究与点校工作。

（二）我所承担了至少 50 项全国高校古委会项目，均已经出版。以笔者为例，就承担了"岭南旧志中的瘟疫史料汇编与研究"（编号：0355），"李菉猗女史全书点校"（批准号：1023），"《区太史诗文集》点校与研究"（批准号：1418）。

（三）自 20 世纪 90 年代以来，我所教师基本上均承担了国家社会科学基金项目，其中重大项目 4 项，分别是刘正刚教授的"明清孤本法律文献典籍整理与研究"，程国赋教授主持的"中国历代小说刊印文献汇考与研究"，叶农教授主持的"鸦片战争后港澳对外贸易文献整理与研究"，陈广恩教授主持的"日本静嘉堂所藏宋元珍本文集整理与研究"。这些重大项目，充分体现了我所以古籍整理为目标的建所方向。除重大项目外，我所还主持了两项国家社会科学基金重点项目，分别是陈广恩教授主持的"新发现日藏《事林广记》校勘整理与研究"，王京州教授主持的"中国古代类书总目提要"。承担教育部、广东省和广州市等众多的社会科学基金项目。此外，利用毗邻中国港澳地区的优势，积极开展与中国港澳地区的合作研究项目，有多人、多次主持中国港澳地区的项目。

近年来，古籍所还积极为社会服务，扩展学术研究的范围，为广东省各地从事横向社会科学研究，既为地方文化建设提供了依据，也扩大了古籍所的社会影响。建所以来，全所主持或参与过各类社会科学研究项目达百余项。

三　学术交流

学术交流是同人分享研究心得的重要形式。我所召开了多次大型学术研讨会。

（一）1992年、2002年、2012年3次举办纪念创所人陈乐素教授诞辰90周年、100周年、110周年国际学术研讨会，并出版了相应的会议论文集。

（二）1997年召开宋元史国际学术会议；2010年12月，由张其凡教授牵头成立了岭南宋史研究会，多次举办学术研讨会，进一步密切与中国港澳台地区学者的交流。

（三）2010年12月，举办"古文献与岭南文化国际学术研讨会暨中国《史记》研究会第九届年会"。

（四）2016年6月，我所与《中国史研究》杂志社联合主办"历史文献与古代社会研究的现状与展望"学术研讨会。

与此同时，我所年轻教师赴中国港澳地区和海外进行短期或长期（一年）的学术交流较为频繁。

每年邀请海内外知名专家学者到我所举办学术讲座，2000年之前我所主办的"史学沙龙"在学界颇有影响。近年来每年举办15次左右的"中华文化大讲坛"的学术讲座，邀请的学者遍布海内外。

四　论著

（一）自首任所长陈乐素先生开始，就以丛书代刊的形式，每年出版《历史文献与传统文化》。中间因经费问题，曾有过短暂的中断。自21世纪以后，受到广东省高水平大学建设经费的资助，从2010年以来已保持连续出版的势头，现已经出版至24辑。

（二）出版学术专著、古籍整理与研究等著作百部以上，发表学术论文 500 多篇。尤其是自 2010 年以来，广东省推出的高水平大学建设，为著作的出版提供了较为充裕的经费。

（三）为迎接香港、澳门回归，我所汤开建教授参与组织编纂的《明清时期澳门问题档案文献汇编》《港澳大百科全书》《香港 6000 年（远古—1997）》等，受到各界好评。汤开建教授为此获得"香港回归庆功"国家三等功。《港澳大百科全书》荣获 1993 年第五届中国图书奖。此外，我所有多人、多次获得广东省社会科学成果奖项，有多人次获得中国港澳地区的政府奖项。

五　人才培养

目前，我所拥有中国古代史、历史文献学和中国古典文献学（与中文系联合）3 个专业的博士、硕士学位授予权，以及中国史和中国文学博士后流动站，为海内外培养了大批高层次人才。尤其在中国港澳地区高层级人才培养方面取得了可喜的成就，这些毕业生回到中国港澳地区后，在行政、教育等部门担任一定的高级职务，为中国港澳地区的稳定作出了贡献。

注重本所人才的培养与引进。目前，我所培养了暨南大学人文社会科学首名长江学者程国赋教授，又培养了广东省青年珠江学者吴青教授。近年来，在学校和学院的支持下，加大力度，积极引进高层次人才，充实现有的研究力量。

自 2013 年开始，古籍所还与中国地方志办公室联合开展地方志高级研修课程班，为我国的地方志修纂培养了高层次的人才。目前，我所又连续数年向全社会开放，举办中国史高级课程研修班，积极为社会培养高层次人才。

六　本科教学任务

我所教师在从事专职科研工作的同时，一方面为历史学、文学开设专业选修课，另一方面还积极为全校本科生开设公共选修课。如为历史学专业开设"中国法律史""港澳文化""岭南文化"等课程；为文学专业开设"明代小说概论""明清士人群体研究"等。为全校本科生开设"中国文化概论""文史哲通论"等课程。此外，还为留学生开设全英文的"中国文化概论"等。

七 需要改进之处

暨南大学古籍研究所建所35年来，在全国高校古委会和暨南大学的领导下，取得了一定的成就。但是中间也有曲折，明显存在一些不足之处。

第一，受到社会大环境的影响，古籍所在建设过程中，曾受到各种干扰，甚至一度有被取消的危险，以致古籍所在相当长一段时间内几乎没有引进人才，制约了古籍所的发展。

第二，全所在岗教师的学术专业分散，研究兴趣集中于自己的学术范围，因而无法上大项目、出大部头的学术著作。尽管目前在岗人员有17人，但由于学术队伍分为中国史和文学两个学科，而中国史又分为中国古代史专业和历史文献学专业，且中国古代史专业又分为多个断代史，再加上学校采取个人考核的绩效工资制，因而很难调动全所力量，从事集体攻关项目。因而，建所以来，一直没有大品牌的学术论著问世。

第三，缺少重量级的骨干人才。目前长江学者程国赋教授为古代文学专业专职研究。中国古代史和历史文献学均没有重量级的学术带头人，无法拧成一股绳。在一定程度上影响了古籍所的学术发展。近年来，尽管引进了一些人才，但多属于年轻学者，暂时尚无法支撑古籍所的发展架构。

第四，学校实现工分制的考核方式，对古籍所而言，从事古籍整理与研究，需要慢工出细活，因而全所教师的经济待遇普遍不高，也影响了大家的积极性。

随着国家对历史文化资料的重视，中华优秀传统文化会受到越来越多的关注。2018年10月，习近平总书记视察暨南大学，强调要把中华优秀传统文化传播到五湖四海。这一重要指示，对古籍所而言，意义非常重大。我们相信，暨南大学古籍研究所的明天会更好！

考文献以爱旧邦

——四川大学古籍整理研究所建所三十五年汇报

四川大学古籍整理研究所　舒大刚

四川大学古籍整理研究所（以下简称"古籍所"）是1983年成立的全国较早一批古籍文献整理和研究单位之一，经过35年的建设和发展，根据主攻方向的调整和所取得成果的不同，大致可以分成三个阶段：1983年是建所的奠基阶段，由徐中舒、缪钺、杨明照、赵振铎、胡昭曦等担任行政负责人和学术带头人；1984—1994年，为古籍所实体建设和学术特色形成阶段，由曾枣庄、刘琳、王晓波任行政负责人；1995—2018年，为古籍所全速发展、成果涌现阶段，由舒大刚、李文泽、王小红、尹波等先后任行政负责人。

一　三个阶段、三大跨越——办所历程

（一）1983年：筚路蓝缕，以启山林

20世纪80年代初，中共中央发布《中共中央关于整理我国古籍的指示》，号召"整理古籍，把祖国宝贵的文化遗产继承下来，是一项十分重要的、关系到子孙后代的工作"。

1983年，教育部决定在全国条件较好的大学组织成立第一批古籍整理研究机构；同年4月，四川大学古籍整理研究所作为其中之一获教育部批准筹建，以徐中舒、缪钺、杨明照为学术带头人，以先秦文献、魏晋南北朝文献、唐宋文献、宗教文献等整理和研究为主攻方向。

徐中舒先生主编，赵振铎等先生任常务副主编的《汉语大字典》工程，经四川、湖北两省学者15年努力编撰完成，为本所积累了集中精力组织大型项目的经验，并诞生了第一代标志性成果。

古籍所创立之初，研究人员主要由中文系、历史系的教学人员兼任。

后来随着《汉语大字典》编撰的完成，当时参加编撰的四川大学和四川师范学院（今四川师范大学）的部分年轻学人，转来古籍所工作，成为建所后的首批研究人员。

（二）1984—1993年：生根开花，谋求发展

1984年，四川大学校党委决定，改由缪钺任本所名誉所长，徐中舒、杨明照任学术顾问，曾枣庄、刘琳任副所长。此间10年，研究力量不断扩充，研究所向实体化方向迅速转变，古籍所最盛时专职研究人员（含行政人员、资料员）达到24位。

1985年，全国高校古委会资助的大型集体标志性工程——《全宋文》编纂正式提上日程，为本所此后10年主要工作定下方向，奠定了良好的学术基础。同时，《全宋文》的完成，既积累了丰富的宋代文献资料，也训练了优秀的专业队伍，形成宋代文化研究的学术特色，还为今后继续组织大型项目积累了经验。

（三）1994—2003年：承上启下，厚积薄发

1995年，经学校组织部任命，舒大刚、李文泽接任副所长之职。1998年，古籍所与历史系、博物馆重组建立历史文化学院，舒大刚任历史文化学院副院长，兼古籍所所长（后来李文泽因年龄原因不再担任副所长，王小红、尹波相继接任副所长职务）。

随《全宋文》工程的完成，全所逐渐将科研力量投入新的科研项目，其中较大型项目有《中华大典·文学典·宋辽金元文学分典》、电子版《宋会要辑稿》整理与研究、《宋集珍本丛刊》、《历代学案》等。与此同时，另一凝聚历代古籍整理工作者梦想和热情的、规模宏大的大型古籍整理项目——《儒藏》整理研究计划正在酝酿和成型。本所于1997年正式提出《儒藏》编纂设想，并进行了《儒藏》著作权登记、商标注册和工商注册。

此一期间，以古籍所为主，联合历史系专家，共同申报历史文献学博士点成功，同时也使全所研究从宋代文化领域，沿着经典文献的线索，向上向下延伸，形成儒学研究的新的学术增长点。

（四）2004年至今：继往开来，全速发展

自2004年起，本所进入了稳定发展、团结攻关的新阶段。2009年10月，本所与国际儒学联合会、中国孔子基金会合作，共同组建了"四

川大学国际儒学研究院"。2010年,四川省委常委会批准,委托本所组织编纂《巴蜀全书》(同年4月又获国家社会科学规划办公室批准,立为国家社会科学基金重大委托项目),又将本所的学术研究沿着地缘方向扩展到巴蜀地方文化。

2016年,本所在中国国学中心、中国孔子基金会的指导下,联合成都融信恒业投资有限公司,共同筹建恢复马一浮所创的复性书院。2017年,四川省委宣传部在本所设立人文社会科学重点研究基地——杨慎研究中心;2018年,四川省委宣传部、四川大学以本所为依托,共同成立"四川大学中华文化研究院"。

在此期间,本所积极承担国家社会科学基金、教育部、全国高校古委会、中国孔子基金会、四川省社会科学基金、四川大学等各级课题,致力于《儒藏》《中国儒学通案》《儒学大师文库》《巴蜀全书》《宋会要辑稿》等的整理和研究,在宋代文化研究、儒学研究、巴蜀文化研究三大领域都取得了一些成果。

二 阐古史以维新命——学科建设

四川大学古籍整理研究所除了进行古籍整理和学术研究外,还积极从事学科建设和人才培养,我所招生专业,主要是"历史文献学""历史地理学"和自主设置学科"中国儒学"。据不完全统计,本所自成立至今,已经培养硕士、博士、博士后等120余人,其中许多优秀学员已经成为各校本专业的学术带头人和博士研究生、硕士研究生导师。

(一)历史文献学:国家重点学科、省级重点学科

2004年,四川大学历史文献学被四川省教育厅批准为"省级重点学科"。2007年,被教育部批准为国家重点学科,成为目前全国本专业首个全国重点学科。

(二)中国儒学:新建学科

2004年,本所在历史学专门史专业下增设"中国经学史"方向,进行博士研究生招收和培养工作。2005年11月,四川大学经教育部批准,在历史学一级学科下正式设置"中国儒学"博士点,由本所实施建设。

(三)四大研究特色

经过35年的发展和调整,目前本所比较固定的主攻方向有四个

方面。

宋代文献与文化研究：主要研究人员有李文泽、郭齐、王瑞来（日本）、黄锦君、向以鲜、尹波、杜春雷。

儒学文献与文化研究：主要研究人员有舒大刚、杨世文、李冬梅、郭懿仪、霞绍晖、白井顺（日本）等。

巴蜀文献与文化研究：主要研究人员有王智勇、王小红、汪璐、陈长文、戴莹莹、廖文辉等。

计算机与古籍整理研究：主要研究人员有吴洪泽、张尚英等。

三 春华秋实、硕果累累——标志性成果

35 年来，四川大学古籍整理研究所承担各级各类项目 100 余项，出版专著 100 余种 1000 余册，发表论文 1500 余篇，在语言文字、文献整理、文史哲研究等领域，都取得标志性成果，形成全国宋代文献研究、国际儒学研究、巴蜀文化研究和中华文化研究等特色方向。

（一）《汉语大字典》8 卷

徐中舒（四川大学）主编，李格非（湖北大学）、赵振铎（四川大学）常务副主编。四川辞书出版社、湖北辞书出版社联合出版。

《汉语大字典》由川、鄂两省 300 余名学者历时 15 年编纂完成。该书是一部以解释汉字的形、音、义为主要任务的大型语文工具书，共计收列单字 54678 个。其作为我国文字史和字典史上的一座里程碑，先后荣获国家图书奖、国家辞书奖等奖项，与《汉语大词典》一起被誉为汉语语文辞典的"双璧"。

（二）《全宋文》360 册

四川大学古籍整理研究所编，曾枣庄、刘琳主编，上海辞书出版社、安徽教育出版社于 2006 年联合出版。

《全宋文》编纂前后历时 20 年，是迄今为止我国最大的断代文章总集，它收录了全部宋代的单篇散文、骈文和诗词以外的韵文，字数多达 1 亿。该书为研究宋代文化提供了十分丰富的资料，一经出版即受到国内外学界广泛关注和高度评价，被日本学者誉为"开创新纪元的事业"。1995 年获全国高等院校古委会重点项目优秀奖，2009 年获四川省第十三次哲学社会科学优秀成果一等奖和教育部第五届中国高校人文社会科学

研究优秀成果奖二等奖。

（三）《儒藏》650册（已出版450册）

四川大学古籍整理研究所编，舒大刚等主编，四川大学出版社2005年以来，陆续出版。

《儒藏》是首次编成的儒学文献大型丛书，始于1997年，迄今已经历了20余年的编纂。采取"提要""圈点""校勘"（史部）的整理方式，旨在收集、整理、保存和传播儒学文献及史料。共约收书5000余种（约3亿字），计划分装650册，被誉为"千古儒学第一藏"。

（四）《儒藏精华》260册

与中国孔子基金会联合，舒大刚等主编，齐鲁书社2017年出版。《儒藏精华》系从《儒藏》中精选儒家精粹论著90种（1.5万余页），分装260册，进行精细校勘和加工，采用线装、函套、朱墨套印等传统印制方式，以古色古香的形貌呈现于学人面前。丛书前有《儒藏精华总目》2册，系所收各书的内容提要。各书天头，多附校勘记，朱红排印。

（五）《巴蜀全书》

国家社会科学基金重大委托项目、四川省重大文化工程，首席专家、总编纂：舒大刚。

《巴蜀全书》（含《巴蜀文献精品集萃》《巴蜀文献联合目录》《巴蜀文献珍本善本》）是收录巴蜀地区（主要包括今四川和重庆）古文献的大型丛书，收集和整理自先秦迄于1949年（个别成果有所下延）的历代巴蜀学人撰著或其他作者撰著反映巴蜀历史的重要典籍，将对历史上巴蜀文献的存佚状况进行调查研究，编制巴蜀文献联合目录，精心校勘、注释和评论巴蜀文献，考察和再造巴蜀善本文献，以实现巴蜀文献有史以来规模最大、体例最新、使用最方便的编录和出版，打造巴蜀文化的"四库全书"。《巴蜀全书》主要阶段性成果主要有五个方面。

1. 校点本《宋会要辑稿》16册

刘琳、刁忠民、舒大刚、尹波等校点，全书16册，共12127千字，由上海古籍出版社于2014年6月出版，获国家出版基金资助；荣获2014年度全国优秀古籍图书奖一等奖，上海图书奖（2013—2015年）特等奖，四川省政府第十六届哲学社会科学优秀成果一等奖，2018年度全球华人国学大典奖等。

2. 《廖平全集》16 册

舒大刚、杨世文主编，全书 16 册，5050 千字，由上海古籍出版社于 2015 年 5 月出版，获国家古籍整理出版专项经费资助；荣获 2015 年度优秀古籍图书一等奖，2016 年度华东地区优秀图书特等奖，第二届华人国学大典优秀成果奖，四川省政府第十六届哲学社会科学优秀成果二等奖。

3. 《宋代蜀文辑存校补》6 册

傅增湘原编，吴洪泽校补。该书除了对傅编原书进行校勘标点外，还在原编 2600 余篇基础上，增补 2500 余篇佚文。获国家出版基金资助。

4. 《三苏经解辑校》2 册

宋苏洵、苏轼、苏辙原著，舒大刚、李文泽、金生杨、张尚英、尤潇潇、舒星等校点。该书系对三苏父子所著经学论著（含《六经论》《易传》《书传》《诗集传》《春秋集解》《论语说》《论语拾遗》《孟子解》及《老子解》等），进行全面校勘、标点和辑佚、辑评。获国家出版基金资助，被评为优秀基金成果。

5. 《建炎以来系年要录》8 册

宋李心传原著。系在前人研究基础上，进行了全面的整理和研究。

（六）宋代文化研究成果

1. 《中华大典·文学典·宋辽金元文学分典》5 册，曾枣庄任主编，祝尚书、李文泽、吴洪泽、舒大刚、李勇先等为副主编，由江苏古籍出版社于 1999 年出版。

2. 《宋集珍本丛刊》108 册，四川大学古籍整理研究所编、舒大刚主编，由线装书局于 2004 年出版。

3. "宋代文化研究丛书"：《北宋古文运动》，祝尚书著；《两宋御史中丞考》，刁忠民著；《寇准年谱》，王晓波著；《三苏后代研究》，舒大刚著；《南宋吴氏家族的兴亡——宋代武将家族个案研究》，王智勇著；《超越江湖的诗人——后村研究》，向以鲜著，皆由巴蜀书社 1995 年出版。

4. 《朱熹集》10 册，郭齐、尹波校点，由四川教育出版社于 1996 年出版。

5. 《宋人年谱丛刊》12 册，吴洪泽、尹波主编，李文泽、刁忠民主审，由四川大学出版社于 2003 年出版。

此外，还有《三苏全书》《黄庭坚全集》《范仲淹纂》《刘克庄集》

《宋代大诏令全编》等重要成果。

（七）"经典儒学"与"大众儒学"

本所以全国重点学科"历史文献学"、教育部批"中国儒学"博士点、"纳通国际儒学奖"为依托，积极构建高层次儒学人才培养基地和学术研究平台，形成了以"经典儒学"和"大众儒学"双轨并进的儒学研究和儒学普及格局。"经典儒学"主要是从经典阐释、学术研究层面切入，注重学术性、总结性、创新性和传世性，其所产生的成果主要以"藏诸名山，传之久远"为目的。

1. "经典儒学"书系主要有五类。

（1）《儒学文献通论》全3册

舒大刚为主撰、主编，杨世文、李冬梅、王小红、张尚英为副主编，由福建人民出版社于2012年3月出版。该书是首部儒学文献的分类叙录，系教育部人文社会科学重点研究基地山东大学易学与中国哲学研究中心重大项目研究成果。获国家出版基金资助，获全球国学大典奖、四川省政府优秀成果二等奖。

（2）《中国儒学通案》40册（已出版22册）

舒大刚、杨世文为主编，由人民出版社陆续出版。其为大型儒学流派通史和名儒言论的资料汇编，乃继承和弘扬传统"学案体"编撰方法，对上自孔子下迄晚清2500年间各家各派之师传授受、学术阵营，进行全景式的梳理和展示。全套10种，约1700万字，分别是《周秦学案》《两汉三国学案》《魏晋学案》《南朝学案》《北朝学案》《隋唐五代学案》《宋元学案》《宋元学案补遗》《明儒学案》《清儒学案》，其中5种标点和校勘前人的现有成果，5种系新近撰写。

（3）"20世纪儒学大师文库"

该文库系收集和整理20世纪儒学成果的大型丛书，计划收录50余位著名学者的儒学专著和儒学论文，各自为集。截至2011年5月，首批成果10种共12册已出版面世。

（4）"四川大学《儒藏》学术丛书"17册，四川大学出版社2005—2009年出版。

该丛书系校内外《儒藏》编撰的相关研究成果，包括李申的《儒学与儒教》，单纯的《旧学新统——冯友兰哲学思想通论》，廖名春的《中国学术史新证》，黄锦君的《二程语录语法研究》，邹重华、粟品孝的

《宋代四川家族与学术论集》，李耀仙的《梅堂述儒》，张力的《管仲评传》，黄玉顺的《面向生活本身的儒学》，李冬梅的《苏辙〈诗集传〉新探》，辜堪生、李学林的《周公评传》，胡昭曦的《四川书院史》，贾顺先的《儒学与世界》，蔡方鹿、舒大刚、郭齐的《新视野新诠释——朱熹思想与现代社会》，杨世文的《走出汉学——宋代经典辨疑思潮研究》等。

（5）《儒藏》论丛（10册）

由吉林人民出版社于2011年至2012年出版。该论丛是为配合《儒藏》编纂而进行的人才培养的成果汇编，首批10种主要是在四川大学"中国儒学"博士学位论文和博士后研究报告基础上修订而成，也酌量收录了四川大学儒学院专职和兼职教授们的部分研究成果。

2. "大众儒学"主要是从民生日用、推广实行层面切入，注重应用性、针对性、操作性和普适性，其所产生的效果以"传之民间，显诸日用"为归趋。

（1）"大众儒学"书系（已出版22册）

舒大刚、郭齐勇、曹维琼主编，孔学堂书局出版。该丛书旨在向人民大众系统普及儒学知识及核心价值，正面传输崇高的道德风尚和优秀的思想文化。目前已出版"大师说儒""名家说儒"系列22种。该丛书的推出是一个具有开创性意义的儒学普及行动，以轻松易懂的方式使儒学走向大众，已在社会产生良好反响。

（2）《中华优秀传统文化读本》（小学至大学，12册）

舒大刚、赵宇飞、李筑、李慧生主编，由孔学堂书局于2017年出版。该读本系统总结和提炼传统文化的优秀价值和独特内容，形式灵活、图文并茂、分层推进、系统展示了传统文化的信仰体系和价值观、道德体系和行为守则、知识体系和基本技能。

四 上下求索，亦文亦儒——学术平台

（一）四川大学国际儒学研究院

四川大学与国际儒学联合会、中国孔子基金会合作，于2009年10月共同组建四川大学国际儒学研究院。该院以四川大学古籍整理研究所为依托，整合全校文史哲等学科相关研究力量，形成一个跨院系的学术研究和儒学普及平台，设有"纳通国际儒学奖"、四川省重点研究基地"儒学研

究中心",主要从事以儒学为内容的学术研究、人才培养和文化普及工作。

(二) 复性书院

复性书院系马一浮先生为保存民族文化、培养读书种子,于 1939 年在四川乐山乌尤寺创办的一所古典式书院。为继承、弘扬以复性书院为代表的中华优秀传统文化之精神,2016 年,本所在中国国学中心、中国孔子基金会的指导下,联合成都融信恒业投资有限公司共同筹建恢复复性书院。新建的复性书院,将继承原书院尊经、重道、育人、刻书的传统,在体制之外,探索新路。广延名师以举行学术会讲,慎择英才以培养读书种子,精心校雠以传播儒家经典,关心大众以重振当代文明。力图把书院打造成为西南地区儒学研究和人才培养的又一摇篮、儒学普及与文化复兴的又一基地。

(三) 杨慎研究中心

杨慎,字升庵,是蜀学的杰出代表,被誉为明代百科全书式的第一大才子,在经学、史学、子学、文学、科技等诸多领域成就斐然。"杨慎研究中心"由四川大学古籍整理研究所牵头成立,是四川省社会科学重点研究基地。2018 年 1 月挂牌。该中心将出版"杨慎学术研究丛书",创办《升庵研究》学术期刊,开办"杨慎研究中心网""杨慎学术交流网""杨慎数据中心网"等网站,努力将中心建成融文献集成功能、研究阐发功能、文化传播功能、文化传承功能为一体的杨慎研究重镇。

(四) 中华文化研究院

四川大学中华文化研究院是由中共四川省委宣传部和四川大学共同筹建的教研机构,是以儒释道研究为特色的跨学科、跨领域的开放性国际研修平台。

中华文化研究院发扬相容并包、集杂成纯、经邦济世、明体达用的蜀学传统,致力于传统文化的创新、创造与传承、发展,通过优化、整合文史哲相关学科的研究实力,凝聚海内外优秀的研究力量,形成群体协作和学科综合优势,探索新的研究范式,构建新的学科形态,推动新的标志性成果,培养新的学术领军人才,建设具有"中国特色、巴蜀特点、川大风格"的世界一流人文学科平台。

结束语

从徐中舒、缪钺、杨明照等先生以下,自 1983 年以来,四川大学古籍整理研究所历经四代人薪火传承！老一代学人逐渐谢幕，新生代力量已经成长，目前本所已进入第四代、第五代为骨干的学术发展期。虽然事有起伏，我们依旧坚持；时经风雨，我们仍然安好。未来，四川大学古籍整理研究所与全国同行一道，将古籍整理研究事业在一代又一代人的成长中传承和发展。文献在不断衍生，事业也将继续发展！"睹乔木而思故家，考文献以爱旧邦"将成为我们的座右铭，永远激励着大家持恒前行！

附：四川大学古籍整理研究所历年课题立项名录

（一）历年纵向课题立项一览表

项目级别	项目名称	负责人	立项时间（年）	项目来源
大型项目	全宋文	曾枣庄 刘琳	1985	全国高校古委会
	儒藏	舒大刚	2005	中国孔子基金会
			2010	四川大学
	巴蜀全书	舒大刚	2010	国家社会科学基金重大项目
			2010	四川省人民政府
国际合作	周秦民族系年考辨	舒大刚	1995	北美基督教基金
	21世纪中国妇女	黄锦君	1998	北美基督教基金
	电子版《宋会要辑稿》	刁忠民 舒大刚	2000	美国哈佛大学（中国台湾）"中央研究院"
国家级	中古儒学学案	杨世文	1999	国家社会科学基金
	宋元学案补遗	舒大刚 尹波	2002	国家古籍整理出版规划项目
	宋代疑古思潮研究	杨世文	2002	国家社会科学基金
	中国孝经学史	舒大刚	2003	国家社会科学基金
	近百年中国儒学文献研究史	杨世文	2006	国家社会科学基金
	张南轩著作整理与研究	杨世文	2012	国家社会科学基金
	民国时期巴蜀学术研究	彭华	2012	国家社会科学基金
	时代思潮与百年《春秋》学研究	张尚英	2013	国家社会科学基金
	先秦两汉魏晋南北朝隋诗学文献集成校笺·南北朝隋诗学文献集成校笺	郭齐	2014	国家社会科学基金重大项目子项目

续表

项目级别	项目名称	负责人	立项时间（年）	项目来源
国家级	廖平经学思想与近代儒学转型研究	杨世文	2015	国家社会科学基金
	先秦乐道思想体系与文献研究	田　君	2015	国家社会科学基金
	宋代巴蜀佛教文学文献整理与研究	戴莹莹	2016	国家社会科学基金
	靖康之变研究	王智勇	2016	国家社会科学基金
	《禹贡》研究与中国地理学的近代转型研究	王小红	2017	国家社会科学基金
	现代中国哲学的诠释困境与经学转向	秦际明	2017	国家社会科学基金
	元集序跋整理与研究	杜春雷	2017	国家社会科学基金
	朱熹文集编年评注	郭　齐	2017	国家社会科学基金
	先秦乐文献解读与和谐文化探源	田　君	2011	中国博士后科学基金（二等）
	宋代巴蜀佛教文学研究	戴莹莹	2014	中国博士后科学基金（一等）
	杨慎学案	秦际明	2016	中国博士后科学基金（二等）
	元集序跋整理与研究	杜春雷	2017	中国博士后科学基金（二等）
省部级	宋代台谏制度研究	刁忠民	1996	教育部
	走出汉学——宋代经学怀疑思潮研究	杨世文	2001	教育部
	计算器在历史文献信息化处理中的应用研究	吴洪泽	2001	教育部
	《儒藏》史部	舒大刚	2004	教育部（重大攻关项目子项）
	儒家文献学研究	舒大刚	2005	教育部（重点学科研究基地重大项目）
	20世纪《尚书》学研究	杨世文	2009	教育部
	20世纪《春秋》学研究	张尚英	2010	教育部

续表

项目级别	项目名称	负责人	立项时间（年）	项目来源
省部级	先秦乐学研究	田　君	2010	教育部
	会通与建设：贺麟文化思想研究	彭　华	2012	教育部
	语言与国家安全战略的历史文化研究	向以鲜	2014	教育部
	通经与致用：廖平对《春秋》学的会通与近代国家治理体系重构	郑　伟	2014	教育部
	巴蜀地方总集研究	吴洪泽	2015	教育部
	古乐七考	田　君	2015	教育部"2011工程"国家级协同创新中心
	元人集序与元代文学思想研究	杜春雷	2015	教育部
	IDX索引编制系统	吴洪泽	1995	全国高校古委会
	张栻全集	杨世文	1998	全国高校古委会
	《全蜀艺文志》校点	刘　琳	1999	全国高校古委会
	宋代台谏史料整理与研究	刁忠民	1999	全国高校古委会
	宋元小学著述考	李文泽	2001	全国高校古委会
	资治通鉴外纪整理与研究	郭　齐	2001	全国高校古委会
	苏轼经学三书整理与研究	舒大刚	2001	全国高校古委会
	《靖康要录》笺注	王智勇	2001	全国高校古委会
	司马光集辑校	尹　波	2001	全国高校古委会
	唐宋蜀词整理与研究	吴洪泽	2001	全国高校古委会
	宋人年谱丛刊	吴洪泽	2001	全国高校古委会
	李心传《道命录》校证	杨世文	2001	全国高校古委会
	《广韵》研究	黄锦君	2001	全国高校古委会
	宋僧著述考	李国玲	2002	全国高校古委会
	二程语录研究	黄锦君	2002	全国高校古委会
	《蜀中广记》校点	刘　琳　尹　波	2003	全国高校古委会
	全宋文篇目分类索引	吴洪泽	2007	全国高校古委会
	《禹贡》学文献研究	王小红	2008	全国高校古委会

续表

项目级别	项目名称	负责人	立项时间（年）	项目来源
省部级	皮锡瑞《经学通论》笺注	杨世文	2009	全国高校古委会
	宋代文化研究	舒大刚	2012	全国高校古委会
	谢启昆《小学考》整理与研究	李文泽	2012	全国高校古委会
	《周必大全集》校点	王蓉贵	2013	全国高校古委会
	《太平治迹统类》整理	王智勇	2014	全国高校古委会
	东都事略笺注	吴洪泽	2015	全国高校古委会
	宋代语言研究	李文泽	1997	四川省社会科学规划
	三苏学案	舒大刚	1997	四川省社会科学规划
	近代汉语口语研究	黄锦君	2003	四川省社会科学规划
	女性与社会和谐	黄锦君	2005	四川省社会科学规划
	类编宋代诏令全集	王智勇	2010	四川省社会科学规划
	巴蜀《尚书》学研究	王小红	2012	四川省社会科学规划
	中国儒学文献通史	舒大刚	2012	四川省社会科学规划
	巴蜀《诗经》学研究	李冬梅	2013	四川省社会科学规划
	四川新繁费氏著述整理与研究	杜春雷	2016	四川省社会科学规划
	杨慎之经学与明代学术转折	秦际明	2016	四川省社会科学规划
	十大名人与社会主义核心价值观研究	舒大刚	2018	四川省社会科学规划
	巴蜀文献通考（经部）	李冬梅	2013	四川省委宣传部
	《张栻集》《廖平集》	杨世文	2013	四川省委宣传部
	巴蜀文献版本目录	张尚英	2013	四川省委宣传部
	巴蜀历代文化名人辞典	王小红	2013	四川省委宣传部
	《补续全蜀艺文志》整理与研究	李文泽	2013	四川省委宣传部
	魏了翁集	郭 齐	2013	四川省委宣传部
	隋唐五代巴蜀诗文辑存	田 君	2013	四川省委宣传部
	巴蜀石刻艺术编年史	向以鲜	2013	四川省委宣传部
	《重订谷梁春秋经传古义疏》校点	郑 伟	2013	四川省委宣传部
	巴蜀经部文献考（汉—明）	汪 璐	2013	四川省委宣传部
	《巴蜀全书》编纂与研究：巴蜀文献珍本善本	舒大刚	2014	四川省委宣传部

续表

项目级别	项目名称	负责人	立项时间（年）	项目来源
省部级	《巴蜀全书》编纂与研究：巴蜀文献联合目录	李冬梅	2014	四川省委宣传部
	周必大全集整理	王蓉贵	2014	四川省社会科学规划
	民间儒学史	戴莹莹	2014	四川省社会科学规划
	李鼎祚易学研究	田 君	2014	四川省社会科学规划
	朱熹文集编年评注	尹 波	2015	四川省社会科学规划
	无准禅师语录校注	黄锦君	2015	四川省委宣传部
市厅级	《魏了翁集》整理	郭 齐	2004—2005	四川省教育厅
	巴蜀历代《诗》学著述考	李冬梅	2008	四川思想家研究中心
	李白研究资料整理与研究	霞绍晖	2009	四川省教育厅
	周代礼乐思想研究	田 君	2011	河南省教育厅
	易学编年史（清代卷）	杨世文	2012	四川省哲学社会科学重点研究基地——儒学研究中心
	经学年报 2010 年	李冬梅	2012	儒学研究中心
	《礼记郑注》整理与研究	詹海云	2012	儒学研究中心
	由惠学走向戴学的刘师培蜀地学术研究	黄锦君	2012	儒学研究中心
	朱熹年谱研究	尹 波	2012	儒学研究中心
	明代《春秋》学研究	张尚英	2012	儒学研究中心
	《玉田诗集》笺注	霞绍晖	2012	儒学研究中心
	古《乐》七考	田 君	2012	儒学研究中心
	廖平文献著述考	郑 伟	2012	儒学研究中心
	中国儒学文献通史	舒大刚	2013	儒学研究中心
	龚道耕经学著作整理与研究	李冬梅	2013	四川思想家研究中心
	龚道耕经学研究	李冬梅	2013	儒学研究中心
	贺麟说儒	彭 华	2014	儒学研究中心
	谢湜《春秋》学研究	张尚英	2014	儒学研究中心
	李鼎祚易学研究	田 君	2014	儒学研究中心
	民间儒学史	戴莹莹	2014	儒学研究中心
	大众儒学格言通览	郑 伟	2014	儒学研究中心

续表

项目级别	项目名称	负责人	立项时间（年）	项目来源
校级	宋代《禹贡》学研究	王小红	2005	四川大学
	宋代巴蜀《春秋》学研究	张尚英	2005	四川大学
	宋代巴蜀《诗经》学研究	李冬梅	2007	四川大学
	道璨全集校注	黄锦君	2010	四川大学
	魏了翁全集	郭齐	2013	四川大学
	儒藏论坛	舒大刚	2013	四川大学
	廖平经学与传统学术的近代转型	杨世文	2013	四川大学
	别具鉴裁，通贯执中：龚道耕经学研究	李冬梅	2013	四川大学
	《尔雅》校注笺释	霞绍晖	2013	四川大学
	儒学文献发展史	舒大刚	2014	四川大学
	儒藏论坛	舒大刚	2014	四川大学
	《禹贡》研究与中国地理学的近代转型	王小红	2014	四川大学
	北宋后期的政治斗争与靖康之变	王智勇	2014	四川大学
	传统学术的近代转型与《诗经》研究	李冬梅	2014	四川大学
	先秦儒学溯源之一：旧史经典化与经典儒学化	田君	2014	四川大学
	唐宋巴蜀佛教文学研究	戴莹莹	2014	四川大学
	儒藏论坛	舒大刚	2015	四川大学
	中国石刻艺术编年史	向以鲜	2015	四川大学
	《禹贡》学史	王小红	2015	四川大学
	敦煌文学编年史	戴莹莹	2015	四川大学
	明末清初新繁费氏家族文献研究	杜春雷	2015	四川大学
	朱子文集整理研究	尹波	2016	四川大学
	先秦"乐"哲学建构与和谐文化探源	田君	2016	四川大学

（二）历年横向课题立项一览表

项目名称	负责人	经费来源	立项时间（年）
中国的神秘文化研究	向以鲜	成都蓝旗工贸有限公司	2001
宋集珍本丛刊	尹 波	四川文澜电子出版制作中心 四川珍希堂文化产业有限公司	2003
社会环境调查与研究	舒大刚	成都勘测设计研究院	2005
《儒藏》年谱	舒大刚	中国孔子基金会	2006
丹巴古碉群价值和水库影响评估	舒大刚	成都勘测设计研究院	2006
儒家文献学研究	舒大刚	山东大学	2006
《儒藏》别传	舒大刚	中国孔子基金会	2007
《儒藏》书院	舒大刚	中国孔子基金会	2008
青城国学	向以鲜	海南民丰科技实业开发总公司	2009
《儒藏》礼乐	舒大刚	中国孔子基金会	2009
《儒藏》经部	舒大刚	中国孔子基金会	2010
《儒藏》经部	吴洪泽	中国孔子基金会	2010
《儒藏》尚书	王小红	中国孔子基金会	2010
《儒藏》诗经	李冬梅	中国孔子基金会	2010
《儒藏》春秋	张尚英	中国孔子基金会	2010
六书十三经	向以鲜 舒 星	海南民丰科技实业开发总公司	2010
青城国学	舒大刚 向以鲜	海南民丰科技实业开发总公司	2012
儒学文献	舒大刚	中国孔子基金会	2012
蜀学研究	舒大刚	中国孔子基金会	2012
纳通国际儒学奖	舒大刚	国际儒学联合会	2010
《尔雅》校注笺释	霞绍晖	海南民丰科技实业开发总公司	2012
《小学国学优秀传统文化实验教材》审读与儒学研究	舒大刚	四川巨人文化有限公司	2013
纳通儒学研究与奖励	舒大刚	国际儒学联合会	2013
大众儒学·儒学格言通览	舒大刚	成都融信恒业投资有限公司	2014
《儒藏》编纂	舒大刚	中国孔子基金会	2015
四川省中华经典诵读指导大纲（试行）	舒大刚	四川省精神文明办公室	2015

西北师范大学古籍整理研究所的三十五年

西北师范大学古籍整理研究所　漆子扬

一　发展建设

西北师范大学古籍整理研究所（以下简称"古籍所"）是一个以整理研究中国古代汉文文献及西北地方文献为中心的科研教学机构，成立于1983年3月，属于与系平行的校设机构。创始人为彭铎教授、郭晋稀教授、李鼎文教授、李庆善教授、路志霄副教授等。在第二任所长郭晋稀教授，副所长李庆善教授、路志霄副教授；第三任所长胡大浚教授、副所长伏俊琏教授；第四任所长赵逵夫教授，副所长郝润华教授；第五任所长郝润华教授，副所长漆子扬教授的带领下，经过几代研究人员的不懈努力，逐渐形成了具有鲜明特色的研究方向：即文献整理与研究相结合、传世文献与出土文献研究相结合、地方文献整理与地域文化研究相结合。现有专职研究人员8人，兼职4人，其中教授8人、副教授4人，10人具有博士学位，博士生导师4人。名誉所长赵逵夫教授、所长漆子扬教授、副所长丁宏武教授。本所下设3个研究室：丝绸之路文献研究室、陇右地方文献研究室、文史研究室。

西北师范大学古籍整理研究所秉承全国高校古委会宗旨，坚持"立足甘肃，面向全国，以陇右文献的整理研究为重点，形成自己特色"的建所方针，并以整理丝绸之路方志文献、文史哲文献、民俗文献、西行记文献作为长期的工作中心。同时协调甘肃地方高校、地方志办公室、政协文史委的古籍整理研究力量，逐步形成了独具地方特色的学术研究方向。先后整理出版了陇右文献丛书35部，敦煌文献丛书、文史研究专刊24种，为甘肃地方文献的整理研究作出了巨大贡献，得到了国内学术界的充分肯定，在全国古籍整理研究领域产生了较大影响。

1993年，西北师范大学古籍整理研究所中国古典文献学学科涵盖古典文献学和历史文献学（敦煌学）两个硕士学位点，其中前者是西北地区唯一的古典文献硕士学位授予点，后者是全国仅有的两个敦煌学硕士点之一，当时在西北地区绝无仅有。

1994年8月，我所举办全国古籍整理研讨会，安平秋、杨忠、孙钦善、张燕瑾、刘烈茂、刘重来、孙绵恒等40余位学者与会。由于我所在古籍整理学学科建设方面的明显优势，本所于1996年被全国高校古委会吸收为直属联系机构，成为全国高校古委会成立以来首次确立的唯一一所地方院校古籍所。1998年，甘肃省教育厅又确定我所中国古典文献学为省级重点学科，为我所各项事业的进一步发展创造了良好的条件与机遇。

2000年9月，为了适应学校发展的总体规划，中文系、历史系、古籍整理研究所、西北文化研究所合并，组建文学院，赵逵夫先生担任院长。古籍整理研究所属于全国高校古委会和文学院双重领导，取消原处级建置，承担本科教学任务。在赵逵夫先生和学院的大力支持下，古籍整理研究所迎来了新的历史发展机遇。在所长赵逵夫先生的带领下，在霍旭东、胡大浚、伏俊琏、郝润华、王晶波、王锷、漆子扬、李润强、杨晓斌、杜志强等老师的共同努力下，2003年获得中国古典文献学博士学位授予权，主要招生方向为先唐文学文献、唐宋文学文献、元明清文学文献、敦煌文献。2008年文学院改称文史学院后，郝润华任所长、漆子扬任副所长。6月，全国高校古委会秘书长杨忠和秘书处顾永新老师来我所检查指导工作，拜访赵逵夫先生，在伏俊琏、郝润华、漆子扬老师陪同下，到兰州大学、四库馆调研。

2012年6月，学校进行机构改革和专业调整，历史系、新闻系、国家汉语系各自独立组建新的学院，以中文系、文秘系为教学主体，以先秦文学与文化研究中心、古籍所、国学中心等为科研平台重新组建文学院。郝润华任古籍所所长、漆子扬任副所长，古籍所坚持整理与研究并重、宏观与微观结合的研究方法，立足甘肃，放眼全国，既注重传统文献的整理与研究，又密切关注国家关于高校为国家建设服务的动向，引导学科发展，确立古代文学文献、敦煌文献、西北地方文献为主要研究方向等。

2013年秋，全国高校古委会副秘书长曹一冰先生专程来我所考察指导工作，拜访赵逵夫先生，并召开古籍所全体老师参加的座谈会，听取大家意见，就古籍所办公用房和人员构成与学院、学校领导进行了沟通交流，有力促进了古籍所的建设发展。2014年，郝润华老师去西北大学工作，由漆子扬老师临时管理古籍所事务，经费由院里统一管理。2016年年初，全国高校古委会秘书处将原10万元经费削减为6万元，正式致函学校，督促学校层面加强古籍所的建设管理，分管文学院的副校长田澍教授专门到学院调研，广泛听取意见，不久任命漆子扬为所长、丁宏武为副所长。在赵逵夫先生引领下，在当时校社科处马世年处长，院领导韩高年、阎岩的大力支持下，经过全体老师不懈努力，3年来在科研成果、科研项目、人才培养、社会服务等方面都取得了丰硕成果，得到全国高校古委会秘书处的充分肯定，经费恢复到原来的10万元。

近年来，古籍所主动联系省政府文史馆、省文化厅、省政协文史委、省内地方院校、敦煌研究院、省市方志办，及市县方志、政协文史委，省内出版社、岳麓书社、社会科学文献出版社、天津古籍出版社，建立良好合作关系，在科研成果的转换，学生教学实践等方面都取得了良性发展。在省图书馆古籍部、陇南市政协文史委、定西师专中文系设立古典文献学教学实践基地。

为加强地方文献整理，参加我所科研项目，2016年秋，遴选省内著名学者30人为兼职教授，如兰州交通大学郭令原教授、兰州大学张克非教授、西北民族大学多洛肯教授、省委党校李润强教授、天水师范学院刘雁翔教授、陇东学院杨海波教授、甘肃民族师范学院宁文中教授、河西学院党万生教授、陇南师范高等专科学校蒲向明教授、省图书馆副馆长李林芬研究员等，有效推进了我所的科研工作。

2016年，我所主持的《张澍全集》作为全国高校古委会第二层次项目列入西北师范大学"十三五"规划，文学院给予了大力支持，资助40万元构建古籍整理建设平台，资助20万元作为整理《张澍全集》的先期经费。

作为全国高校古委会直属的地方院校古籍所，我们在坚持传统学术特色的同时，力图使研究与社会发展相结合，在习近平总书记"一带一路"倡议构想的引领下，在国家建设美丽乡村，发展现代乡贤文化的号召下，我所老师走出课堂，走出书斋，积极参与地方经济文化建设，为不同层次的受众讲解传统文化，培养甘肃人热爱甘肃、建设甘肃的自信心。

我所自成立以来，先后培养了一大批国内知名学者，他们或在古籍所求学，或在古籍所工作，如冯浩菲、陈成国、朱庆之、伏俊琏、雷汉卿、韩惠言、易雪梅、郝润华、王晶波、王锷、漆永祥、李润强、兰甲云、张林祥、杨晓斌、马智全、张存良、孙巧云、吴娱、巨虹等，在不同学术领域都取得了卓越成绩，受到了国内外学术界的广泛赞誉。

二　科研

西北师范大学古籍整理研究所自1983年以来，着力于学科建设、科研项目、古籍整理、人才培养。主持各类项目86项，点校、译注、创作、编写著作151部。

（一）主要项目

1. 国家社会科学基金项目

重点、重大项目10项如下：（1）1999年，赵逵夫主持重点项目"先秦文学编年史"；（2）2010年，赵逵夫主持重大招标项目"《全先秦汉魏晋南北朝文》编纂整理与研究"；（3）2010年，董芬芬主持后期资助项目"春秋辞令文体及其源流研究"；（4）2011年，赵逵夫主持特别委托项目"中国节庆·中国七夕节研究"；（5）2011年，杨晓斌主持后期资助项目"颜延之生平与著述考论"；（6）2012年，过常宝主持重大项目"先秦两汉观念制度与文献的生成研究"，韩高年承担子课题，负责"春秋文学研究"；（7）2014年，张兵主持重点项目"陇右著述目录提要与研究"；（8）2014年，赵逵夫主持重大招标项目"重编全上古三代秦汉三国六朝文"；（9）2016年，赵逵夫老师主持重大委托项目子项目"中国七夕节"；（10）2018年，马世年主持重大招标项目"韩学文献整理与研究"。

一般项目14项如下：（1）1991年，赵逵夫主持一般项目"西部文化与民族渊源"；（2）2000年，伏俊琏主持一般项目"古代俗赋研究"；（3）2004年，韩高年主持一般项目"礼俗仪式与先秦诗歌演变"；（4）2006年，伏俊琏主持一般项目"敦煌文学编年研究史"；（5）2009年，漆子扬主持一般项目"陇右文学的发展与流变"；（6）2009年，韩高年主持一般项目"礼乐制度及其变迁与春秋文体源流研究"；（7）2010年，丁宏武主持一般项目"汉魏六朝河陇地区胡汉著姓与本土文学综合研究";（8）2012年，龚喜平主持一般项目"中国近代诗歌流变与转型研究";（9）2013年，郝润华主持一般项目"李梦阳诗文集校笺与研究";（10）2015年，马世年主持一般项目"《新序》集校集注";（11）2016年，王兴芬主持一般项目"汉唐河陇地区的民间传说与文化研究";（12）2017年，漆子扬主持一般项目"陇右文学编年史";（13）2017年，董芬芬主持一般项目"《春秋左传》的文本性质：生成与关系研究";（14）2018年，杜志强主持一般项目"《甘青宁史略》整理与研究"。

西部项目、青年项目8项如下：（1）2004年，李润强主持西部项目"从牛李党争透视唐代中后期历史与文学的关系";（2）2004年，韩高年主持西部项目"礼俗仪式与先秦诗歌演变研究";（3）2005年，王晶波主持西部项目"敦煌写本相书研究";（4）2007年，马世年主持西部项目"汉代诗体流变";（5）2010年，李占鹏主持西部项目"20世纪曲学史研究";（6）2010年，杨晓霭主持西部项目"传统礼乐文学研究";（7）2016年，景浩主持青年项目"《文选》抄本研究";（8）2017年，许琰主持西部项目"《西昆酬唱集》汇校集释及研究"。

2. 教育部、国家出版署项目8项

（1）1990年，古籍整理研究所承担的经国家出版署批准列入国家"八五"计划的项目"十三经辞典""十三经索引"中的《周礼辞典》《周礼索引》《仪礼辞典》《仪礼索引》已开始分类释词工作；（2）1993年，胡大浚主持教育部人文社会科学研究项目"汉唐陇右民族交融与文学的发展"，王晶波、李润强参加；（3）1993年，赵逵夫主持的教育部人文社会科学研究项目"唐前辞赋与诗之关系";（4）1993年，伏俊琏主持的教育部人文社会科学研究项目"敦煌通俗文学与唐宋以来通俗文学的发展"，漆子扬、李占鹏参加；（5）2009年，杨晓斌主持教育部人文社会科学研究项目"颜延之生平与著述考论";（6）2010年，冉耀斌主持教育部人文社会科学研究项目"清代三秦诗派及秦陇文化研究";（7）2011年，王兴芬主持教育部人文社会科学研究项目"唐前传说的衍生与演变——基于汉魏六朝文献的文化阐释";（8）2013年，赵逵夫主持教育部人文社会科学研究项目"主流和分流——牛女传说和七夕风俗的传播与分化研究"。

3. 全国高校古委会项目 21 项

（1）1998 年，霍旭东主持"权德舆文集"；（2）1998 年，胡大浚主持"梁肃集"；（3）1998 年，王晶波主持"二十一种《异物志》校注"；（4）1998 年，李润强主持"牛僧孺集"；（5）1999 年，霍旭东主持"陇右文献丛书《三种》"；（6）2000 年，赵逵夫主持"汉诗辑考"；（7）2000 年，郝润华主持"李梦阳诗文校注"；（8）2002 年，伏俊琏主持"敦煌唐前诗辑校考释"；（9）2003 年，王锷主持"三礼研究"；（10）2004 年，胡大浚主持"贯休集校点"；（11）2004 年，尹占华主持"王建诗集校注"；（12）2005 年，杨晓斌主持"《颜延之集》整理与研究"；（13）2005 年，李润强主持"独孤及文集整理研究"；（14）2007 年，郝润华主持"古代陇人著述考"；（15）2008 年，尹占华主持"柳宗元集校汇释"；（16）2008 年，杜志强主持"赵浚谷集整理"；（17）2009 年，漆子扬主持"张澍诗集校释"；（18）2011 年，许琰主持"杨亿诗文集校注"；（19）2012 年，杜志强主持"唐荆川集整理"；（20）2017 年，丁宏武主持"汉魏六朝河陇地域文学文本整理与研究"；（21）2018 年，邱林山主持"严绳孙《秋水集》汇校辑注"。

4. 省级项目 14 项

（1）1999 年，龚喜平主持甘肃省社会科学研究规划项目"中国诗歌近代化问题研究"；（2）1999 年，漆子扬主持甘肃省社会科学研究规划项目"清代甘肃文学家邢澍研究"；（3）2000 年，漆子扬主持甘肃省社会科学研究规划项目"邢澍研究"；（4）2006 年，赵逵夫主持甘肃省社会科学研究规划项目"陇东南牧化、乞巧风俗与牛郎织女传说——甘肃一个重要非物质文化遗产的研究与论证"；（5）2006 年，漆子扬主持甘肃省社会科学研究规划项目"甘肃古代文学发展与流变"；（6）2007 年，韩高年主持甘肃省社会科学研究规划项目"礼乐制度变迁与春秋文本源流"；（7）2007 年，丁宏武主持甘肃省社会科学研究规划项目"汉魏六朝河陇著姓与文学"；（8）2008 年，丁宏武主持甘肃省社会科学研究规划项目"中古河陇著姓与文学"等；（9）2009 年，杨晓斌主持甘肃省社会科学研究规划项目"中古家族文化与家族文学研究——以琅邪颜氏家族为例"；（10）2010 年，马世年主持甘肃省社会科学研究规划项目"轴心时代的经典生成与文学阐释：以《韩非子》为中心"；（11）2012 年，杜志强主持甘肃省社会科学研究规划项目"地域文化视野下的古代陇东作家群体研究";（12）2013年，王兴芬主持甘肃省社会科学研究规划项目"王嘉与《拾遗记》研究";（13）2013年，冉耀斌主持甘肃省社会科学研究规划项目"清代中期陇右诗坛研究";（14）2014年，伏俊琏主持甘肃社会科学研究规划项目"伏羲文化大典"。

5. 厅级项目 11 项

（1）2000年，漆子扬主持省教育厅项目"张澍姓氏篇补正";（2）2003年，漆子扬主持省教育厅课题"甘肃作家群体研究";（3）2005年，郝润华主持省人事厅项目"李梦阳全集整理";（4）2005年，漆子扬主持省教育厅项目"清代甘肃文学家张澍研究";（5）2007年，赵逵夫主持省教育厅项目"牛郎织女传说的孕育形成演变与传播研究";（6）2008年，赵逵夫主持省教育厅创新平台专项计划项目"全先秦文";（7）2011年，丁宏武老师主持的省高校研究生导师科研项目"葛洪及其著述研究——宗教本位与文学视阈相结合的综合考察";（8）2012年，杨晓斌主持2012年甘肃省高校科研专项项目"伏羲文献研究集成";（9）2013年，冉耀斌主持省教育厅项目"明清时期外省籍著名旅陇作家研究"等；（10）2014年，杜志强主持兰州市社会科学研究规划重点项目"华夏文明传承、创新视野下的古代兰州区域文化研究";（11）2016年，杜志强主持兰州市社会科学规划重点项目"明清兰州诗选注"。

（二）主要著述 151 部

1983年，出版著作3部。路志霄的《曹操诸葛亮周瑜传译注》，中州书画社出版；蓝开祥、胡大浚选注译评的《先秦寓言选》，人民文学出版社出版。

1984年，出版著作5部。路志霄、朱太岩、牛得权、唐凌校辑的《方志学两种》，岳麓书社出版；路志霄注释的《中国古代史学家传论选注》之《清史稿·顾炎武传》，岳麓书社出版；胡大浚、蓝开祥选注的《中国古代哲学寓言故事选》，甘肃人民出版社出版；等等。

1985年，出版著作3部。张澍辑，李鼎文校点的《续敦煌实录》，甘肃人民出版社出版。彭铎编著的《群书序跋举要》，山东教育出版社出版；《潜夫论笺校正》，中华书局出版。

1986年，出版著作4部。彭铎撰的《唐诗三百首词典》，陕西人民出版社出版；郭晋稀点校的《杨树达文集》，上海古籍出版社出版；李庆善整理的《汉书食货志集释》，中华书局出版；李鼎文的《甘肃文史丛稿》，甘肃人民出版社出版。

1987年，出版著作3部。李鼎文校点的《李于锴遗稿辑存》，兰州大学出版社出版；路志霄老师编著的《精选古诗文背诵手册》，甘肃人民出版社出版；王福成主编的《中国历代文学名篇欣赏·魏晋南北朝卷》，贵州人民出版社出版。

1988年，出版著作3部。李鼎超著、李鼎文校点的《陇右方言》和钮国平老师校点的《陇右方言发微》均由兰州大学出版社出版。路志霄老师主编的《陇右近代诗钞》，兰州大学出版社出版。

1989年，出版著作2部。路志霄主编的《三国志译注》，兰州大学出版社出版；赵逵夫点校的《张康侯诗草》，兰州大学出版社出版。

1990年，出版著作4部。郭晋稀的《诗辨新探》，甘肃教育出版社出版；路志霄、吴绍烈等点校的《笠云山房诗文集》，兰州大学出版社出版；霍旭东主编的《战国策选译》，巴蜀书社出版；胡大浚主编《唐代边塞诗选注》，甘肃教育出版社出版。

1991年，出版著作4部。胡大浚主编，伏俊琏统稿的《甘肃古迹名胜辞典》，甘肃教育出版社出版；胡大浚、李仲立、李德奇合著的《王符潜夫论译注》，甘肃人民出版社出版；安维峻著，杨效法杰校点的《谏垣存稿》，兰州大学出版社出版；伏俊琏编的《酒泉宝卷》，甘肃人民出版社出版。

1992年，出版著作5部。霍旭东参编的《古诗海》，上海古籍出版社出版；路志霄主编的《西北文学文献》，兰州古籍书店出版；郝润华校点的《李翱集》，甘肃人民出版社出版；王晶波校点的《二酉堂丛书史地六种》，甘肃人民出版社出版；漆子扬、王锷校点的《守雅堂稿辑存》，甘肃人民出版社出版。

1993年，出版著作7部。郭晋稀的《声类疏证》，上海古籍出版社出版；整理的《曾运乾声韵学论集》，中华书局出版。霍旭东编写的《初中文言文鉴赏辞典》，甘肃人民出版社出版。李庆善整理的《大金吊伐录》，中华书局出版。吴福熙的《敦煌残卷古文尚书校注》、李正宇的《敦煌古地志八种笺证》、胡大浚主编的《敦煌边塞诗词》，均由甘肃人民出版社出版。

1994年，出版著作2部。甄继祥整理的《彭铎文选》，甘肃人民出版社出版；伏俊琏的《敦煌赋校注》，甘肃人民出版社出版。

1995年，出版著作2部。霍旭东整理的《权德舆文集》、胡大浚整理的《梁肃集》，均由甘肃人民出版社出版。

1997年，出版著作2部。郭晋稀的《白话文心雕龙》，岳麓书社出版；郝润华辑校的《李益诗歌集评》，甘肃人民出版社出版。

1999年，胡大浚、王志鹏的《敦煌边塞诗歌校注》，甘肃人民出版社出版。

2000年，出版著作3部。伏俊琏的《敦煌赋评析》，甘肃人民出版社出版；郝润华的《〈钱注杜诗〉与诗史互证方法》，黄山书社出版；张兴武的《五代作家的人格与诗格》，人民文学出版社出版。

2001年，出版著作27种。胡大浚主编的《西北行记丛萃》(25种)，甘肃人民出版社出版；时建国的《金石文字辨异校释》，甘肃人民出版社出版；郝润华的《古代文献研究论稿》，甘肃人民出版社出版。

2002年，出版著作2部。赵逵夫的《屈原与他的时代（增订本）》，人民文学出版社出版；李润强的《牛僧孺研究》，甘肃人民出版社出版。

2003年，出版著作2部。赵逵夫的《古典文献论丛》，中华书局出版；赵逵夫主编的《先秦诗鉴赏辞典》，上海辞书出版社出版。

2004年，出版著作4部。伏俊琏的《敦煌文学文献丛稿》，中华书局出版；郝润华的《鉴真评传》，南京大学出版社出版；王晶波的《敦煌写本相书校录研究》，民族出版社出版；韩高年的《诗赋文体源流新探》，巴蜀书社出版。

2005年，出版著作3部。郝润华的《六朝史籍与史学》，中华书局出版；古籍所主编的《〈续通鉴纪事本末〉校点》（全10册），甘肃人民出版社出版；漆子扬审订的《明万历宁远志》《清康熙宁远县志》《乾隆宁远续志》《民国武山县志稿》，甘肃人民出版社出版。

2006年，出版著作1部。周玉秀主编的《〈逸周书〉的语言特点及其文献学价值》，中华书局出版。

2007年，出版著作5部。彭铎著，赵逵夫整理的《文言文校读》，甘肃人民出版社出版；赵逵夫主编，伏俊琏参编的《中国文学作品选注·先秦卷》，中华书局出版；赵逵夫、伏俊琏的《诗骚分类选讲》，高等教育出版社出版；赵逵夫参编的《高等语文》（甲乙本），江苏教育出版社出版;郝润华、许琰主编的《兰州历史文化》,甘肃人民出版社出版。

2008年,出版著作6部。伏俊琏的《人物志注译》《俗赋研究》,分别由上海古籍出版社、中华书局出版;郝润华参编的《中国传统文献学·编目》《国学四十讲·通鉴学》,分别由华中师范大学出版社和湖北人民出版社出版;漆子扬的《邢澍诗文笺疏与研究》,甘肃人民出版社出版;杜志强的《兰陵萧氏家族及其文学研究》,巴蜀书社出版。

2009年,出版著作1部。冉耀斌与他人合著的《李梦阳诗选》,人民文学出版社出版。

2010年,出版著作7部。赵逵夫主编,全所老师参加的《历代赋评注》由巴蜀书社出版;赵逵夫的《先秦文学编年史》《先秦文论全编要诠》,分别由商务印书馆、人民文学出版社出版;郝润华的《中华意象·山水趣谈》《杜诗学与杜诗文献》,分别由中华书局、巴蜀书社出版;古籍所主编,胡大浚、伏俊琏、漆子扬、杨晓斌参编的《十三经辞典·仪礼卷》《周礼卷》,陕西人民出版社出版;韩高年的《一本书读懂中国文学史》,中华书局出版。

2011年,出版著作10部。赵逵夫的《〈诗经〉评注》,凤凰出版社出版;《牛郎织女校订》,甘肃人民出版社出版。郝润华的《晁公武陈振孙评传》《鉴真评传》(再版),南京大学出版社出版;《20世纪以来李梦阳研究》,人民出版社出版;辑校《鲁通甫集辑校》,三秦出版社出版。漆子扬的《邢澍诗文校释》《韩定山诗文校释》,甘肃文化出版社出版。韩高年主编的《〈诗经〉分类辨体》,由上海古籍出版社出版。马世年的《韩非子的成书及其文学研究》,上海古籍出版社出版。

2012年,出版著作4部。郝润华的《韩昌黎诗集编年笺注》,中华书局出版;合著《二十世纪中国古籍目录提要》,华东师范大学出版社出版;《赵时春文集校笺》,天津古籍出版社出版。杜志强的《赵时春诗词校注》,巴蜀书社出版。

2013年,出版著作4部。赵逵夫参编的《楚辞语言词典》,上海辞书出版社出版;赵逵夫、漆子扬执行主编的《中国地域文化通览·甘肃卷》,中华书局出版;丁宏武的《葛洪论稿——以文学文献学考察为中心》,中国社会科学出版社出版;马世年参编的《中国古代文学史》,高等教育出版社出版。

2014年，出版著作19部。赵逵夫的《体育古文》，华东师范大学出版社出版；《古典文献论丛》《读赋献芹》，中华书局出版；《西和乞巧歌校注》《西和乞巧节》，上海远东出版社出版。郝润华主编，漆子扬、丁宏武、杜志强、许琰、王兴芬编写的《甘肃文献总目提要》，甘肃人民出版社出版；漆子扬主编的《实用礼仪教程》《社会科学基础知识》分别由东北师范大学出版社、北京师范大学出版社出版；《滩歌镇志》，敦煌文艺出版社出版。

2015年，出版著作2部。赵逵夫的《〈诗经〉评注》，长江文艺出版社出版；《中国女儿节：西和乞巧文化》，中州古籍出版社出版。

2017年，出版著作2部。赵逵夫主编，霍旭东、伏俊琏、龚喜平、漆子扬、周玉秀、韩高年、马世年、杜志强等老师参编的《历代赋鉴赏辞典》，上海辞书出版社出版；王兴芬的《王嘉与〈拾遗记〉研究》，中国社会科学出版社出版。

2018年，出版著作9部。赵逵夫的《陇南金石校录》《重修西和县新志》分别由社会科学文献出版社、甘肃文化出版社出版；《屈骚探幽》由上海古籍出版社出版。漆子扬的《李克明诗文校释》《刘尔炘集校释》《中华经典家训选注》，甘肃人民出版社出版；主编的《历代纪事本末合编》（60册），天津古籍出版社出版。王兴芬的《唐前传说的衍生与演变——基于汉魏六朝文献的文化阐释》，人民出版社出版；《山海经广注》由凤凰出版社出版。

（三）主要论文

35年来，公开发表各类学术论文1215篇，有代表性的248篇。

（四）学术交流

多年来，古籍所坚持"引进来、走出去"战略。通过承办、参加学术会议若干次，邀请知名学者来我所进行交流等方式了解学术动态，进一步明确研究方向。

三 研究生培养

我所始终如一秉承全国高校古委会确立的出成果、出人才的宗旨，成立伊始即挂靠中文系汉语史、古代文学专业，历史系古代史专业招收硕士研究生，彭铎老师的研究生冯浩菲、朱庆之，郭晋稀老师的研究生赵逵夫、陈成国、伏俊琏，李庆善老师的研究生漆永祥，吴福熙老师的研究生韩惠言，霍旭东老师的研究生李润强，胡大浚老师的研究生兰甲云等后来在学术研究方面都取得了非常突出的成绩，受到了国内外学术界的广泛赞誉。

自1998年中国古代文献学学科获得省级重点学科后，我们上下一致，共同努力，使我校的中国古代文献学学科建设取得了长足发展，我们始终坚持本学科在学术研究和人才培养方面的鲜明特色和突出优势，尤其注重学科发展的综合性。

课程设置以中国古代文献的整理研究为主干，突出陇右地方文献、敦煌文献及其他文史研究的三个研究方向，每个方向有相关配套课程，如敦煌文献方面含有"敦煌史地文献""敦煌文学""敦煌社会经济文书"等相关课程。三大研究方向与众多配套课程之间有机互补、相互渗透，从而为本学科拓展出更为广阔的发展空间，积累了持续提高的更大潜力，使得本学科培养的学生能够获得更为宽广的基础知识和扎实的基本技能，在未来的发展中能更好地适应我国古代文献学发展对于高层次专门人才的需要。

古典文献学是中国古典文献学专业硕士研究生的首要学位必修课，目的是使得学生深入、具体而系统地了解中国古代典籍，尤其是文学典籍的基本情况、流传的方式方法、保存整理应具备的基本素质和知识等，为整理古代文献打基础。基于这样的教学目的，古籍所在20世纪80年代建所伊始就有吴福熙老师、甄继祥老师开设的"汉语史"，有霍旭东老师开设的"中国古代文学文献""中国古典文献学"，同时为了提升学生在实际运用当中的能力，霍旭东老师、胡大浚老师开设了"古籍整理实践""文史工具要籍解题及使用"等操作性、应用性课程。

文献学作为一门具有实用性质的方法论课程，学生对中国古代经典的学习与研究必不可少。为此，郭晋稀老师、伏俊琏老师开设了"诗经"与"楚辞""古代文论"，霍旭东老师开设了"先秦历史散文""先秦两汉要籍导读"，吴福熙老师、王福成老师分别开设了"《广韵》研究"和"《文选》研究"，甄继祥老师开设了"《说文》研究""雅书研究"。在断代文学的课程设置方面，伏俊琏老师开设了"先秦两汉要籍导读"。

西北师范大学古籍整理研究所是一个具有鲜明西北地方特色的研究

机构，所以，在课程设置上，专门开设了与陇右地方文献、敦煌文献相关的课程。如李正宇老师的"敦煌遗书分类研究""敦煌学"，伏俊琏老师的"敦煌文学研究""敦煌文学文献"，开阔了学生的学术视野，提供了新的思维和研究路径。

随着时间的推移，到了20世纪90年代，众多青年教师迅速成长，课程安排更为科学丰富。霍旭东老师开设了"目录学"，胡大浚老师开设了"唐代文学文献"，伏俊琏老师开设了"诗骚研读""先秦两汉文学文献专题"，郝润华老师开设了"中国文献学""目录学"以及实用性较强的"古籍整理理论与方法"，漆子扬老师开设了"校勘学"，王锷老师开设了"经学概论"。在紧抓文献学基础课程的前提下，在地方文献整理研究方面开设了富有西北地域特色的课程。

为了让学生在课后能找到本专业古籍阅读的关键点和大方向，古典文献学开设了一批指导性课程。霍旭东老师开设了指导性课程"孟子时代与《孟子》成书""孟子哲学思想选读""孟子历史观点选读""孟子政治思想选读"以及"庄子时代与《庄子》成书""《庄子》哲学思想选读""《庄子》政治思想选读""庄子文学观及文学成就"；胡大浚老师开设了"阅读指导《唐诗之分类研究》""阅读指导《唐代历史》""阅读指导《全唐诗》"以及"专书专家研究""文学流派研究"和"唐代韵文"。

为体现西北地域文化特色，伏俊琏老师首先开设了"敦煌学与敦煌遗书""敦煌遗书概说"和"敦煌文学概说"，在敦煌文学分支中又开设了"敦煌变文研究""敦煌曲子词研究""敦煌赋研究"以及"敦煌诗歌研究"。他还开设了一些带有实践性质的课程，如"敦煌文学文献的整理"和"敦煌文献整理理论与方法"，极大地调动了同学们学习的兴趣及热情，使同学们在实践中切身体会到西北地域文化的魅力，也为同学们的学习、研究打开了全新的视角。

古籍所经过30余年的发展，优秀青年教师逐步成长为现如今西北师范大学古籍整理研究所科研与教学的主要力量，在课程的开设与安排上也较发展之初更为丰富、更为全面。

首先，在中国古典文献学基础课程的开设和教学方面，我所沿袭传统，紧抓学生基础，开设了多门文献学基础课程。漆子扬老师开设"校勘学"，培养学生在古籍校勘中的实际操作能力，2017年被我校评为首批"研究生培育课程",2018年被确定为我校"研究生精品课程建设"项目。许琰老师开设的"中国古典文献学""文献的检索与利用"两门课程,将中国古典文献学的基础知识穿插在课程实践以及课后实际操作的小作业当中,让学生得以在轻松愉快的学习氛围中将文献学基础知识学活、用活。

在断代文学文献的课程设置方面,古籍所考虑到每一位学生专业方向不同的实际情况,开设了与专业学习紧密联系的相关课程。杜志强老师开设了"魏晋南北朝文学文献"及"中国古代文化史专题",让学生对魏晋南北朝文学文献有了宏观的认识。杜志强老师讲授的"古代文化史",让学生对中国古代文学产生的文化背景和文化条件有了较为清晰的认识。王兴芬老师讲授的"中国古代文言小说研究",把握中国古代文言小说发展的基本路径和发展过程,使学生在学习理论知识的基础上,在阅读中对古代文言小说文本的理解与认识上升到一个更高的层面。许琰老师讲授的《唐宋文学文献》,采用老师教授和学生实践试讲相结合的教学方法,使每一位学生都能参与到教学之中,为将来走向教师岗位提供了锻炼的机会。

为体现西北地域文化特色,漆子扬老师开设了"陇右文学研究",以陇右地区文学文本和主要作家为基本着力点,对陇右地域文学概况和发展脉络做出了阐述及梳理,对陇右文学典籍进行点评。景浩老师开设的"敦煌学导论",涵盖了敦煌学基础知识、敦煌文献特点与利用、敦煌文献整理研究方法、国内外敦煌学研究成果与现状等诸多方面的内容,将理论与实际相结合,开阔了学生对敦煌学的认识视野。

古籍所30余年来在课程设置、教育教学上的探索与发展始终坚持培养学生的古籍整理的综合能力、实际应用能力,注重文献阅读、注重培育学生踏实的治学精神,力戒浮夸,产生了良好的教学效果。

四 获奖

西北师范大学古籍整理研究所自创立以来,一代一代的学者在学术上日益进取,获得了多项奖励。其中教育部奖7项,省级、厅级奖若干。其中教育部奖项有:

1990年,郭晋稀的《声类疏证》获教育部1949—1989年社会科学优秀成果二等奖;2006年,赵逵夫获第二届国家级教学名师奖、甘肃省教学名师奖、西北师范大学教学名师奖；2006年，韩高年获教育部霍英东基金"高校青年教师奖"三等奖；2007年，赵逵夫的《古典文献论丛》获第四届中国高校社会科学优秀成果三等奖；2011年，赵逵夫获"2011年度全国教书育人楷模候选人"；2016年，许琰获第三届全国高校青年教师教学竞赛文科组一等奖；2016年，许琰荣获第四届全国师范院校师范生教学技能竞赛语文组优胜奖指导教师。

西北师范大学古籍整理研究所35年来所获奖项及参加的学术论坛活动大致整理如上。我所学者积极参加各类学术会议，将提高自身的专业学术素养放在首位，正是在此基础上，才得以获得各类奖项。我们当今一代也应学习前辈学者的学术精神，在完善自我的同时为古籍所的发展贡献自己的力量。

古籍整理是一项艰辛的工作，寻查佚文，勘定异字，探究出处，折中是非，必须探尘封于旧箧、理虫烛之遗篇，而且往往数日不能得一字，通宵难以定一义。古籍整理事业，需要我们自己甘于清贫、甘于寂寞，也需要领导、学界同人的理解和支持。

30多年来，我们按照党中央关于整理古籍的指示精神，在省教委的领导和支持下，在出成果、出人才方面取得了比较显著的成绩。作为全国高校古委会的直接联系研究所，我们感到肩上的担子更重。我们一定要谦虚谨慎做人，脚踏实地做事，为整理和研究祖国优秀文化遗产、弘扬民族优秀文化传统、建设社会主义新文化作出应有的贡献。

后《全元文》时期之科研、人才培养及学术平台建设概况

——北京师范大学元代文化研究中心工作汇报

北京师范大学古籍与传统文化研究所（院）、文学院　魏崇武

2004年12月，由全国高校古委会批准立项、李修生先生主编的《全元文》全部出齐，并于2006年获第四届中国高校人文社会科学研究优秀成果奖一等奖。《全元文》的出版，对于元代文史研究的推动作用可谓不小。

据不完全统计，《全元文》出版14年来，对《全元文》做出评价、为《全元文》拾遗补阙的期刊论文以及涉及《全元文》的博士、硕士学位论文已超过百篇，以《全元文》为基础文献展开研究的成果更是屡见不鲜。甚至，《全元文》还传到海外，被日本、德国、美国等国的图书馆收藏。这说明，全国高校古委会领导下的"九全一海"等古籍整理工作意义非凡，成果具有重要价值。与此同时，对于北京师范大学元代文化中心本身的科研及人才培养工作而言，《全元文》也有明显的促进作用。本中心成员包括北京师范大学古籍整理研究所（院）的部分人员（主要包括李修生、韩格平、李军、魏崇武、李鸣、王媛6人）以及外单位的兼职人员，在这里，向全国高校古委会领导和学界同人汇报一下非兼职的本中心成员在后《全元文》时期的科研、人才培养及学术平台建设的概况。①

一　科研项目

《全元文》完成后，本中心成员积极申请元代文献整理与研究领域

---

① 按：人才培养方面，则将杨镰先生在本中心培养的博士研究生计入。

的各种课题。2006年，韩格平教授率领的"元代赋全面整理与研究"课题组拟对元人赋作进行深度整理，申请到了教育部人文社会科学重点研究基地重大项目。2007年，李修生先生受邀担任"十一五"国家重大文化出版工程《中华大典》之《艺术典·戏曲艺术分典》主编。2010年，王嫒讲师获批教育部人文社会科学研究青年项目"元人总集叙录"。同年，受教育部专项委托，韩格平教授牵头承担《儒藏·集部·金元分部》的校点工作，中心成员承担了《闲闲老人滏水文集》（魏崇武）、《滹南遗老集》（魏崇武）、《临川吴文正公集》（李军）、《许白云先生文集》（李鸣）、《师山先生文集》（李鸣）、《道园学古录》（龙德寿）、《道园类稿》（龙德寿）等子课题，均已顺利完成。

2011年，韩格平教授申请国家社会科学基金一般项目"元人诗序整理与研究"获批；2012年申报国家社会科学基金重大项目"现存元人著作（汉文部分）总目提要"再次获批。2013年，李军申报国家社会科学基金重点项目"元人著述总目丛考"成功；魏崇武教授则同时获批国家社会科学基金一般项目"金元时期北方儒学转型研究"、全国高校古委会重点项目"方回诗文集编年校注"两个课题；王嫒讲师入选"北京市高校青年英才计划"，课题"元史艺文志新编"获资助。可以看到，在《全元文》工作完成之后，在全国高校古委会领导和李修生先生的大力支持下，韩格平教授领导本中心在元代文献的整理与研究上保持了良好势头。

鉴于元代文史研究日益深入及若干重要学术问题争议尚存的现实，而《全元文》又因20世纪90年代的学术观点、工作条件等方面的限制而存在一些不尽如人意之处，我们认为，应该结合相关思考，对《全元文》加以增补、修订，为学界提供更为全面、精准的文献基础。为此，2017年李修生、李军、魏崇武教授一起向全国高校古委会申请"全元文补编"重大项目，获得批准。目前，课题正在进行之中。

表1　　北京师范大学元代文化研究中心2005年以来获批项目

立项时间（年）	项目名称	批准单位	主持人
2006	"元代赋全面整理与研究"	教育部人文社会科学重点研究基地重大项目	韩格平
2007	《中华大典·艺术典·戏曲艺术分典》	"十一五"国家重大文化出版工程	李修生

续表

立项时间（年）	项目名称	批准单位	主持人
2010	"元人总集叙录"	教育部人文社会科学研究青年项目	王　媛
2010	《儒藏·集部·金元分部》	教育部专项委托重点项目	韩格平
2010	《儒藏·闲闲老人滏水文集》《儒藏·湛南遗老集》	教育部专项委托一般项目	魏崇武
2010	《儒藏·临川吴文正公集》	教育部专项委托一般项目	李　军
2010	《儒藏·许白云先生文集》《儒藏·师山先生文集》	教育部专项委托一般项目	李　鸣
2010	《儒藏·道园学古录》《儒藏·道园类稿》	教育部专项委托一般项目	龙德寿
2011	"元人诗序整理与研究"	国家社会科学基金一般项目	韩格平
2012	"现存元人著作（汉文部分）总目提要"	国家社会科学基金重大项目	韩格平
2013	"元人著述总目丛考"	国家社会科学基金重点项目	李　军
2013	"金元时期北方儒学转型研究"	国家社会科学基金一般项目	魏崇武
2013	"方回诗文集编年校注"	全国高校古委会重点项目	魏崇武
2013	元史艺文志新编	"北京市高校青年英才计划"	王　媛
2017	"全元文补编"	全国高校古委会重大项目	李修生、李　军、魏崇武

二　科研成果

在《全元文》整理过程中，本中心成员在元代文献整理与研究领域的学术积累逐渐丰富。在《全元文》完成之后，大家继续开展元代文献整理与研究，在和其他合作者的共同努力下，取得了较好的成绩。

（一）整理与研究著作

2008—2010年，由李军教授主编的《元代别集丛刊》连续三年在吉林文史出版社出版，合计21册25种，连续三年获全国优秀古籍图书一等奖。

2010年，由韩格平主编、魏崇武副主编的《元代古籍集成》数据库第一期工作完成。

2012—2013年，由韩格平总主编、李山教授任分卷主编的《元代古籍集成》"经部诗经类"10种由北京师范大学出版社出版，这是元代《诗经》学著作的首次整理问世，为新的研究领域的开拓奠定了良好基础。近几年来，学界三部同题博士学位论文《元代〈诗经〉学研究》的连续问世，显然受益于这批整理成果。2014年，魏崇武、钟彦飞整理的《柳贯集》入选"浙江文丛"，由浙江古籍出版社出版，获第十八届华东地区古籍优秀图书二等奖。2016年，北京师范大学出版了由韩格平总主编的《元代古籍集成》19种［含"经部春秋类"（分卷主编韩格平）1种、"史部编年类"3种、"子部艺术类"（分卷主编魏崇武）10种、"集部别集类"（分卷主编李军）5种］。同年，韩格平教授主编的《全元赋校注》由吉林文史出版社出版。2018年，王媛副教授的《元人总集叙录》由天津古籍出版社出版。

此外，本中心成员李军、李鸣、魏崇武三人还受邀参加杨镰先生主编的"全元诗"课题，分别承担了方回、虞集、杨维桢等诗人诗作的校点任务。

表2　2005年以来北京师范大学元代文化研究中心成员所出版的整理与研究著作

出版年份	著作名称	作者或主编	出版社	备注
2008—2010	《元代别集丛刊》（共25种）	李军主编	吉林文史出版社	连续三年获全国优秀古籍图书一等奖
2010	《元代古籍集成》数据库（第一期）	韩格平主编 魏崇武副主编	无	（已完成）
2012—2013	《元代古籍集成》"经部诗经类"10种	韩格平主编	北京师范大学出版社	
2014	《柳贯集》	魏崇武、钟彦飞校点	浙江古籍出版社	获第十八届（2014年度）华东地区古籍优秀图书二等奖
2016	《元代古籍集成》"经部春秋类"1种	韩格平主编	北京师范大学出版社	
	《元代古籍集成》"子部艺术类"10种	韩格平主编 "子部"主编魏崇武	北京师范大学出版社	

续表

出版年份	著作名称	作者或主编	出版社	备注
2016	《元代古籍集成》"集部别集类"5种	韩格平主编"集部"主编李军	北京师范大学出版社	
2016	《全元赋校注》	韩格平	吉林文史出版社	
2018	《元人总集叙录》	王媛	天津古籍出版社	

注：2014—2018年所出版的成果，均为韩格平教授任院长期间所完成。

（二）会议论文集及学术辑刊

本中心除了出版一系列的元代文献整理与研究著作外，结合2008年所主办的学术会议，会后由中华书局于2009年出版了《中国传统文化与元代文献学术研讨会会议论文集》，作者名家众多，论文质量上乘，颇受元代文史学界瞩目。

除此之外，本中心还创办了《元代文献与文化研究》（创刊号由韩格平、魏崇武共同主编，自第二辑起由魏崇武担任独立主编）学术辑刊，自2012年创刊以来，共出版了3辑，第四辑目前正在印刷之中。

表3　2005年以来北京师范大学元代文化研究中心所出版的会议论文集及学术辑刊

出版年份	著作名称	作者或主编	出版社	备注
2009	《中国传统文化与元代文献学术研讨会会议论文集》		中华书局	
2012	《元代文献与文化研究》第一辑	韩格平、魏崇武主编	中华书局	
2013	《元代文献与文化研究》第二辑	魏崇武主编	中华书局	
2015	《元代文献与文化研究》第三辑	魏崇武主编	中华书局	

（三）学术论文

本中心成员在开展元代古籍整理的同时，也撰写了不少质量颇高的学术论文，涉及版本源流、文献的辑佚考辨、人物生平事迹考订、诗文创作、文学理论、思想史、文化史，等等，内容较为丰富多样。

(篇)

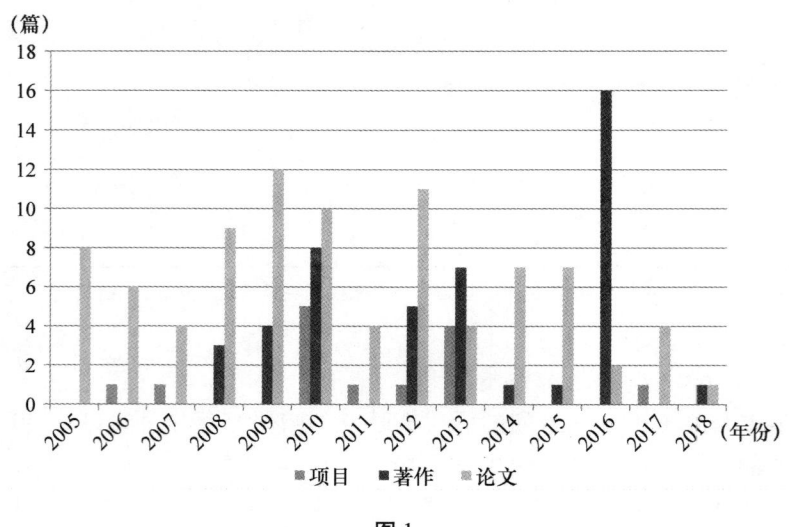

图1

李修生先生老当益壮，年过八旬仍笔耕不已，为元代文史研究贡献了不少有很高学术价值的见解。近几年论文如《元代的儒户——元代文化史笔记之一》[1]一文，对元代儒户数量、南北儒户定籍时的社会背景、元代教育的状况和儒人数量的增长等问题进行了更加深入的考察，纠正了萧启庆先生关于儒户的计算错误，其结论被学界认为比萧先生等人的认识更进了一步；又如《词人王沂孙出仕时间与生卒年考述——兼及〈乐府补题〉的写作时间》[2]以微见著，为实践"重建元代文学史"理念而致力于基础工作；其《关于元代文学研究的一些思考》[3]一文，则倡导从全球视角重新审视元代文学研究，批评当前学风已严重影响学术的发展，并点明了元代文学学会的学术使命。这些成果对年轻学者来说，颇具引领和示范作用。李军教授发表在《历史研究》时间上的《"诈马"

---

[1] 李修桂：《元代的儒户——元代文化史笔记之一》，第二届中国古文献与传统文化国际学术研究会论文，2011年10月15日。

[2] 李修桂：《词人王沂孙出仕时间与生卒年考述——兼及〈乐府补题〉的写作时间》，《国学研究》2014年第1期。

[3] 李修桂：《关于元代文学研究的一些思考》，《文史知识》2019年第12期。

考》① 一文提出了颇具影响的见解，其《论元代的上京纪行诗》② 一文则对该领域研究有首创之功，在元人别集的研究上也颇有建树。其余如韩格平教授对于元人诗序的研究、王媛副教授对于元人总集等的研究，都颇有创获，在该领域的研究上可谓领先一步。本中心成员关于元代文献考订方面的诸多文章，和其他古籍整理研究机构的学者们的成果一样，显示出严谨的学风和较为扎实的功底，相信具有较高的学术价值。

三 人才培养

北京师范大学古籍整理研究所（院）没有招收本科生，培养对象均为研究生。虽然硕士研究生也有不少人选择元代方向作为学位论文选题，其论文在对某些问题的探讨上也有一定的学术价值，但总的说来，其学术成果尚不足以在相关领域产生较大的影响，故此处从略。下面将对本中心的博士研究生培养情况略做介绍。

2006 年，本中心开始招收中国古典文献学博士研究生，导师为韩格平教授及兼职教授杨镰研究员。一开始，元代方向的博士研究生培养主要靠杨镰先生。2008 年，李军教授和罗超教授加入招生行列，扩大了元代方向博士研究生的规模。之后，韩格平教授的博士研究生也开始有人以元代方向为选题，加上 2012 年魏崇武教授开始招生，本中心的元代方向人才培养又有了进一步的发展。自从北京师范大学于 2013 年推行博士研究生学位论文全盲审制度以来，本中心所培养的博士研究生，于 2014—2016 年连续三年，均有学位论文获得三个评委全优的评价，分别是 2011 级张欣的《元代春秋学研究》（导师：李军教授）、2012 级黄二宁的《元代知识精英流动与文学生成研究》（导师：李军教授）、2013 级钟彦飞的《明代元集整理与元诗选本研究》（导师：魏崇武教授）。按北京师范大学各个单位应届博士毕业生的获"三优"比例来讲，本单位文学组所培养的博士研究生在质量上在 2014—2016 年可以排在全校第一位。目前，这些毕业生已经在元代文献与文史研究领域崭露头角。不过，若是从"中国古文献学奖学金"的获奖情况来看，本中心培养的硕士、博士研究生还从未有人获得过一等奖，仍有继续提高的空间。

---

① 李军：《"诈马"考》，《历史研究》2005 年第 5 期。
② 李军：《论元代的上京纪行诗》，《民族文学研究》2005 年第 2 期。

表4　　北京师范大学元代文化研究中心元代方向博士生培养情况表

年级	博士研究生	论文题目	导师
2006	刘宏英	"元代上京纪行诗研究"	杨镰（兼职）
2007	辛梦霞	"元大都文坛前期诗文活动考论"	杨镰（兼职）
2008	韩璐	"张翥研究"	杨镰（兼职）
	王君莉	"元代诗僧研究"	李军
2009	黄云生	"元代域外笔记研究"	杨镰（兼职）
	刘建立	"元代陆学与江西文坛——以刘埙、李存为研究中心"	李军
	童晓峰	"陈基研究"	李军
	杨洲	"元四家画论研究"	罗超
2010	施贤明	"元代江南士人群体研究"	李军
2011	杜春雷	"元代别集序跋研究"	韩格平
	张欣	"元代春秋学研究"（"三优"）	李军
2012	赵文友	"元代四书学研究"	韩格平
	黄二宁	"元代知识精英流动与文学生成研究"（"三优"）	李军
	花兴	"元代书启研究"	魏崇武
2013	薛子平	"元代诗文评著作研究"	韩格平
	刘洁	"程钜夫研究"	李军
	钟彦飞	"明代元集整理与元诗选本研究"（"三优"）	魏崇武
2014	王若明	"危素研究"	魏崇武
2015	张相逢	"百年辞赋心——以元赋题材为切入点的考察"	韩格平
	范雪琳	"元代墓碑文研究"	魏崇武
2016	施含牧	"元代易图及其文献研究"	韩格平
	石勖言	"元代杭州文学社会研究"	魏崇武

四　学术平台建设

近年来，在《全元文》《全元诗》等大型古籍整理项目成果的推动下，元代文学（特别是诗文）研究有了可喜进展，学界同人要求建立交流平台的呼声也日渐升高。有鉴于此，在李修生、杨镰、李梦生、查洪德、韩格平、李军等先生及笔者共七人的谋划下，元代文学研究领域的代表性学者于2013年12月齐聚北京，出席本中心举办的"元代文学与文献研究高端论坛暨元代文学学会筹备会"。与会代表一致同意成立元代文学学会，搭建平台，方便交流，促进元代文学研究的发展。

2014年8月初，元代文学学会（筹）在内蒙古自治区通辽市内蒙古民族大学召开的学术会议上正式成立，李修生先生被推选为会长。《光明日报》、《中国艺术报》、"中国文艺网"等重要媒体对学会成立的消息进行了报道，一些重要学术期刊如《文学遗产》《民族文学研究》《文史知识》也刊登会议综述或李修生先生的大会发言。到目前为止，元代文学学会拥有来自全国各地60多所高等院校和科研单位的会员近200人，分别在通辽、锡林浩特、包头、乌鲁木齐、兰州等地举办了五次年会，这些会议有效地促进了元代文学研究的蓬勃发展。

学会成立之后，李修生先生多次跟有条件或有意愿发展元代文学研究方向的相关高校的相关院系负责人或学科带头人商谈，力图在全国范围内实施元代文学、文献、文化等各领域研究的分工合作，现已略见成效。要求加入学会的学者越来越多，一些单位也明确表示要以元代文学或相关领域为学科建设方向。可以说，本中心（尤其是李修生先生）在引领全国元代文学与文献研究方面，明显发挥了应有的作用。

李修生先生在学会建设方面的贡献，不仅仅体现在组织方面，他的多次大会发言，总能起到引领研究方向的作用。2014年通辽会议，他在开幕式上发表《关于元代文学研究的一些思考》的讲话，倡导从全球视角重新审视元代文学研究，批评目前的学风已严重影响学术的发展，并点明元代文学学会的学术使命，提出"希望不是走江湖黑道，而是本着实事求是的科学精神，提倡严谨学风。大家交流信息，精诚团结，互相尊重，创建一个合作平台，切实推进元代文学研究"[1]。2015年锡林浩特会议和2016年包头会议上，李修生先生又分别发表《元代文学研究献疑》《关于元代文学研究中几个问题的思考》的讲话，提出自己关于如何认识元王朝的问题、民族问题、"华化""汉化"及"士人化"问题、遗民问题等关涉元代文学与文化研究的重大问题的思考。2018年7月中旬的兰州会议上，他又作《读杉山正明〈蒙古帝国的兴亡〉〈忽必烈的挑战〉献疑》主题发言，对日本著名学者杉山正明"预设结论"的治学方法和学术观点提出疑问，实践了他之前以全球视角审视元代文学研究

---

[1] 李修生：《关于元代文学研究的一些思考》，《文史知识》2014年第12期。

的倡议，展现了一位老学者敏锐的学术眼光和难得的学术锐气。这些发言高屋建瓴、发人深省，无疑对元代文学研究界的年轻学者们有很大的启发意义和激励作用。

　　此外，笔者还与本中心培养出来的年轻学者一起创建了微信公众号"元代文献与文学研究"，希望可以打造一个新的交流平台，为元代文献与文学研究作出贡献，敬请关注。

　　感谢全国高校古委会长期以来的大力支持和帮助，北京师范大学元代文化研究中心的全体成员还将继续努力，克服困难，发挥优势，争取在元代文献整理与研究领域取得更好的成绩！

专题文献整理与研究

也谈楚简《恒先》与八股文[*]

华中师范大学历史文献学研究所　张固也

自从 2003 年《上海博物馆藏战国楚竹书（三）》出版以来[①]，其中由李零先生整理的《恒先》篇一直受到学界的高度关注，被公认为最重要的出土道家文献之一，国内外学者从竹简编联、文本诠释、思想研究等方面做了许多有益的探索。而邢文先生独出新意，从文体学角度提出了一个《恒先》与八股文关系的问题，认为它标志着八股文已滥觞于战国时代。谭家健先生对此进行了针锋相对的反驳，认为二者相距甚远，八股文滥觞于北宋的定论不能推翻。笔者认为这场争论的是非得失比较清楚，对推进《恒先》编联问题的讨论不无裨益，值得学界关注。故不揣谫陋，特撰小文，对争论双方的观点略做述评，并在重新编联简文的基础上，试就这一问题谈点粗浅的看法。不当之处，敬请学界同道批评指正。

一

邢文先生的论述立足于清人章学诚在《文史通义》中提出的一个著名论断"至战国而文章之变尽，至战国而后世之文体备"，认为"广义的'八股文'作为一种具备某种特定辞章特点的文体，已经滥觞于战国"。其论证方法，一是根据《明史·选举志》"体用排偶，谓之八股"的定义，认定八股文"以排偶为主要辞章特点"，而"《恒先》所见排偶，约有两种基本的形式：排比对偶式排偶与联句对偶式排偶"。二是

---

[*] 本文为国家社会科学基金 2015 年一般项目"竹简《文子》复原与研究"（编号：15BZS009）的研究成果之一。

① 承源：《上海博物馆藏战国楚竹书（三）》，上海古籍出版社 2003 年版。

综合前人的分析，八股文一般分成破题、承题、起讲、起比（比或称股）、中比、后比、束比、大结八层，而"《恒先》的行文及文献结构，有着繁复严密的组织"，也可以分成类似的八个层次。因此他认为："《恒先》的文体与修辞特征，与明代八股文已经惊人地相似。"但他承认"我们并不是说《恒先》就是八股文"，"并不是说后世八股文这一狭义的、特定的应试文体始于战国"。①

邢氏这个大胆而新颖的观点，引起了谭家健先生的公开反对："我反复阅读《恒先》原文以及邢氏所做的论证，再以明代八股文的范文和基本规格加以衡量，觉得二者相距甚远，而不是'惊人地相似'。"他将《恒先》与明初王鏊的八股文经典作品比较后指出："从该文中找不出四个长对子，看不出与起比、中比、后比、束比之任何一比相似之文字。所以，没有理由称之为'八股文的滥觞'。邢氏列举出《恒先》中有不少对偶句、排比句，而八股文则以八小段，组成四大段之双行长句对偶文字为主体。如果没有这四大段互相对称的文字，就不能算八股文。"②

邢文先生在响应批评的文章中，主要针对谭氏认为《恒先》中"根本不能算对偶句"、不能视为"成分相对"的例子，重新做出分析，坚持己见。尤其所谓中比部分，谭氏认为"从内容到句式到字数都无法相对"，而邢氏列出对照表，认为这三组文字"构成一个鼎足而三的复式排偶结构"，"其结构之严整、对仗之严格、思理之严密，远非形式考究的八股文所能企及"。并反而批评"谭先生的商榷回避了一个关键术语——'排偶'"，"排偶与对偶并不等同"。③

谭家健先生针对该文，再一次提出商榷，指出鼎足对只是对联中的特殊形式，在八股文中难觅其先例。并批评邢氏所举的排偶例子，"句子结构、词性、字数都是明显不相对的"，"八股文以对偶句为主体，一定是把上下两联合观而言，而邢先生所举例子，有的是从上联或下联中摘取若干句，认为它们是对偶句。这样的分析法用在散文和辞赋中是可以的，用在八股文中是不行的"。因此，谭氏认为："八股文滥觞于北

---

① 邢文：《楚简〈恒先〉与八股文》，《光明日报》2010年3月1日第12版。
② 谭家健：《楚简〈恒先〉与八股文无关》，《光明日报》2010年4月26日第12版。
③ 邢文：《"八股文"滥觞于战国——兼答谭家健先生》，《光明日报》2010年4月26日第12版。

宋，这个结论不能推翻，战国不可能有八股文。"①

我们认为邢文先生确实提出了一个"重要而有趣的问题"，但其列举的所谓《恒先》的排偶例子比较牵强，八层的划分也有很多不合理之处。作为《中国大百科全书》"八股文"条目撰写者，谭家健先生对这一文体的理解更为准确一些，其《恒先》不是八股文的判断，持之有据、言之成理。但在邢氏一再强调《恒先》是"广义的'八股文'"，八股文只是"滥觞于战国"的前提下，仍然一味用明代以后成熟八股文的标准来加以衡量，多少有点违背邢氏的本意。假如《恒先》的文体结构果真可以像邢氏那样分为八层，且在修辞上已经做到"意对而辞不对"（谭氏语），那么邢氏为了强调它与八股文的相似性，而称之为广义的"八股文"，也不算太过离谱。此外，谭氏的批评主要在排偶与对偶的区别上，却没有触及邢氏之文的另外两大关键问题。

一是邢氏自称"从文体结构与辞章学分析的角度"立论，实际上只是从辞章学拿来一个排偶概念，先入为主地认定《恒先》为八股文，然后再把八股文八个层次的结构硬往《恒先》上套，并不是真正从文体结构出发来做分析。因为分析一篇文章的结构，应该主要从文意出发，同一层次文意的句子不宜拆分在两层。而邢氏在分析《恒先》结构时，几乎是不管文意的。比如《恒先》第一简，从文意看属于递进式论述，学界一般把前面数句作为第一章，笔者则认为简末两句亦为章末总结之语。邢氏却分成破题、承题、起讲、起比四个层次。他自称"以上的分层讨论，仅适用于特定的文体辞章学分析，并不是《恒先》的分章方案"。他另外提出一个分章方案，将破题、承题、起讲合为一章，起比、中比合为三章，后比独为一章，束比、大结合为一章，共分六章②。第一章仍不得不采用通行的分法，起比则与中比第一段合为一章。正是由于邢氏没有准确理解《恒先》的题意，没有真正掌握其文体结构，导致其分章与八股文分层之间产生了无谓的自相矛盾。

二是邢氏认为"对于《恒先》分章复原众说纷纭的一个重要原因，就是对楚简《恒先》本身的文献结构，未给予足够的重视"，"楚简《恒先》与八股文的关系分析，验证了我们提出的楚简《恒先》分章方案的

---

① 谭家健：《再评〈八股文滥觞于战国〉》，《职大学报》2011年第1期。
② 参见邢文《楚简〈恒先〉释文分章》，《中国哲学史》2010年第2期。

合理性"。① 单就文体结构而言，八股文"层累曲折之致"，"与其间不可乱、不可缺之秩序"，确有值得称道之处。钱基博先生曾说："就耳目所睹记，语言文章之工，合于逻辑者，无有逾于八股文者也。"② 所以我们虽然并不赞同《恒先》为八股文滥觞的观点，但认为邢氏通过分析它与八股文的关系，来验证其分章方案的合理性，确实是一个简洁明快的方便法门，只是验证得不够细致而已。当时《恒先》除了整理者李零的编联方案外，还出现了庞朴③、顾史考④、曹峰⑤、夏德安四家新方案⑥，至于分章方案就更多了。近年范毓周先生又提出了一种最新的编联分章方案。⑦ 然而令人遗憾的是，这些新方案并未能够后出转精，反而不如最早的李氏、庞氏两家方案得到多数学者的认同和支持。不知邢氏是否仔细比较过各家方案的异同优劣，是否认真考虑过还有其他编联方案之可能，而事实上他只是在庞氏方案基础上直接进行分析，甚至对此前人们提出的庞氏方案不合理之处未做任何解释。假如庞氏方案不可靠，他的这些分析就是在用八股文的结构硬往庞氏方案上套，只能成为空中楼阁、镜花水月。

笔者 2010 年元旦之夜翻阅《上海博物馆藏战国楚竹书（三）》，试拟了一个新的编联方案，多年来将其与以上诸家方案比较，自认为略有胜处。由于论证起来比较麻烦，一直懒于着笔。今受邢氏的验证思路和方法的启发，也尝试按照笔者新的编联方案，根据文意将其分成若干小层次，并与八股文的结构进行比较，来初步验证这一方案的合理性，以

---

① 邢文：《楚简〈恒先〉与八股文》，《光明日报》2010 年 3 月 1 日第 12 版。
② 钱基博：《现代中国文学史》，吉林人民出版社 2013 年版，第 435 页。
③ 参见庞朴《〈恒先〉试读》，简帛研究网（http：//www.bamboosilk.org/），2004 年 4 月 26 日；姜广辉主编《中国古代思想史研究通讯》第二辑，中国社会科学院历史研究所思想史研究室，2004 年。
④ 参见顾史考《上博竹简〈恒先〉简序调整一则》，简帛研究网（http：//www.bamboosilk.org/），2004 年 5 月 8 日。
⑤ 参见曹峰《〈恒先〉编联、分章、释读札记》，简帛研究网（http：//www.bamboosilk.org/），2004 年 5 月 16 日；修改后以"谈《恒先》的编联与分章"为题发表于《清华大学学报》（哲学社会科学版）2005 年第 3 期。
⑥ 参见夏德安《读上海博物馆楚简〈恒先〉》，"2007 中国简帛学国际论坛"，台湾大学，2007 年 11 月 10—12 日。
⑦ 参见范毓周《上博楚简〈恒先〉新释及其简序与篇章结构新探》，《中原文化研究》2015 年第 1 期。

期使《恒先》思想研究更加准确、更加深入。

二

> 恒先无有，朴、静、虚。朴，大朴；静，大静；虚，大虚。自厌不自忍，或作。有或，焉有气；有气，焉有有；有有，焉有始；有始，焉有往。往者未有天地，未1①多采物。

这是第一层，相当于八股文的破题，即说破和点明题目要义。② 《恒先》第三简背有标题，邢氏大概以为破题就是要破"恒先"二字，故仅以开头二句为破题。其实破题之题，应为全篇的主题，这个篇名只是按古书通行的命名方式，取自篇首的二字，并不能完整反映主题。从全篇简文分析，其主题可以概括为四个字："名出于恒。"这里开门见山地提出"恒""或""气""有""始""往"六个概念及其出现的先后顺序，才是这一主题的完整表述。简文原来只有一个"往"字，李学勤先生认为其与"始"对称，意为终结，并怀疑："这里'遣'下脱去一重文号。'有始焉有遣'下断句，另以'遣（往）者未有天地'起下一章。'往者'意思是过去，古书常见。"③ 我们认为两个"往"字同义，都是去往、行往的意思，"往者未有天地，未多采物"是说直到"往"刚开始这一阶段天地万物还没有产生，上面都是形而上的说法。

> 先者有善，有治无乱。有人，焉有不善，乱出于人。先有中，焉有外；先有小，焉有大；先有柔，焉8有刚；先有圆，焉有方；先有晦，焉有明；先有短，焉有长。

这是第二层，相当于八股文的承题，承接破题的意义而加以补充、引申，使之更晓畅。承题与破题关系密切，可以看成文章的同一部分。"恒先"是形而上的最先，"先者"是形而下的最先。形而下的世界又以人类的

---

① 按：此为李零《上博楚简〈恒先〉语译》一文对《恒先》进行编联所标的竹简序号，载《中华文史论丛》2006年第1期。此下引文中的序号同。
② 参见吴承学《中国古代文体形态研究》，中山大学出版社2000年版。
③ 李学勤：《楚简〈恒先〉首章释义》，《中国哲学史》2004年第3期。

产生划分为两个阶段,没有人类以前,自然界浑然一体,无所谓中外、小大、柔刚、圆方、晦明、短长之类的区别,人类产生以后才出现混乱现象。这里"可能意在说明尽管人类进行了相对判断,捏造了虚构的名称体系",而"这些出自人类的相对判断不能成为绝对判断"。① 因此,外、大、刚、方、明、长等判断是否正确,建立在与之相对的中、小、柔、圆、晦、短等判断准确的基础上。这样穷究下去,最终就是追寻天地万物生成和运行的规律,即"天道",由此导出下文的正式论述。

    天道既载,唯一以犹一,唯复以犹复。

这是第三层,相当于八股文的起讲,比较深入地说明题目的用意,覆盖全篇,是正式开始议论的部分。起讲亦名"原起",初用以述说圣贤为什么发出题中之意,后来改成在承题之后直接进入论述。《恒先》毕竟不是八股文,这三句话比八股文的起讲简单得多,文意比较深奥,至今没有得到准确的解释。其实这里所谓天道,是指天地万物生成和运行的规律。董珊先生训"载"为"行","既载"意为开始运行。② 这里只是提出天道开始运行以后的两大规律或原理:"一以犹一"是生成论原理,"复以犹复"是运行论原理。以下两章一为生成论,一为运行论。可见本层已正式开始进入了核心论述,两大原理则是覆盖全篇的,其地位和作用确实类似于八股文的起讲。

    恒气之生,因9有作、行。出生虚静为一,若寂寂梦梦,静同而未或明,未或滋生。气是自生,恒莫生气。气是自生自作。恒气之2生,不独,有与也。或恒焉生,或者同焉。昏昏不宁,求其所生。异生异,鬼生鬼,韦生非,非生韦,袁生袁。求欲自复,复3言名先。先者有悆,恋言之,后者效比焉。举天下之名,虚树,习以不可改也。举天下之作,强者果。天下10之大作,其蠶尨不自若

---

① [日] 浅野裕一:《上博楚简〈恒先〉的道家特色》,《清华大学学报》(哲学社会科学版) 2005 年第 3 期。
② 参见董珊《楚简〈恒先〉详宜利巧解释》,简帛研究网(http://www.bamboosilk.org/),2004 年 11 月 9 日。

作。若作，庸有果与不果，两者不废。举天下之为也，无舍也，无与也，而能自为也。11

生之生行，浊气生地，清气生天。气信神哉，云云相生。信盈天地，同出而异生，因生其所欲。业业天地，纷纷而4复其所欲。明明天行，唯复以不废。知既而亢思不宊。有出于或，生出于有，音出于生，言出于音，名出于5言，事出于名。或非或，无谓或；有非有，无谓有；生非生，无谓生；音非音，无谓音；言非言，无谓言；名非6名，无谓名；事非事，无谓事。详义、利巧、采物出于作，作焉有事，不作无事。举天下之事，自作为事，庸以不可赓也。

以上第四层、第五层，相当于八股文的起比、中比、后比。起比实际上是八股文铺张议论的开始，为中比和后比的充分发挥奠定基础；中比承上启下进行更充分的议论，尤为全篇的重心所在；后比对中比进行补充，写其未尽之意，畅所欲言。这三大比加上束比，是八股文的核心部分。每比分为两段，共有八段，这才称其为八股。《恒先》不是八股文，并未有意识地分出"三大比"。但前一章开头"恒气之生，因有作、行"二句上释题目之意，即恒气之"生""作"就是"有气""有有"，恒气之"行"则指事物从"始"到"往"的过程，由此引出以下两大段核心论述。前一章讲生成论，认为"气是自生自作"，还说它"有与"，意思是天地万物亦伴随气而自生自作。这里所谓生、作，不是母生子这种产生方式，而是像人得阴阳之气而成胚胎，并出生且长大成人，这就是第三层"一以犹一"的原理。后一章讲运行论，认为气之生实际上开启了气和万物的运行过程，包括或、有、生、音、言、名、事等阶段，后几个阶段实际上是对第一简所谓"有始焉有往"的细分。其中"名"指气凝成物之初（先者有悉）与生俱来的特性，相当于西哲所谓事物的规定性（definitive property, prescriptive nature）；人给事物的命名，则是对其规定性的"虚树"，然亦"习以不可改也"。事物无论如何发展，都不可能脱离且终将回归这种规定性，循环往复，生生不息，这就是第三层"复以犹复"的原理。这两章的文意大致相对，有点像八股文的一大比两小股，而其文字之繁多、议论之铺张、思想之丰富，使其占据了全篇最核心的地位。从这一点来说，它们有点类似于八股文三大比的总和。

凡 7 举天下之生，同也，其事无不复。天下之作也，无忤恒，无非其所。举天下之作也，无不得其恒而果遂。庸或 12 得之，庸或失之。

这是第六层，相当于八股文的"束比"，用以响应前面的三大比，提醒全篇而加以收束。这段话一开头使用了全篇仅见的一个"凡"字，明显带有总结的语气。尤其微妙的是"凡举天下之生，同也"是说万物同属自生，"其事无不复"是说万物运行规律无不是循环往复的；"天下之作也"前，庞朴先生认为当补一"举"字①，"无忤恒"是说万物之生作不能违背恒（道），"无非其所"廖名春先生、季旭升先生并释为"各得其所"②，我们进而认为"所"当为上一章"所欲"之省，万物无不是这个"所欲"运行发展的结果；"无不得其恒"比"无忤恒"更进一步，是说万物无不是得恒而生作，"果遂"比"无非其所"也进了一步，是指万物按"所欲"运行并最终实现目标。可见，这三个长句之内，都是前一句响应生成，后一句回应运行，对上面两章的论述做出了很好的总结。收束如此紧密，明清成熟的八股文也不一定能望其项背。时贤其他各种编联方案，都是将有"举天下"之类字眼的文句集中到篇末，但是这些文句的语义和句式比较复杂，显得十分零乱。而按本文提出的新方案，其中四个"举天下"位于生成论末，一个位于运行论末，最后两个分出去作为"大结"，剩下这三个的语义和句式相对，与上下文前后呼应，就一点也没有零乱的感觉了。

　　举天下之名，无有废者。与（举）天下之明王、明君、明士，庸有求而不虑（患）？ 13

这是第七层，相当于八股文的"大结"，发挥题意，收结全篇。对于《恒先》的论述主旨，学界观点分歧，主要原因是没有准确理解这几句

---

① 参见庞朴《〈恒先〉试读》，简帛研究网（http：//www.bamboosilk.org/），2004 年 4 月 26 日。

② 廖名春：《上博藏楚竹书〈恒先〉简释》，confucius 2000 网（http：//www.confueius 2000.com），2004 年 4 月 16 日；季旭升：《恒先译释》，《〈上海博物馆藏战国楚竹书（三）〉读本》，台北：万卷楼图书股份有限公司 2005 年版。

话的意思。如有人以为"'与'为反诘语气词,和上文连读作'举天下之名,无有废者与?'"并说这是"对'名'的真实性和恒久性提出了疑问,体现了文本作者的远见卓识和深邃思想"①。有人读"思"为"予",以为其文意是"以天下有名有实之物(一、恒、道),以与天下之明王、明君、明士,必将有求必应,事事可成"②。刘信芳先生将该字读为"患",完全正确,但说其后"承上文省略宾语'得失'","盖求有得之者,亦有失之者,明王、明君、明士其所以为'明',必知得失之理也,既知得失之理,故求而不患得患失也"③,则与原意正好相反。从"恒先无有"一路论述下来,其实最终就是为了得出一个结论:全天下的"名"都各得其恒而具有其内在要求,永远不会作废。全天下的"明王、明君、明士",哪有极力追求这些名号,却不忧虑"名非名"即达不到这些名号的内在要求的呢?直到篇末一问,才点明了全篇的真正主旨是要求所谓"明王、明君、明士"名实相符,真是画龙点睛,有如神来之笔。郭齐勇先生曾指出《恒先》是"道法家形名思想的佚篇"④,洵卓见也。

  以上分成七个层次来进行分析,主要是为了方便与八股文进行比较。其实借鉴现代划分段落的通行做法,应该把前三章、后两章各自合并成一章,合计中间两章,共分为四章或四大段落。按照这一新方案来重新阅读《恒先》,由于中间有"恒气之生,因有作、行"两句起到承上启下的关键作用,整篇文章的起承转合十分清晰,任何人都只能如此分章或分段。而时贤其他各家编联方案都没有这一优点,除曹峰先生提出"它的上半部重在论述基本的普遍的原理,下半部侧重于如何依据基本的普遍的原理指导现实政治"之说得到大家公认以外⑤,各家的具体分章方案真可谓五花八门,即使采用同一编联方案,分章却往往不同甚至

---

  ① 谭宝刚:《老子及其遗著研究》,巴蜀书社2009年版,第334、379页。
  ② 李锐:《〈恒先〉浅释》,confucius 2000网(http://www.confueius 2000.com),2004年4月17日。
  ③ 刘信芳:《上博藏竹简〈恒先〉试解》,简帛研究网(http://www.bamboosilk.org/),2004年5月16日。
  ④ 郭齐勇:《〈恒先〉——道法家形名思想的佚篇》,简帛研究网(http://www.bamboosilk.org/),2004年5月8日;又见《江汉论坛》2004年第8期。
  ⑤ 曹峰:《〈恒先〉编联、分章、释读札记》,简帛研究网(http://www.bamboosilk.org/),2004年5月16日。

大相径庭。这种分章方案的不确定性，反证了各家编联方案的不合理性。而本文通过分析重新编联的《恒先》与八股文的关系，业已验证了其分章方案的唯一性和合理性，因而有理由相信，这一新的编联方案可能是比较正确的。

三

以上仅仅根据文意为《恒先》划分层次，以证明其文体结构确实与八股文具有一定的相似性和可比度。上文之所以没有涉及修辞方面的问题，是因为严格说来，《恒先》与以"双行长句对偶文字为主体"的八股文差距太大，没有可比性。邢文先生把"朴，大朴；静，大静；虚，大虚"和"有或，焉有气，有气；焉有有；有有，焉有始；有始，焉有往"说成排比对偶式排偶，实际上是有意混淆对偶与排比的概念，以便硬往八股文上套。从这一点来说，谭家健先生的批评是完全正确的，已毋庸多言。

然而，如果宽泛一点进行比较，而不以成熟的八股文标准来要求，《恒先》中初步具有两两对偶的修辞方法，大概也是不容否认的。这一点按本文提出的新编联方案来看，也要比其他方案更加明显。如破题中的"有或，焉有气；有气，焉有有；有有，焉有始；有始，焉有往。往者未有天地，未多采物"与承题中的"先有中，焉有外；先有小，焉有大；先有柔，焉有刚；先有圆，焉有方；先有晦，焉有明；先有短，焉有长。天道既载，唯一以犹一，唯复以犹复"，多个"焉有"句子相对，与谭先生所说"双行长句对偶"比较接近，仅字数不同而已。然而，八股文的破题、承题、起讲文字散行，并不要求对偶。邢氏硬从《恒先》第一简中找出两处"排比对偶式排偶"，说成八股文的承题、起讲，实属无谓之举。同样，这里所说破题与承题中的多个"焉有"句子相对，与八股文的对偶也没有任何可比性。相反，倒是从破题、承题内部来说，它们其实是文字散行，基本符合八股文的修辞格式。

如上所述，八股文最主要的修辞特征，在于起比、中比、后比、束比，每比分为两段，共有八段，这才被称为八股文。其格式有严格规定，一定要两股之间，两两相对，即语义、句式、字数都要对称。有趣的是，《恒先》虽然不是八股文，并未有意识地分出起比、中比、后比，只是内容上正好包括生成论、运行论两部分，可以勉强看作一大比，但是如果具体分析这两章的内部结构,竟然都可以分出六个小层次,其语义和句式竟然一一相对。为了便于说明问题,重新移录其文,列为下表,再做具体分析:

出生虚静为一,若寂寂梦梦,静同而未或明,未或滋生。气是自生,恒莫生气	生之生行,浊气生地,清气生天
气是自生自作。恒气之生,不独,有与也。或恒焉生,或者同焉	气信神哉,云云相生。信盈天地,同出而异生,因生其所欲
昏昏不宁,求其所生	业业天地,纷纷而复其所欲
异生异,鬼生鬼,韦生非,非生韦,袞生袞	明明天行,唯复以不废。知既而亢思不殄。有出于或,生出于有,音出于生,言出于音,名出于言,事出于名。或非或,无谓或;有非有,无谓有;生非生,无谓生;音非音,无谓音;言非言,无谓言;名非名,无谓名;事非事,无谓事
求欲自复,复言名先。先者有悉,恋言之,后者效比焉。举天下之名,虚树,习以不可改也	详义、利巧、采物出于作,作焉有事,不作无事
举天下之作,强者果。天下之大作,其寮尨不自若作。若作,庸有果与不果,两者不废。举天下之为也,无舍也,无与也,而能自为也	举天下之事,自作为事,庸以不可赓也

上表中,左列为生成论,右列为运行论,主题相对。且左、右两列字数各为150多字,简直就像两个特别长的对偶句。

第一栏左列提出"生"的概念,以及"气是自生"的命题;右列提出"行"的概念,所谓"浊气生地,清气生天"的命题其实隐含着从气生至天地生成之间有个随着气的升降形成天地的过程,开门见山,语义相对。

第二栏左列"有与",廖名春先生认为是强调恒与气"两者相互联系的一面,是说'恒'与'气之生',并非无涉,还有相与的一面"[①]。

[①] 廖名春:《上博藏楚竹书〈恒先〉新释》,《中国哲学史》2004年第3期。

董珊先生认为是指恒气之生"有'恒''或（域）'的定义作为先决条件"①。曹峰先生认为是指"由恒气构成的万物"，与《老子》所谓"独立不改"的道不同，是"不独有与"、有所依赖的。② 其实这是讲"有"（即万物）伴随气而产生出来，故下两句用"恒""或"关系解释"气""有"关系。参第一简恒"自厌不自忍，或作"，"不自忍"即不自我克制欲望。再看右列"云云相生""同出而异生"，也是指万物伴随气而纷纷产生；所谓"生其所欲"，也是指气生出万物自我运行的欲望，语义两两相对。以上两栏主要使用四字句，句式大致相对。

第三栏左列"昏昏不宁，求其所生"，与右列"业业天地""复其所欲"，语义、句式完全相对，只不过后者中间加了"纷纷而"三字加以修饰。时贤无不以为"昏昏"与前面的"梦梦"都是指天地剖分以前的混沌状态，其实《老子》第三十九章说"地得一以宁"，这里的"昏昏不宁"显然指天地万物产生以后的昏乱景象，与"业业天地"文异而意同。"求其所生""复其所欲"则都是指追寻、回归到事物的根源，只不过生成论所求的是"所生"起源之点，运行论所复的是"所欲"发展之线。

第四栏左列讲万物生成的五种方式，文意比较费解，但有人认为五者都是强调"同类相生"③，有人说是讲"万物自身的同一性"④，有人说"它们都暗含着同一个意思：自生"⑤，我们进而认为就是对前文所谓"一以犹一"的具体表述；右列讲万物生成过程（往、行）的七个阶段，字面上按从"或"至"事"这一"往"的顺序，暗中却隐含着从"事"至"或"这一"复"的倒序，即对前文所谓"复以犹复"的具体表述，

---

① 董珊：《楚简〈恒先〉"详宜利巧"解释》，简帛研究网（http：//www.bamboosilk.org/），2004年11月9日。

② 曹峰：《从自生到自为——恒先政治哲学探析》，简帛研究网（http：//www.bamboosilk.org/），2005年1月4日；又载台湾"中央研究院"历史语言研究所编《古今论衡》2006年第14期。

③ 陈静：《〈恒先〉：宇宙生成理论背景下的一种解读》，简帛研究网（http：//www.bamboosilk.org/），2008年5月15日；王中江：《〈恒先〉的宇宙观及人间观的构造》，简帛研究网（http：//www.bamboosilk.org/），2008年10月19日。

④ 陶磊：《〈恒先〉思想探微》，简帛研究网（http：//www.bamboosilk.org/），2006年12月17日。

⑤ 刘贻群：《试论〈恒先〉的"自生"》，简帛研究网（http：//www.bamboosilk.org/），2004年6月13日。

明暗都相对。但是"生"在左列首尾两栏谈得较多，此略之；右列谈"行"，不得不牵涉"生"，"行"主要在这一栏谈，故详之。这一栏的左右两列都有多个三字句，句式相对。

第五栏左列忽由上文讲"生""作"转入"复"，这是从生成论的角度为"复"先下一个"复言名先"的定义，并肯定了"名""不可改"的合理性；右列忽由上文讲"行""复"转入"作"，这是从运行论的角度强调"作"拥有关键之"作焉有事"的地位，亦暗喻了"事"出有因的合理性，语义紧密相对。

第六栏左右两列都以散行文字进行总结，但左列讲生成论，强调自"作"，而末尾顺及"自为"，以示"为"是"作"的延续；右列讲运行论，强调自为的连续性（"赓"），而上句先言"自作为事"，以示"自作"是自"为"的前提。虽然左、右两列文字多寡悬殊，但语义紧密相对。

显而易见，以上两章内部各分为六个小层，各个小层之间除字数不对外，语义完全相对，句式大体也相对。

至于束比中的几句话，上文已说明它们从语义上各自对应生成论、运行论，其句式可列表格如下：

凡举天下之生	同也	其事无不复
[举]天下之作也	无忤恒	无非其所
举天下之作也	无不得其恒	而果遂

上表中三栏语义完全相对，左列语义、句式相同，文字略异，中、右二列语义相对，句式不同，这正反映出战国散文灵活多变的特点，而不像八股文那样严格呆板。邢氏把"举天下之生，同也，其事无不复"连在"举天下之作，强者果。天下之大作"等句之后合为束比，把"天下之作也"至"而果遂"连下"举天下之名，无有废者。与（举）天下之明王、明君、明士，庸有求而不虑（患）"合在一起作为大比。谭氏批评其"勉强分成束比与大结，有割裂文意之嫌"，当然是准确的，但他的理由仅仅是以为所有"举天下"句子都应在篇末一段之内，并没有看出邢氏的关键失误是割裂了中间三个对偶句。

综上所述，《恒先》的文体结构比较接近八股文，而其相当于八股文四大比八小股的核心部分，竟然也采用了比较明显的对偶修辞手法，尽管它还没有严格地两两对偶，没有代圣人立言，与明清以后成熟的八股文还有极大的距离，仍然多少有点令人吃惊。先秦说理散文结构严谨，修辞巧妙，影响深远，早为学界之共识。谭家健先生就曾经举出《墨子·所染》篇、《孟子·滕文公下》"外人皆称夫子好辩"章二例，认为"虽然基本上是散句为主，意对而辞不对，但从整体结构看，已似八股文骨架"[①]。但是这两篇文章首尾的论理文字都比较简单，中部主要是举些古代圣贤的事迹来作佐证，并非有意采取对偶式论述，类似的例子在古书中应该并不鲜见。如陈桐生先生所指出，《礼记·冠义》等专释礼义的七篇，"按照'总—分—总'的思路结构全文，前有概述，后有呼应，中间层层展开，义脉文理俱可圈点"[②]。但是像《恒先》这样纯粹的论理文字，其中心部分如此两两相对，全文结构酷似八股文的例子，在古书中可能还真不多见，堪称先秦散文中的一朵奇葩。因此，尽管我们并不赞同《恒先》为"八股文的滥觞"的提法，却不得不承认它确实为章学诚的论断提供了一个极佳的佐证："至战国而文章之变尽，至战国而后世之文体备。"[③]

[①] 谭家健：《再评〈八股文滥觞于战国〉》，《职大学报》2011年第1期。

[②] 陈桐生：《从出土文献看七十子后学在先秦散文史上的地位》，《文学遗产》2005年第6期。

[③] 章学诚：《文史通义·诗教上》，载仓修良《文史通义新编》，上海古籍出版社1993年版，第21页。

尉缭与《尉缭子》考论

西北师范大学古籍整理研究所　赵逵夫

一　尊重历史文献，由《汉书·艺文志》看尉缭的生活时代

《尉缭子》一书，《汉书·艺文志·诸子略》杂家类著录：

《尉缭》（子）二十九篇。六国时。①

又《兵书略》兵形势类："《尉缭》三十一篇。"② 关于《尉缭子》一书作者的情况，早期文献中再无记载。《隋书·经籍志》则作："尉缭，梁惠王时人。"《隋书·经籍志》的这个说法，看起来有所依据：第一，《汉书·艺文志》言"六国时人"；第二，其书《天官第一》开篇为"梁惠王问尉缭子曰"，梁惠王也正是六国时人。言"梁惠王时人"，似乎更为明确。《宋书·艺文志》则作："《尉缭子》五卷，战国时人。"这自然包含"梁惠王时人"的意思在内，似乎也与"六国时"之说并不冲突。

于是，很多学者都采用"梁惠王时人"的说法，似乎已成定论；或言"战国时人"者，一般人也觉得只是换一种说法而已，实际上仍认为是梁惠王时人。后来的一些较有影响的著作如郑樵的《通志》、方孝孺的《逊志斋集》、刘寅的《武经七书直解》等都遵从其说。至今一些学术著作和《尉缭子》注本仍称尉缭为梁惠王时人，《尉缭子》一书为梁惠王时著作。

然而除全书开头外，再未出现过"梁惠王"三字。而且据此线索查

---

① （汉）班固：《汉书·艺文志》，中华书局1962年标点本，第1740页。
② （汉）班固：《汉书·艺文志》，第1758页。

询，有关战国中期文献中不见其人踪迹。故后来多有疑《尉缭子》一书为依托或为伪书者。南宋陈振孙的《直斋书录解题》中载："唐李靖对太宗，亦假托也。文辞浅鄙尤甚。今武举以《七书》试士，谓之《武经》。其间《孙》《吴》《司马法》或是古书，《三略》《尉缭子》亦有可疑。"[①] 清谭献言："《尉缭子》世以为伪书，文气不古，非必出于晚周。"[②] 清姚际恒的《古今伪书考》中云："其首《天官》篇与梁惠王问对，全仿《孟子》'天时不如地利'章为说，至《战威》章则直举其二语矣。岂同为一时之人，其言适相符合如是耶？其伪昭然。"[③] 姚鼐在《读司马法六韬》中云："尉缭之书，不能论兵形势，反杂商鞅刑名之说，盖后人杂取苟以成书而已。"[④] 然而一人传虚，万人传实，即使不明言其伪者，亦以其有"伪"之嫌疑而不愿多予关注。加之后来疑古思潮的影响，征引此书述事论理的不多，不少论述、介绍、校勘先秦诸子的书如俞樾的《诸子平议》、于鬯的《香草续校书》、陶鸿庆的《读诸子札记》、罗焌的《诸子学术》、陈柱的《诸子概论》、于省吾的《双剑誃诸子新证》等书中都不提它，蒋伯潜的《诸子通考》中只在《商君略考》中作为商君之后学提到；倒是"辨伪"之书中都少不了它。近人张心澂《伪书通考》在"尉缭子，五卷"之后只一个"伪"字以定性，然后录历来的疑伪说以为支撑。直至20世纪60年代，关于此书的校注本很少。

时间过了数十年。1972年山东银雀山西汉早期墓中出土了《尉缭子》的残简六篇，《文物》1977年第2期、第3期公布了释文，"伪书说"销声匿迹了，被一些人疑为虚无的尉缭其人也复活了。这就有力地宣告：从南宋陈振孙以来八百年中很多深有学养的学者提出的此书为伪作的种种理由，都是站不住脚的。明明在《汉书·艺文志》中有著录，而且注明为"六国时"，为什么还要怀疑其书的真实性？这是不够重视历史文献、考虑问题缺乏宏观观照、过于主观和轻率的结果。"伪书说"不攻自破，但大部分学者又回到北宋以前的"梁惠王时人"上来。这当

---

① （宋）陈振孙：《直斋书录解题》卷一二，上海古籍出版社1987年版，第360页。
② （清）谭献著，范旭仑、牟晓朋整理：《复堂日记》，河北教育出版社2001年版，第96页。
③ （清）姚际恒：《古今伪书考》，中华书局1985年版，第20页。
④ （清）姚鼐著，王镇远选注：《姚鼐文选》，黄山书社1986年版，第60页。

中有因为竹简本《尉缭子》的发现使很多人震惊，因而对旧说又过度相信的心理因素在内。这种对旧说的尊重只是在旧的思维轨道上的一边倒，而不是在整个历史文献范围内的反省，也是有问题的。

《史记·秦始皇本纪》中有一尉缭。公元前236年，平嫪毐之乱，公元前237年，免吕不韦相国之职以后说：

> 大索，逐客。李斯上书说，乃止逐客令。……大梁人尉缭来，说秦王曰："以秦之强，诸侯譬如郡县之君，臣但恐诸侯合从，翕而出不意，此乃智伯、夫差、愍王之所以亡也。愿大王毋爱财物，赂其豪臣，以乱其谋，不过亡三十万金，则诸侯可尽。"秦王从其计。见尉缭亢礼，衣服食饮与缭同。缭曰："秦王为人，蜂准，长目，挚鸟膺，豺声，少恩而虎狼心，居约易出人下，得志亦轻食人。我布衣，然见我常身自下我。诚使秦王得志于天下，天下皆为虏矣。不可与久游。"乃亡去。秦王觉，固止，以为秦国尉，卒用其计策，而李斯用事。①

据《史记·六国年表》，公元前237年上距魏惠王之死（公元前335）102年；据《古本竹书纪年》上距梁惠王之死85年，但尉缭如真的有见梁惠王之事，也应至少有三十来岁。那么到秦始皇十年已一百多岁，又去见秦始皇，而且被任为国尉，这几成神话，是绝对不可能的。

顾实《重考〈古今伪书考〉》言："《汉志》'兵形势家'《尉缭子》三十一篇，今存二十四篇，而佚其七篇。……又《史记·秦始皇本纪》载有大梁人尉缭来说秦王，距梁惠王、鬼谷子时已甚远，当是别一人。"② 认为《秦始皇本纪》中所写尉缭为另一人，也就是说有两个尉缭。

梁启超是第一位将秦始皇时尉缭与《尉缭子》一书的作者联系起来的人。其《汉书艺文志诸子略考释》中云：

> 《史记·秦本纪》云大梁人尉缭来说秦王，其计以散财物赂诸

---

① （汉）司马迁：《史记·秦始皇本纪》，中华书局2013年标点本，第293—294页。
② 顾实：《重考〈古今伪书考〉》，上海大东书局1926年版，第20—21页。

侯强臣,不过三十万金,则诸侯可尽。据此可知尉缭籍贯及时代。①

故虽然梁氏并未说"《尉缭子》之作者即此尉缭",实质上他认为历史上只此一个尉缭。

郭沫若在其《十批判书》的《吕不韦与秦王政的批判》一文中说:

> 大梁人尉缭来说秦王,是在吕不韦免相的一年,他为秦王所十分敬礼,致"衣服饮食与缭同",而且卒用其计策。这位先生是有著作的,今存《尉缭子》二十四篇,内容系言兵,当即《汉书·艺文志·兵形势类》《尉缭》三十一篇之残,但系依托。又《艺文志·杂家》有"《尉缭》二十九篇,注云'六国时'。颜师古引刘向《别录》云:'缭为商鞅学',则是尉缭乃法家,可惜这书已经失传了。但他是法家的一点,由秦始皇喜欢韩非的书可以作为旁证"②。

关于尉缭生活年代的看法与梁启超之说相同,但以为其著作没有流传下来,今存兵家类《尉缭子》系伪托,而反映法家思想的"杂家类"《尉缭子》已经失传了。联系银雀山汉墓出土的《尉缭子》及文献中所存佚文看,今本《尉缭子》非依托,其书虽有佚失(有佚文不见于今本可证),但历史上不存在全佚之本。郭沫若先生所说今本属"依托",其实是表示了对于今本开头"梁惠王问尉缭子"文字的不相信。他对于《尉缭子》一书并未进行专门研究,但肯定说秦始皇的大梁人尉缭,即《尉缭子》一书的作者,历史上只有一个尉缭。战国史研究专家杨宽在1956年由上海人民出版社出版的《秦始皇》一书中即确认《尉缭子》一书的作者为游说秦始皇的大梁人尉缭。

自竹简本《尉缭子》公布以来,学界发表了数十篇论文,也出版了

---

① 梁启超:《中国古代学术流变研究十篇》,中华书局1947年版,第38页。
② 郭沫若:《郭沫若全集·历史编》,人民出版社1982年版,第2册,第428页。

十多部译注本。① 有的确实是下了功夫的。但总的说来，问题并未完全解决，对尉缭其人的认识及对《尉缭子》一书作者、今本《尉缭子》的性质、传播情况等的认识仍然十分纷乱。

讨论最热烈的是在20世纪70年代末至90年代末。第一个连续发表了四篇论文探讨尉缭其人其书的是何法周。何先生的论文大体都是基于以下三个事实：（1）已由西汉早期墓葬出土竹简本《尉缭子》，则其成书时间应该更早；（2）唐代《群书治要》中四篇节选本比宋代《武经七书》本《尉缭子》更接近于竹简本《尉缭子》；（3）传统认为《尉缭子》作者为梁惠王时代人。何先生在此基础上，提出了一些看法。第一篇论文《〈尉缭子〉初探》首先论述今本《尉缭子》："它在后来的长期流传过程中，篇章虽可能有所散失，文字虽可能有所增删修改，但它是先秦古籍无疑"。② 这个看法是正确的。何先生主张尉缭为梁惠王时人，我以为这只是他为《尉缭子》一书重正身份中必要涉及的一个问题，因而抱着"重归旧说"的观念加以论述，有欠严谨，但本人也并不坚持自己的看法，故在《〈尉缭子〉考补正》一文的末尾说："这一结论是否符合历史的实际？我期待着同志们用事实给以指正。"③

郑良树的《近代学者〈尉缭子〉争论述评》一文，"前言"部分简单回顾汉至清的分歧异说，肯定该书真实性。在总结有关尉缭其人其书的意见发展趋势时说："首先出现的是年代不明确的'六国时人说'，隋以后，'梁惠王时人说'被提出，并且形成主流，成为学术界的新说。"郑先生看出了"梁惠王时人说"与"六国时人说"的不同，这是很多人都没有意识到的。第二部分"近代学者的争论"分"竹简兵书出土以

---

① 中国人民解放军86955部队理论组、上海师范学院古籍整理研究室注：《〈尉缭子〉注释》，上海古籍出版社1978年版；郑良树：《〈尉缭子〉校释》，台北：联经出版事业股份有限公司1978年版；华陆综：《〈尉缭子〉注译》，中华书局1979年版；钟兆华：《〈尉缭子〉校注》，中州书画社1982年版；刘仲平：《尉缭子注今译》，台北：台湾商务印书馆1984年版；徐勇：《尉缭子浅说》，解放军出版社1989年版；李解民：《〈尉缭子〉译注》，河北人民出版社1992年版；刘春生：《尉缭子全译》（"中国历代名著全译丛书"），贵州人民出版社1993年版；《白话尉缭子》，岳麓书社1995年版；赵雪莹：《〈尉缭子〉评译》，载华锋、王兴业主编《十大兵书》，河南人民出版社1996年版；张秦洞：《尉缭子新说》，解放军出版社2001年版。
② 何法周：《〈尉缭子〉初探》，《文物》1977年第2期。
③ 何法周：《〈尉缭子〉考补正》，《河南师范大学学报》（哲学社会科学版）1980年第3期。

前"和"竹简兵书出土以后"。评述中郑良树先生是主张尉缭为梁惠王时人的。郑先生有《〈尉缭子〉校释》一书，1978年由台北联经出版事业股份有限公司出版，未能见到，大约同当时很多学者一样，在竹简本《尉缭子》发现以后很自然地回到长时间成为主流的旧说上来；《争论评述》一文是沿着自己已形成的说法言之，并无具体论证。论文对于各家在"杂尉""兵尉""合编本"上的分歧讨论较多。因为各家针锋相对，部分意见一致处也是纵横交错，一言难尽。有一点郑先生说得特别好："关于本书作者时代的问题，有的学者根据书中提及的人物、时代性、政治、军事、经济制度、谋略及政策等，证明当是战国中叶的尉缭；有的学者根据战争规模、战争观及军制等，证明作者当是秦始皇时的尉缭，针锋相对，简直到了无法论断的地步。同样的内容，却可以有不同的解说和判断，可见古书时代研究的困难了。"① 文中对一些文章中不严谨甚至互相抵牾之处也有所批评，这些都是应该肯定的。

回过头来再来看尉缭生活时代上的三种说法究竟有无区别。

"六国说"虽然也可以理解为"战国说"，也包括梁惠王时在内，但其中也有区别。因古人说到战国之末常曰"六国之末"，故汉魏时期学者言"六国"，是侧重于指战国晚期，因为直至战国中期，鲁（亡于前256）、宋（亡于前286）、卫（亡于前204）、邾（亡于前281）、越（亡于前306前后）、中山（亡于前296）及西周（亡于前256）、东周（亡于前244）尚存，大小有十多个国家，非仅七雄。

司马迁《史记》的《六国年表》，不但包括战国时期，还包括秦朝在内。西汉末年刘向《战国策叙录》中才明确以"战国"指七雄争霸阶段。文中说："晚世盖盛，万乘之国七，千乘之国五，敌侔争权，盖为战国。"② 其中万乘之国即七雄，千乘之国当指上面所说鲁、宋、卫、中山等国中较强的五国。则仅此也有十二国。此后学者们才用"战国"特指包括七雄争霸在内的这一历史阶段。

所以《隋书·经籍志》以为"梁惠王时人"，臆改《汉书·艺文志》

---

① 郑良树：《近代学者〈尉缭子〉争论述评》，《诸子著作年代考》，国家图书馆出版社2001年版，第195—218页。

② 《管子·霸言》中载："战国众，后举可以霸；战国少，先举可以王。"此指统治一方、互相交战的国家，非专指春秋以后、秦代以前的七雄争霸时代。汉初贾谊《过秦论》（中）中有"秦离战国而王天下"之句，其意与《管子》同。

之说，脱离了原始文献的记载，从而将有关原始文献所包含的秦代排除在尉缭生平的范围之外。至于"战国"，虽然也可以是指战国晚期，但不包括秦朝在内。

当然，此后也仍有坚持"六国说"者，如南宋陈振孙的《直斋书录解题》、王应麟的《困学纪闻》与《玉海·兵法》，清代《四库全书总目》。也有的采取存疑的态度。如晁公武的《郡斋读书志》中言："《尉缭子》未详何人书。"元马端临的《文献通考》则"六国时人说"与"梁惠王时人说"两存。① 可见在这些学者心目中，"六国时"与"梁惠王时"两说是并不相同的。

我们明确地说：班固的"六国时人"是指战国之末至秦初这一段时间。秦灭六国，从公元前230年韩亡，前225年魏亡，前223年楚亡，前222年燕、赵亡，前221年齐亡，历时十年，有一个过程。六国全亡，才算一统的秦王朝建立。然而这秦王朝也只有16年。六国时人即使活到秦统一之后，概括一点说也难说是秦朝人，何况尉缭于秦王政十年见秦王政时所谓"战国七雄"全在。所以，具体到尉缭生平而言，在六国之时时间长，在秦国最多十来年。言其人当"六国时"，完全正确。

遗憾的是多少年来学者们都将班固"六国时"之说完全等同于"战国说"或"梁惠王时说"。如郑良树的《近代学者〈尉缭子〉争论述评》一文中说："班固在《汉志》杂家类下注'六国时'的说法是正确无讹的，依托之说至此可不攻自破了。"② 但郑先生是主张尉缭为梁惠王时人的。郑良树先生尚未意识到班固这个注还可以帮助我们消除另外一个学术分歧。有的论著中虽然也引了班固自注"六国时"之文字，但依然以书开头的"梁惠王问"为依据，认为尉缭"约与孟轲、商鞅同时代"③。

笔者以为据《汉书·艺文志》所注"六国时"，《史记·秦始皇本纪》中的大梁人尉缭，正是《尉缭子》一书的作者。

颜师古于《汉书·艺文志·诸子略》的"杂家类"下注："尉，姓；

---

① 有的书如明刘寅的《武经七书直解》在取"梁惠王时人"之说以后虽也引《汉书·艺文志》之说，但其意以为二说一致，以班固之说证己取说之有据而已，可以不论。
② 郑良树：《诸子著作年代考》，第199页。
③ 刘建国：《先秦伪书辨证》第四十二章《尉缭子》伪书辨证"，陕西人民出版社2004年版，第322页。该书又两次言尉缭"是战国初期魏人"（第323页、第324页），则更离谱。

缭，名也。"① 这也不过是按常例加以说解，并未深究。但就是这五个字的注，也为后人探讨尉缭的真实身份在潜意识中设下了一个障碍。

相较而言，《史记·秦始皇本纪》中对尉缭的时代、籍贯和晚期经历倒说得十分明白。钱穆《先秦诸子系年》中《尉缭辨》在引述关于兵家尉缭、杂家尉缭分别为梁惠王时人、秦始皇时人之旧说以后云：

> 然考《史记》，缭既见秦王，欲亡去，秦王觉，因止以为秦国尉。则所谓"尉缭"者，"尉"乃其官名，如"丞相绾""御史大夫劫廷""尉斯"之例，而逸其姓也（今《汉志》杂家称"尉缭子"，官本、南雍本、闽本"尉缭"下无"子"字，与杂、兵家称"尉缭"同，至《隋志》始称"尉缭子"，而颜师古遂谓"尉"姓，"缭"名，皆误）。②

钱穆先生指出"尉"为官名的说法不能不重视。但不料在80年中很多人都不理。当然，这也同钱氏未做详细论证有关。笔者这里举先秦诸子中的另一例子：《商君书》的作者，史书及从古到今学者都称作"商鞅"。其实"商"不是姓氏，是秦孝公封之于商，号为"商君"，后人便将"商"同其名连起来称作"商鞅"。这同"尉缭"的情形完全一样。

尉缭见秦始皇以后的经历，中间应有很多故事。仅用其计赂各国之豪臣这一点，也不是简单几段文字可以交代明白的；《史记》如全部写出，不会少于苏秦、张仪的列传。只是秦朝时间短暂，很多文献被项羽在咸阳宫放火烧尽，民间所存也在秦末数年的战乱中消失殆尽，很多事未留下文献记载，难以详述，故仅在《秦始皇本纪》中记其梗概。国尉本是秦国的官名。《史记正义》说："若汉太尉、大将军之比也。"又据《白起列传》中载："起迁为国尉。"《正义》注："言太尉。"徐复《秦会要订补·职官上》引有关文献，言国尉亦称"元尉""军尉"。并云："太尉掌武事，正与军尉所职相合矣。"③

这样看来，"尉缭"是"国尉缭"的意思，"尉缭子"这个书名也是

---

① （汉）班固：《汉书·艺文志》，第1742页。
② 钱穆：《先秦诸子系年》，中华书局1985年版，第494页。
③ 徐复：《秦会要订补》，群联出版社1955年版，第199页。

"国尉缭的著作"的意思。《尉缭子》的作者为见过秦始皇、任过秦之国尉一职的尉缭，没有问题。

二 《尉缭子》中"梁惠王"为"梁王"之误，尉缭即六国之末的尉缭

钱穆在其《尉缭辨》中又说：

> 若是则秦有尉缭，岂得魏亦有尉缭，而秦之尉缭，又系魏之大梁人？以此言之，知非二人矣。《汉志》如齐孙子、吴孙子，所以别同名之嫌。若尉缭系两人，则亦应书秦尉缭、魏尉缭也。且缭之说秦，与《秦策》顿弱之言同，其称"居约易出人下，得志亦轻食人"，事类范蠡。窃疑《史记》载缭事已不足尽信；书又称"梁惠王"，则出依托。（刘向《别录》："缭为商君学。"商君于惠王早年入秦。今云缭为其学，亦知其非见梁惠王）其殆秦宾客之所为，而或经后人羼乱者耶？①

钱穆主张尉缭是一个人，这个看法是正确的。不仅不到百年之中有两个同名、同籍贯的以学识而见重于国君、以著述而立言于后世的人，而且《汉书·艺文志》中两处分别著录其书，于书名上竟毫无区别。但钱穆认为《史记·秦始皇本纪》中所载尉缭之事"不可尽信"，又认为《尉缭子》一书中称梁惠王是出于"依托"。这样，他的看法究竟如何，又有些模糊。当然他这篇《尉缭辨》只是300来字的短文，只是指出"尉"为姓氏，其人当秦始皇时，其他并未深论。

我们肯定尉缭只有一个，是六国之末至秦代的人。那么，今本《尉缭子》一书第一篇开头言"梁惠王问尉缭"是怎么回事？

有的人认为《天官》全篇为后人所依托。笔者认为，对古代文献，如无较可靠的证据，不能轻易地断为"伪作""依托"。古代文献在长期传抄中受到种种因素的影响改换和增减字句以及抄录者臆断擅改的情形，抄录者掉以轻心从而造成文字错讹的情形甚多。只据全文中出现了一次

---

① 钱穆：《先秦诸子系年》，第494—495页。

的"梁惠王"三字便断此人为梁惠王时人、书为梁惠王时书，自然过于轻率，然而在问题未能彻底解决以前也还可以理解；但就因这三字而认定这一篇是拟托、伪作，也非科学的态度。

程应镠先生认为书前的"梁惠王问"为假设，未说出理由。似乎也难以成立。袁宙宗认为"梁惠王问"当作"王问"。这比前二说近理，但凭空加入"梁惠"二字的可能性也小，理由不够充分。

笔者以为"梁惠王"原作"梁王"。《战国策》中只有魏惠王称作"梁王"，见《魏策二·梁王魏婴觞诸侯于范台》。鲍彪注："《史》作'罃'，音相近。"魏罃即魏惠王。《史记》中只有魏安釐王称作"梁王"。《史记·周本纪》，周赧王四十二年（魏安釐王四年，前273年），周臣马犯说魏安釐王，载作："乃谓梁王曰……梁王曰：'善。'遂与之卒，言戍周。……又谓梁王曰……梁王曰：'善。'遂使城周。"① 《索隐》《正义》中也几次称魏安釐王为"梁王"。梁惠王与安釐王之外，魏国国君在《战国策》《史记》中再无简称作"梁王"者。《史记》中魏惠王也称"梁惠王"，"魏襄王"也作"梁襄王"，但均不作"梁王"。形成简称有种种因素，无论怎样，这总是反映当时的社会习惯或后代学者行文称说的习惯。《尉缭子》一书应是秦火之后汉代人所整理，故与《史记》相同，以"梁王"指安釐王。而后来之整理或抄录者依《战国策》之例，误以为指魏惠王，为求其明了而加"惠"字。

"梁王"而被误为"梁惠王"，还有其他几个原因，也增加了致误的可能。第一，梁惠王是魏文侯之后魏国最杰出的国君，抄书者以为与尉缭论事非他莫属。第二，受《孟子》一书的影响。《孟子》第一篇即为《梁惠王》，且前五章开头都是"梁惠王问孟子"，印象较深。第三，梁惠王在位时间长，古代文献中记其事较多，故为人所熟知。魏惠王在位五十一年，为魏国历史上在位时间最长者（魏文侯在位五十年，较魏惠王尚差一年）。因在位时间长，各种史书中记其事，其言必多。这便是上面所说被误增"惠"字的第三条理由。

此类因错误理解而在"某王"二字之间加上谥号以求明确反而造成错误的情形古多有之。即如《战国策·秦策四·秦王欲见顿弱》《后汉书·蔡邕传》《释诲》一段李贤注引作"《战国策》曰：'秦昭王见顿

---

① （汉）司马迁：《史记·周本纪》，第207页。

弱，顿弱曰……'"① 即增一"昭"字，也是向前跨越三代，何其相似乃耳！如论二者的相同点，大体有二。一是两位国君都在位时间较长。秦昭王在位五十六年，为秦国历代国君中在位时间最长者。这便是上面所说误增"惠"字的第三条理由。二是这两位国君都分别是在本国历史上有些作为的。虽然前者赶不上秦孝公，后者赶不上魏文侯，但也都有武功文治可述，浅学者便将有些事往他们身上挂。这便是上面所说被误增"惠"字的第一条原因。

由于以上的理由，笔者以为《尉缭子》首篇首句本作"梁王问尉缭"，这个梁王是指安釐王而不是指梁惠王。

关于尉缭是一人还是两人、今本《尉缭子》的作者究竟是谁，以及《尉缭子》的流传、版本等问题，仍存在不少争论，虽然也有几位学者主张《尉缭子》一书的作者即秦始皇时的大梁人尉缭，但因为缺乏严谨的论说与充分的证据，各家之间也时有抵牾之处，故迄今尚无定论。为了揭示竹简本《尉缭子》发现以来学界对有关问题看法的转变与争论情况，下面对近40年来之说加以简单回顾。

华陆综在《〈尉缭子〉注译》一书"前言"中举《尉缭子·武议》两次提到"吴起与秦战"，称赞吴起"舍不平陇亩"，认为"从避嫌的角度言，作者可能是梁惠王时代的尉缭，而不可能是秦始皇时代的尉缭"。也认为有两个尉缭，其实，尉缭见秦始皇，但未必就是在秦始皇时才著兵法。就此一点而立论，难以成立。又文中言及《战国策·秦策》中顿弱曾献策秦始皇，"其言论较为近似"，旨在说明《史记》中载见秦始皇者为顿弱，非尉缭，以彻底否定尉缭生平同秦始皇的关系。这也只是从维护旧说的角度"消除嫌疑"，而缺乏整体观照。当然，华陆综的工作主要是在对文本的注译上，其"前言"多取何法周之说，只是吸收当时学者的看法做一简介而已。②

其后袁宙宗有《尉缭子时代考》主张传世的兵家《尉缭子》作者为秦始皇时尉缭，列出五个理由。（1）篇首"梁惠王问"本为"王问"，后之编者因尉缭为大梁人，乃遂以"王曰"指梁惠王。（2）若其所见王为梁惠王，据当时形势正为惠王所需，不可能不用。（3）书中有孟轲

---

① （晋）司马彪：《后汉书·蔡邕传》，中华书局1965年标点本，第1983页。
② 参见华陆综《〈尉缭子〉注释》，中华书局1979年版。

语，如与孟子大体同时，以当时的交通、传播情况，为不可能。（4）梁惠王之时战争伤亡较少，与《尉缭子》一书中所反映不合。（5）据明余邵鱼《列国志传》为说，可以不论。所论几点尤其第二点、第四点都很有道理。即如第一点，虽然说以"梁惠"二字是因为尉缭为大梁人被增入，理由欠充分，但看出所有的问题就出在首句的"梁惠王"这一点上，应是经过认真思考后提出的，是有眼光的。但有的论证不够充分或有欠严谨，未能引起学界的充分重视。①

张烈的《关于〈尉缭子〉的著录和成书》包括两部分，第二部分标题为"今本《尉缭子》是战国晚期作品，作者疑是秦始皇任为国尉之尉缭"。首先，公孙痤弥留之际，让魏惠王用卫鞅，而终未见用，后卫鞅至秦，使魏大败，秦拓地至黄河。尉缭既为"商君学"，魏惠王必不会与之对话。其次战国中期政治思想界视战争与仁义如同水火，与《尉缭子》所反映思想不合。最后，如尉缭与商鞅、梁惠王同时，信奉"商君学"，其思想观点应与商之说基本一致，而实际上除农战思想外，在战争观、赏罚观和对待儒法两派的态度等"许多重要议论与商鞅的见解完全不同"。因而认为尉缭"当是战国晚期人"。最后，从《尉缭子》对战争观的表述上看，是出于《荀子》；在富民政策、天道自然观上也与《荀子》相近。其中一些文句与《六韬》雷同，无论谁抄谁，也都说明其是战国晚期的作品。文章又通过《尉缭子》所反映思想之开阔，认为"只有思想交流活跃，人才荟萃的场所才有可能写出这种作品"，因而推断尉缭"在大梁时可能是信陵君的门客"。"在战国晚期养士的公子中，能用兵的只有信陵君，喜好兵法的也只有信陵君。"当安釐王十九年率魏军救赵，解邯郸之围后，信陵君在赵国留居十年。后回国率五国兵败秦军于河外，"在当时信陵君的食客中，研究兵法的人是相当多的，而这时尉缭就在大梁"。于是得出结论："《尉缭子》一书的作者很可能就是这个从大梁入秦的尉缭。"在信陵君居赵期间，荀况也曾来赵游说，《荀子·议兵》就是这次荀况与临武君等人在赵孝王面前议论军事的一个书面记录。"这篇记录如实地、完整地表述了荀况关于用兵以仁义为

---

① 参见袁宙宗《尉缭子时代考》，中国台湾《中华文化复兴月刊》1980 年第 13 卷第 1 期。

本的战争观。"① 而《尉缭子》一书所表现的战争观与荀况这一思想完全一致。

张烈的这篇论文是讨论尉缭其人与《尉缭子》其书研究中最有分量的论文之一。论文对当时整个战国后期的历史有较全面的认识。虽然个别地方行文较为随意，如谓尉缭"并非高明大家，不过是当时粗通文墨，钻营政治的游说之士"，为人所诟病。但整体来说，论证严密、思路清晰、证据充分，即使带有推测的地方，也立足于当时的历史事实，合情合理。

另外一篇重要论文是程应镠的《关于尉缭和〈尉缭子〉——对〈《尉缭子》初探〉一文的商榷》。此文只见于福建人民出版社1982年出版的《古籍论丛》（谢国桢、张舜徽等编），笔者是在此篇论文完稿之后才见到，这里特别加一段文字加以介绍。程先生论文一开始先引了《史记·秦始皇本纪》中"十年，大梁人尉缭来，说秦王曰"以下一段文字。接着说：

> 《史记》记述尉缭其人颇为具体，也很生动。从这里，我们不但知道他是哪里人，他对秦国和秦王的认识，而且还知道当时六国已"为郡县之君"，秦的统一事业是"指日可待"了。《史记》是以实录见称的，司马迁不会没有根据作这样的记叙。②

文章对于所谓的"梁惠王问"，取钱穆之说，认为"不过是作者的假托"。并说：

> 西汉时代的人，对尉缭应当还是比较清楚的。司马迁不必说了，后于司马迁的刘向，说"缭为商君学"。东汉班固在《艺文志》杂家《尉缭》二十九篇下注明"六国时"。可见西汉时人关于尉缭的

---

① 张烈：《关于〈尉缭子〉的著录和成书》，《文史》第八辑，中华书局1980年版，第35页。
② 程应镠：《关于尉缭和〈尉缭子〉——对〈《尉缭子》初探〉一文的商榷》，载谢国桢、张舜徽等编《古籍论丛》，福建人民出版社1982年版，第79页。

记载只有详略，并无抵牾。①

程应镠先生在尉缭其人及《尉缭子》其书的内容同当时社会环境的关系等方面都提出了一些十分精辟的见解。虽然关于尉缭其人有关看法的论证不够细致和充分，个别地方看法还可进一步商讨，但整体说来是一篇功底深厚、十分难得的论文。

徐勇的《尉缭子浅说》书前"总论"有三部分：第一部分"《尉缭子》的作者和成书"，首先对历史上有两个尉缭的说法予以反驳。主此说者有杨宽的《战国史》《辞海·历史分册·中国古代史》和马非百的《秦集史》。杨宽的《战国史》仍持其旧说。②论文予以反驳之后说，"显然，争论双方所提出的这些理由，除个别问题外，都是持之有故的"，设想"把现有各种历史记载联系起来考察"。这种看问题的方法也是正确的。论文认为梁惠王时尉缭和秦始皇时尉缭为同一人。徐勇认为尉缭只有一人，这一点也和大部分学者的看法一致。但所做的解释难以成立。学界公认梁惠王并其后元在内，共五十一年（或并襄王元年在内，为五十二年），徐勇主张应为五十九年，恐难成立。但即使这样，也如徐勇自己所言，要十多岁见梁惠王，九十多岁见秦始皇，所举"二十岁以前就富有才华并参与政事的人"，如荀子"年十五，始来游学"，"甘罗十二事秦，相文信侯吕不韦"二例，都是历史上十分罕见之例，何况"游说"毕竟不是见君王议政，十二岁的童子"事"于权臣之家究竟是干些什么事，也很难说。所举九十多岁见君王的唐且，恐怕也是千年历史上所仅见。所论已属难信，何况秦王任命一个九十多岁的人为国尉（主管军队的最高官员），更是绝对没有可能。③

龚留柱的《〈尉缭子〉考辨》一文用更多的篇幅论述杂家类和兵形势类"两书的作者都是秦始皇时的尉缭"。论文提出四条理由：（一）"《尉缭子》反映了战国晚期的战争规模"；（二）"体现了战国晚期独有的战争观"；（三）"其军制有与秦陵兵马俑相吻合处"；（四）"其军令

---

① 程应镠：《关于尉缭和〈尉缭子〉——对〈《尉缭子》初探〉一文的商榷》，载谢国桢、张舜徽等编《古籍论丛》，第80页。
② 参见杨宽《战国史》，上海人民出版社2016年版。
③ 参见徐勇《尉缭子浅说》，解放军出版社1989年版。

渗透着秦的传统精神"。文末特说明："本文承朱绍侯、郭人民老师指导。"① 朱、郭两位是著名史学家和历史文献学家，郭人民先生的《战国策校注系年》为学界所重。则其中在一定程度上也体现了这两位先生的看法。

还有一些有道理的论述不能缕述。下面我们还是从原始文献入手，来解决这个问题。

《汉书·艺文志》在《诸子略》杂家类第一次著录："《尉缭》二十九篇，六国时。"后面在《兵书略》中只有："《尉缭》三十一篇。"并无注。我们应该知道：《汉书·艺文志》在书名中标注作者的时代或身份，如两处著录同一人之书，第一次出现时注过的，第二次不再注。所以，据《汉书·艺文志》所著录，《尉缭》作者为六国时人，二书为同一作者。《汉书·艺文志》承刘向、刘歆父子的《七略》，进一步修订，体例是比较严格的。关于同一作者之书著录在两处，除极个别有特殊情况者外，都是只在第一次著录时注明作者的身份或生活时代，第二次著录时不再重注。

1. 《诸子略》法家类："《李子》三十二篇，名悝，相魏文侯，富国强兵。"② 又《兵书略》兵权谋类："《李子》十篇。"③ 清沈钦韩的《汉书疏证》曰："疑李悝。"这其实是多疑。按其前已注，此未另注，则即李悝无疑。近人姚明辉的《汉书艺文志注解》卷五于此处竟注："今佚。疑即李牧。《史记》有李牧传"④，更是胡说。这《李子》列在《庞煖》《儿良》之前。庞煖见于《史记·燕召公世家》。又据《赵世家》载："庞煖将，攻燕，擒其将剧辛。"⑤《廉颇蔺相如列传》载庞煖破燕在赵悼襄王元年（前244）。则其人大体年代可知。儿良见于贾谊《过秦论（上）》，列于吴起、孙膑、带佗之后，王廖、田忌、廉颇之前。《汉书·艺文志》《儿良》下，颜师古注："六国时人也。"⑥ 非为无据。其下则

---

① 龚留柱：《〈尉缭子〉考辨》，《河南师范大学学报》（哲学社会科学版）1983年第4期。
② （汉）班固：《汉书·艺文志》，第1735页。
③ （汉）班固：《汉书·艺文志》，第1757页。
④ 王承略、刘心明主编：《二十五史艺文经籍志考补粹编》第四卷，清华大学出版社2011年版，第307页。
⑤ （汉）司马迁：《史记·赵世家》，第2192页。
⑥ （汉）班固：《汉书·艺文志》，第1758页。

《庞煖》三篇。则庞煖、儿良俱战国末年人物。名列战国末年人之前，能是汉代人吗？专门研究《汉书·艺文志》，而连其体例都没有弄清，像姚明辉的这种注，只是搅浑水而已。有关尉缭其人与《尉缭子》其书越说越复杂，同这种浮躁的学风有关：缺乏细致的考察和宏观的研究观察，而随意推测。

2. 法家类："《商君》二十九篇。名鞅，卫后也。相秦孝公。有《列传》。"① 又《兵书略》之兵权谋类："《公孙鞅》二十七篇。"② 无注。因为前已有注。

3. 《诸子略》儒家类："《公孙尼子》二十八篇，七十子之弟子。"③ 又杂家类"《公孙尼》一篇"④ 无注。陈国庆《汉书艺文志注释汇编》下按："疑与儒家公孙尼为一人。"⑤ 按其体例，是无疑的。

有没有例外呢？有，但仅有一例，而且有特殊情况。杂家类："《吴子》一篇。"⑥ 无注。《兵书略》兵权谋类："《吴起》四十八篇。有《列传》。"⑦ 此注不在前而在后者，因后者四十八篇，为主体，恐万一有误。前者仅一篇，或者其内容已包含在四十八篇之中，不至于致误之故。此不注于前而注于后，算是变例。《尉缭子》著录在前者二十九篇，著录在后者三十一篇，相差无几，不在变例的范围之中。

以上例证说明，由《汉书·艺文志》就可以看出《诸子略》和《兵书略》中两《尉缭》之作者为同一人，并无疑问。近代以来新说蜂起，其实是未弄清《汉书·艺文志》的体例，或者就干脆不尊重文献的记载，认为自己"科学头脑"的分析、推论胜过古文献的记载，由心自想，轻下论断。

由以上的论述可知，尉缭只有一个，为六国之末人，下至秦始皇前期，是可以肯定的。

---

① （汉）班固：《汉书·艺文志》，第1735页。
② （汉）班固：《汉书·艺文志》，第1757页。
③ （汉）班固：《汉书·艺文志》，第1725页。
④ （汉）班固：《汉书·艺文志》，第1741页。
⑤ 陈国庆：《汉书艺文志注释汇编》，中华书局1983年版，第153页。
⑥ （汉）班固：《汉书·艺文志》，第1741页。
⑦ （汉）班固：《汉书·艺文志》，第1757页。

三 尉缭即顿弱，"尉"为官名，"顿"为姓氏，先秦时"缭""弱"二字可以通借

在信陵君死后第六年，即魏景湣王六年、秦王政十年，秦王政罢吕不韦相国之职，尉缭从大梁入秦见秦始皇。信陵君一死，尉缭对魏国的振兴也便完全失去了信心。信陵君受到重用的时候，魏国在六国中的地位较高，不用说国内的治理也好。秦国的反间计，信陵君再一次被削去兵权，魏国马上招来外患。信陵君死后一年安釐王亦死。从《尉缭子》的《天官》《制谈》《武议》等篇可以看出，尉缭面见安釐王，并不止一次与之长谈或向其上书的。虽然不一定得到重用，但毕竟有一定的君臣关系，至少安釐王还可以听尉缭的议论。景湣王就难说了。"景湣王元年，秦拔我二十城，以为秦东郡。二年，秦拔我朝歌。卫徙野王。三年，秦拔我汲。五年，秦拔我垣、蒲阳、衍。"① 看来景湣王并未一改其父远贤能、亲小人的作风，可能还变本加厉。魏国之亡已在眼下，任姜太公、孙武再世也无法挽回；而从秦国的发展状况来看，统一全国是迟早的事。所以，尉缭产生了入秦的想法。如真正能被秦国重用，或者可能会在维护魏人利益上多少起一点作用。而他之所以在这时赴秦，还有一个动因，便是秦王免去了吕不韦相国之职，秦国在高层人事方面会有大的变化。这对尉缭这样具有很高政治、军事才能的人来说，是一个难得的机遇。这应是尉缭在此时起身赴秦的一个重要原因。《史记·范雎蔡泽列传》中说：因为范雎所举荐在他赴秦和见秦昭王中出了力的两人先后降敌，"应侯（范雎）惧不知所出。蔡泽闻之，往入秦也"②。尉缭入秦的动机应与此一样。尉缭和秦王交谈之后，秦王对他大为赞赏，被任命为国尉。

《战国策·秦策四》有《秦王欲见顿弱》一篇，笔者以为顿弱即尉缭。"顿"是他的姓氏，其名为"缭"。"缭"在先秦之时与"弱"同韵可以通借，故有的文献中写作"弱"。《战国策》中这段文字如下：

> 秦王欲见顿弱，顿弱曰："臣之义不参拜，王能使臣无拜，即可矣。不，即不见也。"秦王许之。于是顿子曰："天下有其实而无其名者，有无其实而有其名者，有无其名又无其实者。王知之乎？"王

---

① （汉）司马迁：《史记·魏世家》，第 2239 页。
② （汉）司马迁：《史记·范雎蔡泽列传》，第 2919 页。

曰："弗知。"顿子曰："有其实而无其名者，商人是也。无把铫推耨之势，而有积粟之实，此有其实而无其名者也。无其实而有其名者，农夫是也。解冻而耕，暴背而耨，无积粟之实，此无其实而有其名者也。无其名又无其实者，王乃是也。已立为万乘，无孝之名；以千里养，无孝之实。"秦王悖然而怒。

顿弱曰："山东战国有六，威不掩于山东，而掩于母，臣窃为大王不取也。"秦王曰："山东之战国可兼与？"顿子曰："韩，天下之咽喉；魏，天下之胸腹。王资臣万金而游，听之韩、魏，入其社稷之臣于秦，即韩、魏从。韩、魏从，而天下可图也。"秦王曰："寡人之国贫，恐不能给也。"顿子曰："天下未尝无事也，非从即横也。横成，则秦帝；从成，即楚王。秦帝，即以天下恭养；楚王，即王虽万金，弗得私也。"秦王曰："善。"乃资万金，使东游韩、魏，入其将相。北游于燕、赵，而杀李牧。齐王入朝，四国必从，顿子之说也。①

清代学者沈钦韩在其《汉书艺文志讲疏》"杂家类""《尉缭子》二十九篇"下先引《隋书·经籍志》之说，然后按云：

按梁惠王问者，当在兵形势家，疑此别也。《始皇本纪》："大梁人尉缭来说秦王，其计以散财物、赂诸侯豪臣，不过三十万金，则诸侯可尽。"《秦策》有顿弱说秦王"资万金，使东游韩、魏，入其将相；北游燕、赵，而杀李牧"。正与尉缭谋同。顿弱与尉缭乃一人，记异耳。是此之尉缭也。②

这是说，顿弱与见始皇之尉缭为同一人，与梁惠王时尉缭无关，见秦始皇时尉缭为杂家，见梁惠王之尉缭为兵家，这是先入为主地认定《尉缭子》一书作者为梁惠王时人，再论尉缭同顿弱的关系，意思是有两个尉缭。沈钦韩认为顿弱即见秦始皇的尉缭，是为了消除《史记》中所载尉缭对"《尉缭子》的作者即梁惠王时尉缭"这个说法的干扰。但不论怎

---

① （汉）刘向：《战国策》，上海古籍出版社1985年版，第238—239页。
② （清）沈钦韩：《汉书疏证》卷二五，清光绪二十六年（1900）浙江官书局刻本。

样，他认为秦始皇时尉缭与顿弱为同一人，是应该肯定的。但是，沈钦韩只是从两个人对秦始皇的陈词内容这一点为说，没有讲出其他理由，未进行论证，故200来年中无人认同，也无人再提及。

笔者认为《战国策·秦策》所记顿弱即《尉缭子》一书的作者，也即六国之末的尉缭，理由有七个。

第一，见顿弱的秦王与《史记》中所载见尉缭的秦王为一人，都是秦始皇。《战国策》此处"秦王"，姚宏注："秦王，始皇赵正也。即位二十六年乃称帝，故曰秦王"，说得有道理。称其为"秦王"者，以其事在其称帝以前。

第二，所叙见秦王时间一致，都是在秦始皇十年。上引《战国策·秦策》中顿弱谏秦始皇第一段文字云："已立为万乘，无孝之名；以千里养，无孝之实。"可知秦王之见顿弱，乃在秦始皇十年，即平嫪毐之乱、去吕不韦之职以后。《史记·秦始皇本纪》云："十年，相国吕不韦坐嫪毐免。……大索，逐客。李斯上书说，乃止逐客令。……大梁人尉缭来，说秦王曰……"也正在秦始皇十年。唯在述免吕不韦事与逐客二事间，加有齐人"茅焦说秦王"一小段文字。按秦始皇因嫪毐事迁其母庄襄王后于棫阳宫①，谏者应不止一人。《秦始皇本纪》记尉缭事应可靠。则《战国策》记顿弱见秦王同《史记》中记尉缭谏秦王均在秦王嬴政十年。

第三，文献所载两人所谏内容相近。《战国策》所载顿弱的说辞中说："王资臣万金而游，所之韩、魏，人其社稷之臣于秦，即韩、魏从；韩、魏从，而天下可图也。"还有下面就秦王"寡人之国贫，恐不能及也"所说一段话，与《史记》中尉缭说的"愿大王勿爱财物"以下一段内容相同。同一内容而记述者各有侧重，语言不完全一致，这种情况在先秦典籍、历代史传中多见，不用饶舌。

第四，顿弱说秦王的那一套方略，正反映了尉缭的经历。当年信陵君率五国之兵破秦军威震天下，秦用离间计，"乃行万金于魏，求晋鄙

---

① 按，棫阳宫：今本作"咸阳宫"。《吕不韦列传》作"遂迁太后于雍"。《索隐》曰："《说苑》云迁太后棫阳宫。《地理志》雍县有棫阳宫，秦昭王所起也。"本篇下文云"迎太后于雍而入咸阳"，《吕不韦列传》同。则"咸阳"为"棫阳"之误。中华书局出版《史记》修订本已言之。

客，令毁公子于魏王"。"魏王日闻其毁，不能不信，后果使人代公子将。"信陵君遂"再以毁废，乃谢病不朝，与宾客为长夜饮，饮醇酒，多近妇女。日夜为乐饮者四岁，竟病酒而卒"。于是秦连续攻下魏国城池，贤能之臣与国君同时毙命。（《魏世家》《魏公子列传》）。尉缭正是用秦国之此计，再献秦王，用以吞并诸侯。

第五，《史记》中所记尉缭的陈词"臣但恐诸侯合从，翕而出不意"云云和《战国策》中所记顿弱的陈词"韩，天下之咽喉；魏，天下之胸腹"云云，都具有战略家眼光，与《尉缭子》中所表现出的思想相近。

第六，两处所表现陈辞者的性格作风相似。《史记》中言秦王"见尉亢礼，衣服食饮与缭同"；《战国策》中写顿弱见秦王后第一句话是："臣之义不参拜，王能使臣无拜，即可矣。否，即不见矣。"这正是"亢礼"的具体表现。

第七，尉缭之"缭"与顿弱之"弱"，先秦古韵中可以同韵通借。二字均属先秦古韵的宵部。其声母"缭"在来母，"弱"在日母，来母之字与日母之字因同韵通借之例古多有之。如《山海经·海外北经》"柔利国"，一云"留利之国"，郑权中《通借字萃编》作为"上古叠韵字通借"的例证举出。《尚书·盘庚上》"无弱孤有幼"。《汉石经》"弱"作"流"。《战国策·魏策三》"秦绕舞阳之北"，汉帛书本"绕"作"缭"。"留""流""缭"都是来母字，它们都可因为同韵而与日母的"弱""柔""绕"通借。这说明当时某些方音中"缭"与"弱"同音。"顿弱"即"顿缭"，"顿"为姓，"缭"（弱）为名，"尉"本为官名，后人以官职名连其名而称作"尉缭"，同李斯被称为"尉斯"、卫鞅被称为"商鞅"的情形一样（大约因为秦处偏僻之地，民间习惯在称高位者时加官爵于前）。

"顿"本为西周封国。作为国名，最早见于《左传》僖公二十三年"秋，楚成得臣率师伐陈，讨其贰于宋也。遂取焦、夷，城顿而还"[1]。又《春秋》僖公二十五年云："秋，楚人围陈，纳顿子于顿。"[2]《后汉书·郡国志二》汝南郡："南顿，本顿国。"[3] 杜预注"顿国，今汝南南

---

[1] 杨伯峻：《春秋左传注》（修订本），中华书局2009年版，第402页。
[2] 杨伯峻：《春秋左传注》（修订本），第429页。
[3] （晋）司马彪：《后汉书·郡国志二》，第3424页。

顿县",同。清顾栋高的《春秋大事表》引或曰:"顿国本在今县北三十里,顿子迫于陈而奔楚,自顿南徙,故曰南顿。"鲁定公十四年(前496)为楚所灭。西汉置顿丘县,在河南清丰县西南。其国君称"顿子",顿国灭亡之后,其王族以"顿"为姓氏。"顿"作为地名,最早见于《诗经·卫风·氓》:"送子涉淇,至于顿丘。"顿丘其地在今河南省浚县西(据史为乐《中国历史地名大辞典》,地当淇水之东)。《元和姓纂》卷九引《风俗通义》曰:"顿氏,顿子国,今南顿是也。后为楚所灭。子孙以国为氏。汉有顿萧。"六国之末至汉代以"顿"为姓氏者,顿缭、顿萧之外汉有顿子献,见《三国志·魏志·华佗传》。据《元和姓纂》,顿氏为姬姓。则顿氏为战国时魏国有悠久历史的旧贵族。商鞅,本姓公孙,因为"卫之诸庶孽子",故以"卫"为氏,称"卫鞅"(先秦时男称氏,女称姓)。这与尉缭本姓姬,是顿国王族后代,以"顿"为氏,本名"顿缭"的情形完全一样。

顿缭之生,上据顿国之亡不足二百年。从家庭传统来说,他具有反省历史,从政治、军事等方面考虑如何强国的意识与条件。因而关注政治、研究军事,成就了一部在思想上超过前代军事著作的专书。

根据以上七点,"尉缭子"的"尉"是其所任官名,姓氏为"顿",名"缭",在《战国策》中写作"弱";《战国策·秦策》中所记见秦王的顿弱即《史记·秦始皇本纪》中的尉缭,是可以肯定的。

下面说一下《尸子》中说的"料子"同尉缭的关系。杨树达先生《汉书窥管》卷三"尉缭子"之下按:"梁玉绳云:'尉缭子即《尸子》所谓料子贵别者也'"[①],其说是。先秦古音"料""缭"均属来母,为双声;又同在宵部,是同韵,则本同音,可以通借。"料子"即缭子、顿缭。至于《尉缭子》中所反映"贵别"的思想,读其原文即可知,不烦论。

尉缭的籍贯,宋施之美《施氏七书讲义》言为齐人,不知所据。王应麟《玉海·兵法》曰:"首篇称'梁惠王问',意者魏人欤?"[②]后来不少学者即主为魏人。但王应麟所作为依据的首篇首句是靠不住的。因

---

① 杨树达:《汉书管窥》,上海古籍出版社1983年版,第237页。
② (宋)王应麟:《玉海》卷一四《兵法》,江苏古籍出版社1987年版,第4册,第2612页。

这首篇首句有学者认为是"依托",所以还难以成为定论,故又有齐人说。我们确认今本《尉缭子》的作者即《史记·秦始皇本纪》中的"大梁人尉缭",则问题便彻底解决。

关于尉缭的生平,还有些线索可以探索,但说起来十分复杂,还需继续考虑,若能成立,则此为异日续文之券。

另外,古代关于尉缭的生平还有几种说法,其实是明代以文章炫于世而学术上并不见长的文人为了吸引读者的眼球而随口发挥之言,但往往以讹传讹,故这里顺便加以澄清。

一为"鬼谷高弟说"。陈玖学的《评注七子兵略》言尉缭"魏人,乃鬼谷之高弟,善理阴阳,深达兵法,与弟子隐于夷山,因惠王聘召陈兵法二十四篇"①。全是小说家口吻。当是因为普遍认为尉缭为梁惠王时人,夷山在大梁城东,于是敷衍而成,可谓毫无根据。黄献臣《武经开宗》亦云:"魏人,鬼谷高弟,隐于夷山,因惠王聘,陈兵法二十四篇,大旨多合孟氏。令惠王能用之,宁茅雄伯,一时尽洗三败之耻。必可危举六国不为二世之亡。"② 照抄之外,随意发挥而已。茅元仪的《武备志》云:"鬼谷高弟,因惠王聘,陈兵法二十四篇。"③ 清朱墉的《五经七书汇解》同样照抄。明代学风,也可以从中看出。毫无依据,随意推衍,一人言伪,十人言真。不必多说。如一定要寻索其依据,那便是:人皆言尉缭为梁惠王时人,唐宋以后又传言孙膑、庞涓学于鬼谷子,而孙、庞正是梁惠王时人,于是做了这样的联想。

二为司马错之说。明代反对前后"七子"的人中最著名的唐宋派散文作家归有光云:"尉缭子,魏人,司马错也。鬼谷高弟,隐夷,魏惠王聘,陈兵法二十四篇。"④ 这完全是评点家信手书之的作风。之所以认为是司马错,大概因为司马错在张仪相秦时曾伐蜀定蜀,与鬼谷子的学生张仪同时之故。

以上这些大胆推断、信口胡说的学者都说尉缭向魏王"陈兵法二十四篇",可见是只知今本《尉缭子》,连《汉书·艺文志》两处著录其

---

① (明)陈玖学:《评注七子兵略》,中华民国十五年上海武学书局印行,第137页。
② (明)黄献臣:《武经开宗》,日本宪文元年中野氏右卫门刻本。
③ (明)茅元仪:《武备志》卷八《兵诀评》,明天启刻本。
④ (明)归有光:《诸子汇函》卷八,明天启六年立达堂刊本。

书，所著录篇数俱多于今本都不知道，其他更不用说。前面一人这样说，后面照抄，几乎一字不变，或者随便再做一点发挥。这类小说家言者之说本可以不论，然而至今有人以为史实而写入书中①，故及之。

四　尉缭时的梁王及尉缭与魏君臣的关系

首先，尉缭为大梁人，又有政治、军事的才华，他的名声不可能不传到魏王的耳朵里，何况六国之末国家危亡之际，六国之君及王族之关心国事者都希望有一位高明者指点转危为安之大计。安釐王不是一个精明、有作为的君主，不能识别和任用有才能的人，但当国家艰难之际，不会不见有影响的士人。从尉缭的方面言，他既然研究政治、军事、治国之理，而且其著作中表现出对现实的强烈关怀，无论君王如何，他都是希望能发挥自己的作用，使国家趋于富强，使广大老百姓处于安定的社会环境中而避免战争之乱。

从《尉缭子》中《天官第一》的"梁王问尉缭子曰"，"尉缭子对曰"云云及《制谈》等篇中的"臣谓""臣以为""听臣之言""用臣之术"等语，说明这些篇都是献给梁王即安釐王的。由此来看，尉缭在安釐王之时是曾经任职魏朝廷的。

其次，其开篇梁王问："黄帝刑德可以百胜，有之乎？"尉缭回答说："刑以伐之，德以守之，非所谓天官时日阴阳向背也。"似乎有点答非所问。其实，这正是看准了魏安釐王的思想实质才一语中的，以破其谬的。《制谈第三》中说"试听臣言其术，足使三军之众，诛一人无失刑"。"听臣之术，足使三军之众为一死贼"。又有"臣谓"云云，《武议第八》中又有"臣以为……臣以为"，《将理第九》"试听臣之言""臣谓"等。可以看出尉缭对安釐王不止一次进言或上书。看来是很难说得进去，很难被理解与接受。看一看安釐王时信陵君无奈的态度，以及安釐王时代的政治、军事状况，尉缭未能被重用，尉缭的思想在安釐王之时未能得到体现，是可以肯定的。当然，即使任用了尉缭也已难以挽回魏国灭亡之势，但不至于成为六国之中继韩国之后第二个被秦灭掉

---

① 刘建国的《先秦伪书辨证·〈尉缭子〉伪书辨证》云："尉缭，生卒年不详，约与孟轲、商鞅同时代，魏国人，曾是鬼谷子的高足，学成后隐居，后应梁惠王之请，到大梁向梁惠王陈述兵法，称为尉缭子。"（陕西人民出版社 2004 年版，第 322 页。）

的国家。刑德不是一个简单的神妙药方，不是短时间内就可见效的，何况糊涂的国君也不知什么是法，如何实行法治；什么是德，如何体现仁德。尉缭只是作为一个魏国旧贵族之后代，不能眼看国家将亡而无动于衷，不能不做一些努力而已。

再次，张烈文中提出的尉缭可能是信陵君的门客，笔者以为不是一般消遣、帮闲的门客，而应是座上客。据《史记·魏公子列传》载，"公子为人仁而下士，士无贤不肖皆谦而礼交之，不敢以其富贵骄士。士以此方数千里争往归之，致食客三千人。当是时，诸侯以公子贤，多客，不敢加兵谋魏十余年"。安釐王二十年，信陵君窃符救赵，然后留滞于赵十年。后因安釐王之请回魏，联络各诸侯击秦。尉缭具有很强的政治观念和杰出的军事才能，信陵君在此次大的军事活动中不会不加重用。《尉缭子》一书所表现的思想不是凭空可以产生的。《魏公子列传》中说：

> 公子率五国之兵破秦军于河外，走蒙骜。遂乘胜逐秦军至函谷关，抑秦兵，秦兵不敢出。当是时，公子威震天下，诸侯之客进兵法，公子皆名之，故世俗称《魏公子兵法》。[1]

笔者想这应该是尉缭在魏国之时唯一的一段大展雄才的时期。

根据现有各方面材料分析，尉缭当生于魏襄王（前318—前296）后期，经魏昭王（前295—前277）、安釐王（前276—前243）、景湣王（前242—前228），卒于秦王政十一年（前236）以后的十来年中，或者说卒于魏国末年（魏亡于公元前225年）。

《尉缭子》一书中前面关于军事的十篇（前九篇和第十二篇），应主要成于魏安釐王中期以前，即尉缭的年龄在二十五岁至五十五岁之时。这些论著中主要是根据魏国的现实状况，对安釐王的劝导与建议，可以说既是对魏惠王之时留下来的魏国一些政治、军事经验的总结与提高，也是对昭王、安釐王时期经验教训的反省。应该也包含在信陵君门下所接触各种军事著作、思考一些政治问题的总结。七雄之中，除处于西、南、东、北四边的秦、楚、齐、燕多有向周边发展的条件、少腹背受敌

---

[1] （汉）司马迁：《史记·魏公子列传》，第2882页。

之危险以外，中原三国和另外几个小国中，魏国最为强大，这同魏文侯任用李悝最早实行变法改革有关，也同魏惠王的迁都大梁等举措有关。魏惠王同韩、赵之间相互交换调整土地，使魏国在中原的土地连成一大片，形成十分有利的形势，然后对韩、宋、鲁、卫等国施加压力，成合纵之势。因魏国的明显优势，鲁共公（也作恭侯）、宋桓侯、卫成侯、韩昭侯都曾入魏朝见魏惠王，魏惠王也曾分别同韩昭侯、赵成侯、齐威王、宋桓侯、燕文公、秦孝公相会，入齐同齐威王相会。《尉缭子》书中所表现"车不发轫，甲不出橐而威制天下"，"举贤任能，不时日而事利"，"凡兵，有以道胜，有以威胜，有以力胜"，"不战而胜，善之善者也"等，都是根据史料与传说对魏惠王时一些政治、军事活动的总结、提升与理论化；其中有些论述，也写了针对昭王、安釐王的一些做法和由国家衰败之势而想到的应采取的举措。当然，不用说作者也会广泛注意战国时各国和各种战争、外交活动、国家政治、社会发展中的经验与教训，关注各国军事家、政治家的一些论著，吸收其可取之处。

《尉缭子》这一时期的论著，不是短时期内完成的。仅就军事部分的主要内容而言，也应经过了较长时间，在几个历史阶段中分别完成的。联系《汉书·艺文志》中所著录的篇章数目和现在尚可见到不见于今本的佚文来看，《尉缭子》的篇章有所散佚，是可以肯定的。

五 从《尉缭子》一书的性质看《尉缭子》为一人之作

1979 年笔者见到华陆综的《尉缭子注译》，又读到一些相关的论文，想到一些问题，后来撰写《孙膑兵法校补》《〈银雀山汉墓竹简〉原列〈孙膑兵法·下编〉十五篇校补》两文（先后刊《文史》第 39 辑、第 44 辑）时又研读过一次，此后关于《尉缭子》一书的相关问题，一直在关注和思考之中。前十多年是注意各家之说的短长，虽然也可以看出谁的说法更有道理、证据更充分，但所论问题间的关系交错，一时难以说清。

这十多年来，笔者的想法有所转变：第一，着重研究最早文献的记载，看其所反映的事实；第二，对于后来的分歧各说，不只看其在具体问题上的分歧，更看其在关键的方面是否有一致处；第三，争论双方揭示出的问题、所列举的证据，究竟反映了怎样一个本质，是否与原始文献所记载有一致处。

笔者感到虽然学界分歧很大，但大家从各方面的穷尽性探索，也有好处：把所有应该探索的方面，都做了彻底的探索。这样，全部问题摆清楚了，大家才可以看清，究竟怎样看待一些有分歧的问题为好。

下面我们从对《尉缭子》一书的性质争论看看在作者问题上的一致之点。关于《尉缭子》这部书的性质或者说内容归属，大体说有"兵家说""杂家说""兵家杂家合编本"三种说法。

第一种，"兵家说"。《通志·校雠略·见名不见书论》中云："《尉缭子》，兵书也。班固以为诸子类，置于'杂家'，此之谓见名不见书；隋、唐因之，《崇文总目》始入兵书类。"① 这段话被很多学者引用，也被有的学者提出批评。其实郑樵未必没有顾及《兵书略》载有《尉缭子》，他也应知道《汉书·艺文志》一书两处并载之体例，他只是认为不当再另列入《诸子略》杂家类。由之我们窥测郑樵的看法：《尉缭子》属兵书、兵书而联系政治、军事言之，是应该的。这由其《校雠略·编次之讹论十五篇》之前六篇即可以看出。其第二篇云：

> 一类之书，当集于一处，不可有所间也。按《唐志》《谥法》见于经解一类，而分为两处置，《四库书目》以入礼类，亦分为两也。②

《尉缭》为《七略》所原有不用说，郑樵只是认为一书之两种传本，即使内容各有侧重，也不当分列两处。《四库全书总目》中云：

> 《汉书》"杂家"有尉缭二十九篇。……亦并入杂家。郑樵讥其见名而不见书，马端临亦以为然。然《汉志》"兵形势家"内实别有《尉缭》三十一篇，故胡应麟谓"兵家"之《尉缭》即今所传，而"杂家"之《尉缭》并非此书。今杂家亡而兵家独传。郑以为孟坚之误者，非也。特今书止二十四篇，与所谓三十一篇者数不相合，

---

① （宋）郑樵：《通志略》（一），浙江古籍出版社1988年版，第832页。
② （宋）郑樵：《通志略》（一），第834页。

则后来已有亡佚，非完本矣。①

清代钱大昕之侄钱侗（1778—1815 年）对《崇文总目》著录《尉缭子》的按语中也表示了相同的意见：

> 侗考《汉志》"兵形势家"，自有《尉缭子》三十一篇，与"杂家类"二十九篇各别。郑渔仲讥之，非也。②

此与《四库全书总目》皆以为有两书，今本为兵家《尉缭子》。两书都对郑樵横加指责，实际上未弄清郑樵之本意。

梁启超《汉书艺文志诸子略考释》引述《四库全书总目》文字，然后说："今本是否即兵家《尉缭》原书，尚未敢深信耳。"并说："《初学记》《太平御览》并有引《尉缭子》文为今本所无者，其言又不关兵事，当是杂家《尉缭》佚文。"③

顾实看法大体相同，言"《汉志》兵形势家《尉缭子》三十一篇，今存二十四篇，而佚其七篇"，认为杂家《尉缭》作者当为另一人，即秦始皇时尉缭。④郭沫若《十批判书》中也认为是两部书，认为今存当即《汉书·艺文志》兵形势类本之残。又有依托（当指首句"梁惠王问"而言）。杂家本则已失传（原文见本文第二部分引）。吕思勉《先秦学术概论》大体同此。范文澜《文心雕龙注》卷四中也说：

> 杂家者流，盖出于议官，兼儒墨，合名法，知国体之有此，见王治之无不贯，此其所长也。故彦和称其术通。《汉志》"兵形势家"有尉缭三十一篇，今所传《尉缭子》五卷，二十四篇。胡应麟谓兵家之尉缭，即今所传，而"杂家"之《尉缭》，并非此书。今

---

① （清）永瑢等：《四库全书总目》卷九九《尉缭子》提要，中华书局 1965 年版，第 836 页。
② （宋）王尧臣等编次，（清）钱东垣等辑释：《崇文总目》（附补遗），中华书局 1985 年版，第 167 页。
③ 梁启超：《汉书艺文志诸子略考释》，载《中国古代学术流变研究十篇》，第 38—39 页。
④ 顾实：《重考〈古今伪书考〉》，上海大东书局 1926 年版，第 20 页。

"杂家"亡而"兵家"独传。案胡氏之说是也。①

数十年来，大部分学者的看法同此。

新时期学者中，袁宙宗的《尉缭子时代考》认为今本《尉缭子》即《汉书·艺文志》兵家类《尉缭子》，杂家类《尉缭子》撰著者"当是另一人，治商学者"②。但其行文中将梁惠王时尉缭子也说成兵家，说法又有些混乱。

钟兆华说："竹简本、《治要》本和《武经》本《尉缭子》是一致的，看不出相互矛盾对立的地方。可以肯定，他们是同一部军事著作的不同本子。"这个看法也是合于事实的。他认为《汉书·艺文志》杂家类记载的《尉缭子》已经失传，《文选》注、《太平御览》中所引"天子玄冠玄缨"一段，《初学记》所引"天子宅千亩"一段应该是杂家《尉缭子》中佚文。文章言，关于《尉缭子》的作者，"限于史料，仍然是一个尚待研究的问题"。③

以上主今本为"兵家类"之说。均有具体论证，列出论据，并非架空立说。

第二种，"杂家说"。这其中又分两种说法。为了简单，我们将以今本《尉缭子》为杂家和笼统言《尉缭子》为杂家的放到一起来谈。

顾实的《汉书艺文志讲疏》之《诸子略》部分云：

> 《初学记》《御览》引《尉缭子》并"杂家"言，是其书唐宋犹存。《史记》曰："大梁人尉缭来说秦王……"此当为杂家尉缭，非梁惠王时之兵家尉缭。为商君学者，盖不必亲受业，如为神农之言者许行，是其比也。④

他在《重考〈古今伪书考〉》一书中也说：

---

① （南朝·梁）刘勰著，范文澜注：《文心雕龙注》，人民文学出版社1958年版，第320页。
② 袁宙宗：《尉缭子时代考》，台湾《中华文化复兴月刊》1980年第1期。
③ 钟兆华：《关于〈尉缭子〉某些问题的商榷》，《文物》1978年第5期。
④ 王承略、刘心明：《二十五史艺文经籍志考补萃编》，清华大学出版社2011年版，第124页。

《汉志》"兵形势家"《尉缭子》三十一篇，今存二十四篇，而佚其七篇。郑樵《通志》未审《汉志》有两《尉缭》，而妄诋班固，过矣。……又《史记·始皇本纪》载有"大梁人尉缭来说秦王"，距梁惠王、鬼谷子时已甚远，当别是一人。①

华陆综的《尉缭子注译》是竹简本《尉缭子》公布以后较早的一个注译本。其"前言"中引述了《汉书·艺文志》对杂家和兵形势家的概括后说："从今本《尉缭子》的内容分析，它当属于《汉志》中杂家类，而不是兵形势家《尉缭》。"②

张烈的《关于〈尉缭子〉的著录和成书》一文，其第一部分的标题是"今本《尉缭子》当是《汉书·艺文志》里所著录的杂家《尉缭》"。文章肯定华陆综之说，并列表显示其书中内容与《孟子》《老子》《荀子》《管子》《商君书》《六韬》《吴子》《孙子》等书语意上相同、相近的文句（也列出同《淮南子》相同的文句，说明属"别的作品仿抄了《尉缭子》"之例），从而证明了"《尉缭子》是一部杂家兵书，它采纳了众家之言，而非一家之说"。③

李解民认为，今本《尉缭子》是《汉书·艺文志》中的杂家。因为据《隋书·经籍志》、新旧《唐书》之《志》《文心雕龙·诸子》一直有杂家之《尉缭子》的收录，为官府所藏，而兵家之作已难觅踪迹。此外，唐宋古注、类书所征引的《尉缭子》，大都不出今本的范围。兵家《尉缭子》很可能早已亡佚。以上所说的，也都从不同方面列出了证据，可谓有理有据。

这两种观点都列出能证明自己观点的材料，但都是各说各话，不论对方所说事实存在不存在。之所以形成针锋相对的两说，"兵家说"是着眼于《武经七书》等将其列入兵书，而且近千年以来人们普遍认为这部书是兵书；杂家说是着眼于《隋书》《旧唐书》之经籍志，《新唐书·艺文志》等较早的几种目录学书籍中都将其列入杂家。"兵家说"似乎

---

① 顾实：《重考〈古今伪书考〉》，第20—21页。
② 华陆综：《尉缭子注释》，中华书局1979年版，"前言"第1页。
③ 张烈：《关于〈尉缭子〉的著录和成书》，《文史》第八辑，中华书局1980年版，第35页。

是看实质，"杂家说"旨在追本溯源，看本来面目。他们都在《汉书·艺文志》中有根据，历代学者中两方面都有一些很有学术地位的人持其说。但全面来看，两方面都是只考虑怎样使自己的论点、理由更为充分，而不顾客观存在的另外一些现象。

第三种，"兵家、杂家合编本"。今本《尉缭子》中兵家、杂家的成分都有。持此说者，各家说法又有不同，我们不再细分。

大多认为"兵家《尉缭》、杂家《尉缭》本是一部著作"。这首先是何法周提出来的，龚留柱也持此说。龚留柱在《〈尉缭子〉考辨》中认为《尉缭子》是两部古代残书的合编本，举出几条有力的证据：(1)《汉书·艺文志》中有同一人之书见于两处之例，以驳杂家《尉缭》和兵家《尉缭》本为一部著作，被班固分列两处之说；(2) 杂家《尉缭》，《隋书》和新旧《唐书》都有收录，撰《新唐书》的欧阳修之死上距《武经七书》的颁定仅六年，不可能在这六年中突然出现一部千年不见著录的兵家书，又突然消失一种杂家书，以驳兵家《尉缭子》和杂家《尉缭子》是两本书，今存者为兵家，杂家已亡佚之说；(3) 通过对今存本、竹简本及其他相关文献从三方面的分析驳今本为杂家《尉缭》，兵家《尉缭》已亡佚之说。

郑良树也认为是兵家、杂家的合编，见于其为刘春生《尉缭子全译》（贵州人民出版社1993年出版）所作序，在其《近代学者〈尉缭子〉争论述评》中又加以订补转述之。他以为《尉缭子》一书可分三部分，篇首至《战权》为第一部分，自《重刑令》至《踵军令》为第二部分，《兵教》以下为第三部分。第二部分八篇都是简短的法令，和第一部分的议论文字不同。第三部分的两篇文章，其中《兵令》与第二部分为同一批材料。文中说：

  《兵令》有竹简本，出土时就与第一部分五篇有所分别，可见不但《兵令》和第一部分不是同一部书，也可借以推测出第二部分的八篇与第一部分不是同一部书了。换句话说，第二部分《重刑令》等八篇是同一本书，而第一部分《天官》等十二篇是另一本书。①

----

① 郑良树：《近代学者〈尉缭子〉争论述评》，《诸子著作年代考》，北京图书馆出版社2001年版，第212—213页。

又说:"《兵教》也应该隶属第二部分,最大理由是本篇对第二部分许多个别作了补充和概述。"并列表说明之。郑先生认为"兵《尉》纯是行军、治军的作品,杂《尉》则是包括政治、军事及农耕等的作品"①。关于二书合并为一的时间,作者说:"难道是汉末南北朝之际吗?"并未肯定。郑良树对《尉缭子》各部分的看法,虽然在类别区分上较为粗疏,未能关注到一些篇章之间思想内容方面的差异,但整体来说有发前人所未发之处,有极大的参考价值。

以上是今本为兵家《尉缭》、杂家《尉缭》合编说。也是立足于文本,有理有据。

事物是复杂的。古代尤其在先秦两汉之时,学科的分类并不似今日的严格。如果不要把兵家和杂家按后代的概念划分得太死,同时能联系六国之末尉缭由魏国至秦这个历史阶段遭遇的变化来考虑,可能就不会有这样突出的分歧。当然,自宋以后分歧暂起,同对《汉书·艺文志》的体例、文意没有弄清,又与几种有重大影响的论著对有的文献做了随意解说有关。有的学者也关注到了问题的复杂性。比如持杂家看法的华陆综在《尉缭子注释》"前言"这一部分末尾说:"事实上,不管把'尉缭子'列入杂家还是兵家,都不影响它是一部古代兵书。"程应镠先生在其《关于尉缭和〈尉缭子〉——对〈《尉缭子》初探〉一文的商榷》一文中对于何法周的"杂家说"做了反驳之后说:"今本《尉缭子》是兵家《尉缭》和杂家《尉缭》混杂在一起的。从它的内容看,就是如此。"② 文中还说:

> 两种《尉缭》的遭遇,和列入《汉志》兵权谋家的《公孙鞅》与列入法家的《商君》的遭遇是相同的。我们现在所见到的《商君书》,其中既有《公孙鞅》的遗留,也有《商君》的遗留,甚至两者混杂在一起。也还有唐人见过的篇章,今已不存,如《六法》的文字,已被《群书治要》采录,但此篇在今本中却不见了。③

---

① 郑良树:《近代学者〈尉缭子〉争论述评》,《诸子著作年代考》,第213—214页。
② 程应镠:《关于尉缭和〈尉缭子〉——对〈《尉缭子》初探〉一文的商榷》,载谢国桢、张舜徽等编《古籍论丛》,第82页。
③ 程应镠:《关于尉缭和〈尉缭子〉——对〈《尉缭子》初探〉一文的商榷》,载谢国桢、张舜徽等编《古籍论丛》,第81页。

这就说得更为明确、透彻。

数百年来学者们关于《尉缭子》一书的讨论，还同几种不同的版本问题联系起来，弄得十分复杂。如果我们明了《汉书·艺文志》的编排体例，对《尉缭子》一书能够做更客观的观察，问题还是比较好解决的。

由以上论述可知，《尉缭子》一书，其内容以兵家为主，但它在大多篇章中是联系国家的政治、经济、民生来谈军事问题的，其中体现出儒家仁义的思想和商鞅的法制思想，这些都同尉缭长期所处的社会环境、尉缭的经历及他写这些东西的目的有关。《汉书·艺文志》两处所列卷数不一，可见并非同一抄本。余嘉锡《古书通例》卷三《古书单篇别行之例》中说：

> 古之"诸子"，即后世之文集，前篇已论之详矣。既是因事为文，则其书不作于一时，其先后亦都无次第。随时所作，即以行世。……迨及暮年或其身后，乃聚而编次之。其编次也，或出于手定，或出于门弟子及其子孙，甚或迟至数十百年，乃由后人收拾丛残为之定著。①

《汉书·艺文志》所著录，只是朝廷所征集到的民间传本两种，内容上各有侧重，其中有重复的篇章，在不言之中。学者们在《尉缭子》一书著录于两处篇数不同，两种传世本子之间及同竹简本之间互有不同，又有不见于以上各本的佚文等问题上取其一点或几点上做文章，不是全面考虑问题，有的甚至以为最初共有六十篇（二十九篇加三十一篇之数），都是拿后代著书及书籍传播的情形推度之，其局限不止一处。

总而言之，《尉缭子》一书西汉以来不止一种传本，篇目互有出入。《汉书·艺文志》中就所收集到之两种传本根据其内容之侧重点分别收入杂家与兵形势家两处，《隋书·经籍志》就当时所见传本归入《诸子》杂家之中，而宋仁宗之时将宫中昭文、史馆、集贤、秘书阁四馆藏书汇编而成的《崇文总目》中，始置于兵书类，侧重点又有不同。大抵《隋

---

① 余嘉锡：《古书通例》，上海古籍出版社1985年版，第93页。

书·经籍志》及《唐书》所著录为当时所传《尉缭子》的集合本,论仁德与法制之内容较多,而《崇文总目》所收与《武经七书》本与今本相近,侧重论军事之内容。是《旧唐书》照《隋书·经籍志》录入,并未重做审订,《新唐书》也一样照前而录。至王尧臣、欧阳修等编《崇文总目》,才据所见之传本,定为兵书。这之间个别文字又有所删除,今所见《北堂书钞》《初学记》所引三条佚文均与军事无关,就说明这一点。

尉缭只有一个,为六国之末至秦始皇前期的人。《尉缭子》早期传本不一,北宋时又有删去部分与军事关系不大的文字的文本。《尉缭子》的作者即秦始皇时曾任秦国国尉之职的尉缭。

学界关于《尉缭子》一书中内容及同作者生活时代联系提出的种种问题,我觉得徐勇的一段话十分有启发性:

> 争论双方所提出的理由大都是持之有故的。我们认为,产生这种矛盾现象的主要原因是双方论者都忽视了一个关键性的问题,即:"梁惠王时人说"者所征引的内容,绝大多数取自今本《尉缭子》的前十二篇;而"秦始皇时人说"者所征引的内容,则绝大多数取自今本《尉缭子》的后十篇。①

这虽然只是对此前争论中征引文献的情况做了一个大体的概括,有些话也未必准确,但同上面所引述郑良树先生将全书分三部分来看的看法一样,反映了一个方面的事实,很有意义。《尉缭子》一书完成于魏国时的基本上在前面,后半部分虽然有写于魏国时的、有写于秦始皇时的,但成于秦始皇时的整体来说集中在后半部分。

六 由魏昭王时期魏国的历史看《尉缭子》一书孕育形成的时代土壤

下面对《尉缭子》中各篇写成的时间加以探索。本文的第四部分说过,尉缭生于魏襄王后期,估计当在魏襄王十八年(前301)前后。卒于秦始皇十一年(前237)之后的十来年中,大约就在景湣王死(前

---

① 徐勇:《尉缭子浅说》,第25页。

227）前后。这样，他主要生活于魏昭王、安釐王、景湣王时期（秦始皇前期）。今以魏昭王时为其生平的第一阶段。因为昭王一死，安釐王封无忌为信陵君，尉缭的发展机遇有了变化。从安釐王元年至安釐王二十九年为第二阶段，从安釐王三十年信陵君返魏联合五国之兵伐秦至安釐王死为第三阶段。信陵君、安釐王死于同一年。他们一死，政治环境又发生了变化，在魏国谋求复兴的希望破灭，尉缭才产生了赴秦的打算。所以以景湣王时期即秦王政前期为第四阶段。

今主要依据杨宽《战国史》所附《战国大事年表》列出从魏昭王元年（前295）尉缭有较清晰的记忆和一定的认知、理解能力开始的四个阶段尤其前三个阶段魏国政治、军事方面的一些大事。① 尉缭死于哪一年不能肯定，我们姑且至魏景湣王十五年（秦王政十九年，前228）止。凡有关魏国之事全部列出；个别非魏国事，而属当时特别重大事件者也列入。笔者所增列者，于文后注明出处。之所以如此，是为了避免偏差，避免自己只见树木、不见森林，在讨论中也少一些无谓的争执。

第一阶段，魏昭王时期。魏昭王元年（秦昭王十二年，前295），秦拔魏襄城。（《史记·魏世家》）魏昭王二年，与秦战，魏失利。（《魏世家》）魏昭王三年（前293），魏佐韩攻秦。秦左更白起大胜韩、魏联军于伊阙，斩首二十四万，虏魏将公孙喜。魏昭王四年（前292），秦大良造白起攻魏取垣。魏昭王五年（前291），魏献给秦河东地方四百里。魏芒卯以诈见重。魏昭王七年（前289），秦攻取魏六十一城。魏昭王八年（前288），魏昭王入赵朝见，并献阴成、葛孽（在此年或稍前）。魏昭王将河阳、姑密封给赵国李兑的儿子。魏昭王九年（前287），苏秦、李兑约赵、齐、楚、魏、韩五国攻秦，罢于成皋。秦归还部分赵、魏地求和。秦攻取魏的新垣、曲阳。魏昭王十二年（前284），秦昭王和魏昭王在宜阳相会，和韩釐王在新城相会。五国合纵攻齐。燕将乐毅攻入齐都临淄。魏攻取旧宋地，楚收复淮北地。魏昭王与秦昭王会于西周王城。（《魏世家》）魏昭王十三年（前283），秦攻魏，拔魏之安城，兵到大梁。燕、赵救魏。魏昭王十四年（前282），秦昭王和魏昭王在新明邑相会。赵攻魏伯阳。魏昭王十五年（前281），赵决汉水伐魏。魏昭王十七年（前279），燕昭王死，燕惠王改用骑劫代乐毅。齐田单反攻，一举收

———

① 参见杨宽《战国史》，第750—776页。

复齐的失地七十多城。魏昭王十八年（前278）秦白起攻下楚郢都，焚烧夷陵，攻到竟陵、安陆，建立南郡。又向南攻取洞庭五渚、江南之地。楚迁都至陈。

以上十八年中，十四年魏国有大的战争，最惨重一次与韩军被秦斩二十四万，魏牺牲兵将应有十二万左右。战事一完，恐怕是全国无处无哭声。要恢复兵力，也不是一件容易之事。其失地最突出一次，被秦军攻下六十一城。那形势已离亡国不远。这期间主要是魏同秦的战争，并且齐、韩、魏曾联合攻秦，至函谷关，秦归还韩、魏之地求和。赵、齐、楚、魏、韩五国也曾联合攻秦，至于成皋，使秦归还赵、魏之地以求和。然而赵、魏两国也几次开战，赵决汉水而淹魏都。这种混战的情形各国间都有，只敌我转换对象之别与参与程度之别而已。究竟该怎样才能达到比较稳定的社会环境？当时的儒、墨、道、法都从不同的角度思考这个问题。魏国在不断受到打击的情况下，首先是一个自存的问题。尉缭处如此社会环境之中，无论是听人讲说，还是亲眼所见，总会留下难以忘却的记忆。这应是旧贵族出身的尉缭学习兵法的动因。

本文第三部分已说过，顿国在鲁定公十四年（前496）为楚所灭，其王族即以"顿"为氏。从家庭传统来说，尉缭有受文化教育的条件，也易于见到一些历史文献。在这样的社会环境中他产生了研究军事、兵法的想法，可以理解。战国之时一般游说之士颇有出身低微者，而究心于兵法者多为旧贵族出身。《史记》中载："司马穰苴者，田完之苗裔也。"[1] "商君者，卫之诸庶孽公子也。"[2] 孙武、吴起情况不清楚，当亦非出身庶民之家。

魏国地处中原，为南北文化交汇的中心地带，故人才辈出。而魏文侯之后的国君，鲜有雄才大略、善于用人者。卫鞅为魏国人，曾事魏相公叔痤为中庶子。公叔痤知其贤而未及重用，公叔痤病危，作为大事荐之于魏惠王，言其"年虽少，有奇才，愿王举国而听之"。并密嘱"若不能用，必杀之，勿使出境"。魏惠王未听。卫鞅闻秦孝公求贤而至秦，进行变法，奠定秦统一六国的基础。公孙衍（犀首）魏之阴晋人，魏惠

---

[1] （汉）司马迁：《史记·司马穰苴列传》，第2611页。
[2] （汉）司马迁：《史记·商君列传》，第2693页。

王时至秦,"佩五国之相印,为约长"①。范雎也是魏国人。"游说诸侯,欲事魏王,家贫无以自资,乃先事魏中大夫须贾。"魏昭王之时从须贾使于齐,齐襄王闻范雎口才甚好,赐金十斤及牛酒,雎辞谢未受。即如此,须贾回国后告知魏相魏齐,魏齐使人笞击范雎折胁摺齿,雎诈死,方置之厕中,后以计出而化名张禄至秦。秦昭王"乃拜范雎为客卿,谋兵事。卒听范雎谋,使五大夫绾伐魏,拔怀。后二岁,拔邢丘"②。这些至少可以反映出尉缭出生之前及青少年时期魏国的育人环境与文化传统。

尉缭的青壮年时期,即行加冠礼之后的数年中是否有过从政的经历?按一般情形而言,应该是有的,大小官吏,总会干一点。在战国时代,纯粹的文人学士,一天只知读书吟诗者是很少的。但魏昭王不是一个精明君主,尉缭即使出仕,也未必能任以较为重要之职务。以下三个阶段是尉缭生平的重要时期。

七 由魏安釐王早期、中期的历史看《尉缭子》中大体属前半部分篇章的产生

因为我们对尉缭的事迹了解太少,所以这个时段一直到信陵君窃符救赵后居赵结束为止。魏安釐王元年(秦昭王三十一年,前276),赵派廉颇攻取魏的幾。秦攻取魏二城。此年或之后不久,安釐王封其异母弟公子无忌为信陵君。(《史记·六国年表》)安釐王二年(前275),赵派廉颇攻取魏的防陵、安阳。秦又拔魏二城(《魏世家》),攻魏到大梁,韩派暴鸢往救,被秦大败,斩首四万,退走启封。魏纳八城以和。(《资治通鉴》)秦穰侯复伐魏,魏献温给秦求和。安釐王三年(前274),秦攻取魏蔡、中阳等四城,斩首四万。(参见《资治通鉴》)安釐王四年(前273),魏人范雎至秦为客卿。(《史记·范雎蔡泽列传》《魏公子列传》)赵、魏联合攻韩到华阳,秦派白起、胡阳救韩,大胜于华阳,打败魏将孟卯(《魏世家》作"芒卯"),攻取卷、蔡阳等城,又战败赵将贾偃。秦又围攻魏的大梁,赵、燕来救,魏将段干子请献南阳给秦求和。安釐王五年(前272),秦楚助韩魏攻燕。安釐王九年(前268),秦用范雎之计,用五大夫绾攻取魏国的怀。安釐王十一年(前266),秦攻取

---

① (汉)司马迁:《史记·张仪列传》,第2784页。
② (汉)司马迁:《史记·范雎蔡泽列传》,第2901—2919页。

魏的邢丘。因信陵君之作用及秦着力攻赵、韩二国，此后数年中魏无大的战事。(《魏世家》) 安釐王十八年（前259），秦昭王要魏相魏齐之首级为范雎报仇，魏遂自尽。(《范雎蔡泽列传》《资治通鉴》) 安釐王二十年（前256），魏信陵君窃魏王之符率军救赵。秦将郑安平降赵，秦在河东大败。此后信陵君无忌居于赵国十年。安釐王二十三年（前254），魏向东攻取秦孤立在东方的陶郡，灭卫国，又新立卫君以为附庸。秦向魏河东反攻，攻取吴。魏委国听令。(《魏世家》) 安釐王二十六年（赵孝成王十五年，前251），赵之平原君卒。安釐王二十九年（前248），秦伐韩，韩献成皋、巩。秦界至大梁。(《秦本纪》)

　　大约在尉缭临近三十岁之时，魏昭王卒，安釐王继位。一般来说，新君继位总会起用一些新人，这就会给尉缭带来一些机会。本文第四部分已经谈了从《尉缭子》中一些篇章看，尉缭在安釐王时曾多次同安釐王交谈或向安釐王上书。他在安釐王时应曾在朝任职。

　　安釐王即位后封其异母弟无忌为信陵君。"是时范雎亡魏相秦，以怨魏齐故，秦兵围大梁，破魏华阳下军，走芒卯。魏王及公子患之。"[1] 信陵君为国为君分忧，招贤纳士以求却敌安国之方，为自然之事。在安釐王初年，安釐王与无忌兄弟应该是互相信任的。信陵君大招门客，也应同此有关。尉缭作为一个有思想、有学养又有一定身份的人，尽量地靠近国君并与信陵君往来以争取机会发挥自己的能力，也是自然之事。

　　笔者以为尉缭开始著兵书，是在这一时期。安釐王虽然能力不强，但有时也还能任用贤能，如其初期对信陵君的充分信任，及在其三十年之时虽然信陵君有窃符救赵之事，但也能迎之以归，又请其主军。在《战国策·魏策》中也反映出他咨询臣僚名士的事例。前已说过，从《尉缭子》的《天官》《制谈》《武议》《将理》的语气来看，尉缭向魏安釐王面陈过有关军事、政治的看法。就信陵君无忌而言，在这段时间也是比较如意的。虽然后来由于安釐王"畏公子之贤能，不敢任公子以国政"，但其他方面应该是顺心的，故有食客三千。"当是时，诸侯以公子贤，不敢加兵谋魏十余年。"[2] 以尉缭之身份，及他对国事之关心，对政治、军事上一些问题的看法，应是信陵君的座上客。《史记·魏公子

---

[1] （汉）司马迁：《史记·魏公子列传》，第2875页。
[2] （汉）司马迁：《史记·魏公子列传》，第2875—2876页。

列传》主要写其礼贤下士、窃符救赵和返赵后率五国之兵破秦军之事，对于宾客情况很少涉及。据《史记·孟尝君列传》《春申君列传》所写这些地位很高的诸公子，他们也认为是有水平的宾客议论政事。应该说，这总会给尉缭提供一些考虑问题的材料或思路，同时，尉缭也必然会给信陵君提出一些建议。

尉缭总结魏国的历史经验教训，根据当时魏国的形势，针对当时安釐王的缺乏见识和心胸狭窄的问题，从魏国的安全守卫出发的一些篇章应完成于这一时期。因为他所依据除一般兵书之外，主要是魏国的历史和他感同身受、人们也必然会常常说到魏昭王统治时期和安釐王前期的国事、战事。

《尉缭子》一书中的主要内容应完成于这个时期。尉缭的年龄在二十五岁至五十五岁。笔者觉得何法周《〈尉缭子〉初探》一文说得很对：

> 作者面对的国君，问题严重。他不仅在思想路线上倾向于"天官时日阴阳向背"等唯心谬论，而且在政治、经济、军事路线上，也不懂得任地、制民的富国强兵之道，以法治国的进步路线和"杀之贵大，赏之贵小"，"举贤用能"的刑赏原则与组织路线。同时，在治军作战等具体问题上，他也是糊里糊涂，既不了解治军作战的教程条令、战略战术，又不懂得作起战来要使敌方的士农工商各安其业而只把矛头指向对方少数决策者的政策、策略；甚至把在时间上距他最近的吴起的治军作战经验也忘得一干二净。他是一个还想"百战百胜"而又信心不足的人，以至于不仅需要作者不时地鼓励他的勇气："君以武事成功者，臣以为非难也。"（《天官》《武议》）①

何先生是以此说明，《尉缭子》中的不少议论不是针对秦始皇，而是针对梁惠王。笔者以为，是针对魏安釐王更为适合。魏惠王是魏文侯之后最有作为的一个君主，即使说他"雄才大略"，也不为过。杨宽《战国史》第八章第一节第一部分为"魏的进一步强大"，开头说："魏国自从

---

① 何法周：《〈尉缭子〉初探》，《文物》1977年第2期。

魏文侯任用李悝实行变法，就开始强盛起来。至魏惠王时，进一步实行改革，国力也就进一步强大起来。"下面列出主要三点。"（1）兴修水利，开发川泽。（2）开创选拔'武卒制度'。（3）加强防备和控制交通。"① 因篇幅关系，具体内容从略。笔者觉得还有一点也应在这里点到：从军事战略、外交及经济交流各方面看，其于继位之第九年将都城由安邑迁于大梁。杨宽先生《战国史》在第七章第二节"七强并立形势的形成"中有两小节谈到这个问题。在"韩、赵、秦、魏间的战争和魏迁都大梁"一小节中说："魏国国都原在安邑，地处河东，受秦、赵、韩三国包围，只有上党山区有一线地可以和河内交通，如果赵、韩联合攻魏，切断上党的交通线，再加上秦的进攻，形势就岌岌可危。因此，在前361年魏惠王就迁都大梁了。"文中还说到，魏国又对韩、赵二国施加压力，"三晋之间调整交换了土地，使得魏在中原大片土地连成一块，造成十分有利的形势"。下面一小节是"魏迁都大梁后的形势"，开头便说："自从魏国迁都到了大梁，战国的形势发生了重大变化。"第八章第三节第三小节"魏国扭转战局"一节也可以参看，这里不必一一罗列。看《史记》《战国策》也可以明白。

再指出一点，就是梁惠王在位五十一年，只有两次战败：一次是其三十年的马陵之战，遇齐国的军事家孙膑而败；另一次是其三十一年商鞅袭虏魏公子卬。如程应镠先生在提到这两次败仗的时候所说："梁惠王打了败仗后，历史上并没有'以重宝出聘，以爱子出质'的记载，有的是'卑礼厚币以招贤者'，邹衍、淳于髡、孟轲这一批人，相继到了大梁。"② 如果尉缭主要生活于梁惠王之时，不至于不被重用，也不至于在史书中毫无记载。只因是在魏昭王之后，当魏之末年，才在魏国历史上销声匿迹。由上面对何法周论述的引述可以知道，我们不少学者看问题的方法不是不对，有时引用的材料也没错，但因为对战国历史尤其是魏国历史缺乏更深入、全面的了解，得出的结论不是正确的，而是错误的。

笔者在上面引述了很多战国史权威杨宽先生之文和程应镠先生有关

---

① 杨宽：《战国史》，第368—369页。
② 程应镠：《关于尉缭和〈尉缭子〉——对〈《尉缭子》初探〉一文的商榷》，载谢国桢、张舜徽等编《古籍论丛》，第86页。

论述，是要说明《尉缭子》一书中所针对的问题，绝对不是梁惠王时代的，尉缭也绝对不是梁惠王时人。直至今日还有人说《尉缭子》是梁惠王时人的著述，有的人为证明这一点主观地解说历史，为我所用，是不可取的。

看上面所列安釐王时重大事件，魏国兵败九次，失去与献了至少十五城，秦军先后至大梁及围大梁两次，魏向秦献城两次。虽然安釐王比起魏昭王稍强一点，但比起魏惠王来真是差得很远。《尉缭子》开篇的"梁惠王"本作"梁王"，指安釐王而被误认为指魏惠王加"惠"字或误抄形成，是没有疑问的。

《尉缭子》前九篇中的议论，多能看出魏国晚期的影子。《兵谈第二》言："富治者，民不发轫，甲不出暴，而威制天下，故曰：兵胜于朝廷。"①《制谈第三》中言："损敌一人，而损我百人，此资敌而伤我甚焉。世将不能禁。"作者是希望避免这种情形，而这正是安釐王时之状况。《武议第八》中言："夫提鼓挥枹，接兵角刃，君以武事成功者，臣以为非难也。""视吉凶，观星辰风云之变，欲以成胜立功，臣以为难。"《将理第九》中言："今世谚云：'千金不死，百金不行。'试听臣之言，行臣之术，虽有尧舜之智，不能关一言；虽有万金，不能用一铢。"这些语句不仅在形式上完全是对国君言说的，内容上也同《天官》等明确为魏国时篇章的内容一致。上引《武议》中那几句等于是将《天官》中的意思再说一遍。遇上头脑不很清楚的君主，不容易使他明白过来。安釐王即位之前两年，每年失两城，且第二次军至大梁城下，韩来救，尚献温之地予秦以和。第三年秦拔四城，斩首四万，秦破魏、韩之军十五万人，魏之孙臣对安釐王说："以地事秦，譬犹抱薪救火，薪不尽，则火不止。"安釐王的回答是："善。虽然，吾以许秦矣，不可以革矣。"②他不是从怎样用人、怎样调动国内力量方面考虑，而是无奈地接受每一件走向灭亡的事实。安釐王虽因信陵君威信过高而不再委以军事重任，

---

① 张元济辑：《续古逸丛书》影印宋《武经七书》本。下同。原"甲"作"车"，据下文"不暴甲而胜者，主胜也"，当作"甲"。清光绪年间湖北崇文书局《子书百家》本作"甲"，今据改。

② （汉）刘向：《战国策·魏策三·华君之战》。又见于《史记·魏世家》安釐王四年。然而"孙臣"作"苏代"。苏代当燕王哙、燕昭王时人，盖误。《史记·秦本纪》于秦昭王三十三年（魏安釐王三年，前274）也载有相关之事。"不可以革矣"，《魏世家》作"不可更矣"。

但总会听取一点信陵君的建议。如公叔痤为魏之故相，赵要魏杀之，是信陵君谏之而使其免于一死。信陵君在大的事件上会有一些建议。故后来较开头四年为强。《史记·魏世家》载，"魏王以秦救之故，欲亲秦而伐韩，以求故地"。信陵君有一篇很长的上书分析形势。其中说："韩亡，秦有郑地，与大梁邻，王以为安乎？王欲得故地，今负强秦之事，王以为利乎？"又说："异日者，从之不成也，楚、魏疑而韩不可得也。""夫存韩安魏而利天下也。"[①] 则明显是合纵抗秦的思想，是从当时战国之时山东六国整个的安定来考虑问题的。他能够讲这些，说明他估计安釐王总会考虑自己的建议的。

《尉缭子》中占主体的前九篇即《天官》《兵谈》《制谈》《战威》《原官》《十二陵》《武议》《将理》和第十二篇《战权》，并非单纯谈战略、战术、领兵治军、设计歼敌，而是同治国联系言之，而且更侧重于如何稳定自身、取信于百姓，立威于诸侯之中，特别强调国家"内有其贤"的思想。《制谈第三》中说："不能内有其贤，而欲有天下，必覆军杀将。如此类，战胜而国益弱，得地而国益贫，由国中之制弊矣。"《战威第四》中说："王国富民，霸国富士，仅存之国富大夫，亡国富仓府。所谓上满下漏，患无所救。故曰：举贤任能，不时日而事利；明法审令，不卜筮而事吉；贵功养劳，不祷祠而得福。"《武议第八》中说："良马有策，远道可致；贤士有合，大道可明。"《兵谈第二》主要是谈建城治兵、用兵的问题，但其精神实质在于谈内政，谈治国、民政，有"民本"思想。其中说："民流者亲之，地不任者任之"（按："任"指开发利用）。只这两句，反映出以民为本的治国理念。作者认为只有民亲国富，才能"威制天下"。《十二陵第七》共二十四句，都是在位者用人处事的格言。前十二句为正面言之，后十二句从反面言之。因为它是有针对性的，后十二句可以说是准确地指出了魏国晚期上层存在的问题。如说："悔在于任疑。孽在于屠戮。偏在于多私，不祥在于恶闻己过。不度在于竭民财。不明在于受间。不实在于轻发。固陋在于离贤。祸在于好利。害在于亲小人。"我们联系前面所列安釐王时大事，它的针对性不就十分明白了吗？

《将理第九》虽言将之理刑，实质上反映了当时普遍存在的逼供，

---

① （汉）司马迁：《史记·魏世家》，第2231、2232、2237、2238页。

尤其是严刑酷法现象。治军、治民都存在如何使政治清明的问题。其中说："笞人之背、灼人之胁、束人之指而讯囚之情，虽国士有不胜其酷而自诬矣。"论及"国士"，分明已涉及军队以外。所以说，《尉缭子》虽然全篇从治军出发言及，而处处及于整个治国中的问题，表现出作者对于国事的深切的关切。《战威第四》中讲"因民所生而制之，因民所营而显之，① 因禄之实，饮食之亲，乡里相助，死生相救，兵役相从，此民之所励也。使什伍如亲戚，卒伯如朋友，止如堵墙，动如风雨，车不结辙，士不旋踵，此本战之道也"。虽是论治军，实包含了治国的思想在内，是由治军的话题，来给一个不懂如何治国而只希望不常打败仗的君主讲治国的原则，讲如何使国家能安宁，使他国人不敢侵犯的道理。

以上所列篇章中也体现出儒家以仁为本的道德观念，书中也将增强兵将的持久战斗力同用兵者的诚信观念结合起来。《战威第四》中说："未有不信其心，而能得其力者；未有不得其力，而能致其死战者也。故国必有礼［信］亲爱之义，② 则可以饥易饱，国必有孝慈廉耻之俗，则可以死易生。"这将儒家的仁、义、慈、孝观念引入其中，而且作为一切的思想基础。至于法家严于治众的观念，在全书中都有充分的体现，不用多说，只是在秦国时所著各篇中更为严厉。《战威》开篇即言："凡兵有以道胜，有以威胜，有以力胜。"这也不可能是在秦国之后的话语。因秦要扫平六国，在当时而言并没有什么"道"不"道"的问题，就是以力胜。

从以上的论述可以看出《尉缭子》一书的作者所思考的不仅是军事问题，而且是整个社会问题，社会治理或者说一个国家最高统治者的思想观念问题。

特别要指出的是上举各篇以出师正义作为发动战争的前提，以保卫国家、抗击侵略为主要职责。这是书的前半部分的很多篇的主导思想。《武议第八》开篇即说："夫兵不攻无过之城，不杀无罪之人。夫杀人之父兄，利人之货财，臣妾人之子女，此皆盗也。故兵者，所以诛暴乱、禁不义也。"《战威》又说："地所以养民也，城所以守地也，战所以守

---

① 按，营：原作"荣"，据湖北崇文书局《子书百家》本改。
② 按，"信"字原脱，据湖北崇文书局《子书百家》本补。

城也。"可见本书不是只讲用兵之法，如何胜人、打胜仗，它还有一个大前提，就是"战"只是用于守，用于抗击侵略，而不是无故侵犯他人、他国。《尉缭子》中在秦国时所成各篇，其主导思想上则变为如何使将士拼死作战，如何才能打胜仗。所以说上面所论各篇都是作于魏安釐王之时，确切些说，都是作于安釐王前期、中期。以上这些也是这本书被看作兵书，又被看作杂家的一个原因。

由今本前半的很多篇可以看出，在安釐王三十年之前的三十来年中，尉缭是多次面见安釐王陈说过对一些问题的看法或向安釐王上过书的，《尉缭子》中不少篇章是针对当时国家现状写出的问题的解决办法，并非泛泛而论。这是我们研究《尉缭子》这部书必须要知道的。

八 《尉缭子》中成于安釐王晚期的篇章

下面看看信陵君返魏合五国之军伐秦至信陵君、安釐王死这五年间魏国历史上的大事。安釐王三十年（赵孝成王十九年，前247），秦取魏的高都、波。秦闻信陵君在赵国，日夜攻魏不已。安釐王患之，迎请信陵君回赵。（《魏公子列传》）魏信陵君合五国兵攻秦，打败蒙骜于河外。遂乘胜逐秦军至函谷关，抑秦兵，秦兵不敢出。安釐王三十一年（秦王政元年，前246），当是时，信陵君威震天下。诸侯之客进兵法，公子皆名之，故世俗称"魏公子兵法"。自此战国形势发生重大变化，秦国暂时减轻了对山东六国的压力。安釐王三十二年（前245），赵派廉颇攻取魏繁阳。（此后山东六国各自图谋兼并土地，不仅魏楚两国乘战胜秦的余威向东进行兼并，赵燕两国间也发生了大规模的兼并战争，秦遂得以陆续攻取三晋而灭六国）因信陵君无忌联合五国抗秦对秦威胁太大，秦王患之，乃行金万斤于魏，毁公子于魏王。魏王果使人代公子将。公子自此谢病不朝，作长夜饮。（《史记·魏公子列传》并参见《战国史》第八章"合纵连横和兼并战争的变化"章末总结。）秦再度攻取魏的卷，斩首三万。（《史记·秦始皇本纪》）安釐王三十三年（前244），秦攻取魏的畼、有诡。安釐王三十四年（前243），信陵君因抑郁忧愁而死于酒。当年，安釐王亦死。以上五年，是尉缭得到短期政治与军事实践的时期。

信陵君留居赵国期间，尉缭作为旧贵族出身的士人未必跟从居赵。张烈在论述《尉缭子》所表述的战争观同《荀子·议兵》思想"完全一致"这个问题时说:"尉缭作为信陵君的门客,跟随信陵君居赵闻荀况论兵的情况,他当有条件在其著述中体现荀况的观点。"① 这个说法不但不符合尉缭的身份,也把问题简单化。从《尉缭子》一书来看,尉缭的思想是很开阔的,他对有些问题会有很深刻的思考。尉缭不但继承了商鞅的法制思想,也吸收孔、孟的仁义思想,荀况的治国理论,但不是拼凑,而是有机地结合在一起。对此前的相关著作及当时有影响的思想家的看法不够了解,就做不到这一点。当然他可能也会到赵国去会信陵君,同信陵君和信陵君周围有水平的人交流思想,讨论一些问题。尉缭在这段时间中留下了什么著作,无法考知。至少对完成于安釐王前期的篇章根据社会现实的变化与认识上的某些转变做一些修改,是可能的。

信陵君由赵返魏后的前两年,应该是尉缭在魏国唯一一次实践上大展宏图的时期。不然,对书中《重刑令》之后的八篇令中后四篇有些内容便无法做出合理的解释。这八篇令,前四篇应是在秦国任国尉时所作,而后四篇应是信陵君合六国之军伐秦时所作。

《重刑令第十三》以下八篇令文,应为在军中任职之时所作。如未任军队高级将官之职,则只有遵令、行令之责,无发令之权。先秦兵书《孙子兵法》《吴子》《司马法》《孙膑兵法》《六韬》等书中,只有《尉缭子》中有令文。因为以上几种书都是理论著作,而《尉缭子》中收录任职军中的一些令文。这八篇令文的后四篇即《经卒令第十七》《勒卒令第十八》《将令第十九》《踵军令二十》应作于此时。信陵君率五国之兵破秦之时,如果他未担任军队高级将官,即使拟过军令,也应该是以信陵君的名义发布的。

我们将八篇令文中的后四篇与前四篇分开作为两组,首先因为它们在思想上有明显的差异。比如前四篇不提赏,只言罚,而且罚得极重,至于十分残酷的程度;后四篇则有赏有罚,其惩罚也有一定限度。如《经卒令第十七》中说:

---

① 张烈:《关于〈尉缭子〉的著录和成书》,《文史》第八辑,中华书局1980年版,第36页。

> 鼓行交斗，则前行进为犯难，后行退为辱众。① 逾五行而前者有赏，逾五行而后者有诛。所以知进退先后，吏卒之功也。

关于本书中"诛"字之义，直至目前很多注本都是随意解释或翻译的，有时解释、翻译为"惩罚"，有时解释、翻译为"杀""斩首"。自然，这两种解释都有据，但究竟书中哪一句当如何理解，应考虑句子的表达形式，因为一个词在句中的意思有变化，同表达形式有关，不可能表达形式相同，而词的含义不同。笔者以为凡"有诛"这种方式，往往同"有赏"对举，应为惩罚之义。而"犯者诛""诛之"这种表达方式，则是"杀""斩"的意思。上面的例子表现的是有赏有罚。本篇"亡章者有诛"和《勒卒令第十八》"鼓失次者有诛，喧哗者有诛，不听金鼓铃旗而动者有诛"的"诛"的含义也一样，为惩罚。《将令第十九》中载："军无二令，二令者诛，留令者诛，失令者诛。""将军入营，即闭门清道。有敢行者诛，有敢高言者诛，有敢不从令者诛。"此"诛"应为斩杀之意。可以看出，斩杀都是犯了较严重的罪。其次，八篇兵令中的后四篇不仅是讲军事组织和对士兵的要求，也提出对将帅的要求。如《勒卒令第十八》中说：

> 若计不先定，虑不蚤决，则进退不定，疑生必败。故正兵贵先，奇兵贵后，或先或后，制敌者也。世将不知法者，专命而行，先击而勇，无不败者也。

下面还有论三条"战之果"者，不再录。又《将令第十九》开篇即说："将军受命，君必先谋于庙，行令于廷。"将作战之前君王应怎样慎重谋虑的事也讲到了。《踵军令第二十》全篇是讲领军者应知之理，不必细说。这与书中前几篇及第十二篇的精神是一致的。

令文的后四篇在一些具体制度上也同前四篇和《兵教》《兵令》相冲突。如《经卒令》说到军士佩徽章方面的要求，同《兵教上》所规定

---

① 按，后行退，"退"原作"进"，涉上句而误也。看下文"逾五行而前者有赏，逾五行而后者有诛"及"进退先后，吏卒之功也"，当作"退"。湖北崇文书局《子书百海》本作"退"，今据改。

的完全不同。如是同一国之军队，关于旗帜、徽章佩戴的要求不可能不一致。所以说令文的后四篇应是信陵君率六国之军伐秦之时所作。以尉缭这样有军事思想、军事才能的人，信陵君正当去国十年之后人事生疏，又急于用人之时，不可能不加以重用。

前已讲过，尉缭的才能、思想不仅在军事方面，他对于国家治理及国家之间关系问题都有深入的思考。所以，在信陵君策划联合六国，缓和六国间矛盾，使六国看法能趋于一致并能同魏国联合，尉缭必然起到相当大的作用。像各国间的沟通、协调，绝不是信陵君一人在短时间内能办得到的。毫无疑问他周围有一批见解一致的能人，包括朝廷原有的一些卿大夫。但他们的事迹和言论都没有留下来，我们现在能看到的就是《尉缭子》这部书。联系当时历史的各方面从历史唯物主义的立场来看，二者之间不可能没有关系。

《尉缭子》一书中作于安釐王末年，即信陵君合六国之军伐秦时期的篇章，同作于安釐王前期的在思想内容上的不同处在于：后期的直接论军队组织、管理、行军、作战、奖惩，一般不涉及治国治民问题，都是直接论军事。

前面已经提到，《史记·魏世家》载安釐王因齐楚相约而攻韩时，因秦救之故，欲亲秦而伐韩。信陵君无忌有一篇很长的说辞呈于安釐王，其中所反映的思想与《尉缭子》中十分相近（此事当在安釐王十一年之后的几年中，因文中言"秦因有怀、茅、邢邱"。而秦取魏之怀在安釐王九年，取邢邱在安釐王十一年）。如其中指责秦国"贪戾好利无信，不识礼义德行，不顾亲戚兄弟"，"非有所施厚积德"，同《尉缭子》中《战威第三》《武议第八》所表现仁德、诚信思想一致。对于当时各国形势的分析，也十分透辟。这篇上书是否由其门客代笔或事先有所讨论，不得而知，但其中所表现出的思想与思维方法与《尉缭子》中前九篇、第十二篇《战权》及令文中的后四篇有一致的地方。又《魏公子列传》中载有信陵君听侯嬴之计矫魏王令代晋鄙统领其之后有一令如下：

父子俱在军中，父归；兄弟俱在军中，兄归；独子无兄弟，归养。[1]

---

[1] （汉）司马迁：《史记·魏公子列传》，第2879页。

十万之军，选定八万人击秦军。这也完全同上面所说《尉缭子》中作于安釐王时的十四篇反映的治军思想一致。这十四篇中强调在位者要重农、任地，使百姓安宁、老有所养，使军队无后顾之忧，有亡国之惧，能够死战，与此是相同的。

九 《尉缭子》中成于到秦国后的篇章

安釐王于其三十四年卒，其子景湣王立。景湣王元年即秦王政五年。尉缭生平的最后一个阶段，即景湣王（前242—前228）时期的十多年。景湣王之后的魏王假，其第三年便亡国，尉缭是否活到那个时候也难说。

信陵君和安釐王死后，尉缭只有看继位的景湣王的态度和作风。按理，这样一位政治家、思想家，他会利用各种机会向国君靠近并且提出一些建议的。史书中关于景湣王的材料极少，《战国策》中无一处提到，《史记》中只记了前三年连连失地的事，并"十五年，景湣王卒"一句在内，共四十余字。除此之外，便是《赵世家》载其二年赵国"庞煖率楚、魏、赵、燕、韩五国之兵攻秦，不拔，移攻齐，取饶安"。魏参与合纵，尉缭是否起了作用，不得而知。从景湣王被谥为"湣"来看，他死后所得的评价很差。"湣"即张守节《史记正义》附《谥法解》中的"愍"，其含义是："仍多大丧""国无政，动长乱""苛政贼害"等。可谓一蟹不如一蟹。尉缭看到魏国确实已无挽救之可能，而且他作为一个很有思想的政治家，也看到秦国的统一已大势所趋，故于景湣王六年，即秦王政十年（前237）吕不韦被免相之后到秦国。

尉缭此后有些论著是毫无疑问的，不然，书名不会叫"尉缭子"，而是叫"顿缭子"。他是因在秦王政十年之后的几年中任秦之国尉而名留青史，才使人们忘却了他的姓氏。

笔者以为《尉缭子》一书中的《原官第十》《治本第十一》两篇，《重刑令第十三》《伍制令第十四》《分塞令第十五》《束伍令第十六》四篇令文和《兵教》（上）、《兵教》（下）、《兵令》（上）、《兵令》（下）十篇为到秦国之后及任秦之国尉时的著作。

《原官》为尉缭到秦国之后的著作，证据有四个。（一）《原官》开头便说："官者，事之所主，为治之本也。制者职分四氏，治之分也。"这同前面各篇相比，与军事完全无关，而纯是谈国家机构与政治制度的问题，不像前面各篇，都是由军事入手，从中贯穿国家治理中观念的转变问题，主要在于使政治清明、上下平安。此则针对秦王开始做统一准备过程中对国家建构的考虑中要解决的问题。又如其中说：

> 分地塞要，殄怪禁淫之事也。守法稽断，臣下之节也。明法稽验，主上之操也。明主守，等轻重，臣主之权也。明赏赉，严诛责，止奸之术也。审开塞，守一道，为政之要也。下达上通，至聪之听也。

强调君主与臣下职责之异，几次提到"主上""主""臣主"，强调"守法稽断，臣下之节"，"明法稽验，主上之操"；强调"审开塞，守一道，为政之要"，"下达上通，至聪之听"，明显具有君主集权的思想。这正是秦始皇统一过程中所坚持并不断加强的治国方针。

（二）其中说："俎、豆同制，天子之会也。游说间谍无自入，正议之术也。诸侯有谨天子之礼，君臣继世，承王之命也。"当时周天子早已不存，连东周公、西周公也先后在十多年、二十来年前被秦灭掉。这里的"天子"，自然是适应秦王的思想而言；"诸侯"是因当时六国均尚存，借以指天下统一之后天子之下主管一方之大臣，即郡、县长官；"游说间谍无自入"，与后来秦国的焚书坑儒之举虽有差异，而精神实质一致。

（三）其中说"官无事治……国无商贾，何王之至也"。其中"官无事治"同前所举前九篇和第十二篇中主强官勤于民事的思想不一致。其原因是在大一统之下，强调各级官吏服从君王、服从朝廷。不是不干事，而是政策上不能自作主张。所谓"何王（读去声）之至也"，等于说"这是多么好的高度集中的统治啊！"

（四）"国无商贾"之语，与成于魏安釐王时之作明显冲突。《武议第八》中云，"兵之所加者，农不离其田业，贾不离其肆宅"，"夫出不足战，入不足守者，治之以市。市者，所以给战守也。万乘无千乘之助，必有百乘之市"。"视无见，听无闻，由国无市也。夫市也者，百货之官也。"两相比较，其相互抵触甚明。

《原官》所提出的主张与《天官》等十篇不同，论说方式与《天官》等十篇不同，且有上面所说四点与《天官》等十篇相冲突，而与秦始皇初年政治、形势完全契合，故可肯定《原官》为到秦国之后所作。

《原官》篇的末尾说："明举上达，在王垂听也。"很可能此篇是尉缭初至秦的上秦王书。《史记·秦始皇本纪》中言："大梁人尉缭来，说秦王曰：……"不是任什么人到秦国想见秦王就能见的。除有人引见之外，便是上书。秦魏对立，尉缭之谋见秦王，以先上书的可能性为大。

《治本》为到秦国之后的著作，理由有以下三个。（一）末尾一段说："所谓天子者四焉：一曰神明，二曰垂光，三曰洪叙，四曰无敌。此天子之事也。"前面已说过，周天子早已不存在，这里言天子不同于常人，正是迎合正怀雄心欲一揽天下的秦王而言。

（二）文中说："民无私则天下为一家。"言"天下为一家"，只可能是在秦始皇时代。又说："夫谓治者，使民无私也。"看前面《战威第四》所讲"国必有礼信亲爱之义"，"死丧之享"，"使什伍如亲戚，卒伯如朋友"；《将理第九》所讲："所联之者，亲戚兄弟也，其次婚姻也，其次知识故人也。"二者相较，意识上完全不同：彼在强调亲情关系，此在强调"天下无私"。

（三）篇中言"非五谷无以充腹，非丝麻无以盖形"，强调耕织与反对奢侈，是解决结束每一个地方的战争后如何安定老百姓，使天下如何避免骚乱的最普遍、最重要的一个策略。

由以上三点看，《治本》为尉缭到秦之后的著作。

《治本》开头是："凡治人者何？曰……"这同《天官第一》的开头一样，是由问题引起下文。《天官》开头是"梁王问尉缭子曰"，此则只有问题，而未点明问者之身份。笔者以为原文当为"秦王问尉缭曰"。因从公元前206年秦国灭亡开始，秦始皇在各种史书、论著中都变为暴君，连秦王朝也成了历史上最暴虐而短命的王朝。自汉代以后，以"秦王问曰"开篇似有玷篇章之嫌，恐是编此书者删去开头的"秦王问曰"四字，变成无来源之问。由此也可以肯定：《治本》是尉缭见秦王政之后回答其问题的文字。秦王统一天下，首要的是"治人"的问题，故问此。笔者猜想，删去"秦王问"三字的人，很可能就是增加了"梁王问尉缭曰"一句中"惠"字的那个好心人。动机是好的，前者是恐读者不明白，费考求，后者是恐对该书造成不良影响，实际上却造成了一千多年中的各种误会和连续不断的学术论争。可见整理古籍不宜轻易改动原文。历史文化学养不足者，更要以此为戒。

读者可能会有疑问：难道尉缭一到秦国，思想就变了，变得同他以前的思想很不一致，而同秦国的传统政治制度、统治思想那样接近，同秦王政的政治作风、思想观念那样吻合？

这里有一个道理，就是：尉缭如果希望在秦王朝发挥才能，并在秦王政的统一过程中尽可能减少魏国百姓的牺牲和损失，他就首先要秦王政对他的上书、谈论感兴趣、认可。不然一切是枉然。所以，作为一名卓越的政治家、军事家，有一个对秦国政治、军事的了解，对秦王政的政治作风和思想观念的了解问题。我们看《史记·商君列传》中商鞅见秦孝公的过程，一切都会明白。秦孝公下令国中求贤，卫鞅通过秦孝公的宠臣景监见孝公。秦孝公见商鞅，商鞅陈述政见中孝公几次睡着。完了后孝公怒斥景监："子之客妄人耳，安足用耶？"景监下来斥责商鞅，商鞅说："吾说公以帝道，其志不开悟矣。"过了五天，又求引见。为什么要过五天才求见？因为他要重新思考说什么、如何说的问题。但这次见后秦孝公还是不满意。景监批评商鞅时，商鞅说："吾说公以王道而未入也。"第三次谈了以后，秦孝公才说："汝客善，可与语矣。"商鞅对景监说："吾说公以霸道，其意欲用之矣。"第三次说了之后秦孝公只是认为可以与之交谈，并未任用他，原因是：第三次商鞅仍在试探，看反应，霸道方面也不敢展开谈，生恐秦孝公一翻脸干脆不再见他。第三次他摸到秦孝公的胃口之后，从霸道的方面放开论述，秦孝公竟不自觉地几次向商鞅的一面移动，膝盖出于座席之外，"语数日不厌"。景监对商鞅说："子何以中吾君？吾君之欢甚也。"可见，凡欲见用于国君者，必得议论合其胃口。尉缭不会不知道这个道理。

当然，尉缭能见到秦王政而答其问，应同他的第一篇上书引起秦王的兴趣有关。

下面再说《重刑令》以下八篇令文中的前四篇。这四篇应该都是尉缭任秦的国尉之职以后的令文。

《重刑令》肯定是其任秦国尉以后的令文。其中说对于败降之人"身戮家残，去其籍，发其坟墓，暴其骨于市，男女公于官"。文中所谓"发其坟墓"，应是指挖其祖坟，因本人才被杀戮，还说不上什么坟墓。可见其严酷到伤风败俗。如果在安釐王前期，他不会提出这样残暴的做法。这只能是在秦国任国尉之后所写。理由有以下两个。

第一，与秦王政所主张的严刑酷法一致，也是商鞅变法以后秦国形成的法制传统。

第二，身为国尉，职责在主管军队，不如此不能树威，不能整顿军风军纪，也显不出他所统领军队的新风纪。这就是说，在其位者与旁观者看问题的角度往往不同。

《伍制令》也是任国尉以后的东西。理由有两个。第一，"军中之制，五人为伍，伍相保也；十人为什，什相保也；五十人为属，属相保也；百人为闾，闾相保也"。无论伍、什、属、闾之中哪一个层，"有干令犯禁者，揭之，免于罪"，如"知而弗揭"，上一层全部有罪。这实际上是将秦国自商鞅开始在老百姓中实行的"令民为伍、什而相牧司连坐。不告奸者腰斩，告奸者与斩敌者同赏，匿奸者与降敌同罚"的连坐法加以推广，由治民而移于治军。秦国制度有此"连坐"的传统，容易推行；其他国家军队中肯定难以推行，治军者也不会轻易提出这种制度。

第二，"父不得以私其子，兄不得以私其弟"之类，同上文论《治本》所言第三条情形一样，同秦始皇时秦国的政策一致，而与其前期著作《战威》等篇所体现的思想相抵触。

《分塞令》也明显表现出严令重罚的思想。"非其百人而入者，伯诛之；伯不诛，与之同罪。"前面说过，"诛之"即"杀之"之义。前《伍制令》中说"百人为闾"，其长即伯。也表现出相保连坐的思想。"吏自什以上，至左右将，上下皆相保也。""夫什伍相结，上下相连，无有不得之奸，无有不揭之罪。"这都是商鞅连坐法的延续。

《束伍令》言战斗中奖罚之法，同样十分严峻残酷。"亡伍不得伍，身死家残"（死伤一伍而不能消灭敌人一伍，将吏要遭身死家残之刑罚），"亡长不得长，身死家残"。这都是由秦国的严刑酷法而来的。

总之，《重刑》《伍制》《分塞》《束伍》四篇为尉缭在秦王政十年任秦国尉以后所作，可以肯定。

最后，列在卷五的《兵教》（上、下）、《兵令》（上、下）也应是这一时期的著作。《兵教》（上）说的"开疆土""成武德"，《兵教》（下）说的"并兼广大以一其制度""威加天下"之类完全是根据秦始皇统一天下的部署而论事，只能是秦代军将的语言。战国末期其他任何一国的君臣大夫论事，不会有这样的设想和语气。

《兵令》（上）说："战国则以立威抗敌相图，而不能废兵也。"也是正欲吞并天下的秦王朝时将领的口气，已同《攻权第五》中"凡挟义而战者，贵从我起；争私结怨，应不得已。怨结虽起，待之贵后"

的口气完全不同。《兵令》（下）与《兵令》（上）为同一组文字，也是任秦国尉后的著作。

这里附带谈一个问题，就是对《兵令》（下）末尾一段的理解。这段文字为：

> 臣闻古之善用兵者，能杀卒之半，其次杀卒之十三，其下杀其十一。能杀其半者威加海内，杀十三者力加诸侯，杀十一者令行士卒。故曰百万之众不用命，不如万人之斗也。万人之斗［不用命］①不如百人之奋也。

宋施子美《施氏七书讲义》的解释是："为将之道，莫尚乎危。以威示人，无所不克。所威者小，所胜者亦小。所威者大，所胜者亦大。司马之职曰：'不用命者斩。'《尉缭子》曰：'干令者诛。'古之人非好杀也，非必真杀之也，威之使畏尔。以言杀者，取其威之可以制人也。必杀之而后胜，其将何以战哉？"此后直至今日，基本上都照此注。故从古至今，这一段是《尉缭子》一书最受病诟的文字。晁公武《郡斋读书志》卷三下在《尉缭子》条下引了这段文字后说："呜呼！观此则为术可知矣！"因这段话对全书都采取否定态度。马端临《文献通考》卷二二一《经籍》四十八在论《尉缭子》一书之后引此段文字，然后说："笔之于书，以杀垂教，孙吴却未有是论也。"②姚际恒《古今伪书考》于《尉缭子》条文末引此文，然后说："教人以杀，垂之于书，尤堪痛恨；必焚其书然后可也。"③张之洞《书目答问》在《子部》《周秦诸子》之末说："《鹖子》《子华子》皆伪书。《尉缭子》尤谬，不录。"这里未言"伪"而言"尤谬"，也应是就书中"杀士"的这段论述而言的。这其实是一个误解。有的注本或为之解脱，然而绝大多数对文意之理解未变。

徐勇的《尉缭子浅说》一书对这段话做了新的解释。其注"杀"字

---

① 原本脱，据清代湖北崇文书局《尉缭子》补。
② （宋）马端临著，上海师范大学古籍整理研究所、华东师范大学古籍研究所点校：《文献通考·经籍》，中华书局2011年版，第10册，第6129页。
③ （清）姚际恒：《古今伪书考》，第20页。

为"裁减"的意思。在《浅说》部分从第167—175页列举大量证据说明"杀"有裁减之义，也讲了一些理由。他认为这里非"斩杀"之义，笔者以为是正确的。但从"裁减"的角度理解，也有问题：是不是裁减得越多就越有战斗力？

笔者以为这里"能杀卒之半"是言能使一半士卒在战场上忘死、拼死。《尉缭子》一书是特别重视激发士卒的战斗精神的。请看《制谈》："民非乐死而恶生也。号令明，法制审，故能使之前。""听臣之术，足使三军之众为一死贼。"《战威》云："未有不信其心而能得其力者；未有不得其力，而能致其死战者也。"《兵教》（下）云："兵有五致；为将忘家，逾垠忘亲，指敌忘身，必死则生。"由这些看，其所说"杀卒之半"是言能使军中一半人抱"必死"之心"死战"，成一"死贼"。是要将领抱着死一半之心，士卒抱必死之想去拼死战斗。这样看来，这一段文字所表现的思想，同《尉缭子》书中其他篇所表现的军事思想是一致的。虽然尉缭任秦国尉后所成篇章在惩罚上较前期之作严厉得多，但都是在法制的范围之内，并不是变成了毫无人性的杀人狂。

关于尉缭前后期思想的转变，笔者以为既要看到变化，也要看到关联。他前期的一些篇章中，已表现出明显的法家特征。所以说，他接受"商君学"，应是在到秦国之前，确切些说应该是在五十来岁之前。只是到秦任国尉之后，因为政治环境与所处地位的变化，在整个指导思想上更侧重于商鞅的一套，也将商君在秦国推行的连坐法吸收于治军理论之中。如果我们细致分析，在其晚期的论著中，也仍然能看到其前期与晚期之作间的一致性，前期著作中已有明显的严厉执法的思想，在后期著作中也能看到儒家"仁义"思想的影子。这一点是必须要明白的。

据上面的论述可知，此书各篇虽未完全按时间排序，但值得注意的是：同一时期的著作，大体上在一起。今本《尉缭子》前十二篇为一辑，因为都是论文的形式（《治本》应为追记稿），只有《战权》本应在《原官》《治本》之前，而被置于《治本》之后。当中的八篇令为一辑，前四篇和后四篇从时间上来说颠倒了，但同一时期的作品在一起。可能因为前四篇和后四篇分别在两卷竹简上，虽两组次序颠倒了。但每组中令文并未散乱。《兵教》《兵令》（各分上、下）为一辑，或共为一卷，或各为一卷，但竹简的长短、竹质及编绳都相同或相近，因而仍编在一起。由此也可以看出，今本《尉缭子》一书曾经重编，但大体是在原来基础上进行删减，并未完全散乱。当然，从《汉书·艺文志》中分置于《诸子略》杂家和《兵书略》，已反映出当时已形成内容有不同侧重的传本。

当然《汉书·艺文志》中所著录杂家二十九篇本与兵形势三十一篇本，除篇数有差异之外，内容上、思想上也应各有侧重。看来《尉缭子》一书在西汉末年《七略》成书之时，篇数在三十二篇以上，也有可能在四十篇以上。

结语

根据以上的论证可以知道，《尉缭子》一书的作者尉缭，是六国之末至秦始皇前期的人物。据他于秦王政十年见秦王及任秦之国尉这一点推断，他的生年不会早于魏襄王中期。根据《史记·秦始皇本纪》中所说"秦王见尉缭亢礼，食饮与缭同"，及所记之语，言秦王政"见我常身自下我"，则当时年龄也不会太小，秦王不仅是因为其言论深合己心；也应因其年高而敬他。所以说，他当生于魏昭王前期，约魏襄王十八年（前301）。卒年可能就在魏国末年（魏亡于前225）。尉缭这位六国末年卓越的军事家、思想家，不知是否在秦统一六国中发挥了他的能力，是否也尽了一点曲线报国的心愿，他即使没有看到魏国的灭亡，也看到了即将灭亡之势。他以高龄而遇亡国之痛，他的死可能不会迟至前225年之后。

因为魏的亡国及秦王朝寿命的短暂，在尉缭死去十多年之后，大泽乡的义旗一举，天下响应，群雄并起，秦王朝崩溃了。接着又是刘项相争，咸阳宫的文籍也被项羽一把火化为灰烬。所以关于尉缭的资料存留于后世的极少。但人们一直记着他是秦朝的国尉，因而称其书为"尉缭子"，也称他为"尉缭"，而忘记了他是西周封国顿国王族的后代，姬姓，顿氏，应名"顿缭"。

顿缭因出身于旧贵族家族，熟于典籍，对军事政治多为关注。但因为魏昭王的无能和昏庸，他没有发挥才干和磨炼提高的机会。在其近三十岁之时安釐王作为新君继位。一般说来，新君总起用一些他认为有能力，对巩固王权、安定国家有利的人。从《尉缭子》一书中的一些篇章看，尉缭接触安釐王及向安釐王上书不止一次，在朝曾有任职。其次，信陵君无忌亲贤下士、广纳宾客，也形成了尉缭同其他文人交流讨论的一个条件。今本《尉缭子》中的前九篇和第十二篇《战权》，应是在安釐王继位以后的三十来年中完成的。总体来说，魏昭王时期是他成长和进行学术储备的时期，安釐王时的前三十年是他著述的第一阶段。

信陵君因窃符救赵居于赵国十年，尉缭有可能会到赵国去看望信陵君，使他接触更多有学养的人士。这一时期尉缭应该有著作，也会对已成的文稿有所补充修改。但他的著作有所散佚，这由《汉书·艺文志》杂家类著录《尉缭》二十九篇，兵形势家类著录三十一篇及《文选·注》和《太平御览》引《尉缭子》"天子玄冠玄缨，诸侯素冠素缨"，《初学记》引"天子宅千亩，诸侯宅百亩，大夫以下宅舍九亩"不见于今本《尉缭子》可以证明。所以今天很难对他各个时期的论著都有清楚的说明。

安釐王三十年信陵君返魏合五国之军攻秦，应该是尉缭在军事、外事等方面的第一次实践。今本《尉缭子》中八篇军令中的后四篇是这一时期著作的留存。

信陵君和安釐王死后，尉缭在魏国失去了发挥才干的可能，他也对魏国的前途失去了信心。景湣王六年，当秦王政解去吕不韦相国之职之时，尉缭到了秦国，为秦王政上书，即《原官》一文，引起秦王的重视，交谈后得到秦王的信任，被任命为国尉。《原官》之外，《治本》《兵教》（上）、《兵教》（下）、《兵令》（上）、《兵令》（下）和今存八篇令文中的前四篇是这一时期的著作。

尉缭是一位卓越的军事家。之所以说他卓越，他不仅继承总结了以前一些军事著作中的重要理论、思想，还在于他一直将军事问题同政治、经济（耕织、商业等）、民生、国家之间的关系联系起来。他实际也是一位政治家和思想家。在今存《尉缭子》一些篇章中也体现出一定的辩证思想和唯物主义思想。汉代人将他的著作中不同侧重的抄本分别列入杂家和兵书，不是没有原因的。因为前人论先秦各家，都是按儒、道、墨、法、名、农、兵、阴阳、纵横的传统说法，对于六国之末出现的在更宽的范围内思考政治、军事、社会问题的人的论著及总结前代各家之长论思想、文化、政治问题的论著，还没有一个名称，因而称之为"杂家"。后来长期将《尉缭子》归于"杂家"。我们一定要争论按《汉书·艺文志》中所列它究竟该归杂家还是该归兵家，或今本《尉缭子》究竟是属兵家还是杂家，都是简单画框框、贴标签的思想方法。北宋之时在有少量删减之后，又归入兵书，也是有一定道理的。《汉书·艺文志》中本有一人之书列入两处之例，后代流传中对古书增删重编也是常见的。根据最早有关文献的记载，依据古书的体例正确理解其文意，尉缭的生活年代、身份的大体情况是清楚的。全面分析《尉缭子》各篇，联系当时魏国和战国末年发生的具体历史事件来窥探《尉缭子》各部分产生的时间，对尉缭的生平可以有一个大体的认识。

中华书局点校本《史记》
修订工作回顾

南京师范大学文学院　赵生群　王永吉

点校本《史记》修订是中华书局点校本"二十四史"及《清史稿》修订工程中率先完工出版的项目。点校本《史记》修订工作由南京师范大学文学院赵生群教授主持，前后耗时近8年时间，精装本于2013年8月出版，平装本于2014年8月出版，目前已发行8.5万多套。2018年年初，第四届中国出版政府奖获奖名单正式公布，点校本《史记》（修订本）获得提名奖。在此对《史记》修订本的学术渊源和具体的修订工作做一回顾，或将有助于对这一凝聚四五代学者心血的重要典籍整理本的深入认识和正确利用。

一　《史记》修订本的学术渊源

《史记》居"二十四史"之首，成书以来，递经传抄翻刻，流传至今的古代抄本、刻本有60多种。清末浙江学者钱泰吉曾费时30余年，多方搜求《史记》旧本，校勘文字异同，"点画小殊，必详记之"[1]，前后校勘十余种版本。

及至咸丰末年，太平军纵横浙江。钱泰吉辗转兵间，由江西到达安庆，投靠在曾国藩幕中的次子钱应溥。同治二年（1863）十一月钱泰吉客死异乡。所幸钱氏《史记》校本并未佚失，与钱应溥同在曾国藩幕下的周学浚借得钱校本，过录诸本异同。

同治年间曾国藩设立金陵书局，周学浚为书局提调，提议刊刻《史

---

[1] （清）张文虎：《校刊史记集解索隐正义札记·跋》，载徐蜀编《史记订补文献汇编》，北京图书馆2004年版，第192页。

记》，由张文虎、唐仁寿负责校刊工作。张、唐二人参订体例，依据周学浚过录的钱泰吉校本，采取"不主一本""择善而从"①的处理方法，历时四年，刊成三家注《史记》一部，是为"金陵书局本"。金陵本正文及《集解》注以明末毛晋汲古阁"十七史"本《史记集解》为主，《索隐》注以汲古阁单刻本《史记索隐》为主，《正义》注以明王延喆本为主，同时充分吸收钱泰吉积30余年的《史记》校勘成果，使得金陵本《史记》博采各本之长，文字远胜当时流行的武英殿本、汲古阁本、凌稚隆本等。张文虎还撰有《校刊史记集解索隐正义札记》5卷，交待文字去取缘由。金陵本《史记》刊印以后迅速风行，影响深远。此后如日本泷川资言著《史记会注考证》，顾颉刚、徐文珊标点《史记》（白文之部），都以金陵本为底本，也可见金陵本的价值为学界所公认。

二 顾颉刚、宋云彬与《史记》点校本

20世纪50年代，时任文化部副部长的郑振铎先生在《人民日报》撰文，首次提出整理出版"面貌全新、校勘精良的中华人民共和国版的'二十四史'"的建议②。在毛泽东、周恩来等国家领导人的指示下，中华书局组织人力、订出规划，集全国之力对"二十四史"及《清史稿》进行第一次点校。几经波折，直到1978年才完成这一庞大的文化工程。顾颉刚、白寿彝、唐长孺等众多学者为此作出了贡献。

据《顾颉刚日记》，1954年顾先生即有意以黄善夫本为主校正《史记》。1956年1月起在贺次君帮助下正式以金陵书局本为底本标点，由贺次君初标，顾颉刚审校后交给古籍出版社（1957年3月并入中华书局），中华书局方面则请聂崇岐覆校。1958年，毛泽东指示整理"前四史"，"中华书局因即以贺标顾校之本充数"③。后来由于顾先生的标点整理体例过于细致，而出版社又急于"献礼"，时间紧张，于是中华书局领导金灿然通过中组部从浙江调来宋云彬先生。根据《宋云彬日记》，他接手以后，调整了工作流程和体例，另取一部金陵本《史记》，参考

---

① （清）张文虎：《校刊史记集解索隐正义札记·跋》，载徐蜀编《史记订补文献汇编》，北京图书馆2004年版，第192页。

② 郑振铎：《西谛书话·谈印书》，生活·读书·新知三联书店2005年版，第527—532页。

③ 聂崇岐：《史记点校本题识》，聂崇岐点校本《史记》自存本第1册扉页。

顾校本重新标点。1958年9月正式开始标点工作，至1959年4月即完成《史记》正文及三家注的全部点校工作。

1959年10月《史记》点校本正式出版。这是第一次运用现代新式标点对《史记》三家注本全文进行整理，具有里程碑意义。《史记》点校本由于其分段合理、标点规范，成为半个多世纪以来最为通行的《史记》权威整理本，泽被学林。

按照顾颉刚先生的《史记》整理计划，汇校众本也是工作内容之一。顾先生先前也请贺次君到北京图书馆校勘了不少版本。但由于出版时间紧迫，这次点校没有全面展开校勘工作，主要根据张文虎的《校刊史记集解索隐正义札记》，参照武英殿本，采用夹注方圆括号的方法，改正了部分文字，没有撰写校勘记。原拟将张文虎的《校刊史记集解索隐正义札记》作为校勘记附上，也没有实现。《史记》点校本成为"二十四史"及《清史稿》点校本中唯一没有校勘记的一部，留下了不小的遗憾。1982年，中华书局点校本《史记》重新排印，发行第二版，对第一版的文字和标点讹误做了部分修订，但数量有限，而由于工作不慎，又新添了不少排印讹误。

三　赵生群与《史记》点校修订本

2005年年初，中华书局开始着手点校本"二十四史"及《清史稿》大规模修订的前期调研工作，引起了学界广泛、热烈的响应。2005年11月，在著名学者季羡林、任继愈、何兹全、冯其庸等先生的倡议下，时任总理温家宝同志对修订工作做了重要批示，要求重视和支持古籍整理出版事业，解决资金和人力问题。同月，中华书局总编徐俊先生到南京与赵生群教授商谈《史记》修订事宜。2006年4月，修订工程正式启动。中华书局集合全国数十所高校和研究机构的力量，从2007年起，全面展开点校本"二十四史"及《清史稿》修订工程。

2007年12月，以安平秋先生为组长的评审组，在北京讨论通过了点校本《史记》修订方案，确定由南京师范大学文学院赵生群教授主持点校本《史记》修订工作。2010年1月，温家宝、刘延东对修订工程提出了进一步要求，指示文化部和新闻出版总署给予支持。2010年，这项出版工程被列入国家"十一五"重点图书出版规划，还列入国家出版基金重大项目管理。

《史记》修订组接到任务以后，主要从全面的版本校勘和修订标点两个方面入手展开工作。具体来说，有七个方面。

（一）复核底本

修订组认可此前点校工作的基础，认为以金陵书局刻本为底本是合适的，因此修订工作没有改换底本。为求稳妥，修订组安排王华宝覆校原点校本与底本金陵书局本，摸清了原点校本与底本的关系，查明了原点校本以方圆括号出校以及径改的情况，为修订工作提供了基础平台。

（二）复核张文虎《校刊史记集解索隐正义札记》

张文虎《校刊史记集解索隐正义札记》5卷是金陵本的校勘记，约9000条，50万字。修订主持人赵生群对《札记》做了逐条梳理，重新判断取舍。基本弄清了金陵本的版本形成过程，同时也对原点校本的校改有了独立的判断。在此基础上，系统参考了张照《殿本史记考证》、张元济《百衲本二十四史校勘记》等相关资料，这为修订本校勘记的撰写打下了基础。这项工作花了一年多时间。

（三）汇校众本

修订组系统校勘了北宋以来有代表性的10种《史记》版本。确定通校本为：景祐本、绍兴本、黄善夫本、汲古阁本、武英殿本；参校本为耿秉本、彭寅翁本、柯维熊本、凌稚隆本、泷川资言《会注》本。实际上，对原定各参校本也都做了通校。这其中，现藏台湾傅斯年图书馆北宋景祐监本《史记集解》有"世间乙部第一善本"之称，日本"国立"历史民俗博物馆藏南宋建安黄善夫刊《史记》三家注合刻本号为日本国宝。此外对传世的十余种日本古钞本、敦煌写本也逐一校勘。可以说，此次修订工作选用善本之精，校勘范围之广，超过前人。

版本校勘的工作量极大，因此修订组内部分工，每人至少负责一个版本，与金陵本通校，记录异文，将重要异文过录到工作本上，并撰写了少量校勘记。在实际工作中，所选的十种版本都做到了通校。有的版本如景祐本、《索隐》本各校两遍。有的组员校勘了不止一个版本。扎实细致的版本校勘工作是整个修订工作的基础和保证。

（四）多种手段并用，博采众长

在版本校勘之外，修订工作还运用了本校、他校等校勘方法，将《史记》与《尚书》《左传》《国语》《战国策》《汉书》等典籍中的相关内容做了较为系统的比对，此外适当参考了旧注引文、类书、出土文物和文献等资料，发现和解决了不少的问题。

修订主持人赵生群运用检索数据库，较为全面地复核了三家注引文，成果丰硕。一是解决了一些版本对校没有发现的问题；二是为三家注引文的标点断限提供了依据，纠正了之前标点的不少错误。

《史记》的研究成果汗牛充栋。修订组选取钱大昕《廿二史考异》、梁玉绳《史记志疑》、王念孙《读书杂志》、张照等《殿本史记考证》、张元济《百衲本二十四史校勘记》、日本泷川资言《史记会注考证》、王叔岷《史记斠证》、施之勉《史记会注考证订补》、日本水泽利忠《史记会注考证校补》作为主要参考文献，斟酌去取，部分收进校勘记。

此外对于点校本《史记》出版以后在各类期刊上发表的相关点校研究成果，由苏芃搜集汇总，装订成册，供修订主持人参考吸收。

（五）撰写校勘记

版本校勘的工作结束以后，修订主持人根据汇总的版本异文逐一考订，判定校勘价值，做出是否出校，以何种方式出校，是否改字等决定，将初步校勘成果汇成长编，并撰写校勘记。校勘记的撰写是本次修订工作的重中之重。为保证质量和前后标准统一，全部校勘记由主持人赵生群亲自撰写。校勘记初稿完成以后，先在修订组内部讨论修改。王永吉、苏芃逐条核对引文。最后提交修订审稿专家及书局编辑组审阅，开会讨论，修改定稿。《史记》修订工作还约请了天文、历法、礼制、中西交流等领域研究名家参与修订，提供意见。在审稿过程中，诸位审稿专家和中华书局"二十四史"修订组的各位编辑也提出了许多宝贵的意见，为校勘记的最终定稿作出了贡献。

校勘修订工作的最终成果，是新撰校勘记 3400 余条，附在各卷之后。这从根本上弥补了顾颉刚、宋云彬等先生此前工作未尽的遗憾，为读者提供了可资参考的版本异文及相关研究成果。此外还改正原点校本排印错误 300 余处。

（六）修正标点

在标点修订方面，主要由吴新江协助修订主持人对《史记》正文和三家注标点逐一审读，纠正误读，并根据现行的标点规范，对部分标点符号使用做了统一。修订主持人利用检索数据库对三家注引文的核对工作，也纠正了不少引文起讫的问题。标点修订工作也充分吸收了点校本《史记》出版以后的标点研究成果。此次修订改动标点6000余处，大大提高了标点的准确性。

（七）完善三家注本内容

《史记》三家注中，《史记索隐》别具特色，也别有价值。《史记索隐》原本30卷，前28卷"注《史记》"，第29、第30卷"补《史记》"。据《史记索隐》前后序所记，司马贞并未完成"补《史记》"的工作。根据现存唯一的《索隐》单刻本——明毛晋汲古阁本，"补《史记》"的内容包括《索隐述赞》《补史记序》《补史记条例》和《三皇本纪》。其中，《补史记条例》反映了司马贞的史学观点和对《史记》体例的批评，对《史记》研究极有意义。

张文虎在校刊金陵本时，有意删去了司马贞"补《史记》"的内容，仅保留了《索隐述赞》，造成《史记索隐》内容上的缺失。这一处理也与历代合刻本相违背，成为金陵本的一大缺憾。原点校本沿袭金陵本，未做增补。

我们认为《补史记序》《补史记条例》和《三皇本纪》是《史记索隐》不可或缺的组成部分。从保存文献和方便读者出发，修订本将《补史记条例》据其他古本补入相应篇目，将《补史记序》和《三皇本纪》作为附录收录，方便阅读参考。

《史记》修订本出版以后，读者最为关心的是修订本与原点校本的关系，尤其是对原点校本用方圆括号改字部分的处理上。原点校本校勘的部分主要依据张文虎《札记》，对《札记》中疑误、疑衍、疑脱之字做进一步判定，认为应当删改增补的，用方圆括号的方式加以校改。

这次修订，对原点校本用方圆括号校改的地方逐一审订。审订的结果有两种：一是保留校改，二是改回到金陵本原貌，也即不认同原点校本的校改。决定予以保留的，则出校勘记说明。改回底本的地方，一般也在校勘记中附列了张文虎《校刊史记集解索隐正义札记》的意见。例如《夏本纪》云："又歌曰：'元首丛脞哉，股肱惰哉，万事堕哉！'"

金陵本句首有"舜"字。张文虎《校刊史记集解索隐正义札记》引梁玉绳《史记志疑》云一本无"舜"字，当衍。原点校本据此删去了"舜"字。我们认同原点校本的处理，通过对校众本，发现清武英殿本即无"舜"字，在校勘记中补充了删字的版本依据。

又如《五帝本纪》"淳化鸟兽虫蛾",《索隐》曰:"一作'豸'。豸。"

张文虎《校刊史记集解索隐正义札记》说"此下失音"。原点校本用圆括号删去了下"豸"字。我们也认为张文虎的意见是对的,并且从本书《司马相如列传》中找到了《集解》《索隐》为"豸"字注音的材料。但在这里诸本皆同,删补都没有版本上的依据。因此我们没有补字,更没有删字,因为不是多了一个"豸"字,而是脱漏了"豸"后面的文字。可见原点校本删去下"豸"字是不妥当的。我们把下"豸"字单独标作一句,虽然读不通,但读者对看校勘记就能明白缘由。我们新找到的本书中为"豸"字注音的材料也写在了校勘记中。

有的时候,虽然没有版本依据,但我们认为张文虎的说法有道理,原点校本也已经校改了,我们也只好保留旧校,继承下来。例如《楚世家》云:"于是灵王使疾杀之。"底本"疾"上原有"弃"字。张文虎《校刊史记集解索隐正义札记》引王念孙《读书杂志》说"弃"字是因下文"公子弃疾"而误衍,《左传》作"速杀"可证。这是完全正确的。原点校本据此改了,我们认为是可以保留的,不便改回底本,就在校勘记中列出王念孙的意见,以使读者明白校改的原因。

此外我们通过核对底本还发现原点校本有少数径移、径改、径增、径删而未加括号的地方,对此也做了相应处理。例如《卫康叔世家》云:"以戈击之,割缨。子路曰:'君子死,冠不免。'结缨而死。"底本脱漏了"割缨子路曰君子死冠不免"11字,并且连句中《集解》"服虔曰不使冠在地"一整条注文也脱漏了。原点校本径补这11个字和《集解》注,没有加方括号。我们加了校勘记,注明了补字的版本依据。

除此之外,校勘记中大量的是我们新校出的重要异文和改正的错误。修订本的新校改,我们较为严格地贯彻了"无版本不改字"的原则。有版本异文作为依据,并且有充分理由证明其优于底本的,我们则做校改处理。有时明知底本有讹误,但诸本皆同,没有版本可以依凭,我们只好在校勘记中说明意见,而不加校改。

也有少数地方虽然没有版本依据,但我们认为他校、本校和理校的理由充分,结论可靠,因而校改底本的,这种情况极少。例如《秦本纪》"魏入南阳以和",《正义》引《括地志》曰:"怀州获嘉县即古之南阳。"

底本没有"州"字，诸本皆同。《殿本史记考证》说"怀"下宜有"州"字。检本书《魏世家》"秦固有怀、茅、邢丘"，《正义》引《括地志》称"怀州获嘉县"；又《曹相国世家》"下修武"，《正义》也称"怀州获嘉县"。由此我们判定这里底本"怀"下脱"州"字，就在原文中补上了，并出校记说明。

由上可见，修订本对待新旧校勘的标准略有不同：对旧校的态度较为宽容，有不少无版本依据而改字的情况被保留下来；而新校则遵循"无版本不改字"的原则，极少破例。但在修订本中，如果不与原点校本对照，就无法知道某处校改属于旧校还是新改，进而引发对修订本所持标准的怀疑。这对我们是无如之何的事，只好在平装版的修订后记中加以说明，这里算是重申，以提醒读者留意。

还有一点要说明的是，《史记》版本众多，异文浩繁，历代研究成果汗牛充栋，修订本校勘记不是校勘长编，无法包罗所有版本异文、他校材料和前人的校勘意见，只能有所选择地吸收。而选择的标准各人把握不一，可能造成有些读者认为当校未校的情况。我们承认修订本校勘记有不完善甚至错误的地方，但也不能不说，要区别校史与考史，有些问题不属于校勘的范畴，有些文字异同或前人的意见我们不认为有写入校勘记的必要，对这部递经名家整理的经典，我们的态度是谦恭而谨慎的。

《史记》列"二十四史"之首，点校本《史记》修订本也是中华书局点校本"二十四史"及《清史稿》修订工程中第一部完成修订、首先出版发行的史书，具有示范意义，出版以后，反响很大，温家宝同志及海内外学者纷纷发来贺信表示祝贺。温家宝在贺信中说："《史记》修订本收到了，甚为高兴。谨向参与这项伟大工程的文化界、学术界的专家、学者表示祝贺！点校本'二十四史'及《清史稿》的修订，不仅是传承我国历史文化的基础性工程，而且是民族复兴、国家昌盛的标志。我衷心希望大家再接再厉，精益求精，不负重托，全面、高质量地完成这一任务，为继承和发扬中华文明，实现中华民族伟大复兴作出贡献。"

美国普林斯顿大学余英时教授在贺信中说："这部新版《史记》代表了当前中国史学研究的最高水平，我们相信，新版《史记》是一个可靠的信号，指示我们修订本'二十四史'全部完成之后，必将取代原本，在21世纪通行全世界。"

修订工程学术顾问饶宗颐题词："嘉惠学林，功德无量。"修订工程审定委员安作璋题词："传承历史，延续文脉，精益求精，嘉惠学林。"

《史记》点校修订本此前还获得第七届高等学校科学研究优秀成果奖一等奖（人文社会科学 2015 年）、江苏省第十三届哲学社会科学优秀成果奖一等奖（2014 年）、"致敬国学——2014 首届全球华人国学大典""（2013）年度卓越传播奖"、中国出版协会第五届中华优秀出版物（图书）奖（2015 年）、2014 年度全国优秀古籍图书二等奖、中国出版集团公司 2015 年度出版特别贡献奖等多个重大奖项，同时获得中国出版集团公司"中版好书榜"2013 年度优秀图书奖、2014 年度优秀图书奖、中华书局 2014 年度"双十佳"图书、首届"宋云彬古籍整理"奖（2017 年）。

《史记》修订本征求意见本印行以后，不少专家提出了意见和建议，我们一一研究，适当吸收。正式出版以后，也陆续收到一些读者的意见。同时我们新获了较为重要的版本，本着精益求精和为读者负责的精神，在精装本二印和平装本出版时，我们增补了部分校勘记，少数校勘记做了改写或改正文字上的讹误，标点也有小的改动，这是要跟读者说明的。

张文虎曾说："古书本难校，而莫难于《史记》。"[①] 亲身经历《史记》校勘工作，对张氏此语感受尤深。《史记》修订本只是对这部古老经典进行现代整理的阶段性成果，未来还有很长的路要走。年初我们收到了辛德勇先生的大作《史记新本校勘》，对《史记》修订本提出了不少进一步修订的意见。相信还会有更多的专家读者提出宝贵意见。对此我们将本着感激与敬畏之心，视学术为公器，谨慎研究，为《史记》的文本整理工作再尽薄力。

[①] （清）张文虎：《张文虎日记》，陈大康整理，上海书店出版社 2001 年版，第 106 页。

新出隋代墓志铭整理与研究概述

陕西师范大学古籍整理研究所 周晓薇

2014年我们申报并获批国家社会科学基金重点课题"新出隋代墓志铭整理研究"。笔者要汇报的正是围绕这个课题所做的整理与研究工作。

一 新出隋代墓志铭的收集情况

2007年我们的《隋代墓志铭汇考》（以下简称《汇考》）6卷本出版之后，近十年时间，截至2018年4月23日，又收集到新出隋代墓志铭279种。在2014年立项之前，已收集到120多种，当时我们保守估计应该可以达到150种，实际上，仅仅过了4年，我们又收获了比申报时的120多种的一倍还要多。当然，这无疑是恰逢了一种机遇，尤其对我们的课题研究而言，确实是一个千载难逢的时机。当然，现代化经济的飞速开发，对古代墓葬文化而言，其所带来的毁坏之严重也是无比痛惜的。面对两难和无奈，我们仍需悉心收集、整理和研究，否则，势必连这些墓志文献也将稍纵即逝甚至毁失而无法挽回。

二 基本要素的资料统计与说明

（一）墓志种类、收藏、年代统计

迄今所得总计：279种［含独立盖3种，砖志13种（墨书3种，阴刻填朱1种，阴刻未填色9种），碑形墓志2种，另有枕铭1种（志主梁衍有墓志1枚，又有枕铭1枚，故枕铭未计入总数279种中）］。总数较于《汇考》正编的521种，体量已超过《汇考》的二分之一。其中，公藏（含国家批准注册的民营博物馆）：116种；私藏（凡迄今下落不详者皆归为私藏）：163种。依时段分为，开皇147种，仁寿29种，大业100

种，无年代独立墓志盖3种。

(二) 性别比例与志史互证

志主为男性者：229种（含夫人随丈夫合葬者67种和2种仅存墓志盖者）；志主为女性者：50种（皆独葬）。

志主在正史有传者：27人（6卷本《汇考》仅有11人），即薛舒、耿雄、刘玄字世清（本传仅作世清）、刘弘、厍狄士文、刘旷、刘仁恩、韦寿、韦圆（本传作国）成、韦协、柳机、李仲膺、杨雄、周法尚、窦彦、郑仲明、包恺、柳敬言、李倩（本传作蒨）之、李礼之、于仪（本传作礼）、梁修芝字彦光（本传将名与字互倒）、宋士素、长孙行布、陆融、明克让、刘大臻（本传作刘臻）。此外，涉及志主父祖辈或子辈以及女性志主的夫君在正史有传者的墓志达73种90多人。

就史学研究而言，势必要从史料的分析进入史学的分析，因此一个新出土的人物墓志铭就如同正史中的一个人物本传，将一个时代的墓志铭与史传予以尽可能全面地结合并互为补充，无疑会推进对于这个时代的社会与政治、历史与文化、民族与宗教等诸多情状的全面认知和了解。当然，就传世文献尤其匮乏的隋代而言，在正史上有传的人物墓志的发现，通常其史料与学术研究价值要显得更为重要一些。

(三) 出土地（即葬地）的资料比例

西安地区（含咸阳）131种，陕西境内（不含西安地区）18种，总计149种。洛阳地区（含河南境内）总计77种。其他地区河北19种、山西15种、甘肃6种、宁夏2种、山东2种、江苏1种、四川1种、安徽1种，出土地不详者5种（含2种独立墓志盖），总计52种。

从资料看，《汇考》中洛阳地区所出数量超出了长安及陕西所出数量约1倍，而新获279种隋志的比例情形却正好相反，即西安与陕西境内所出反比洛阳与河南境内所出多出1倍，那么，以两京地位与人事相较，则新获墓志的史料价值显然更高，尤其西安地区所出者居多则必然会为学界重视有加。

(四) 四书体比例与书法趋向

从书法艺术角度考虑，以墓志文与墓志盖的书写字体分析：墓志文书体分别有楷书234种（开皇122种、仁寿24种、大业88种），隶书38种（开皇25种、仁寿4种、大业9种）；篆书1种（大业）。书体不详3种（皆因尚未披露基本信息与图版）。

有盖题者119种，其中篆书106种，楷书12种，隶书1种，素面无字者3种，盖题书体不详者3种。

279种中配有墓志盖者125种（含仅存志盖者3种），有盖题者119种（其中篆书106，正书12，隶书1种），盖题素面无题字者3种，盖题书体不详者3种，可知撰志人8人，可知书志人1人。

楷书与隶书比例勾勒出楷书走向成熟与隶书走向衰微的轨迹十分明显。应足以见证隋代书法主流与末流的趋向，即新体楷书的成熟与旧体隶书的式微，也足以见证长安在引领文化趋向上的地位与作用。固然志盖的篆书依然是承前启后的基本书体，但志盖书体除篆书外又有楷书的使用而少见隶书的面貌，似也说明了在彼时主流书体影响下的嬗变风向与权重。

三 本课题所进行的整理与研究工作

史源的匮乏是造成隋代研究局限的重要原因。故本课题欲对新出隋代墓志数据做全面统合、去伪存真、考辨疏证，而这些未经史官选择与改削的、原始的隋代人物墓志信息，排除其中的谀墓成分，又当较正史在更广阔的社会层面上有更多的存真存实。因此全面周详地整理、客观准确地记录、细致认真地分析、深入透彻地考证，当是对墓志研究持之以恒的基本原则。特别是新出墓志多是为中下层官吏与庶民立传，故相较于正史，墓志铭则可资更广泛细微地探讨社会基本生活与民众精神世界的各个层面，亦即更能透见社会情实与时代面貌。因此，凭借新出隋代墓志资料，应能有效推进隋代研究的广度和深度。再从保存人物史事的第一手材料得以加倍扩大的意义而论，更能证见隋代墓志的文献地位之重要和数据价值之可贵。

（一）新出隋代墓志铭的整理工作

这项整理工作基本上是依照我们2007年出版的6卷本《隋代墓志铭汇考》的体例进行的，主要包括三方面的内容。

一是记录墓志基本要素，包括墓主姓氏名字、卒葬时间、行款书体、盖题志题、形制纹饰、出土时地、存佚状况、著录信息等，从而集中展现新出隋代墓志的检索信息平台。

二是进行新出墓志的录文与标点，包括考校文字，目前已完成近

270多方墓志的录文标点工作。

三是与传世文献相结合对每方墓志做个案考释疏证,即每种墓志文后面的附考部分。并且尽可能纵向或横向与其他墓志中可以关联的人事信息进行梳理与关照,以进行对隋代社会多方位、多角度的深入探讨和研究,目前已完成230多方墓志的考释工作。

(二) 对新出隋代墓志重点研究的几个方面

2014年我们出版了《片石千秋:隋代墓志铭与隋代历史文化》一书,主要是针对《汇考》(6卷本)所收的500多种墓志数据所进行的研究,内容包括隋代家族研究、隋代避讳释例、隋代墓志辨伪、隋代主流书体与"隶楷之变"、隋代墓志纹饰图像解读、隋代两京地名稽考等几个方面。另出版《柔顺之象:隋代女性与社会》一书,也是在充分利用隋代墓志的基础上,去关注和探讨隋代女性问题,因为女性墓志所占比例不少,所探讨的问题也大多试图贴近隋代女性的"生活实态",并致力于对客观历史现实的探索与还原。

这次充分利用2007年以后新出与新见的隋代墓志资料做两方面工作。一是从个案研究入手,厘清每位志主的出身、家族、世系、任职、婚姻、子女、宅第、葬所等实况,疏证志主及与之相关联的史事,以补正相关史籍之阙讹。二是横向或纵向地通过梳理隋代与前朝相关墓志间的联系,寻找规律,结合传世文献,进而再做整体或纵向或专题性的从史料到史学乃至艺术学诸方面的分析,以此推动对隋代总体研究的拓展与深化。研究方向虽然与之前有所重叠之处,但新资料所反映的具体内容又为研究赋予了新的内涵,如同样是家族研究,之前主要关注的是京兆杜氏、雁门解氏等家族,而本次研究的重点在柳氏、索氏、毛氏家族以及少数民族的尉氏与鲜卑族乞伏氏与贺娄氏。以下兹以目前已发表或已撰写的论文为例,汇报四个方面的研究。

1. 对隋代两京城坊、相关地名的考释

(1) 对隋东都洛阳城坊的补考

关于隋唐两京城坊的研究已取得丰硕成果,其中专门论及隋代两京城坊的研究唯辛德勇的《隋大兴城坊考稿》有详尽考察。而对于隋代东都洛阳城坊的系统梳理尚付阙如,因而以所能见知的隋代墓志铭尤其是新出墓志为基本素材，并结合传世文献与今人成果①，对隋代东都洛阳城城坊名称进行了稽考订补，最终得以印证史书地理志所载103坊中的36坊和坊外的1坊，计辖于河南县的19坊、辖于洛阳县的18坊、与文献记载不能相合及属县未详的7坊，另外附带梳理出属于汉魏洛阳故城的15坊，希望能对隋代东都洛阳城坊的考订和研究趋近系统化而有所推进。

（2）隋代大兴城郊三则地名释证

搜辑碑志所记长安、洛阳坊里，则早为徐松撰集《唐两京城坊考》所取材。徐氏以后出土两京唐志其数逾千，可更大事补辑。作者尝据《汇考》中的地理史料就隋代长安与洛阳两京的城坊与其四郊地名等予以梳理考证，所获甚多。如今又有大量新出土的隋代墓志，这些新资料中的地理信息尤以长安地区为多，以拣取考证的隋代大兴城郊的三则地名为例，如《梁衍墓志》所云大兴县"高望原"，为唐宋之前唯一记录；《曹瑾墓志》所云"马头空"，为隋以前文献所仅见；《朱幹墓志》所云"轵道乡"名称，原为北周乡名，隋代建立大兴城后，轵道乡或被移置到了禁苑以外，或省废了这一乡名，因而隋代文献中亦仅此一例。

若从地理沿革的角度来分析上述史料，则"高望"的名字大约首先出自西晋潘岳的《西征赋》，至隋代始出现"高望原"的称谓，但只是因其所处地形地势而偶然出现，并未成为约定俗成的地名。到了唐代，此地有了"高望里"的名字，其得名当与地处高望原上有关。宋代以后更有了"高望堆"的称谓，且一直沿用至今；隋代的"马头空"当因地处前秦与后秦交战的"马头原"而得名，唐代以后一直沿用此名，直到清代至中华民国初期，或因为一音之转始出现了"马登空"和"马腾

---

① 今人研究的主要成果，如辛德勇：《隋唐两京丛考》（三秦出版社1991年版）；阎文儒：《两京城坊考补》（河南人民出版社1992年版）；杨鸿年：《隋唐两京坊里谱》（上海古籍出版社1999年版）；杨鸿年：《隋唐两京考》（武汉大学出版社2005年版）；李建超：《增订唐两京城坊考》（三秦出版社2006年版）；赵振华、何汉儒：《唐代洛阳乡里村方位初探》（《洛阳出土墓志研究文集》，朝华出版社2002年版，第41—119页）；张剑：《洛阳出土墓志与洛阳古代行政区划之关系》（《洛阳出土墓志研究文集》，朝华出版社2002年版，第133—162页）；辛德勇：《隋大兴城坊考稿》（《燕京学报》2009年第2期）；周晓薇、王其祎、王灵：《隋代东都洛阳城四郊地名考补——以隋代墓志铭为基本素材》（《中国历史地理论丛》2009年第3期）等。

空"的名称,并沿用至今;志文所称"轵道乡"应当是北周时的乡名,至隋代建立大兴城后,随着轵道亭一带被纳入禁苑,于是轵道乡或有可能就被移置到了禁苑以外的某个地域,也或者可能就干脆在入隋后即省废了这一乡名,所以在隋代文献中竟仅此一见,甚至检索到唐代墓志等文献,亦未见有此乡名。

2. 南朝入周、隋士人的交往及文化事功

(1) 开皇八年《朱幹墓志》

吴郡钱塘朱氏是南朝齐梁间文学世家,其后裔在进入北周后竟不为史载,新出土的隋代《朱幹墓志》所揭示的正是朱氏一族在周隋间的政治与文化生活轨迹。由于墓志的序和铭出自南朝文学领袖明克让与庾信之手,故对于补备他们的遗文和研讨入北的南朝士人交往关系保存了珍贵史料。其中所揭示的丰富的南朝士人行迹与文化传承,也为进一步探究周隋间的政治文化倾向特别是文化理念提供了可资借鉴的依据。

第一,在社会与家族史方面,吴郡钱塘朱氏是南朝齐梁间文学世家,有名于当代,亦见载于史籍。然自北周灭梁以后,在梁"居权要三十余年"的朱异后裔流寓到北方者,竟为史所失传。故《朱幹墓志》为揭示此朱氏一族在周隋间的政治生活轨迹提供了珍贵史料,也为其家族世系的链接补备了重要阙环。

第二,在文学史方面,志文的序与铭由明克让和庾信合作完成,二人不仅皆为从南朝流寓北朝者,且都是在南北两朝后期具有当世文学领军地位的士人,更重要的是明克让的众多著作皆已亡佚,则《朱幹墓志》的序竟成了他硕果仅存的珍贵遗文;而在庾信的著述中,《朱幹墓志》的铭文也同样为《庾子山集》所阙载,故亦可补其遗缺。

第三,在政治与文化史方面,《朱幹墓志》不仅揭示了钱塘朱氏与平原明氏、新野庾氏这三姓一同入北的南朝士族在文学上的密切关系及其在当时文学上的地位和影响,更由此而连接到南朝齐梁间的文化传授背景与人物,如顾欢、崔庆远、明山宾、陆闲、齐高宗、梁武帝、周弘正、陆缮等人事,俨然展开了一幅丰富多彩的南朝士人交往图卷,同时也通过朱氏、明氏、庾氏等南人流寓到周隋的经历与待遇,折射出周隋间的政治文化政策倾向,亦即开始在北方军事体系中接受南朝文化体系的入主与并举,逐渐趋向统治集团性质的"文质化"进程。其实,周隋统治虽短，其在文化理念的建设上是有一致性的，即充分利用南朝士人，建立以南朝文化为主的新文化体系，说它有"关中本位政策偏离"与"南朝系势力抬头"的倾向也不为过①，因为后来迅速获得成功的李唐王朝所采取的"始以武功壹海内，终以文德怀远人"的文治政策已显然从此得到借鉴与继承。

（2）大业十三年《包恺墓志》

2015年春，西安南郊新出土的大业十三年《大隋故国子监太学助教包（恺）先生墓志》，是一篇可以佐史的重要石刻文献。志主包恺是在隋灭陈之后进入长安的一位南朝文士，对《史记》《汉书》颇有造诣，与另一位入北的南朝学者萧该同被誉为彼时《汉书》学者之"宗匠"，《隋书》与《北史》皆为之立传。

所惜史传甚为简略，70余字，而新出《包恺墓志》则洋洋730余字，所载包恺事迹可谓该详，如其祖父名讳、职任，包恺在陈、隋的职任与文教活动等，皆可补备史传记述之不足。至于墓志所记又颇多可与梁、陈、隋史事互为补充与印证者，则尤见其史料价值之重要。特别是包恺在隋主要从事修书、讲史等文化教育活动，且其在隋期间的友好交往亦多为流寓隋朝的江南士人，因而适可通过这一特殊群体的文教事功，展现隋政府对江南文士所采取的"怀柔"策略之功效，并揭示江南士人在隋朝文教建设中所发挥的积极作用。

新出《包恺墓志》虽为个案分析，然亦可与这种时势使然的北学折于南学的政治文化背景互为印证，故可归结为三点。

第一，包恺是陈亡而流寓隋朝的江南士人，在学术上承其父兄而经史传家，颇有建树，尤以史学与教育事功垂世。以其史志互补，适可丰富与明晰包氏家族在中古的氏族关系与学术渊源，而包恺在隋前的行事，与其仁寿二年"奉敕修《魏史》"，大业元年兼太常寺衣冠署令，以及不赴越巂县丞之任，后归葬长安等信息，又皆为史所不载的重要素材。特别是"奉敕修《魏史》"的记载，无疑为了解文帝敕命魏澹修《魏史》的告成时间和史所不载的新的佐修人，提供了值得重视的信息，并且也可资见证大规模纂修正史的政府行为是与大一统的政治文化格局的建设

---

① 参见刘淑芬《隋代南方政策的影响》，《史原》1980年第10期；[日]山崎宏《隋朝官僚的性质》，《东京教育大学文学部纪要》6"史学研究"，1956年版。

相一致的，其对后来的初唐同样也必定对昭示正统而广修正史的规模与成效产生了直接的影响。

第二，包恺在隋不仅曾在秦王府参预文学并任行参军，而且也与太子杨勇有所瓜葛，其受命杨勇而撰写《汉书音》之履历，当成为他进入炀帝朝以后难以晋阶的羁绊，如其墓志竟讳莫如深地避而不及，且到晚年更加官职低微、生活窘迫，应是明证。史志互补，足可丰满而鲜活这样一位隋代精研《汉书》的"宗匠"与名师者形象，并可资佐证隋代史学研究重归正统的旨趣与源流，乃至对于成熟于初唐的《汉书》学的影响，亦即当时学者们大多以其精通音韵小学而左右着《汉书》研究的走向，这也是中古时期《汉书》研究一直重视音韵义疏的传统沿袭。而这些密集的史学研究与教学活动，也大有益于培养国民"普天之下，莫非王土，率土之滨，莫非王臣"的一元史观，亦即在一统时代的历史文化认同意识，并借以促成政治上的国家秩序建设。

第三，通过《包恺墓志》与史传的相互补证，揭示出包恺入隋之后，与江南士人在各项文教群体活动中，相互联系与合作，为隋朝文化建设作出了重要贡献。无论著述，抑或授徒，皆凸显出为大一统政治服务的正确方向，即为建设正统的文化制度和国家秩序而服务。在从分裂到统一的历史进程中，南朝士人络绎不绝地播迁入北方并形成一个强大的文化圈，以至于在隋代竟聚合成为文化的主体力量，并以其学有专精及其家世背景与学术传统，对隋朝的学术发展与文化国策产生了积极引导与推进作用。"既称燕赵之后，实曰东南之美。"[①] 相对于在政治上的北方吞并南方，在文化上则反见南学淹于北学，从与包恺相关联的隋代江南士人群体及其文教活动，应能显示隋朝对江南士人所实施的礼遇与怀柔策略的影响与成效。

3. 家族的梳理研究举例

（1）隋仁寿元年《柳机墓志》

士族的中央化趋势，在南北朝末期已然开始，至隋则更加明显，而关中与关外郡姓的形成理应是一个重要表征。河东柳氏正是"关中郡

---

① （唐）魏徵、令狐德棻：《隋书》卷五八"史臣曰"，中华书局1973年版，第1433页。

姓"中的首望六姓或谓四姓之一①,对于其族系及其南迁北归乃至西入关中、"萃处京畿"而趋于中央化过程的研究,近年以来的成果,似乎较多重视东眷的情形而较少关注西眷的脉络②,即使涉及西眷也是多限于隋唐以后,且在材料的取用上亦未能适时且充分地撷拾新出墓志这一类重要文献作为理论支持。"柳族之分,在北为高"③,所谓"在北"者,当即指柳氏西眷而言。因此,试图在对新发现的隋代《柳机墓志》展开个案考证的同时,也拟将新见关涉西眷柳氏主支的西魏、北周与初唐间墓志纳入其世系梳理范畴④,并以此补备对于西眷柳氏初入关中、跻身"郡姓"研究之不足。

(2) 安阳出土隋代索氏家族五兄弟墓志

2011年《文化安丰》一书披露了在安阳出土的祖籍为敦煌效穀人的

---

① 唐代更有将裴、韦、柳、薛并称为关中四姓者,见《唐绛州闻喜县令杨君故夫人裴氏墓志铭》载:"裴氏其先,自周汉命氏,爰及晋魏,衣冠炜盛,八裴之称,为冠族欤。至于隋唐,蕴而不竭,与韦、柳、薛,关中之四姓焉。"(载周绍良、赵超《唐代墓志汇编》,上海古籍出版社1992年版,下册,第1839页) 唐长庆二年 (822) 萧泳撰《裴君夫人柳内则墓志》记载:"大凡族氏之大,婚媾之贵,关外则曰李曰卢曰郑曰崔,关中则曰裴曰韦曰柳曰薛。国朝差叙则先后有别,品藻则轻重甚明。其有本仁义雍和之教,禀阀阅相承之重,深敬祖始,不忘吾耦,则必慕族类而婚,依族类而嫁,使男得其配,女适其归。"(载赵文成、赵君平《新出唐墓志百种》,西泠印社2010年版,第268页)

② 对中古河东柳氏西眷、东眷诸房支的政治史与社会史层面的研究,首推毛汉光的《中国中古政治史论》与《中国中古社会史论》中的相关篇章最为透彻。其他文章则有王炎的《河东望族柳氏考》(《晋阳学刊》1995年第6期)、张灿辉的《南朝河东柳氏家族研究》(《晋阳学刊》1995年第6期)、韩树峰的《河东柳氏在南朝的独特发展历程》(《中国史研究》2000年第1期)、张琳的《南朝时期侨居雍州的河东柳氏与京兆韦氏发展比较》[《武汉大学学报》(哲学社会科学版) 2000年第2期]、李文才的《襄阳柳氏与南朝政治——南渡士族个案研究之一》(《大同职业技术学院学报》2000年第4期)、李红的《隋唐河东柳氏及其源流》(《山西师大学报》2005年第4期)、李红的《唐代河东柳氏家族文化述略》(《晋阳学刊》2006年第2期)、梁静的《中古河东柳氏家族文化述略》[《山西师大学报》(社会科学版) 2008年第3期]、王永平的《南朝时期河东柳氏"东眷"之家族文化风尚述论》[《江苏大学学报》(社会科学版) 2008年第5期]。

③ (唐) 柳宗元:《柳宗元集》卷一一《志碣诔·故大理评事柳君墓志》,中华书局1979年版,第274页。

④ 约略有西魏大统二年 (536) 《赵超宗妻王氏墓志》、西魏废帝二年 (553) 《柳桧墓志》、西魏废帝二年 (553) 《柳御天墓志》、北周建德元年 (572) 《宇文逢恩墓志》、北周天和三年 (568) 《柳鸑妻王令妫墓志》、北周建德六年 (577) 《柳鸑墓志》、唐贞观九年 (635) 《柳机妻李氏墓志》、唐显庆三年 (658) 《柳雄亮墓志》等。《柳机墓志》为迄今所见隋代墓志中的唯一一方柳氏墓志,《宝刻丛编》与《金石录》虽记载有隋大业六年 (610) 《柳旦墓志》,然早已亡佚,仅得存目。

索氏五兄弟即索诞、索雄、索欣、索盼、索叡墓志，其中除索诞卒葬在北齐武平二年（571），其余四兄弟皆葬在隋代开皇九年（589），从而成为文献中所仅见的隋代索姓一族。并且这五位兄弟中除索诞外的四位还是同年同月同日同地下葬，更有甚者连葬于隋代的四兄弟墓志文的一些语词文法也近乎如出一辙。鉴于这是隋代仅见的索氏一族，而葬于隋代的四兄弟志文又似出自同一撰者之手，更且《文化安丰》仅披露了墓志图版而未有考证研究，因此谨将这索氏五兄弟墓志集合起来予以考释，或有助于对中古索氏人物家族的了解以及厘清索氏从旧籍到新贯的迁变。

文献所载隋代以前索氏人物家族有三个特点：一是皆著籍敦煌，世为冠族；二是索氏一族在晋魏北朝间的西北地区最见兴盛；三是北朝后期索氏家族已多有进入中原并定居在魏之洛阳与齐之邺城者，然其署籍则犹称旧望"敦煌"。今索氏五兄弟墓志的发现，适为隋代索氏家族自北齐以后著籍邺城提供了可信依据。从索泰与索氏五兄弟墓志可推其家族著籍与卒葬安阳盖已逾三代矣。

（3）隋开皇十五年《娄叡妻乞伏氏墓志》

这是一则隋代鲜卑族乞伏氏与贺娄氏的新史料。隋代的大一统及其成就，不仅可以举南北文化之融合以见证其事功，而且可以从少数民族的内徙与汉化以见证其强大。近年来，在隋代两京地区络绎发现的少数民族墓志铭，就是一类颇被学界关注和重视的新史料。2013年在西安地区发现的隋开皇十五年（595）《娄叡妻乞伏氏墓志》和西魏大统十年（544）《娄叡墓志》，正揭示了一对联姻的鲜卑家族乞伏氏与贺娄氏（后改娄氏）的鲜活人事。又鉴于此娄叡与乞伏氏夫妇是《隋书》有传的贺娄子干和贺娄诠弟兄二人的父母，故为梳理与补苴其家族世系乃至官职史事皆有裨益。

借以志文与史传之比勘疏证，可得四点结论。一是新出娄叡与乞伏氏夫妇墓志为梳理乞伏氏与贺娄氏在北朝时期的家族世系提供了新史料，足资见证娄叡妻乞伏氏一族作为系出十六国之一的西秦君主乞伏干归一房，在北朝后期的社会政治地位及其与中央王朝之关系，即颇为朝廷倚重的鲜卑贵族世家。另外也可资认识此西魏之娄叡与《北齐书》有传的外戚东安王娄睿（叡）并非同一人，北齐东安王娄睿本姓匹娄氏，而此乞伏氏夫娄叡则本姓贺娄氏。二是通过分析乞伏氏的妇教妇节，可资认识当时社会主流观念对女性的期许标准，即将坚守贞节上升到仁本义资的高度。三是推论出娄叡与乞伏氏夫妇墓志出土地当在西安南郊少陵原北端的大兆乡一带。四是通过墓志对贺娄子干与贺娄诠二人的本传有以补正，从而更加丰满了这一对兄弟在当时被誉为"出则诚臣，入为纯孝"的精神榜样形象。

4. 其他

（1）《梁衍墓志铭》及《梁衍枕铭》

2014年6月，笔者获藏隋开皇十一年（591）《梁衍墓志铭》及《梁衍枕铭》拓本各一帧，据悉这两种刻石新近出土于西安南郊长安区而流散在民间，大约在2017年年底始入藏于非公有制的洛阳九朝刻石文字博物馆。墓志铭首题"大隋故上开府仪同三司宜阳郡公梁君墓志铭"，枕铭首题"大隋故使持节上开府仪同三司泽州诸军事泽州刺史宜阳郡开国公梁君枕铭"。梁衍其人，曾在周隋两朝任职，史传与志文或有可以互证之处。而依据墓志及枕铭，不仅可以梳理梁衍家族世系与籍贯等情况，亦可发现其葬地"雍州大兴县高望原"之高望原名称在隋唐以前文献中迄为仅见。另外，在墓葬中发现的石刻枕铭，其文字内容是其墓志铭文字的缩写，但也有补充墓志的功效，这种功用在中古墓志史料与墓葬随葬品中亦似尚属首例，故令人颇感兴趣，于是对梁衍墓志铭与其枕铭分别予以分析探讨。

（2）史传"事行阙落"与墓铭"徽音永播"——《刘仁恩墓志》与《郭均墓志》

《隋书·张煚传》的附传记载了开皇年间的刘仁恩、郭均、冯世基、库狄嵚四人行事，然极为简略，其云：

> 开皇时有刘仁恩者，不知何许人也。倜傥，有文武干用。初为毛州刺史，治绩号天下第一，擢拜刑部尚书。又以行军总管从杨素伐陈，与素破陈将吕仲肃于荆门，仁恩之计居多，授上大将军，甚有当时之誉。冯翊郭均、上党冯世基，并明悟有干略，相继为兵部尚书。代人库狄嵚，性弘厚，有局度，官至民部尚书。此四人俱显名于当世，然事行阙落，史莫能详。①

---

① （唐）魏徵、令狐德棻：《隋书》卷四六《张煚传》，第1262—1263页。《北史》卷七五《张煚传》附传所记略同。

如此"显名于当世"的四位显宦，史官原本是很想为他们立传的，却可惜"事行阙落，史莫能详"，只好将他们的简略事行笼统附记在了《张煚传》后。令人欣慰的是，地不藏宝而机缘巧合，在检阅近年出版的《大唐西市博物馆藏墓志》时，竟先后读到了开皇十四年（594）《刘仁恩墓志》和开皇十五年（595）《郭均墓志》，而这刘、郭二人，正是前引《隋书》中"事行阙落"的刘仁恩与郭均。为此，笔者谨结合史传文献来对这两方墓志略做梳理考实。

《刘仁恩墓志》与《郭均墓志》的发现与披露，适可弥补史官为其立传时颇感"事行阙落，史莫能详"之遗憾，而借以与史传互证并参稽相关文献，终使两人的生平事行得以真切丰满，同时也为补备二人在北周与隋代的职官与史事，提供了详确的史料。而最重要的史料价值是通过墓志文的记载，还原了两人均在隋初参与平定尉迟迥叛乱与伐陈征战、统一南北大业中尝建功立勋，并得以"显名于当世"的史实，如刘仁恩尝直接指挥了北周大象二年（580）平定尉迟迥将领毕义绪的战事，又在讨伐陈朝的征战中随同杨素"率甲骑趣白沙北岸"[1]，大败陈将戚欣与吕仲肃；郭均不仅尝随于翼抗御尉迟迥、随元景山伐陈并"南镇鲁山"，更随河间王杨弘大破突厥于贺兰山，此皆研讨彼时隋王朝建立前后之南北统一战争史的绝好案例。此外，二人墓志所载历宦年代与官职皆细详准确，无疑对探究周隋职官迁转制度亦有着重要参考价值。而郭均又尝因其父在河桥之战"勖勇昭著"而以"勋贤之胤"的资历，被选中入东观（馆）读书，也正印证了北周太祖宇文泰置学"教授诸将子弟"的条件。总之，通过对刘、郭二人墓志的疏证，既能证"名将名臣，望古难俦者"之勋业，亦能收"识我贞良"而"徽音永播"之功效。

（3）隋代宦官史事辑略

对于隋代宦官史事的研讨，因限于史源的匮乏而一直显得颇为沉寂且薄弱，而服务于宦官机构的人物与职能亦尤其稀少而不详。然利用新出土之《张寂墓志》及之前已有的6种隋代宦者志传约而考之，则庶几可以稍补隋代宦官史事之所阙略并借以见证隋代宦官制度之基本情实。

---

① （唐）魏徵、令狐德棻：《隋书》卷四八《杨素传》，第1283页。

归纳《张寂墓志》在内的 7 例隋代宦官史料，应能认知这样几点情形：一是隋代宦官不同于唐代宦官的是尚有能与士人一样担任三省六部与州郡守刺等外朝官之情形，其参政干政力量毕竟甚微，因为正处在国家一统事业向上的时期，隋代帝王与宦官的亲狎程度并不密切，反而对文人和高僧更多宠信，故而限制了宦官在隋代的权力扩张；二是隋代宦者服务所在亦不限于京师，且包括东都，又可别事王府（张寂），当然限于史料而亦应涉及江都、晋阳、仁寿宫等离宫别馆之地，这能体现宦官依附于皇族的家奴本质；三是隋代宦官葬地在洛阳者或葬河南县千金乡北邙山（李善），或葬洛阳县常平县仙游里北邙山（刘则），在长安者或葬城东龙首原（杨涣），或葬城东南杜陵（张寂），或葬城西南高阳原（宋胡），则宦官一类人物在当时应该没有集中的茔域；四是所见宦官人物多为大业以前者，而甚少炀帝朝宦官人事，故难以印证炀帝大业三年后改内史省官员为"并用士人"或"并用宦者"或"并参用士人"之情实①；五是材料中只有两例明确提及了宦官娶妻情形，但刘则的娶妻当是在其身为宦官之前，而苟君的娶妻乃在北齐，其时苟君应该已是宦官身，那么这可否说明齐隋间宦官娶妻"对食"较之汉晋时代的不尽为社会所容，已渐趋成为一种在北朝以后可以被理解与通融的情理中事②，特别是苟府君与宋玉艳竟得到"齐主爱发丝纶，作嫔于我"的明媒正娶，不正是一种官方态度的表露。至于隋代宦官的籍贯地区（河北三、华阴二、湖北一、不详一）、入宦缘由（杨约"在童儿时，尝登树堕地，为查所伤，由是竟为宦者"，宋胡"以其温仁，参侍帷幄"，杨涣"幼罹非所，冥以幽官，引罪自聘"，刘则"耻居关外，乐住神州。凤承阶陛，即预驱驰"，余皆不详）、家族背景（多为官宦之家、世族大姓）、民族成分（未见胡族）、文化程度（张寂"爱从小学，趋事宫闱"，杨约"好学强记"，李善"经史蕴藉，诗书览阅"，余皆不详）、娶妻养子（两例有妻，养子不详）等诸因素，因为案例过少而统计起来实不能科学合理，唯聊作参考。总而括之，与北魏纵容宠任宦官的情形相比，隋代对

---

① （唐）魏徵、令狐德棻：《隋书》卷二八《百官志下》，第 799 页。
② 《后汉书》卷六一《周举传》曰："竖宦之人，亦复虚以形势，威侮良家，取女闭之，至有白首殁无配偶，逆于天心。"（中华书局 1965 年校点本，第 2025 页）《魏书》卷九四《宦官传》载宦官王琚七十岁时，"赐得世祖时宫人郭氏，本钟离人，明严有母德，内外妇孙百口，奉之肃若严君，家内以治"（中华书局 1974 年校点本，第 2015—2016 页）。

于宦官的态度与权重似乎更多受到了南朝的影响，尽管其在内侍省的建制格局与职能上承继齐周制度的成分较为明显。①

以上是我们新出隋代墓志铭整理与研究课题的进展汇报，敬请各位专家多多指教。

---

① 参见冷东《试论北魏宦官制度》，《汕头大学学报》（人文社会科学版）1988年第1、第2期。徐成《北朝隋唐内侍制度研究：以观念与职能为中心》"第二章北齐北周隋三朝内侍制度"，博士学位论文，上海师范大学，2012年。

关于重新校释汉文《大藏经》的一点想法

浙江大学中文系　方一新

汉文佛经的流传形式，北宋以前，先是写经，后有石经；从北宋开始，进入刻经阶段，历代都有数量可观的刻本《大藏经》。

日本大正十三年（1924），由高楠顺次郎和渡边海旭发起，组织大正一切经刊行会；小野玄妙等人负责编辑校勘，1934年印行《大正新修大藏经》（以下简称《大正藏》）。此刊印本将参校的各本异文列于当页经文之下，一目了然，因而使用、检索颇便，但排印、校对工作粗放，文字错讹、标点错误甚多。[①] 更让人吃惊的是，《大正藏》的工作底本不是编者宣称的再雕本《高丽藏》，而是民国时期印行、错误较多的《频伽藏》[②]，这为该版本佛经的准确性、可信度蒙上了厚厚的阴影。

吕澂先生在20世纪60年代曾有过重编汉文《大藏经》的提议："我想，现在还是要在已有的整理基础之上，再进一步对汉文《大藏经》来个彻底重编的。最先要解决的是大乘经更加合理的区分部类问题，其次则为各别经籍有译失译的核实，然后再及其他。"[③] 吕澂将汉文《大藏经》的部类重新做了区分，与传统的刻本《大藏经》或日本《大正藏》均有差别，并校订了一批误题、失译经，整理结果出版为《新编汉文大

---

① 近年来，对《大正藏》中的排印错误进行过多次校订，改正了其中的一些错误，如《寂志果经》载："譬如金师所锻工巧，取紫磨金，作臂环璎珞印步耀胜，随意悉成。"（1/275b）［燿/耀］＝瑶【宋】，＝摇【元】【明】。异文出注"燿"为错字，应改作"耀"。又如《菩萨本行经》卷中："毗摩毘罗阿须伦王，与无央数阿须伦民，持于众宝杂种花香、若干伎乐，五百宝盖来奉上佛。"（3/117a）阿［修〉须］伦＝阿修轮【宋】，异文出注，"须"误作"修"。

② 方广锠：《谈汉文佛教文献数字化总库建设》，《世界宗教研究》2016年第1期。

③ 吕澂：《谈新编汉文大藏经目录译本部分的编次》，见《吕澂佛学论著选集》卷三，齐鲁书社1991年版，第1624页。

藏经目录》。可惜最后并未如吕先生所愿，在这个目录的基础上重新编定汉文《大藏经》。

1981年，国内组织人员力量，开始编纂《中华大藏经》（汉文部分）（以下简称《中华藏》），历经13年，于1994年年底编纂完成，1997年由中华书局全部出齐，凡106册。《中华藏》以《赵城金藏》为底本（缺的部分用《高丽藏》补），参校的有《房山云居寺石经》《资福藏》《影宋碛砂藏》《普宁藏》《永乐南藏》《径山藏》《清藏》《高丽藏》等8种版本，每卷后出校勘记。《中华藏》参校的版本较多，校勘也相对精良，后出转精；不足之处在于是影印本，且校勘记在后，检核不便。

关于写本佛经，众所周知的是19世纪末20世纪初在莫高窟发现的敦煌写经；近些年来，日本古写经的材料也陆续公布，形成了两大系列。

敦煌遗书的总数超过4万件，其中写本在3万件以上，而95%的汉文写本为佛教典籍，占了绝大多数。

日本古写经，大抵是从日本奈良至平安以及镰仓时期的写本佛经。近一二十年来，以日本佛教大学院大学落合俊典先生为首的团队，正在陆续复制、介绍日本各个寺庙所藏的古写经；部分写经如金刚寺本、七寺本等已经公开。

刻经方面，2017年，在陕西榆林发现未见著录的清初刻本《大藏经》，暂定名为"榆林藏"；2018年6月，在浙江湖州举行了宋版《思溪藏》重刊首发式暨《思溪藏》研究国际研讨会，继《碛砂藏》之后，宋版《思溪藏》亦已重刊。随着近年来写经与刻经相关研究的进一步展开，《大藏经》理应重新校勘，为读者提供更为全面丰富的文献数据，包括异文材料。

例如，关于东汉昙果共康孟详译《中本起经》。《中本起经》写卷在敦煌遗书中至少有二：一为《俄藏敦煌文献》第5册Φ.344号，仅余六纸半，自《瞿昙弥来作比丘尼品第九》至《度波斯匿王品第十》（见《中本起经》卷下），二品均有残缺，凡131行；一为《上海图书馆藏敦煌吐鲁番文献》第3册上图114号，自《须达品第七》至《佛食麦品第十五》（见《中本起经》卷下），除首尾二品有残缺外，中间各品完整。

《中本起经》卷下《瞿昙弥来作比丘尼品》载："大爱道答言：'贤者阿难！今我用女人故，不得受佛法律，是以自悲伤耳！'"（4/158b）

此例文句，俄藏本《中本起经》写卷为："大爱道言：'贤者阿难，我用母人，不得受佛法律，以自悲伤。'"（260页，7—1）"我用母人"句，上图本《中本起经》写卷同（86页，30—9）；《中华藏》亦作"母人"（33—957a），与敦煌写卷同——均与《大正藏》异。

"母人"即女人，指成年妇女，东汉以来译经多见，后汉支娄迦谶译《道行般若经》卷五云："譬若母人——生子，从数至于十人，其子尚小，母而得病，不能制护，无有视者。"（8/448c）旧题支娄迦谶译《阿閦佛国经》卷上云："世间母人有诸恶露。我成最正觉时，我佛刹中母人有诸恶露者。"（11/753a）西晋无罗叉译《放光般若经》卷九云："若复欲作诸善之本供养承事诸佛世尊者，即如意愿，从一佛国至一佛国，终不复受母人胎生。"（8/62c）均其例。则敦煌本作"母人"不误。

值得一提的是，《中本起经》写卷中有多处"母人"，如俄藏本："阿难，无使母人入我法律，为沙门也。"（260页，7—1）"佛告阿难：'假使母人欲作沙门，有八敬法，不得逾越。'"（260页，7—2）① "一者比丘持大戒，母人比丘尼当从受正法。"（260页，7—2）上图本写卷、《中华藏》并同，而《大正藏》则均作"女人"。

据笔者初步统计，俄藏本《中本起经》写卷《摩诃比耶瞿昙弥来作比丘尼品第九》共出现"母人"9例，"女人"8例；上图本《中本起经》写卷《摩诃比耶瞿昙弥来作比丘尼品第九》共出现"母人"12例，"女人"17例；《大正藏》本《中本起经》卷下该品共出现"母人"0例，"女人"28例；《中华藏》共出现"母人"27例，"女人"0例。也就是说，在这一品中，表达成年女性概念，两种敦煌写卷"母人"和"女人"的用例大体相当，《大正藏》基本只用"女人"②，而《中华藏》只用"母人"，区别明显。

再举一例。《生经》卷二《舅甥经》曰："饮酒过多，皆共醉寐。俘囚酒瓶，受骨而去。"（3/78c）今《高丽藏》《中华藏》《大正藏》等本"俘囚"，《普宁藏》作"俘因"，《资福藏》《碛砂藏》等较早版本作"孚因"。而从日本所藏早期古写经中，也可以找到相关证据。

---

① 踰，原写卷作"输"，形近之误。
② 当然，《大正藏》本《中本起经》亦见"母人"，如卷上《还至父国品第六》载："城内母人，各生善念。"（4/155b）

《生经·舅甥经》有"俘囚酒瓶,受骨而去"一句,日本金刚寺藏古写经作"孚☐"。

也就是说,今本《大藏经》"俘囚"二字,金刚寺古写经作"孚☐",其前一字与敦煌写经(P. 2965)、《资福藏》《碛砂藏》《永乐南藏》《径山藏》《清藏》等同。其后一字"☐",从字形看,似乎是"固",但与"因"也相近。

此外,日本古写经中还保存了个别不见于各种刻本《大藏经》的异文,如,后汉安世高译《地道经》中有四例"恶露"的用例,如,《地道经》:"听说要止意,二因缘方便行得止意:一者念恶露,二者念安般守意。"(15/235c)此处及另三处用例"恶露"之"恶",《地道经》传世诸本均无异文,但在日本金刚寺写本中"恶"或讹写作"德":德,或由"德"再讹作"儒(儒)":儒儒儒;七寺古写经情况亦类似,或误作"德":德,或误作"儒":儒儒儒。

由此看来,无论是敦煌写经,还是日本古写经,与现今通行的《大正藏》都有一定的文字歧异。

由于历史原因,《大正藏》《中华藏》基本没有利用敦煌写经和日本古写经的材料,而随着材料的发掘和刊布,业已知道这两种写经都保存了较早的原始形态,不像后来历朝的刻经,屡屡遭人改易。早期刻经如《思溪藏》《碛砂藏》与《高丽藏》亦时有异同,值得再校。

因此,在现代科技手段的帮助下,经过国家层面的统筹规划,有计划、分步骤地制订整理、校释新版《大藏经》,应该尽早提上议事日程;以便给读者一个可靠的文本,为相关研究奠定基础。

朱熹与师友门人往来书札述论

华东师范大学古籍研究所　顾宏义

对于朱熹与师友门人往来书信的研究，有若干论文涉及朱熹与陆九渊、陈亮等数人的通信往来，专著仅见陈来《朱子书信编年考证》[①]，然也仅涉及朱熹致他人之书信，而未及他人致朱熹的书信。为此，本文主要概述朱熹与师友门人往来书信的基本情况，以及对其中所涉及的若干问题加以辨析。

一　现见朱熹与师友门人往来书札概况

据《朱熹师友门人往还书札汇编》[②]统计，朱熹与朝中公卿、师友故旧、乡亲门人等往还书札，计朱熹致师友门人计506人书札（包括残篇、断句）共2595通（其中仅1通者227人，2通77人，3通37人，4通35人，5—10通73人，11—31通50人，54—56通4人，100通以上3人：黄榦109通，吕祖谦110通，蔡元定174通），师友门人计94人致朱熹书札（包括残篇、零句）共380通（其中仅1通者60人，2通14人，3—9通12人，11通以上8人：其中张栻74通，吕祖谦69通），合计533人、2975通。

至今所见朱熹往还书札，大体载于朱熹的《晦庵文集》、朱熹所交游者之文集以及后人之辑佚著述等；其残篇、断句则主要录自朱熹与时人之其他著述如记文、序跋、碑传志文等所收录之文字，并有部分自元、明人著述中所辑录者。其中朱熹致他人书札主要载录于《晦庵先生朱文公文集》卷二十至卷六四；《晦庵续集》卷一至卷八（前半部分），卷九

[①]　参见陈来《朱子书信编年考证》，上海人民出版社1989年版。
[②]　参见顾宏义《朱熹师友门人往还书札汇编》，上海古籍出版社2017年版。

至卷十答问目，卷一一；《晦庵别集》卷一至卷六；卷八"启"。又，束景南《朱熹佚文辑录·朱子遗集》卷二、卷三。① 然不包括《晦庵文集》卷二十至卷二三所载之"札子""申请""公移""辞免"等文书。

朱熹一生致师友门人等书信现存或有佚文可征者2600余通，其致他人书札年月可考最早者为致程鼎（朱松内弟）书，时在绍兴十三年（1143）中；撰时最晚者为其致黄榦（门人、女婿）书，时在庆元六年（1200）三月八日（朱熹卒于次日九日）。而他人致朱熹书札年月最早者为释宗杲，时在绍兴十七年（1147）；撰时最晚者乃杨万里，时庆元五年十月（若以有佚文零句者计，则最晚者当为朱熹门人徐德明，撰时约在庆元五年末六年）。

与朱熹有书札往来者，有朱熹的师长如李侗等；有其学友如张栻、吕祖谦、陆九渊、陈亮等；有其门人如黄榦、陈淳、蔡元定等；有访学者如傅梦泉、包约（皆陆九渊学生）、时澜（师事吕祖谦）等；有亲戚如程鼎、祝直卿等；有交游如张孝祥、曾季狸等；有僧道如释道谦、崔嘉彦（庐山道士）等；还有慕名致信请教、问疑者等。同时，朱熹一生虽为官时日不多，但与宰相以下文武官员多有书信往还，如彭龟年、叶适、林栗、尤袤、皇甫斌（武将）等，而孝、光两朝宰相则多与朱熹有书信往来，如陈康伯、史浩、陈俊卿、赵雄、王淮、梁克家、周必大、留正、赵汝愚等。当然，上述诸人身份时有交集，然归纳而言，则以学友、门人通信为多。而且上述诸人，除与朱熹有书札往还外，且有时晤面交流者，其中往还甚密者如蔡元定、黄榦等；也有书札往还交流颇为频繁、然一生仅晤面数次者，如张栻（仅三次：绍兴末、隆兴中、干德初）、陈淳（两次：绍熙初、庆元末）等；甚至同为当时知名士，然与朱熹仅有书札往来而从未晤面者如王十朋、薛季宣等，现仅存王十朋致朱熹书（残篇），朱熹回书一通；存薛季宣、朱熹往来书札各二通。

二 《晦庵文集》所收朱熹书札存在重出、错出现象

收录于《晦庵文集》内的朱熹书札，存在有诸多问题，主要如：（1）某人名下一书重复收录（重出）者；（2）一书重出而归于不同之人

---

① （宋）朱熹：《晦庵先生朱文公文集》，载朱杰人、严佐之、刘永翔主编《朱子全书》，上海古籍出版社、安徽教育出版社2002年版。按：以下简称《晦庵文集》。

名下，然重出书札有时存在文字详略不同的情况；（3）将多通书札误合在一处者；（4）误题收（致）信人名者等。

1. 一人名下某书重出者

如《晦庵续集》卷二《答蔡季通》（《孟子解》看得两篇），又重复收载于本卷下文（前书所喻公济论难反复之语）下半篇，然文字稍有异；又同卷《答蔡季通》（前书所喻公济论难反复之语），又重载于本卷下文（前书所喻公济论难反复之语）上半篇，亦文字稍异。又，卷二《答蔡季通》（《律说》幸写寄），又重载于本卷上文（《律说》幸早为寄），唯文字稍异。

《晦庵续集》卷八《答冯奇之椅》（某衰晚疾病），重复收载于《晦庵别集》卷六，题曰"答冯仪之"，唯缺篇首"某衰晚疾病，待尽朝夕，无足言者"十三字。按：冯椅，字仪之，一作奇之，号厚斋。

2. 一书重出而归于不同之人名下

如《晦庵续集》卷五《与田侍郎》，重见于《晦庵别集》卷一，题"答陈子真"，文字颇有异同。按：题作"陈"字似误。

《晦庵文集》卷五八《答边汝实》，重载于《文集》卷四四《与吴茂实》。

《晦庵文集》卷三七《答程可久》（所谕为学本末），重载于卷六三《答孙敬甫》（便中再辱手示）。

《晦庵别集》卷五《答丁仲澄》（来书深以异学侵畔为忧），题下注"见《临漳语录》"，重载于《晦庵文集》卷三五《答刘子澄》（来书深以异学侵畔为忧）。按：或朱熹绍熙元年（1190）在漳州时抄录本书以教诲丁仲澄，为后人所误辑录入。

《晦庵文集》卷五七《答林一之撰》（疑问两条），重载于《文集》卷六四《答林质》。

《晦庵文集》卷四五《答廖子晦德明》（德明旧尝极力寻究）中自"二先生所论敬字"至"亦不考诸此而已矣"一段文字，重载于《文集》卷六四，题"答或人一云与余正甫"。又《经济文衡》前集卷二三、《五百家播芳大全文粹》卷六九亦收录此信，题作"答余正甫"。或本书又尝抄示余正甫。

3. 将多通书札误合在一处者

《晦庵续集》的编例，是将朱熹与某一人之多通书札归于一处，总加一标题；而《晦庵文集》《晦庵别集》的编例，乃是一个标题之下为一书，但据检阅辨正，可发现存在多处误合多通书札为一者。

如《晦庵文集》卷四四收《答蔡季通》多通，但其中如"还家半月""人还，承书为慰""至临江""中间到宅上"诸通书札，皆属合数通书札为一。在《晦庵文集》中，存在此现象的以卷四四为著。

《晦庵别集》卷四《向伯元》，乃合《蒙寄示先正遗文》《蒙诲谕格物之说》二书为一。

《晦庵续集》卷六《答江隐君》共计载录五书，其第一、第二书，据文义当合为一书，其他诸书当合为另一书；而其第一、第二、第五书又载录于《晦庵文集》卷三八《答江元适》而稍有文字详略异同。又，《答江元适》由两段文字组成，其第二段"精义二字"以下，与上段文义实不连贯，疑《晦庵文集》误将二书部分文字合为一书。此外，本《答江元适》收录于《晦庵文集》及《晦庵续集》时文字有异，因收录《晦庵续集》者文句较完整，故疑收录《晦庵文集》时有所刊削。

4. 误题收（致）信人名者

如《晦庵续集》卷五《答尤尚书袤》下收录书札八通，其第七通《某不孝祸深》有云"襄阳之除，必是见阙……引领西望，徒切怅然"，第八通《乡邦得人之盛》有云"乡邦得人之盛，魁选复出其中，甚为可喜。……汪枢之孙遂进而立于三人之列，想老丈慰意也。荆州之行，寄任增重，今当入境矣"。按：据《宋史·尤袤传》等，尤袤乃常州无锡人，一生未尝任官襄阳府或京西路。又，汪枢指徽州人汪勃，绍兴十七年（1147）拜签书枢密院事，十八年（1148）罢，汪义端为其孙，乾道五年（1169）进士第三人及第。此显然与尤袤的生平事迹不合。

《朱熹年谱长编》卷上据《宋史·五行志三》《宋会要辑稿·方舆》九之一九等考证，以为尤袤实为张栋之误。

5. 某书一段文字见录于另一书札中

如《晦庵续集》卷二《答蔡季通》（《尽心说》录呈）中"公济、伯谏得书否"一段，重载于《晦庵文集》卷四四《答蔡季通》（中间倒宅上）末段，唯"须一一整顿也"下多"明道遗文纳去一本"一句。又，《文集》卷四四《答蔡季通》（昨日上状必已达）中自"所谓一剑两段者"至"恐未可以书言也"一段文字，又重载于《续集》卷二。

三 朱熹往来书札的散佚

朱熹一生致他人的书札近 2600 通，其中多为答书，然而今日所见他人致朱熹之书札不足 400 通（含残篇零句），可见其散佚之多。如现见朱熹致蔡元定书有 174 通，而蔡致朱之书仅 6 通；朱熹致黄榦书有 109 通，黄致朱之书 12 通；朱熹致叶适书有 4 通，虽然叶适文集存世，然叶致朱之书无一存世（仅见于《朱子语类》所载一残句）。

同样，朱熹书札的散佚亦颇为严重。如李侗答朱熹问学之书计 24 通，而朱熹致李侗之书仅存 1 通。现存张孝祥致朱熹书有 7 通，而朱致张之书竟然一无所存。于此可窥一斑。据统计，有 27 人现存有致朱熹之书札，但朱熹回书皆佚。

即使朱熹与某人的往来书札数量较为均衡者，其中亦时有存在较为严重的散佚情况。兹据汪应辰、陈亮、陆九渊兄弟为例说明之。

据《朱熹师友门人往还书札汇编》统计，汪应辰致朱熹之书有 22 通，其中 7 通已佚；朱熹致汪应辰书 25 通，其中 5 通已佚。①

朱熹致陈亮之书有 20 通，其中 4 通已佚；陈亮致朱熹之书有 14 通，其中 6 通已佚。

朱熹致陆九韶、陆九龄、陆九渊三兄弟之书有 21 通（内 2 通已佚），其中包括 9 通书札未载于《晦庵文集》，仅部分文字见载于《象山年谱》等；陆氏兄弟致朱熹之书 25 通（内 15 通已佚），其中陆氏兄弟有书 1 通，未载于《陆九渊集》《象山年谱》等。

其一，未载于《晦庵文集》之朱熹书札。如《象山年谱》淳熙二年（1175）朱熹来书："某未闻道学之懿，兹幸获奉余论。所恨匆匆别去，彼此之怀，皆若有未既者。然警切之诲，佩服不敢忘也。还家无便，写此少见拳拳。"②《象山年谱》淳熙十年（1183）云："朱元晦来书，略云：'比约诸葛诚之在斋中相聚，极有益。浙中士人，贤者皆归席下，比来所得为多，幸甚。'"又载："再书云：'归来臂痛，病中绝学捐书，

---

① 参见顾宏义《朱熹师友门人往还书札编》，上海古籍出版社 2017 年版。
② （宋）陆九渊著，钟哲点校：《陆九渊集》卷三六《年谱》，中华书局 1980 年版，第 491 页。

觉得身心收管，似少有进处。向来泛滥，真是不济事。恨未得曲承教，尽布此怀也。'"①按：本书历来颇多争议。明程敏政《篁墩文集》卷三八《书虞道园所跋朱陆帖》："按朱子此书与陆子，有'病中绝学捐书，觉得身心颇相收管，向来泛滥，真不济事'之语，然不见于《大全集》中，殆门人去之也。明道尝为新法条例司官，而伊川作《行状》略之；欧阳公记吕、范解仇事，而忠宣公于碑文删之。况学识之下先正者，宜其不能释然于此也。"②《象山年谱》淳熙十六年（1189）八月六朱熹来书："某春首之书，词气粗率，既发即知悔之，然已不及矣。"③

其二，未载于《陆九渊集》之陆九渊书札。因陆九韶、陆九龄未有文集传世，故此处主要讨论《象山集》中未予收录的陆九渊致朱熹之书。如《朱子语类》卷一二四载："向在铅山得他书，云：'看见佛之所以与儒异者，止是他底全是利，吾儒止是全在义。'某答他云：'公亦只见得第二著。'看他意，只说儒者绝断得许多利欲，便是千了百当，一向任意做出都不妨。"④《晦庵文集》卷五八《答叶味道》载："顷年陆子寿兄弟亲丧，亦来问此。时以既祔复主告之，而子静固以为不然，直欲于卒哭而祔之后，彻其几筵。子寿疑而复问，因又告之，以为如此则亦无复问其礼之如何，只此卒哭之后便彻几筵，便非孝子之心，已失礼之大本矣。子静终不谓然，而子寿遂服，以书来谢，至有'负荆请罪'之语。"《晦庵文集》卷三四《答吕伯恭》载："近两得子寿兄弟书，却自讼前日偏见之说，不知果如何？"

综上可见，朱熹往还书札散佚情况颇为严重，其散佚而未收入文集的原因主要有三个。（1）书札未留底，或未有抄录稿，而编辑文集时亦未能征集到。此大概为其主要原因。（2）有意不编辑录入文集。如朱熹编纂张栻的《南轩集》，即以部分文章乃张栻早年作品，其观点不恰，其后张栻已做改正为由，未编入《南轩集》。又如朱熹与陆氏兄弟往来书札，其未编入《晦庵文集》《象山集》者，往往因为内中文字有向对方服软或倾向于对方观点者，故为其后人、门生故意删落不收。（3）其

---

① （宋）陆九渊著，钟哲点校：《陆九渊集》卷三六《年谱》，第494页。
② （明）程敏政：《篁墩文集》卷三八《书虞道园所跋朱陆帖》，清文渊阁《四库全书》本。
③ （宋）陆九渊著，钟哲点校：《陆九渊集》卷三六《年谱》，第507页。
④ （宋）黎靖德编：《朱子语类》卷一二四，清文渊阁《四库全书》本。

文集后世有散佚重编者，如陆九龄、陆九韶文集未传于今，叶适《水心集》由明人汇编，亦非宋本之旧。

四　朱熹佚札辨析

对于朱熹书札之辑佚，历代多有学者从事于此，今有束景南《朱熹佚文辑录》《朱子遗集》等辑佚之作，另外散见诸处报刊者亦不少见。但亦时见其中有误辑者。

1. 张世南《游宦纪闻》卷八云："世南从三山故家，见朱文公一帖云：'讲明正学……自乡人而可至于圣人之道。'先生教人，自致知至于知止诚意，至于平天下；洒扫应对，至于穷理尽性，循循有序。病世之学者舍近而趋远，处下而窥高，所以轻自大而卒无得也。"①

按：《朱子遗集》卷二以为此乃朱熹与人书，与何人则无考。然检《二程文集》卷二，此段文字载于程颢《请修学校尊师儒取士札子》中。可证此乃朱熹抄录之程氏文字，而此"帖"字亦非指书函。此乃属误辑。

2. 徐邦达《古书画过眼要录》收录朱熹《与或人书》一通。按：前人或以为此乃朱熹致向子諲之书，或以为是致赵汝愚或王佐书等。束景南在《朱熹佚文辨伪考录》中以为此书中有"勉赴武夷"，"庐陵蚤稻本信收，六月间偶大热，微有生虫处，遂损一二分，秋后尤酷暑，晚稻渴雨，见今祈祷。闽中想成乐岁"云云②，云可证作书人乃庐陵人，因病而去闽中赴任，实非朱熹所撰。故束氏以为本书乃后人挖改填补而假冒朱熹之作；又书中有"外历留都"语，而留都乃明人称呼南京者，而宋人无此称，故断定此乃明以后人所作伪。束氏云本书非朱熹所撰，诚是。然宋人亦称陪都为"留都"，如《景定建康志》中即称建康府为"留都"。且此书信中云"今兹所以少迂涂辙，然后进长地官，遂跻丞弼，□□祖宗用人之法也"，亦符合宋朝制度。又，此书中云及"鲜于子骏福星也"，鲜于侁字子骏，阆州人，神宗时迁转运使、知扬州，元祐时为太常少卿。《宋史》卷三四四有传。故而推知本书当撰于北宋神、哲宗时，其撰人姓名因遭后人挖改，已难以考证。

---

① （宋）张世南：《游宦纪闻》卷八，清文渊阁《四库全书》本。
② 束景南：《朱熹佚文辨伪考录》，《朱子学刊》1996年第一辑。

3.《朱子遗集》卷三据明萧士珂《历代名贤手札》卷四收录《与彭凤仪》书,以为朱熹所著,并云彭凤仪其人,据朱熹《晦庵别集》七《题寻真观》云其从游者有"宜春彭凤子仪",疑即此人。

按:据曹彦约《梅坡先生彭公墓志铭》载彭凤"讳蠡,字师范,避大川名,改讳凤","尝试礼部"①而未尝仕宦。与本书中"陈公甫出处自有深意,阁下列荐于朝,实好贤之笃也"云云不合。考彭凤仪、陈公甫实为明朝人。彭凤仪,名韶,莆田人,天顺元年(1457)进士,历官刑部尚书,卒年六十六,谥惠安。《明史》卷一八三有传。陈公甫名献章,新会人,举正统十二年(1447)乡试,弘治十三年(1500)卒,年七十三。《明史》本传云其"复游太学,祭酒邢让试和杨时此日不再得试一篇,惊曰:'龟山不如也。'扬言于朝,以为真儒复出,由是名震京师。……献章既归,四方来学者日进。广东布政使彭韶、总督朱英交荐,召至京,令就试吏部,屡辞疾不赴"②。本书云云,当即指此。此乃属误辑。

五 朱熹往来书札之价值

研究往还书札之价值,不但在于这些书札属于第一手史料,还在于通过研究此类往来书札的内容,来辨析某些仅就某一人单向之书札文字无法展现的隐秘之处,如某些人的交游始末,某些学术观点的讨论、形成,某些人事争议的演绎、变化,以及某些政治事件的真相,等等。以下即以朱熹与王淮的交往为例说明之。

王淮(1126—1189年),字季海,婺州金华(今属浙江)人。南宋淳熙二年(1175),除端明殿学士、签书枢密院事,除同知枢密院事、参知政事,擢知院事、枢密使,八年拜右丞相兼枢密院事,拜左丞相。以观文殿大学士出判衢州,改提举洞霄宫。淳熙十六年(1189)卒,年六十四③,谥文定。《宋史》卷三九六有传。现存朱熹致王淮之书有四通,即《晦庵文集》卷二六《与王枢密札子》《与王枢使札子》《上宰

---

① (宋)曹彦约:《梅坡先生彭公墓志铭》,载曾枣庄、刘琳主编《全宋文》卷六六七〇,上海辞书出版社、安徽教育出版社 2006 年版,第 293 册,第 133 页。
② (清)张廷玉等:《明史》卷二八三《陈献章传》,中华书局 1974 年标点本,第 7261—7262 页。
③ (宋)楼钥:《攻媿集》卷八七《王公行状》,上海商务印书馆《四部丛刊初编》本。

相书》,《式古堂书画汇考》卷一四《朱晦翁与时宰二手札》之《与时宰手札》;而王淮致朱熹之书则未见存。

史载乾道四年（1168），崇安一带发生水灾，正居家的朱熹参与当地赈济之事。是年秋，王淮知建宁府。朱熹的《建宁府崇安县五夫社仓记》载：

> 是冬有年，民愿以粟偿官贮，里中民家将辇载以归有司，而王公曰:"岁有凶穰，不可前料。后或艰食，得无复有前日之劳，其留里中而上其籍于府。"刘侯与予既奉教，及明年夏，又请于府曰:"山谷细民无盖藏之积，新陈未接，虽乐岁不免出倍称之息贷食豪右，而官粟积于无用之地，后将红腐不复可食。愿自今以来，岁一敛散，既以纾民之急，又得易新以藏，俾愿贷者出息什二，又可以抑侥幸、广储蓄。即不欲者，勿强。岁或不幸，小饥则弛半息，大祲则尽蠲之，于以惠活鳏寡，塞祸乱原，甚大惠也。请著为例。"王公报皆施行如章。①

此为朱熹、王淮之最初交往。至淳熙六年（1179），朱熹受命赴知南康军任，正月启程，同时上疏请祠；二月四日抵达铅山候朝命，十四日复上状请祠；三月省札趣任，遂行，三月三十日至南康，交接郡事；五月又致书宰执请祠，不报。

据《晦庵文集》等文献所载，朱熹于淳熙六年五、六月所作《与王枢密札子》有云:"熹申谢常礼，已具公函，候问勤诚，又见前幅，不敢复有陈及，以恩钧听。"据《宋史·宰辅表四》，此时王淮官枢密使，知此信实致王淮，并据信中文字可知朱熹启程前后尝致书王淮；此《札子》中又云"熹伏自铅山拜领钧翰之赐，开譬详悉，爱念良厚，遂不敢复请，谨已力疾来见吏民"，知朱熹于铅山候命时尝收到王淮回信，"开譬详悉"，劝说朱熹前往南康军赴任。而朱熹因任知南康军一事，深感"违负初心，已积惭愤，而闲放之久，遽从吏役，触事迷塞，复有血指汗颜之羞"，故而再次上状请祠，未报，遂又致书王淮，请"早赐宛转"，以遂其请。

---

① （宋）朱熹：《晦庵文集》卷七七《建宁府崇安县五夫社仓记》，第 3720—3721 页。

淳熙七年（1180）正月初，朱熹复上《乞宫观札子》请祠，不报，故稍后又撰《与王枢使札子》，请王淮向宰相"开陈"转圜，略云："若蒙钧念，得以遍呈东府两公，庶几有以察熹前言之非妄者，早为开陈，亟赐罢免。"时王淮仍为枢密使，丞相为赵雄，参知政事为钱良臣，即此《札子》中所称之"东府两公"。因文职官员任免之权在相府（东府），然朱熹自觉与"东府两公"关系较疏，致祠禄之请未得允准，遂又致书旧交王淮，而有"若蒙钧念"云云。

淳熙八年（1181），朱熹任满回家。《宋史·王淮传》载："时以荒政为急，淮言：'朱熹学行笃实，拟除浙东提举，以倡郡国。'"[①] 故九月间，因宰相王淮举荐，朱熹改除提举浙东常平公事。王淮推荐朱熹之原因有二。第一，自乾道四年（1168）秋至七年（1171）初，王淮知建宁府期间，朱熹《建宁府崇安县五夫社仓记》所载，对于朱熹所行之救荒措施，王淮还是颇为赏识的。第二，朱熹于淳熙六年（1179）至八年（1181）知南康军时所行荒政，也得提举江东常平尤袤推行于江东诸州，而当时浙东地方灾伤甚重。由此可知王淮举荐朱熹，乃是欲借助朱熹救荒经验，以修举浙东荒政，赈济灾民。故而楼钥《王公（王淮）行状》有"旱势既广，力赞荒政……知南康朱熹擢浙东提举，以为郡国之倡"之语，周必大在《与朱元晦待制》中也云及朱熹"前已试活人之手于千里，今又扩而充之，及于列城，斯民幸甚"[②]。也因为此原因，朱熹一改此前每得一官任即屡上奏状辞免的做法，即刻拜命。

朱熹赴任后，在浙东屡屡弹劾赈灾不力的官员，并于淳熙九年（1182）正月至婺州金华县，奏劾上户朱熙绩不服赈粜。因朱熙绩为王淮之乡人，故朱熹于十六日又上书王淮，即《与时宰手札》，有云："熹昨日道间已具禀札。到婺偶有豪民不从教者，不免具奏申省。闻其人奸猾有素，伏想丞相于里社间久已悉其为人，特赐敷奏，重作行遣，千万幸甚。"虽然未见有处置朱熙绩的记载，但朱熹此时奏劾知衢州李峄不修荒政，还是得到处理。《宋会要辑稿·职官》载：是年"二月十三日，

[①] （元）脱脱等：《宋史》卷三九六《王淮传》，中华书局 1985 年标点本，第 12071—12072 页。

[②] （宋）周必大：《文忠集》卷一九三《与朱元晦待制》，清文渊阁《四库全书》本。案：周必大此书题下原注"淳熙七年"，当为"淳熙八年"之讹。

知信州李峄罢新任。以监察御史王蔺言其昨知衢州，浙东提举朱熹按其检放不实，峄诡言与熹有隙，陈乞回避，故有是命"①。又据《宋史全文》卷二六下，李峄乃参知政事钱良臣之妻兄。

然而此类奏劾，大多未见朝廷准允，加上朱熹所请施行的不少赈济措施，往往遭到"抑却""稽缓"，由此朱熹与王淮之间的关系遂渐趋紧张。六月八日，朱熹再次致书王淮（即《上宰相书》），言语颇为激烈，有云：

> 而乃奏请诸事多见抑却，幸而从者，又率稽缓后时，无益于事。而其甚者，则又漠然无所可否，若堕深井之中。至其又甚者，则遂至于按劾不行，反遭伤中。而明公意所左右，又自晓然，使人愤懑，自悔其来而求去不得，遂使因仍，以至于今。……明公不如早罢其官守，解其印绶，使毋得以其狂瞽之言上渎圣聪，则熹也谨当缄口结舌，归卧田间，养鸡种黍，以俟明公功业之成而羞愧以死，是亦明公始终之厚赐也。情迫意切，矢口尽言，伏惟明公之留意焉。②

其原因在于朱熹巡历至台州，六上状奏劾前知台州唐仲友贪污不法事。因唐仲友乃王淮姻亲，故朱熹"章三上，王淮匿不以闻"，朱熹"论愈力"，王淮"度其势益炽，乃取（朱熹）首章语未甚深者，及仲友自辩疏同上，曲说开陈，故他无镌削，止罢新任"，即"知台州唐仲友放罢。以浙东提举朱熹按其催科刻急、户口流移故也"，次日夺唐仲友江西提刑新命而改除朱熹。朱熹"以为是蹊田而夺之牛，辞不拜，遂归"。此后，朱熹、王淮二人再无交往。

对于朱熹在提举浙东时所上宰相王淮二书，明人陈敬宗以为朱熹"亦值岁饥，绳治婺之豪民"，故"兹二事俱已入奏讫，复此具札祈扣之至者，冀其亟赐俞允也。而淮视之漠然。亦有唐仲友者，与淮同里闬，为姻家。仲友知台州时，贪盗淫虐，蓄养亡命，徽国（朱熹）按得其

---

① （清）徐松辑，刘琳、刁忠民等校点：《宋会要辑稿·职官七二》，上海古籍出版社2014年版，第4985页。

② （宋）朱熹：《晦庵文集》卷二六《上宰相书》，第1175—1180页。

实，章凡十上，淮皆匿之。徽国论之益力，至于不得已，始取初章与仲友所自辨者杂进，竟脱仲友重谴。观此则二札诚妄投也，岂徽国一时昧于知淮者哉？"[①] 所谓朱熹"岂徽国一时昧于知淮者"之说，实乃因其昧于朱熹、王淮二人交游始末而致此疑，而朱熹与王淮之交游，据现见文献，唯有在朱熹的往来书札中有所反映。

---

① （清）倪涛：《六艺之一录》卷三四八《朱晦翁与时宰二札子》，清文渊阁《四库全书》本。

从《朱子全书》到"朱子学文献大系"

——以"专题文献整理研究"构建"学术史研究"文献平台的尝试

华东师范大学古籍研究所　严佐之

撰写此文,对敝所近 25 年科研规划做一专项汇报,是鉴于其合乎会议主要议题"三十五年来古籍整理工作交流与总结"之"经验交流"一项,并与"专题文献整理与研究""文献学与学术史研究"两项规定议题相关。

一　基于"文献学与学术史研究"的"朱子学文献大系"编纂理念

全国高校古委会在 20 世纪 80 年代成立之初,就对各校古籍所的学科建设提出过指导性意见:通过古籍整理科研项目,培养学科人才队伍,形成学科发展特色。可惜敝所当初领会精神不深,错失了与兄弟所"九全一海"同步发展的机会。亡羊补牢,为时未晚。1993 年至 2007 年,我们根据本所师资队伍的学术结构,参照学术研究前沿的动向信息,把全所科研力量整合、凝聚到南宋著名思想家朱熹著述的整理研究这个方向上,先后策划,相继完成了《朱子全书》《朱子全书外编》的编纂和出版,把朱子本人的撰述、编著与注释之作,及由其指导或授意门人弟子的撰著纂述,做了一次原原本本的文献清理和集成。而除此之外,这整整 15 年的收获,还有我们对朱子学说及其历史意义认识的不断更新和逐步深刻。

朱子是继孔子之后,儒家思想文化史上成就最卓越的学者和思想家。近半个世纪前,钱穆先生在《朱子学提纲》中提出:"中国历史上,前古有孔子,近古有朱子。此二人,皆在中国学术思想史及中国文化史上发出莫大声光,留下莫大影响。旷观全史,恐无第三人堪与伦比。"① 朱子建构的理学思想体系，博大精深，不仅在儒学发展史上具有划时代的意义，而且对其身后长达 700 余年的中国，乃至日本、朝鲜等东亚诸国的思想、学术、社会、政治，都产生了深刻、巨大、恒久的影响。唯此巨大影响在思想学术史上留下的显著印迹，就是后世学者鲜能绕开朱子说事，要么尊朱、宗朱，要么反朱、批朱，"与时俱进"的朱子思想研究，成为贯穿数百年学术史无时不在的主题和主轴。于是，有学者甚至认为，"在朱熹以后，理学就成了'朱子学'"，朱子就是"理学传统中的孔子"。这样的评价，虽然未必"真是"，却亦庶几"真事"。推而论之，则世所谓"朱子学"，固然是指朱子本人的思想学术，却又不只是其本人的思想学术。按陈来先生的说法，朱子留下的丰厚著述与精致学说，以及 700 余年来，他的同道学友、门人弟子与后世尊朱、宗朱学者，对朱子著述、学说的阐发与研究，即"整体地构成了现如今我们所研究的'朱子学'"②。作为整体、通贯的朱子学，其学术范畴不仅涵盖易、诗、礼、四书等传统经学领域，更涉及哲学、史学、文学、政治学、教育学、社会学、文献学等诸多学科，既是一座内容广阔、内涵精深的传统思想宝库，一份极富开掘意义和传承价值的文化遗产，也是一门具有多学科交叉特色的综合性专学。

自 20 世纪 80 年代以来，海内外学术界对朱子学研究表现出前所未有的兴趣和关切，发展迄今 30 余载，已获长足进步。但综观现状，反思自省，我们的研究及取得的学术成果，与朱子学本身所应该享有的研究规模和研究程度，还很不相称，若衡之以"整体、通贯"的要求，则该研究领域中的很大一部分，甚至还未曾涉及过。近年来，关于推进整体、通贯的朱子学研究的想法，逐渐成为学界的一个共识。如以朱子学为主题的国际学术研讨会在中国、韩国、美国等地数度举办，如《朱子学通论》③ 等朱子学研究专著相继问世。而中华朱子学会、朱子学学会等全国性学术团体的成立，则意味着一个"学术共同圈"的初步形成，以及作为一门独立学科的朱子学研究已进入一个新的历史阶段。学者们指出，新时期朱子学研究的任务，就是要规划对宋、元、明、清各个朝代的朱

---

① 钱穆：《朱子学提纲》，生活·读书·新知三联书店 2014 年版，第 1 页。
② 谢宁：《还原朱子学研究的重要性——陈来访谈录》，《博览群书》2010 年第 12 期。
③ 参见高令印、高秀华《朱子学通论》，厦门大学出版社 2007 年版。

子学，以及每位朱子学家的重要见解进行分析，把他们流传下来的书籍、文献进行整理、研究。而后者，即对历代朱子学文献的整理与研究，无疑是前者的先行和基奠。

　　认识渐趋深刻，遂生自觉担当决心。在完成朱子本人撰述的文献集成之后，我们有意再接再厉，把历代朱子学文献整理研究工作继续下去。先是在《朱子全书外编》书稿杀青之际，我们就曾酝酿用传统的"学案体"来编纂历代朱子学者的相关学术文献。后来朱杰人教授主编影印《朱子著作宋本集成》，又提出编纂出版"朱子学文献大系"的构想。不过那些年忙于编纂整理《顾炎武全集》，既分身无术，也分心不得，只能把研究计划暂搁案头。故而，当《顾炎武全集》一旦脱稿，此事也就顺理成章地提上了议事日程。2010年年末，我们开始循着"朱子学文献大系"的思路策划课题；翌年初春，确定以本所师资为主体，组建科研团队，以"朱子学文献整理与研究"为课题，拟订科研规划。是年初夏，课题被纳入当年国家社会科学基金重大项目第二批招标目录；秋十月，经过竞标面试，以严佐之教授为首席专家的"朱子学文献整理与研究"课题正式获批立项；冬十二月，经课题论证会专家组评议审定，规划通过论证，项目正式启动。按照课题规划，"朱子学文献整理与研究"课题，凸显文献整理与研究并重的特色，旨在从理论和实践两个方面，构建一个符合整体、通贯的"朱子学"学科内涵和特点的"朱子学文献"分类体系，并从浩如烟海的历代典籍文献中，梳理出属于"朱子学"学科范畴的基本文献资料，打造一个集"朱子学文献"大成的信息平台。为此，课题设计了"历代朱子学研究撰著集萃校点""历代朱子学研究文类辑录校点""历代朱子著述珍本集成影印""朱子学专科目录编撰""朱子学文献专题研究撰著"等项目子课题。各项研究的最终成果形式，则将结集为一部开放性的大型丛书"朱子学文献大系"。"朱子学文献大系"下辖《历代朱子学著述丛刊》《历代朱子学文类丛编》《历代朱子著述刊本集成》《朱子学文献研究丛书》四部不同类型的丛书，故称之"大系"。其中《历代朱子学著述丛刊》拟按学科、著述或学术议题分编专辑，如"朱子经学专辑""朱子四书学专辑""朱子〈近思录〉专辑""'朱陆异同'专辑"等，以集中提供经过精选精校的历代朱子学重要研究著述的阅读文本。《历代朱子学文类丛编》拟按专题分类辑集散见于各种典籍的朱子学研究篇章，如序跋、札记、语录、书信等，以集中提供经过遴选类编的历代朱子学研究文献散篇的阅读文本。《历代朱子学著述丛刊》拟按时代分编《朱子著述宋刻集成》《元明刻本朱子著述集成》等，以集中提供高仿真影印的朱子著述历代各色珍稀版本。《朱子学文献研究丛书》拟收入具有文献学研究属性的各种编著撰述，如《朱子学古籍总目》《朱子学史籍考》《朱子与弟子友朋往来书信编年》等。"朱子学文献大系"下辖各丛书都已制订基本收书书目，但不预设收书总数上限，倘日后发现宜收之书，则可随时补编增入，故谓之"开放性"大型丛书。迄今为止，"朱子学文献大系"已出版了《历代朱子学著述丛刊》中的《朱子〈近思录〉专辑》《历代"朱陆异同"典籍萃编》两种子丛书，出版《历代朱子学文类丛编》中的《历代"朱陆异同"文类萃编》一种，以及属于《朱子学文献研究丛书》的《朱子与弟子友朋往来书信编年》《〈近思录〉文献丛考》两种。其中《朱子〈近思录〉专辑》《历代"朱陆异同"典籍萃编》两种古籍整理，与先前完成的《朱子全书》《朱子全书外编》性质有所不同，后者属于个人独撰类丛书，前者则似专题文献类丛书。兹特以此二书为例，谈谈"专题古籍文献整理研究"与朱子学史研究的关系。

二 基于朱子学史的"专题文献整理研究"：《朱子〈近思录〉专辑》与《历代"朱陆异同"典籍萃编》

《朱子〈近思录〉专辑》是以朱子《近思录》为主题，纂集历代各家《近思录》"后续著述"而成的一部专题古籍丛书。《朱子〈近思录〉专辑》的纂集构思，是基于对《近思录》的"被经典化"过程，及其"后续著述"的思想学术史意义的认识，而这一认识是在执行"朱子学文献整理与研究"课题的研究过程中不断深化的。

《近思录》原本不过是朱子与吕祖谦为推行北宋周、程、张四子思想而编纂的一部普及性理学入门读本，唯其篇章分卷的结构设计，及其对四子语录的遴选审订，体现了朱子对理学早期思想体系的宏大思考和缜密建构，故而被后世学者奉为"进学之阶""入德之门"，并被一遍遍翻刻重印、一次次注释续补、一步步发掘出潜藏的巨大学术价值、一步步提升到显要的理学经典地位。早在南宋后期，《近思录》就已被学者视为"我宋之一经，将与四子并列，诏后学而垂无穷者"①。及明初永乐诏修《性理大全》，"其录诸儒之语，皆因《近思录》而广之"②，是知此书已对国家意识形态产生不小影响。有清一代对《近思录》的评价更是一路抬升，称此书"直亚于《论》《孟》《学》《庸》"③，以为"救正之道必从朱子求，朱子之学必于《近思录》始"④。不仅如此，《近思录》还流布域外，在古代东亚的朝鲜、日本也得到广泛传播，非但屡屡重刻传抄，为之注释者亦络绎不绝。一部古代学术典籍，竟然获得后世如此长期恒久的关注和众多密集的研究！这样的故事，自然只有儒、释、道学的"核心"经典才会发生。无怪乎梁启超、钱穆先生，皆奉《近思录》为宋代理学之首选经典，以为"后人治宋代理学，无不首读《近思录》"⑤。在经过700多年传播的层层累积之后，《近思录》最终成为最能代表中国古代主流学术思想的经典之一。既为古代学术思想之经典，《近思录》固然有其可以古今转换、历久弥新的思想意义和学术价值。然而，有意义、有价值的还远不止于《近思录》本身，七八百年来广泛流布于中土、东亚的众多《近思录》后续著述，同样是一大笔值得后世珍视的思想学术史宝贵资源。

　　按照最初的设计方案，只是在"朱子性理学专辑"中收录常见常用的几种《近思录》后续著述，如叶采、茅星来、江永等人的集注集解。然而通过调研，出乎意料地发现，历代《近思录》续补注释著述总数竟多达百种以上。《近思录》续补著述的一个类型是接续朱子文献。鉴于《近思录》并无朱子思想资料的记录，故而按照《近思录》构建的理学框架来续集朱子语录，以弥补无朱子思想资料之缺憾，一直是后世朱子学者的考虑重点，如蔡模的《近思续录》、赵顺孙的《近思录精义》、刘维深的《续近思录》、钱士升的《五子近思录》、清汪的《五子近思

---

① （宋）叶采：《近思录集解自序》，载曾枣庄、刘琳主编《全宋文》卷七八七一，上海辞书出版社、安徽教育出版社2006年版，第341册，第149页。

② （清）王梓材、（清）冯云濠编撰，沈芝盈、梁运华点校：《宋元学案补遗》卷六九《沧州诸儒学案补遗上·晦翁门人·熊先生节》，中华书局2012年版，第3897页。

③ 徐世昌等编纂，沈芝盈、梁运华点校：《清儒学案》卷五八《慎修学案上·江先生永·近思录集注序》，中华书局2008年版，第2298页。

④ （清）吕留良：《与张考夫书》，载吕留良撰，俞国林编《吕晚村先生文集·文集》卷一，中华书局2015年版，第1页。

⑤ 钱穆：《朱子对濂溪横渠明道伊川四人之称述》，《钱穆先生全集·朱子新学案》，台北：三民书局1971年版，第3册，第55页。

录》、朱显祖的《朱子近思录》、刘源渌的《近思续录》、张伯行的《续近思录》、孙嘉淦的《五子近思录辑要》、黄叔璥的《近思录集朱》等，诸如此类者，且谓之《近思录》"续录"。续补著述的另一类型，则是依仿《近思录》编例来汇集历代程朱学者的思想学术文献，因其书名多用"别录""后录""补录""广录"等，为与专门辑集朱子之语的"续录"相区隔，故此且用"补录"概称之。举其要者，如朱子讲友刘清之的《近思续录》，"乃取程门诸公之说"[1]；弟子蔡模的《近思别录》，但收朱子道友张南轩、吕东莱二先生语录；明万历间江起鹏编纂的《近思录补》，并及程子、朱晦庵、张南轩、吕东莱、黄勉斋、李果斋、薛敬轩、蔡虚斋、胡敬斋、罗整庵十家之言，使《近思录》的续补历史延伸到了明代。清施璜的《五子近思录发明》，是在汪佑的《五子近思录》基础上，再补录薛敬轩、胡敬斋、罗整庵、高景轩四位明代最重要朱子学者的相关言论。张伯行的《近思广录》则精萃张栻、吕祖谦、黄榦、许衡、薛瑄、胡居仁、罗钦顺七大儒语录，体现了他对宋元明三朝《近思录》诠释史的认识。又郑光羲的《续近思录》，既采薛瑄、胡居仁、陈献章、高攀龙四人之说，又采王守仁、顾宪成、钱一本、吴桂森、华贞元及其父仪曾六人之说，与众不同，别具一格。至于编撰于光绪间的吕永辉的《国朝近思录》，则精选清初陆桴亭、张杨园、陆稼书、张敬庵四位朱子学者语录，完成了《近思录》诠释史清代部分的接续。《近思录》后续著述的另一大类注解诠释著述，包括注释集解和随笔札记等，今存者有杨伯嵒的《衍注》、叶采的《集解》、周公恕的《分类经进近思录集解》、张习孔的《传》、张伯行的《集解》、李文炤的《集注》、茅星来的《集注》、江永的《集注》、陈沆的《补注》、郭嵩焘的《注》、张绍价的《解义》、管赞成的《集说》等十余家，亡佚者更多不胜数。如上所述，林林总总，蔚为大观，为便宜叙述起见，且以《近思录》"后续著述"概称之。与《近思录》经典化进程同步产生的这一大批《近思录》后续著述，在众多理学文献中自成一脉。这些后续著述的编撰者，无不遵循朱子架构的《近思录》理学体系，针对《近思录》提出的理学话语、议题和思想，"与时俱进"地阐发各自的理解和见解，从而徐徐打开一幅700余年朱子学发展史的长卷。为了充分传达我们的这

---

[1] （宋）黎靖德编：《朱子语类》卷一〇一，清文渊阁《四库全书》本。

一认识，我们以"朱子《近思录》"为主题，做成古籍整理专辑，将21种最具代表性的《近思录》后续著述纂辑一编，使之成为有益于学者展阅、研读这幅思想学术史长卷的基本参考文献。

同样，《历代"朱陆异同"典籍萃编》的编纂整理，也是基于"朱陆异同之辨"对理学史、朱子学史研究具有特殊意义的再认识。发生于1175年的"鹅湖之会"，无疑是惊动当时、影响后世的一大学术事件；发端于"鹅湖之会"的"朱陆异同之辨"，绝对是儒学史上最富争议的一大学术公案。"朱陆异同"是理学同道内部对"求道"不同认识的路线之争，与绵历七八百年的朱子学史缠绕终始，无论是明阳明学的勃兴，还是清考据学的大盛，都与"朱陆异同之辨"脱不了干系。或许可以说，正因有象山、阳明这样强大理论对手的存在，才使朱子学发展的历史呈现如后来那般的曲折与精彩。有说不知"朱陆异同"，便不能真知朱子学；以此推之，是不知"朱陆异同之辨"历史衍变，便不能真知整体、通贯的朱子学史。故专治"朱陆异同之辨"历史衍变一事，实欲治朱子学史者所当务，而欲务成其事，则必先于"朱陆异同"历史文献有所竭尽之了解。

历代"朱陆异同之辨"留下大量"朱陆异同"历史文献，是"朱陆异同之辨"历史存在的证据，也是"朱陆异同之辨"历史研究的基础。"朱陆异同之辨"于理学史、朱子学史研究具有特殊意义，当然不是现在的新认识，自中华民国初年以来，学界即对其多有关注与研究。举其荦荦大者，如早先的钱穆《中国近三百年学术史》《朱子新学案》、牟宗三《从陆象山到刘蕺山》、近顷之汤一介《中国儒学史》、龚书铎《清代理学史》、冈田武彦《王阳明与明末儒学》等。甚至汇刊历代"朱陆异同"专书之事，也已有先例，如21世纪初江西高校出版社出版吴长庚教授主编的"朱陆学术考辨五种"（程敏政《道一编》、王守仁《朱子晚年定论》、陈建《学蔀通辨》、李绂《朱子晚年全论》、王懋竑《朱子年谱》）。然而，我们在执行朱子学文献整理与研究计划的文献调研过程中，发现了大大超出经验之外的"朱陆异同"历史文献，遂而发觉对于"朱陆异同之辨"历史衍变之既有研究，原来还大大存在继续拓展、进而更新的可能。

所谓"朱陆异同"历史文献，顾名思义，乃指包括朱、陆生前身后、一切与"朱陆异同之辨"相关的历史文献，时限上自"鹅湖之会"，下至清代终结。这是一个界限定义在"朱陆异同"范畴之内的概念，凡若仅涉朱子、象山、阳明学说而无关朱陆、朱王异同之辨的文献，则一般不在讨论之列。"朱陆异同"历史文献，一以专著形式存世，是谓"专书文献"；一以文章形式存世，是谓"单篇文献"。所谓"朱陆异同"专书文献，概指专门或主要讨论"朱陆异同""朱王异同"问题的撰著。唯稍涉其事者不入其列，如陆陇其的《读朱随笔》、夏炘的《述朱质疑》等书，虽有辟金溪、姚江条目若干，但整书并非专论"朱陆异同"，故不以"朱陆异同"专书视之。"朱陆异同"专书必因"朱陆异同之辨"升温至一定热度才应势而生，虽相比于"朱陆异同"单篇文献出现时间晚，传世数量少，但所传达的文献意义却十分重要。前述"朱陆学术考辨五种"正是以"朱陆异同之辨"为专题的"朱陆异同"专书合集（王懋竑《朱子年谱》似非所属），但其收书太少，远不足以反映"朱陆异同之辨"的历史衍变进程。如《道一编》之后，即有明正德四年（1509）张吉撰《陆学订疑》、正德十年（1515）程曈撰《闲辟录》与程敏政针锋相对；《朱子晚年定论》之后，除《学蔀通辨》外，犹有隆庆元年（1567）冯柯撰《求是编》、崇祯间王尹撰《道学回澜》，辩驳阳明"早异晚同"之说。至于清代，除李绂的《朱子晚年全论》外，更是大有书在，如顺治十八年（1661）秦云爽撰《紫阳大旨》、康熙初孙承泽辑《考正朱子晚年定论》、康熙六年（1667）熊赐履撰《闲道录》、康熙十五年（1676）王弘撰《正学隅见述》、康熙十七年（1677）陆陇其撰《学术辨》、康熙二十年（1681）张烈撰《王学质疑》、康熙二十三年（1684）熊赐履著《下学堂札记》、康熙三十八年（1699）郙成撰《朱陆异同书》《辨陆书》、康熙五十二年（1713）朱泽澐撰《朱子晚年定论辨》、康熙间王复礼撰《三子定论》、雍正十年（1732）朱泽澐撰《朱子圣学考略》、雍正间童能灵撰《朱子为学次第考》、道光十一年（1831）费熙撰《朱子晚年定论评述》等。以上诸书，皆传世可观者，其中多数为朱子站队，少数为阳明撑台，也有持调和论者。除此之外，据《郡斋读书附志》著录，宋人尚有"《无极太极辨》一卷"，虽未详编者，但知是"朱文公、陆梭山、象山往复论难之书也"[①]。另据文献记载，宋末元初有吴汝一撰《筦天》，"考朱子书，凡言论旨趣与陆子同者

[①]（宋）晁公武：《郡斋读书志》卷五下《语录类》，《四部丛刊三编》理宗淳祐本。

为一编"①；刘埙撰《朱陆合辙》，"取象翁文集手钞焉，且复取晦翁语录，摘其推尊文安者著于篇端"②；龚霆松撰《四书朱陆会同举要》，"于四书集陆子及其学者所讲授，俾来者有考"③。而《千顷堂书目》则著录明郝敬的《闲邪记》、张恒的《学辨撤蔀》、何栋如的《道一编》、连城璧的《朱陆参同辨疑》等，察其书名，皆疑似"朱陆异同"专书，惜亡佚无传，难考其详。又按费熙的《朱子晚年定论评述》中云："《定论》一书，坊间旧有评本，系震川某氏所订，惜其评语与前后所附见者，徒沿王学流弊，于朱子所以立说与王子所以表章之故，俱未有见及。"④ 可知亡佚失传的"朱陆异同"专书，宋元以降，尚多有之。最新出版的《历代"朱陆异同"典籍萃编》，即从现存历代"朱陆异同"专书中遴选20种汇编而成。此外，我们还在数以千计的历代典籍中，辑得宋、元、明、清四朝344位著者的1381篇"朱陆异同"单篇文章，纂成《历代"朱陆异同"文类汇编》。虽然，相关文献搜辑难免挂一漏万，但我们就是想通过这样的专题性古籍整理，为学术界提供一个朱子学史研究的基础性文献平台。

从《朱子全书》《顾炎武全集》到"朱子学文献大系"的《朱子〈近思录〉专辑》《历代"朱陆异同"典籍萃编》，意味着敝所在科研规划选题上的一次"转型"，即从个人独撰类总集的编纂整理，转向学术史"专题文献整理研究"。按照我们的理解，所谓学术史专题文献整理研究，就是围绕某一学术议题展开的专项古籍整理研究。倘若从文献揭示的学理来考量的话，这样的学术专题古籍整理模式也是其来有自的。众所周知，传统书目类型中的"专题目录""专科目录"，就有不少是按某一学术专题来汇集群书编目的。不过大多数学术专题目录都取简目体裁，在揭示图书的功能上较受局限，于是又发展出有解题的学术专题目录，如《杜集叙录》《历代诗经要籍解题》等。此外古代类书在某种意义上也可以看作"主题目录的扩大"，围绕某一学术主题节引汇聚相关文献，也被称作文献资料汇编。专题解题目录也好，

---

① （元）刘埙：《水云村稿》卷五《朱陆合辙序》，清文渊阁《四库全书》本。
② （元）刘埙：《水云村稿》卷五《朱陆合辙序》，清文渊阁《四库全书》本。
③ （元）袁桷：《龚氏四书朱陆会同序》，《清容居士集》卷二一，《四部丛刊》景元本。
④ （明）王守仁撰，（清）费熙评述：《朱子晚年定论评述》，清光绪十九年（1893）刻本。

专题资料汇编也好，其揭示图书的力度都已超越专题简目，但若还想做更深层的文献揭示，那么围绕某一学术议题展开专项文献整理研究，纂集各种学术专题古籍丛书，就是一个大有可为的选择。事实上，诸如此类的古籍整理成果已多见呈现，除前举"朱陆学术考辨五种"外，还有《理学渊源考辨丛刊》《阳明后学丛书》等，其不同于个人独撰总集编纂整理的文献价值业已显现，但其留给我们的发展空间依然很大。

略说《四库总目》与东亚汉籍分类观念的近代衍变

北京大学中国古文献研究中心
全国高等院校古籍整理研究工作委员会　　吴国武

一　引言

众所周知，乾隆年间编纂的《四库全书总目》既是最为重要的中国古典目录，也是中国古典学术精华的集成之作。笔者曾经撰文提出，《四库全书》的纂修是中国古典学走向自觉的重要节点，《四库全书总目》的编纂标志着中国古典学的成立。① 由中国推及东亚，汉籍分类观念及汉文古典学的近代衍变，与四库分类构造息息相关。

历来的四库学研究者，尽管对四部分类法的沿革内容有周详的讨论，对《四库全书总目》与日、韩两国的汉籍目录也有初步的比较，但是很少将其置于东亚世界形成变化、东亚汉文古典学成立和展开的视野下。西嶋定生先生有一段关于东亚世界形成的著名见解："东亚世界是以中国文明的发生及发展为基轴而形成的。……构成这个历史的文化圈，即东亚世界的诸要素，大略可归纳为一、汉字文化，二、儒教，三、律令制，四、佛教等四项。"② 当然，也有学者增加了阴阳五行学说等其他要素。东亚世界大体形成于中国的隋唐时期，经历了中世、近世和近代几个时段，涵盖中国、琉球、朝鲜、越南、日本等区域，第一个特征就是"汉字文化"。由汉字书写进而形成了汉文典籍，汉文典籍承载汉字文

---

①　参见吴国武《略议〈四库全书总目〉与中国古典学的成立》，《北大古典学》2017年第3期。

②　[日]岩波：《序说：东亚世界の形成》，讲座《世界历史》（4），东京，1970年；[日]西嶋定生：《东亚世界的形成》，高明士等译，载刘俊文主编《日本学者研究中国史论著选译》第2卷，中华书局1993年版，第88—92页。

化、儒教、律令制和佛教等诸多内容；由汉文典籍进而形成东亚汉文古典学，汉文古典学是一套有关汉文典籍及其文明在东亚世界成立展开的系列学问。笔者认为，乾隆年间纂修《四库全书》、编纂《四库全书总目》是东亚世界的重要事件，对于东亚汉籍分类观念、汉文古典学乃至东亚文明进程都产生了深刻影响，既具有中国意义，更具有东亚意义。[①]

作为隋唐以来最为通行的中国古典目录（汉籍目录）分类法，四部分类体系在构造原理和分门别类上经历了起承转合的若干历史阶段，最终《四库全书总目》集其大成并朝着建构中国（东亚）古典学的方向前行。在西学东渐、变乱丛生的近代东亚，四部分类体系呈现出调整完善和解体覆亡两种不同的命运。过去讨论中国古典目录的近代境遇，学界往往采取进化论和现代化立场，专事论证四部分类体系解体覆亡的面向。实际上，四部分类体系在汉文古典学的衍变融通中也得到了调整完善。

二 四部分类体系的东亚传衍与《四库总目》的汉籍分类构造

17世纪中叶，清政府取朱氏明朝而代之。在异族征服、渐进汉化和力争正统的过程中，清朝权贵、前明遗民、新朝进士、地方士庶等各类社群对汉文典籍及其学问的倡导引人注目。18世纪中叶，《四库全书》纂修和《四库全书总目》编纂应运而生，汉文典籍及其学问逐渐超越部族、地域、政权，成为东亚"千古同文之盛"[②]的共同传统。

从文献学和学术史角度来观察，《四库全书总目》的同文观念和分类观念对于近代东亚的学术和文明有很大影响，并成为建构东亚汉文古典学的重要基础。汉文典籍的生成可以上溯到先秦秦汉，王官诸子、经传注疏、儒学教化、汉译佛经、道教经典在汉唐之间逐渐传衍。最大规模的周边传衍在唐代，包括汉文儒书、礼典、字书医书、佛典等在内，形成了汉唐注疏之学及其他东亚学问。宋明时期，汉文新注疏和性理书

[①] 参见吴国武《〈四库全书〉与东亚世界》，四库全书申遗座谈会（首都师范大学历史学院、四库学研究中心举办），北京，2017年12月2日。

[②] 《乾隆三十七年正月初四日圣谕》，载（清）永瑢等《四库全书总目》卷首，中华书局1995年版，第1页。

产生并再度向周边传衍，包括"四书五经"、新译佛典等在内，形成了朱子学、阳明学及其他东亚新学问。与此相应，汉籍分类观念在东亚传衍中不断发展变化。

汉文古书形成和经典化出现在春秋战国时代，于是有《汉书·艺文志》所谓"六艺经传诸子"以及相应的王官学、诸子学。注疏传统和三教互动在汉唐之间持续演进，《隋书·经籍志》《日本国见在书目》《旧唐书·经籍志》《新唐书·艺文志》等书目正是汉唐典籍及其学问的集中体现。隋唐是东亚世界的形成期，同样唐初所编《隋志》及其四部分类体系也成为东亚汉籍系统观念的真正起始点，对古代日本、韩国等周边区域影响很大，所谓"唐本""唐板"便是明证。

《隋书·经籍志》是魏徵奉命于太宗贞观年间编撰的五朝经籍志，虽以《隋书》为名但是带有总结南北朝、隋代典籍的性质，反映了这一时期的典籍分类及其学问。这部目录分为经、史、子、集四部并附道经、佛经，标志着四部分类体系的正式确立。经部下分易、书、诗、礼、乐、春秋、孝经、论语、纬书、小学十类，从结构上看有六经、孝论、纬书和小学四个层次；史部分为正史、古史、杂史、霸史、起居注、旧事、职官、仪注、刑法、杂传、地理、谱系、簿录十三类，从结构上看有史事（含正史至起居注）和专志两个层次；子部有儒、道、法、名、墨、纵横、杂、农、小说、兵、天文、历数、五行、医方十四类，从结构上看有九流诸子和兵书方术两个层次；集部有楚辞、别集、总集三类，从结构上看有辞赋和文集两个层次。四部共计四十类，显然是在《七略》《汉志》及六朝目录基础上发展起来的。此外，附道经下分经戒、饵服、房中、符箓四类，仿阮孝绪《七录》分类而成；附佛经下分大乘经、小乘经、杂疑经、大乘律、小乘律、杂律、大乘论、小乘论、杂论、记十类，仿《众经目录》而改。《隋志》及其四部分类体系，在东亚世界有相当的影响力。

以日本为例。宽平三年（891年，即唐昭宗大顺二年），藤原佐世奉宇多天皇编撰《日本国见在书目录》，收录1579部汉籍（实际包括少量和书），汉籍分类基本仿照《隋志》。这个目录，最为学界所熟知。若说与《隋志》的最大区别，在于四部之外不附道经、佛经，可谓名副其实的四部分类体系。严绍璗先生曾经指出："日本古代的汉籍目录学著作，从总体上，可以分为内典目录和外典目录两大类别。"① 这部目录不附佛经的原因，应该与奈良平安时代的尊佛和遣唐僧的自我认同有关，内典、外典分而治之，各有类别，相对独立。至于不附道经，应该与道教在日本僧俗中的影响较小有关，也与子部原有道家等类别可以归并有关，属于道经的三四十部典籍被归入道家、杂家、五行和医方四类之中。②《隋志》中认为："道、佛者，方外之教，圣人之远致也。俗士为之，不通其指，多离以迂怪，假托变幻乱于世，斯所以为弊也。故中庸之教，是所罕言，然亦不可诬也。故录其大纲。附于四部之末。"③ 这一认识，与日本以佛书为内典、儒书（汉籍）为外典的传统大相径庭，对汉籍分类观念乃至汉文古典学的区域特色颇有影响。

自宋以来，汉唐注疏逐渐被宋明新注疏替代，形成了宋明典籍系统，包括四书、五经、性理书等在内。重要的目录如《郡斋读书志》《直斋书录解题》《宋史·艺文志》《文渊阁书目》《千顷堂书目》等，四部分类体系在承变中重组，新的门目也随之产生。这一时期的东亚汉籍分类，有两个现象值得注意。

一是受汉籍分类影响的本朝书目出现。以日本为例。永享、嘉吉年间（1429—1443，相当于明代中叶宣德、正统间），清原业忠奉足利义诠之命编撰《本朝书籍目录》（又名"仁和寺书目"）一卷，收录494部和书（其中也有汉籍）④，为日本最早的国书目录。这部书目，最早只有十类，源于皇家藏书的排列，后分为二十大类，即神事、帝纪、公事、政要、氏族、地理、类聚、字类、诗家、杂抄、和歌、和汉、管弦、医书、阴阳、传记、官位、杂杂、杂抄、假名。内藤湖南先生指出："其中神事、帝纪、氏族、地理、和歌是日本固有的，公事，杂抄、管弦、

---

① 严绍璗：《汉籍在日本的流布研究》，江苏古籍出版社1992年版，第66页。
② 参见［日］中村彰八《日本的道教》，载［日］福井康顺等监修《道教》第3卷，上海古籍出版社1992年版，第19页。
③ （唐）魏徵、令狐德棻：《隋书·经籍志》，中华书局1973年版，第1099页。亦收入王承略、刘心明主编《二十五史艺文经籍志考补萃编》第13卷，清华大学出版社2014年版，第184页。
④ 比如，张固也先生认为诗家类的《词苑丽则》就是唐人康显贞所作，参见氏作《康显贞词苑丽则序释论》（收入《北京大学中国古文献研究中心集刊》第九辑，北京大学出版社2010年版）。

杂杂中也有若干是固有的。"① 其他类别，多有与汉籍内容近似之处。从分类结构来看，"神事"类堪比经部，"帝纪"至"地理"类相当于史部类（"帝纪"类堪比正史类），"类聚""字类"类堪比子部类书类、经部小学类，"医书"类、"阴阳"类相当于子部类，"诗家"至"和汉"类相当于集部类。笔者推测，二十大类应该也是比附融通汉籍分类的结果。当然，由于和书独立分类，日本出现了汉籍他者化的倾向，影响了东亚古典学在日本的区域特色。

二是本土学风反过来影响四部分类。以韩国为例。高丽王朝（918—1392 年，相当于晚唐至元初）只有汉籍，并无本土文字典籍，应该是全面接受唐宋四部分类法。不过，据沈晛俊、曹炯镇二先生的研究，已知的高丽版汉籍除佛书以外只有辞书类、性理学类和儒家经书类等少数几类。② 这种重视性理学的传统，对李氏朝鲜王朝（1392—1910 年，相当于元明清时期）的汉籍分类法影响很大。比如，韩国现存第一部汉籍目录，即金烋于仁祖十五年（1637 年，相当于明崇祯十年）编撰的《海东文献总录》。这部目录，收书约六百七十多种，分为二十类，表面上虽然不按四部分类，但亦有四部分类构造特点，与明代私家目录有共通之处。从分类结构上看，属于经部类型的为经书（附性理学）、注解和小学（附集字）三类，属于史部类型的为史记、礼乐、兵政、法典、地理、谱牒和鉴诫七类，属于子部类型的为天文（附阴阳历法）、医药（附针灸养生书）、农桑（附种养畜牧等书）、儒家杂著述和诸家杂著述五类，属于集部类型的为御制诗集、诸家诗文集、中国诗文撰述、东国诗文撰述和中国东国诗文合编五类。③ 笔者认为，性理学附于经书类，反映了李朝的性理学风，影响东亚古典学在韩国的宋学特色。

明王朝汉族政权的覆亡，满人入主中原进而成为中国文明的继任者。与日文、韩文不同，满文产生于 19 世纪末，借鉴蒙古文而成。满文使用不久，就进入满籍、汉籍的磨合期，也受汉籍观念影响。一些满文典籍

---

① ［日］内藤湖南：《日本国民的文化素质》，载《日本历史与日本文化》，刘克申译，商务印书馆 2012 年版，第 219 页。

② 参见沈晛俊、曹炯镇《韩国所藏高丽时期稀贵本汉籍研究》，《中国学术》第 25 辑，商务印书馆 2009 年版，第 166 页。

③ 参见张伯伟《二十六种朝鲜时代汉籍书目解题》（上），《文献》2004 年第 4 期，收入《朝鲜时代书目丛刊》，中华书局 2004 年版，第 7 册，第 3336 页。

被编入《四库全书》，部分被译成汉籍；也有相当数量的汉籍译成满文典籍。在整理满文文献的今天，四部分类法能够被广泛使用，正是汉籍观念影响的一个佐证。

乾隆年间纂修《四库全书》、编纂《四库全书总目》，延续了清初以来对汉文典籍的整理（包括《古今图书集成》、御纂诸经、"殿本十三经"注疏及"二十一史"等），同时又极力将满文纳入以汉籍为代表的中国文明序列。从清代对待满汉文、对待明遗民、新朝进士、地方士绅的态度，可以发现梳理汉文古典学脉络的意图。乾隆皇帝和四库馆臣明确以《隋志》为据依，参酌《明史·艺文志》以及其他重要目录，重视正经正史的基础地位，容纳周边区域传衍的汉籍，择入西方人所撰汉籍，精心构造了新的四部分类体系。同时，面对西学东渐，汉文典籍分类观念也得到调整。以算学与小学关系为例，本杰明·艾尔曼（Benjamin Elman）先生指出："与17世晚期明史的编修者不同，四库馆臣拒绝将算学置于小学类下，他们认为在常识上算学与天文学之间联系更为紧密。……在赞许清代学者如何通过复原天元术而平衡与统一了'西方与中国'和算学知识时，四库馆臣所显示出的自豪，清楚地体现了他们将西学中源的发现，视作自己胜出其明代前任者捉襟见肘的算学知识的关键因素。"[①]《四库全书总目》是清朝成为中国文明继任者的象征，也使汉文古典学在近代中国的发展更为复杂。

德川幕府和李氏王朝对新成立的清朝，一直抱有复杂的心态和看法。纂修《四库全书》前后，他们都试图了解或影响纂修过程。德川时代的日本虽然处于闭关锁国阶段，但是对清朝和汉文古典学的发展仍然很关注。比如，德川吉宗非常重视《七经孟子考文补遗》一书输入清朝之事，后来这部书被编入《四库全书》。据何兰若先生的研究："据说德川吉宗高度评价《七经孟子考文补遗》这部书，称之为定本。该书出版后不久，他要求长崎市长保证把这部书送到中国。吉宗的命令意义非凡，因为他的举动标志着他有意识地尝试，扭转直到当时大概还是单一的文

---

① ［美］本杰明·艾尔曼：《18世纪的西学与考证学》，《经学、科举、文化史：艾尔曼自选集》，复旦大学文史研究院译，中华书局2010年版，第90—91页。

化影响的流向。"① 关于《四库全书总目》传入日本，《书佥赘笔》记载："宽政十一年乙未（1799），春命华人所赍来写本记于左，是《四库全书提要》及《简明目录》所载乾隆御秘书也。世俗称此书为无板本。"② 文化七年（1810），中村亮编撰《分类舶载书目通览》，经部分为经、小学两类，史部分为史、诏令奏议、传记、时令、地理、职官、政书、目录八类，子部分为儒家、兵家、农家、医家、天文算法、术数、艺术、谱录、杂家、类书、小说、释家（附道家）十二类，集部分为集类（附词曲）。③ 这个目录，完全是据《四库总目》删改而成的。文政六年（1823），近藤守重（正斋）编撰《正斋书籍考》，其在凡例中明确提到以《四库全书总目》分类为标准，正文内容引用《四库简明目录》及《四库全书总目》文字为多。④ 这些情况表明，德川日本从朱子学转向古学的变化。

　　李氏朝鲜方面，正祖继位后出现了文艺复兴潮流。正祖非常关切《四库全书》纂修，专门派进贺兼谢恩使徐浩修去北京购买《四库全书》。徐浩修受命于1781年始编、1805年增补《奎章总目》四卷，收书19655部，是韩国现存最早、最重要的官修四部分类目录。观其凡例，受到《四库全书总目》影响很深。经部分为总经、易、书、诗、春秋、礼、乐、四书、小学九类，史部分为正史、编年、别史、掌故、地理、钞史、谱系、总目八类，子部有儒家、天文、历筹、卜筮、农家、医家、兵家、刑法、道家、释家、杂家、说家、艺玩、类事、丛书十五类，集部分为总集、别集二类。⑤ 其中，"总经"类应该就是"总经解"，为四库馆臣最先所订之名，后改为"群经总义"；不过，这个目录将"总经"

---

　　① 何兰若、王振华：《德川学术对清代学术的影响：日本人对四库全书的贡献》，《传统文化与现代化》1996年第4期。
　　② 转引自日本大庭修《江户时代中国典籍传播日本之研究》，戚印平等译，杭州大学出版社1998年版，第168页。国武案：大庭修先生据此考察认为："也许《钦定四库全书提要无板书目》就是宽政十一年末六番船赍来书籍的目录。"（见氏著《江户时代中国典籍传播日本之研究》，第168页）
　　③ 参见［日］大庭修《江户时代中国典籍传播日本之研究》，戚印平等译，杭州大学出版社1998年版，第148页。
　　④ 参见［日］近藤守重《正斋书籍考》卷首，载［日］长泽规矩也、［日］阿部隆一编《日本书目大成》，汲古书院1979年版。
　　⑤ 参见张伯伟《二十六种朝鲜时代汉籍书目解题》（上），《文献》2004年第4期；收入《朝鲜时代书目丛刊》第1册。

置于卷首，与《四库总目》有别。"掌故""说家""艺玩"等类，显然有明代目录分类的痕迹，直接继承《浙江采进遗书总录》或《四库荟要总目》类目，没有采用四库馆臣最后的定说。据金镐先生的研究，《奎章总目》有些解题内容，与《四库全书总目》相类似，疑其参用。他说："我们查看臣谨案的具体内容，就可发现其内容往往是18世纪中国学界颇为关注的问题，如汉宋之争、朱子晚年定论、西学东传等。这一点足以证明正祖与奎章阁臣一直关注清朝的学术趋向，而对于具有争论的问题，提出自己的学术观点。"① 这个目录，仍然反映出朝鲜王朝所受的明代影响和具有宋学取向。

笔者曾经撰文认为："《四库全书总目》以经典要籍及其注释、仿作、翻新为序列，精心构造四部分类系统及其学术分野，完整呈现了中国古典学的性质宗旨和架构体系；以古书文献的文本史实考证、义理辞章评析等工作为中心，全面揭示历代学术传统及其学理依据，完整形成了中国古典学的典范形式和进路方法。"② 东亚世界的汉文典籍，于清朝而言，虽非自有文字却可以通过汉化变成文明正统；于德川日本而言，虽然已成自有文化但仍然和汉有别；于李氏朝鲜而言，完全是自有文字而能内化于心、外化于行。可以说，《四库全书总目》的编纂使汉籍分类观念和汉文古典学在东亚世界形成了共同传统及其区域特色。

三 四部分类体系的调整完善与晚清民国的国学分类观念

《四库总目》编纂后，四部分类体系的官方地位得到确认。随着汉族意识增强、西学传入加速和东亚现代国家的建立，特别是汉文古典学的不断发展，晚清民国的汉籍（国学）分类观念出现了新变化。

昌彼得先生说："自《四库总目》出，四部法遂得独尊于一时。然而自鸦片战争后，海禁大开，西学东渐。同治、光绪间，同文馆、江南制造局相继设立，学人纷纷译介东西洋的学术。东西洋学术皆与中国旧学不同。而国人新著作的内容与体裁，也与旧籍异。四部分类法不能专

---

① 金镐：《18世纪后期朝鲜朝廷的中国图书收集及其学术风尚——以奎章总目为讨论的范围》，《中国典籍与文化》2016年第1期。
② 吴国武：《略议〈四库全书总目〉与中国古典学的成立》，《北大古典学》2017年第3期。

收旧籍，以之适用于新书，实枘凿而方圆，格格不入。乃因外来的影响，生事实上的困难。历时千余年的四部法，遂呈动摇之势。"① 左玉河先生进一步认为："晚清时期，四部之学知识系统在西学东渐大潮冲击下，不断解体与分化，逐渐被西方以近代学科为分类标准建构起来之新知识系统替代。"② 事实上，"动摇之势""解体与分化"只是四部分类体系历史命运的一方面，而四部分类体系在汉文古典学（国学）发展方向上也有调整完善的另一面。

光绪元年（1875），由缪荃孙实际编撰、张之洞刊印的《书目答问》，正是以四部分类体系为基础调整完善而成的。姚名达先生认为："《书目答问》在分类史上之地位，不在创造，而对四库总目加以他人所不敢为之修正。"③ 这部目录，分为经史子集四部，另加丛书目。经部有正经正注、列朝经注经说经本考证和小学三类，史部有正史、编年、纪事本末、古史、别史、杂史、载记、传记、诏令奏议、地理、政书、谱录、金石和史评十四类，子部有周秦诸子、儒家、兵家、法家、农家、医家、天文算法、术数、艺术、杂家、小说家、释道和类书十三类，集部有楚辞、别集、总集和诗文评四类，丛书目有古今人著述合刻和国朝一人自著两类。从《四库全书总目》藏书读书性质转变为《书目答问》的读书治学性质，旧学（国学）自觉意识更甚，治学方法日趋成熟，预示着汉文古典学由成立走向成长。本文略举几个点加以说明。

一是丛书目附于经史子集四部的意义。表面原因是，清代中叶以来丛书大量编辑刻印，子部原有的类书类和子部内单独设立的丛书类都无法容纳，可实际原因却很复杂。《书目答问》解释说："丛书最便学者，为其一部之中可该群籍，搜残存佚，为功尤巨，欲多读古书，非买丛书不可。"④ 笔者认为，古典学的治学规模广博、治学越加精细，专人专类典籍、专门学问也以丛书形式陆续出现，比如因经学之发达而有《皇清经解》《经苑》《古经解汇函》，因子学之发达而有《戴校算经十书》，因辑佚之进步而有《汉魏遗书钞》《玉函山房丛书》，因藏书刻书之盛行

---

① 昌彼得、潘美月：《中国目录学》，文史哲出版社1973年版，第225页。
② 左玉河：《从四部之学到七科之学》，上海书店出版社2004年版，第333页。
③ 姚名达：《中国目录学史》，上海世纪出版集团2005年版，第102页。
④ 范希曾编，瞿凤起校点：《书目答问补正》卷五，上海古籍出版社1983年版，第325页。

而有《士礼居丛书》《别下斋丛书》，因乡土意识之高涨而有《台州丛书》《岭南遗书》，因学术名家之辈出而有《亭林遗书》《东壁遗书》《高邮王氏五种》《王氏说文三种》，专门之学、专家之学、通人之学正可见汉文古典学的新发展。

二是经部所分正经正注、列朝经注经说经本考证和小学三类，与《四库全书总目》似乎不尽相同，其原因应该是治经理念方法日趋成熟，以正经正注为根柢、以考证为方法、以小学为进路成为晚清古典学的共识。《书目答问》提道："此（正经正注）为诵读定本，程试功令，说经根柢。注疏本与明监本五经，功令并重。"① 此所谓"注疏本"为汉学经典，"明监本五经"为宋学经典，反映了兼采汉文古典学的两大范式。《书目答问》进一步解释说："注疏乃钦定颁发学官者，宋元注乃沿明制通行者，四书文必用朱注，五经文及经解，古注仍可采用，不知古注者，不得为经学。"② 强调经本与古注的关系，正是古典学思想方法的关键。《书目答问》还提道："此小学谓六书之学，依《汉书·艺文志》及《四库目录》。"③ 此所谓小学类，比《四库全书总目》更为细致。不再依从《四库全书总目》平列文字、音韵、训诂之属，而改以《说文解字》为首，由《说文解字》形音义而治经、治学，正是古典学进路的深入。《书目答问》进一步强调："此类各书，为读一切经、史、子、集之钤键。"④ 此论是对《四库全书总目》古典学理念的发展。

三是子部单列"周秦诸子"为一类并冠于子部之首，为汉籍（国学）分类的一大创举。《书目答问》用了一段较长文字说明旨趣："周秦诸子皆自成一家学术，后世群书其不能归入经史者，强附子部，名似而实非也。若分类各冠其首，愈变愈歧，势难统摄。今画周秦诸子聚列于首，以便初学寻览，汉后诸家仍依类条列之。"⑤ 可见，与《四库全书总目》相比，《书目答问》更为注重周秦诸子的经典性和基础性。表面上，这当然与清中叶以来先秦诸子学的迅猛发展有关。不过笔者认为，周秦诸子的性质地位，相当于经部的正经正注和史部的正史，这种分类排法

---

① 《书目答问补正》卷一经部，第1页。
② 《书目答问补正》卷一经部，第7页。
③ 《书目答问补正》卷一经部，第69页。
④ 《书目答问补正》卷一经部，第88页。
⑤ 《书目答问补正》卷三子部，第187页。

合乎中国古典学的传统。

四是《书目答问》最后附录"清代著述诸家姓名略",分出经学家、史学家、理学家、经史学兼理学家、小学家、文选学家、算学家、校勘学家、金石学家、古文学家、骈体文家、诗家、词家、经济家。① 这正好反映了中国古典学的近代规模,比《四库全书总目》更为成熟。之后,张之洞建立广雅书院,将课程划分为经学、史学、理学、经济、词章;光绪末年,张之洞倡设存古学堂,又强调:"经学为一门,应于群经中认占一部,说文、尔雅学、音韵亦附此门内。史学为一门,应于二十四史及通鉴、通考中认占一部,本朝掌故即附此门内。词章为一门,金石学、书法学亦附此门内。以上或经或史,无论认习何门,皆须兼习词章一门。"② 应该说,《书目答问》的"旧体""中体",完全转化成汉文古典学的前进方向。

进入中华民国,梁启超、胡适诸先生倡导国故整理,旧籍(国学典籍)的目录分类受到西方目录和西学影响更深。比如,梁氏有名的《国学入门书要目及其读法》,将入门书分为"修养应用及思想史关系""政治史及其他文献学书""韵文书""小学书及文法书"和"随时涉览书"五类,基本上属于西学视野下的国学典籍分类。在众多的国学书目中,以柳诒徵《江苏省立国学图书馆图书总目》对中华民国后期及近几十年汉籍目录分类影响最大。

1935年,柳诒徵先生编撰《国学图书馆图书总目》四十四卷、《补编》十二卷。国学图书馆前身为缪荃孙所创,柳氏即其门人。这个目录分为经、史、子、集、志、图和丛七部,继承发展了《四库全书总目》《书目答问》两目的传统。姚名达先生认为:"《国学目》对于《四库目》之部类,有增补而无改减。于四部之外加志、图、丛三部。……《国学目》之特点,在散新书以归旧类,其无类可以归者,则立新类以纳之。"③ 陈训慈先生也说,"篇帙之巨,考研之周详,收录之完备,类例之精当(在原四部外,特增立志部、图部),实为一时大型公立图书

---

① 《书目答问补正》附二,第344—360页。

② (清)张之洞:《创立存古学堂折》,《张文襄公全集》奏议六十八,中国书店1990年版。

③ 姚名达:《中国目录学史》,第102页。

馆之翘楚"①。

关于立新类以纳之，比如，史部增加专史、史表、外国史、金石和史总五类，子部将名、墨、纵横三家从杂家类中析出，增加工家、商家、交通三类，另增加耶教、回教、东方各教类、哲学、自然科学、社会科学六类。关于散新书以归旧类，比如，词曲、杂剧、传奇等归入别集、总集，字母拼音入小学韵书之属，图书馆学之属入目录类，摄影入艺术类杂技之属。这种目录，反映了中华民国探索国学（古典学）分类、融会新旧之学的思路。王欣夫先生将此目附入四部分类系统，作为中华民国增并四部的重要典范。②

《四库全书总目》为代表的四部分类体系在晚清民国一直存在着调整完善和解体覆亡两种方向。调整完善的方向，基本上是中国古典学的承变前行，其中《书目答问》是以中体西用为原则，以汉宋兼采范式为方向，《国学图书馆图书总目》则是以保存国学为原则，带有民族文化色彩的方向。

四 四部分类体系的调整完善与近代日本的汉籍分类观念

日本典籍有汉籍（内典）、佛书（外典）与和书三种类型，汉籍又分为汉籍和准汉籍，所谓汉籍又包括唐本和刻本。汉籍分类观念经历了奈良、平安、濂仓、室町、江户时代，四部分类体系逐渐成为主流，至江户后期逐渐为《四库全书总目》分类构造所统摄。村岛靖雄先生尝说："在中国固不待言，即在日本亦最广行者，厥为《四库全书总目提要》之分类法。"③

关于江户时代的汉籍分类观念，高山节也先生指出："借由厘清其（汉籍目录）记载方式，特别是分类方法的部分，可说是了解当时汉籍受容形态的快捷方式。中国的汉籍分类法，即所谓四部分类系以其独自的价值体系为依归，乃众所皆知之事。无论是继承此分类法也好，或者予以变更也罢，之中多少隐含了江户时期此一时代上的因素，以及特定

---

① 柳诒徵：《劬堂从游賸记》，载柳曾符、柳佳编《劬堂学记》，上海书店出版社2002年版，第75页。
② 参见王欣夫著，徐鹏整理《文献学讲义》，上海古籍出版社2016年版。
③ ［日］村岛靖雄：《图书分类法》，毛春翔译，开明书店1934年版，第126页。

地区之区域性因素下所产生的，对中国式价值体系的评判。"① 四库分类构造对近代日本也产生了很大的影响。

江户时代末期，涩江全善、森立之编撰《经籍访古志》。这个目录收书662种，包括中国传入汉籍362种、准汉籍241种、高丽本59种，这种次第，反映了汉文古典的东亚性质以及古典学格局。该书分类，基本上仿照《四库全书总目》，经部分为易、书、诗、礼、春秋、孝经、四书、乐类、小学类九类，史部分为正史、编年、别史、杂史、传记、史钞、载记、地理、职官、政书、目录、史评十二类，子部分为儒家、兵家、法家、农家、天文算法、术数、谱录、杂家、类书、小说、释家、道家十二类，集部分为楚辞、别集、总集、诗文评四类。经部缺群经总义类，史部缺纪事本末、诏令奏议、时令类，子部缺艺术、医家（单独附一类），集部缺词曲类，应该是有类无书造成的。有学者认为，"该书可以说是德川幕府末年，日本研究汉籍目录版本学者们知识的集大成"②。这个目录，反映了日本汉学者全面接受《四库全书总目》分类构造以及古典学方向的基本状况。

幕末明治时期随着日本的近代化，这种古典学很快受到"中国学"风气的影响，出现了与近代中国"国学"很不一样的方向。高田时雄先生说："幕末以来文人墨客的中国兴趣，在明治时期的知识人之间仍然具有很大影响力，因此他们对于汉籍的兴趣，当然也就不可小看。并且，以东西两所大学为中心的新中国学、东方学亦渐渐勃兴，伴随着此种变化，古典书籍不再单单是把玩观赏之对象，而作为学术数据时产生的对汉籍的需要也在逐渐增加。为适应上述多方面要求，书籍商和学者们开展了积极的搜书活动。"③ 在这种中国学方向下，汉籍分类目录虽然使用了四库分类构造，但学术数据性质远甚于古典学性质。比如，明治四十三年（1910）以后柳田国男、小杉醇等编撰《内阁文库图书第二部汉书目录》，分为经、史、子、集四门，又收字书、韵书、目录、类书、丛

---

① ［日］高山节也：《江户时代的汉籍目录》，缪庆彬等译，载叶国良、徐兴庆编《江户时代日本汉学研究诸面向：思想文化篇》，台大出版中心2009年版，第348页。

② 《森立之与〈经籍访古志〉》，载梁容若《中日文化交流史论》，商务印书馆1985年版，第332页。

③ ［日］高田时雄：《近代中国的学术与藏书·近代日本之汉籍收藏与编目》，中华书局2018年版，第285页。

书，别立为第五门。这个目录在长泽规矩也之先生的建言之下于 1956 年编成《内阁文库汉籍分类目录》，与同时编成的《京都大学人文科学研究所汉籍目录》被誉为"日本汉籍目录编纂之样本"。①

随着日本的"中国学"风气盛行，汉籍及其分类观念也在不断发生衍变。若说昭和时代的汉籍分类，长泽规矩也先生贡献尤多。长泽先生师从安井小太郎先生，而后者曾经参与《续修四库全书总目提要》的编纂。长泽先生本人则参编了《内阁文库汉籍分类目录》《足利学校秘本书目》《诸文库古书分类目录》等多种汉籍目录，在《四库全书总目》的基础上调整完善四部分类体系，先后撰有《再订汉籍四部分类表》《汉籍集部分类表》等，对今天的日本汉籍分类观念影响极大。以《再订汉籍四部分类表》为例，有几点值得注意。

一是在经部分类中，删去"乐"类，将"群经总义"类列于"四书"类之后，"小学"类变为附属。当年《四库全书总目》保留"乐"类，有存古义、尊乐教之旨，长泽先生显然持乐教为杂艺、词曲的实用观点。"群经总义"类在《四库全书总目》中列在五经（加孝经）类之后，四库馆臣应该有区别"四书"和宋学之意，长泽先生显然不别汉学、宋学，视"四书"为群经之一。"小学"在《四库全书总目》中具有特殊地位，体现了清代治经和考证学的根基和进路，长泽先生根据近代日本治学风气的变化，已经不太重视"小学"治经、治古学的作用。

二是在史部分类中，删除"别史""载记"两类，将"时令"类移入子部的"农家"子目；在子部分类中，增"附西学类"。当年《四库全书总目》将"时令"类纳入史部，遵循古月令之治国传统，长泽先生改隶"农家"，似乎只管循实而不究其义，删除"别史""载记"也是循实不究义的做法。子部增"附西学类"，与近代中国、韩国目录完全将"西学类"增入子部略有不同，"附"字之义与《隋志》附道经、佛经的"附"同义，有子部之名而无子部之实，此为东亚世界处理"西学类"的两种不同方法。

三是在集部分类中，增加"尺牍"类，增"附戏曲小说"类。增加

---

① 参见［日］高田时雄《近代中国的学术与藏书·近代日本之汉籍收藏与编目》，中华书局 2018 年版。

"尺牍"类，以未成集的尺牍纳入集部，与作为材料的尺牍不断涌现有关系，但是与《四库全书总目》对集部的定义大不相同。尺牍属于文集之余的材料，这种观念已经属于"中国学"风气。增"附戏曲小说"，下分杂剧、传奇、花部、曲选、曲学、传奇小说、通俗小说、小说选、小说学九小类，也具有近代日本汉籍传衍和"中国学"新发展的特点。当年《四库全书总目》将"小说类"保留在子部，比较强调九流之家以及可资见闻的古义，近代汉文小说已经由子书降至文人之习。

如果说《经籍访古志》完全是《四库全书总目》的翻版，那么长泽规矩也先生《再订汉籍四部分类表》虽然大大扩展和丰富了汉籍及其学问的内容方向，但是由于汉籍的典籍性减弱、材料性增强，也由于汉籍的古义缺失、文本至上，原来意义上的东亚古典学难以为继。

五 小结

清乾隆朝纂修《四库全书》和编纂《四库全书总目》，是东亚世界的重大事件，对于东亚汉籍分类观念、汉文古典学乃至东亚文明进程产生了深刻影响。四库分类体系在东亚世界的承变，一方面透露出近代中国、日本和韩国不同的学术生态，另一方面也共同完成了汉文古典学的转型。东亚汉籍及其分类观念，不仅是古典目录学的重要问题，也是东亚古典学的思想方法问题。

编纂《四库全书总目》，使东亚世界的汉籍分类观念走上了四部分类体系的调整完善之路。晚清民国的《书目答问》《江苏省立国学图书馆图书总目》，明治昭和时代的《内阁文库第二汉籍目录》《再订汉籍分类目录》，以及文中未及论述的李氏朝鲜后期目录，互相牵引、彼此影响，逐渐形成了东亚汉文古典学的共同传统及其区域特色。中华民国年间（大正昭和之际），中日两国相关人士编纂《续修四库全书总目提要》，可窥汉文古典学在东亚开展的一个侧面。

20世纪20至40年代，日本政府用庚子赔款成立了日本东方文化事业总委员会，组织中国及日本学者编撰《续修四库全书总目提要》。主事者之一的狩野直喜先生曾经提道："以研究、保存及向世界介绍数千年之文化为目的。"[①] 虽然实际操作相当复杂，但是提要撰写大体上朝着

---

① ［日］小岛佑马:《狩野先生之学风》,《东方学报》（京都）第17册,1949年11月。

这一方面努力。当年,《人文科学研究所暂行细则》规定:"《四库书目》各部中子目甚繁,此次续修均准据乾隆成例。"还规定:"择要典雅记,其空疏无用之书一概不录。至道、释二氏,暨小说诸书,有关文学考订及有裨人心风俗者,均可著录。"① 根据现有材料及研究,续修分类与《四库全书总目》稍有出入。比如,经部增加石经(附录纬书)、汇编等类,史部增加实录、史表、金石、外国史类、汇编等类,子部增加墨家、纵横家、名家、耶教、回教、西学格致、杂丛、汇编等类。某些类别变化,既反映了当时学者意见相左,也反映了中日汉文古典学方向的差异。以董康先生的记载为例,比如,1936年9月11日"十时,至文化会访狩野博士,并晤仓石、吉川二君,讨论整理四库提要体例。狩野言,有人主张敦煌古写本及佛经、明末章回小说悉数网罗入内者。余以为……不宜乱乾隆旧例也"②。总的来说,《续修四库全书总目提要》以四库分类构造为本,融通了中日学者对汉籍分类的意见,反映了东亚汉文古典学的复杂变化。

东亚汉文古典学,在共同传统之外还有区域特色。古代日本从一开始,就有意识地区分汉籍和佛书,然后又有和书的专门分类。与中国相比,其汉籍观念具有相对独立性,对四库分类构造的接受,往往具有实用性。近代日本,随着和书地位的提高,汉籍地位的下降,加之西学东渐的影响,汉籍他者化趋势明显,以至于迅速从"汉学(古典学)"走向"中国学"。古代韩国从一开始,由于韩字谚文尚未产生,汉籍就是本土典籍的全部,后来虽然有了韩字典籍,但是士大夫和汉籍的地位没有从根本改变。与日本相比,其汉籍观念如同清朝一样,对四库分类构造的接受,具有调和性。近代韩国,汉籍地位仍然稳固,在日据时期更成为重要的民族资源,汉籍处于自有和他者之间。至于古代中国,是汉籍的原生地,也是汉籍正典的主要原发地,虽然历经各族政权和不同王朝的统治,以汉籍和中华文明的继任者自居的倾向是历史的主流。近代中国,面对西学东渐和变乱丛生,以汉籍和中华文明为国学的古典学特色成为风气。

总之,《四库全书总目》及其分类构造不仅是中国古典学成立的开

---

① 转引自罗琳《续修四库全书总目提要编纂史纪要》,《图书情报工作》1994年第1期。
② 董康著,朱慧整理:《书舶庸谭》卷九,中华书局2013年版,第322页。

始，也是东亚古典学继续前行的重要起点。《四库全书总目》所建构的"汉学""宋学"典范，以及后来汉籍目录所指向的新典范，都应该成为东亚古典学继续发展的基础。

（因篇幅所限，全文所附数幅汉籍分类比较表、汉籍分类分析表，从略）

读玉海楼刻本《籀庼述林》

南开大学古籍与文化研究所　陈　絜

瑞安孙诒让，为晚清最有成就的朴学大师，一生著述二十余种，尤以经学、子学、文献学及古文字学著称于世，《周礼正义》《墨子闲诂》与《札迻》等，最为学界所推崇。其余著述，亦多能传世。1916年刊刻的《籀庼述林》（以下简称《述林》）十卷，收录仲容生前说经、释字、考古、论学、叙跋、碑传之文百五十篇。张舜徽先生尝称是编文字"几乎篇篇可传"[1]，实乃今人了解孙氏学术规模、途辙与方法之津逮。但现实情况是，《述林》一书隐没不显，研读征引者颇为罕见。

例如古文字学家裘锡圭先生曾评价仲容之学曰："孙氏在小学和古文献方面有很深的功底。他研究金文，分析字形比较审慎，并善于利用古籍中的有关资料，成绩超过前人。""近人多认为孙氏的著作代表了清代古文字学的最高水平。"[2] 裘锡圭先生还在《谈谈清末学者利用金文校勘〈尚书〉的一个重要发现》中以较大篇幅介绍孙氏在《大诰》"宁考""宁王""前宁人"上的认识。[3] 但亦不难发现，裘先生在总结孙氏古文字学成就时，所引证材料多以《古籀拾遗》《古籀余论》《契文举例》《名原》四书为例，甚至会引用《周礼正义》《尚书骈枝》等经书中的只字词组，唯独于《述林》，鲜见征引。氏著《释殷墟甲骨文里的"远""迖"（迩）及有关诸字》曾引用《述林》卷七《克鼎释文》，《中国大百科全书·孙诒让》词条中则简单提及《籀文车字说》《毛公鼎释文》

---

[1]　张舜徽：《清人文集别录》卷二二，中华书局1963年版，第593页。
[2]　裘锡圭：《裘锡圭学术文集·杂著卷·为〈中国大百科全书〉撰写的词条·孙诒让》，复旦大学出版社2012年版，第247页。
[3]　参见裘锡圭《裘锡圭学术文集·语言文字与古文献卷》，复旦大学出版社2012年版。

与《克鼎释文》诸文，这大概就是所见到的仅有两处。

再如贡、助、彻与"三监"诸问题，乃先秦史学界最为关注的学术话题，是编《彻法考》《邶墉卫考》诸文，尽管考据精深，但同样为人所忽视。其余经学、文献学之情形亦基本如此。这与张舜徽先生对《述林》之评骘，形成鲜明反差。

《述林》遭人冷遇之原因，当然不是孙氏的学术水平问题。张舜徽先生有言："惟是集非诒让手定，乃身后由家人裒集而成，体例即乖，文多遗漏，并全书篇目，亦不载于卷首。仓卒付刊，信多草率。"① 可谓一语中的。下面，我们将就该集本身的具体错误谈几点看法。

《述林》一书刊印于1916年，时距仲容谢世已有八载。因非仲容生前手定，故无论类例还是刊刻质量，均无法令人满意，其最为显著的弊端在于四个方面。

其一，全书墨丁、留白竟达数百处之多，尤以卷七"金文考释"部分为甚，仅《毛公鼎释文（癸卯复位）》一文，需要补苴的墨丁近150个，加以文字错讹、刊印不佳，致使全文无法卒读。卷中《克鼎释文》、《乙亥方鼎铭文跋》、《周麦鼎考》以及卷七《籀文车字说》等亦类似。某些墨丁与留白，其原本的文字应不复杂，如《史记·三王世家》之"三"（卷三《释桒》）、《尚书·召诰》之"召"（卷三《释桒》）、《逸周书·皇门》"惟时乃胥学于非夷"之"胥"（卷三《释桒》）、朱彝尊《经义考》之"考"（卷九《温州经籍志叙例》），竟然均施以墨丁，实在令人大惑不解，由此可见家刻本付刊之仓促草率。

其二，典籍引证错误甚伙，涉及书名、篇名、卷次与文字，举例如下：

1. 《谷梁》"庄二十八年"讹作"宣十五亩"（卷一《彻法考》）。
2. "《史记》"讹作"束记"（卷一《唐杜氏考》）。
3. 《郊特牲》文字误记为（《礼器》）"又云"（卷二《加席重席说》）。
4. 《春秋经》"定二年"讹作"定五年"（卷二《台下说》）。
5. 《公羊》"宣六年"讹作"宣三年"（卷二《台下说》）。
6. "《士冠礼》注"讹作"《士冠礼》记"（卷二《石染草染郑义

---

① 张舜徽：《清人文集别录》卷二二，第593—594页。

述》)。

7. 错将孔疏文字视为郑注（卷二《释周成王元年正月朔日庙祭补正郑君书注诗笺义》)。

8. 《春秋》"文六"讹作"文二"（卷二《释周成王元年正月朔日庙祭补正郑君书注诗笺义》)。

9. 《左传》"僖七"讹作"僖十"（卷二《诗不殄不瑕义》)。

10. 《说文》"自部"讹作"宀部"（卷二《官人义》)。

11. 《左传》"襄十"讹作"哀十"（卷二《乐记五色义》)。

12. 《谷梁》"庄二十五"讹作"僖二十五"（卷二《乐记五色义》)。

13. 《左传》"庄十二"讹作"庄十三"（卷二《萧同叔子义》)。

14. 《左传》"宣十四"讹作"文十四"（卷二《左传室皇义》)。

15. 《管子》"《中匡》"讹作"《小匡》"（卷二《左传室皇义》)。

16. 《周礼》"大府"讹作"天府"（卷二《尔雅匡名补义》)。

17. 《墨子》"《耕柱》"讹作"《公孟》"（卷五《墨子闲诂叙》)。

18. 《韩非子》"《内储》"讹作"《内篇》"（卷五《墨子后语小叙》)。

19. 《韩非子》"《外储说左上》"倒乙作"《外储说上左》"（卷五《墨子后语小叙》)。

20. 《说文》"古部"讹作"口部"（卷六《翟氏籀史跋》)。

21. "师寰敦（簋）"讹作"师遽敦"（卷七《毛公鼎释文》)。

22. "《玉藻》"讹作"《郊特牲》"（卷七《克鼎释文》)。

23. "《既夕礼》"讹作"《既夕》注"（卷七《周要君盂考》)。

24. 《尔雅》"《释言》"讹作"《释诂》"（卷九《记彝器款识黼黻文》)。

25. 《尚书》"《益稷》"讹作"《禹稷》"（卷九《记彝器款识黼黻文》)。

26. 《尔雅》邢昺疏讹作"孔疏"，且引文颠倒错乱（卷九《记彝器款识黼黻文》)。

27. 《御览》"七十三"讹作"五十三"（卷十《与黄岩王子庄同年箓论书大麓义书》)。

28. 《周易》"《象传》"讹作"《彖传》"（卷十《与海昌唐瑞夫文

学仁寿论说文书》）。

29.《周礼》"内饔"讹作"外饔"（卷十《与海昌唐瑞夫文学仁寿论说文书》）。

30.《后汉书》安帝"永和"讹作"永初"（卷十《与友人论动物学书》）。

31.《尔雅》"《释兽》"讹作"《释畜》"（卷十《与友人论动物学书》）。

以上所举，主要是书名、篇名与卷次的讹误问题。而引文上的讹脱衍倒更是常见，有些甚至直接影响文义。例如引《丧服》"然则昆弟之子何以亦期也"（卷二《今文礼记依铦义》），"亦"讹作"不"，使得经义全反；引郑氏《诗笺》"昏而火星不见"为"昏而见星不见"（卷一《圣证论王郑论昏期异同考》）、引《诗谱》"自纣城而北谓之邶"而脱关键之"城"字（卷一《邶鄘卫考》）、引张融"《春秋》鲁送夫人嫁女"而夺"送"字（卷一《圣证论王郑论昏期异同考》），致使文义不明；两引《春秋》定二年经"雉门及两观灾"，均讹倒为"雉门灾及两观"（卷二《台下说》《左传室皇义》）；引《雒诰》"乃时惟不永哉"，"时惟"讹倒作"唯是"（卷三《释菙》）；引《太平御览》"以五石合冶"作"合作治"（《书旧唐书礼仪志李敬贞议后》）。如此种种，不一而足。

其三，文字多有窜乱。例如卷七《毛公鼎释文》"王身"下注文有"师㡖敦率以乃友"[1]云云36字，显然是缘其前"干吾"二字所作的自注，当属窜乱无疑。再如卷十《与梅延祖论谷梁义书》有"肩鳧与启古文作启形并相近"之辞，其中"古文作启"四字显然属于作者的自注文字，因窜入正文，故导致文辞不通。

其四，孙诒让撰文好用古字，且用字甚严。但亦有同篇用字不一的现象存在，如卷四《白虎通义考上》"德"与"悳"、《六秝甄敚叙》"备"与"葡"，卷五《瑞安新开学计馆叙》"艺"与"埶"，卷六《集韵考正跋》"研"与"䂨"、《沈丹曾东游日记跋》"菽"与"尗"，卷十《与王子庄论叚借书》"许"与"鄦"，杂陈错出，甚至有错用的例子，如《尚书》"盉考"误作"盉攷"（卷五《名原叙》）。

---

[1] （清）孙诒让：《籀庼述林》卷七，中华民国五年（1916）刻本第7页。

其五，刊本原缺目录，不便读者览阅。这也是影响该书流播的重要原因之一。此外还有古文字字形严重失真走形等问题，就不再具体列举了。

《籀膏述林》一书，其学术价值毋庸置疑，但因刊刻拙劣、校对不精，致使隐没无闻，实在可惜。此前雪克先生曾对此书做有点校，但问题不少①，所以重新整理恐怕是十分必要的。

---

① 对于中华点校本所存在的纰漏，我们将另撰文字，此暂不赘。

求全与出新

——写在《全宋笔记》出齐之际

上海师范大学古籍整理研究所　戴建国

《全宋笔记》在学界各方支持下，2018年上半年由大象出版社全部出齐，共计102册，2266万多字，收录宋人笔记477种。

《全宋笔记》是国家重大项目"《全宋笔记》编纂整理与研究"（编号：10&ZD104）成果的一部分，该项目分为两大块：宋人笔记编纂整理、宋人笔记研究。

笔记是中国传统文化宝库中一颗璀璨的明珠，其以质朴、不事雕琢的特色生动呈现了古代社会生活的场景。笔记既有对社会重大事件的记录，也有对微观生活的叙述，蕴含着丰富的社会文化信息。笔记文献在文化史、社会史、学术史、科技史等领域的研究价值是其他文献无法替代的。

宋代是中华民族灿烂文化创造的高峰期，陈寅恪先生云："华夏民族之文化，历数千载之演进，造极于赵宋之世。"[①] 宋代人文昌盛，经济发达，对外交流极为频繁，儒、释、道兼容并包。宋代是笔记发展的成熟期，原先笔记中的志怪传奇内容逐渐淡化，注重社会现实成为主流。这种不拘一格的随笔记事的文体深受大众的喜好，上至宰相大臣，下至僧侣、布衣，都撰写有笔记，或"公余纂录"，或"林下闲谭"而信手笔录之。写作者不必刻意"究天人之际，通古今之变"，也无须关注"春秋笔法"，兴致所至，将其所见、所闻、所思随手记录下来。

宋代笔记数量庞大，具有极为丰富的文化内涵和巨大的学术价值，弥足珍贵。例如在中国科技史乃至世界科技史上都占有重要地位的《梦

[①] 陈寅恪：《金明馆丛稿二编》，上海古籍出版社1980年版，第240页。

溪笔谈》，便是宋人沈括撰写的一部笔记。指南针发明后被人类运用于航海事业，是中华民族对人类文明发展作出的重要贡献，而现存文献最早记录这一实践活动的，正是宋人朱彧的笔记《萍洲可谈》。又如徐兢的《宣和奉使高丽图经》，记录了880多年前宋朝使团出使朝鲜半岛的情景，保存了珍贵的中外交通史料。孟元老的《东京梦华录》，用细腻的笔触记载了宋代京城开封的繁华景象和市民日常生活，是我国有关城市社会文学作品的开创之作。洪迈的《容斋随笔》涉猎广泛，对历代典章制度、史书、文学、语言文字、天文律历、古代文物等，无不淹通，征引赅博，考据精确，论述深邃，不啻一部百科全书式的作品。这些笔记历经千年岁月的冲刷，仍魅力不减，熠熠生辉，构成我们民族记忆的瑰丽宝典。

宋代笔记的思想性、学术性日趋凸显。吴处厚《青箱杂记》卷二载："太祖庙讳'匡胤'，语讹近'香印'，故今世卖香印者，不敢斥呼，鸣锣而已。仁宗庙讳'贞'，语讹近'蒸'，今内庭上下皆呼蒸饼为炊饼，亦此类。"[①] 封建避讳制度造成的荒唐，跃然纸上。洪迈《夷坚支乙》卷四《优伶箴戏》曰："俳优侏儒，固伎之最下且贱者，然亦能因戏语而箴讽时政，有合于古蒙诵工谏之义。"[②] 书中记述了宋代优伶不畏权贵，用舞台语言讥讽时政的真实故事。宋代笔记这种针砭社会的思想火花的产生与宋代经济、政治文化的发展息息相关，并由此深刻地影响了宋之后的文学体裁和作品。宋代笔记已是晚明小品的先驱。以《梦溪笔谈》《容斋随笔》《考古质疑》《困学纪闻》为代表的宋代笔记也开启了后世考据笔记的先河。宋之后的笔记，无论是著述形式，还是内容涉及面，基本没有超出宋代笔记的范畴。

有学者指出：笔记作为独具一格、随笔记事的文体，长短不拘、散漫活泼，是古代文体解放的重要标志，这种文体在宋代文学史上占有一席之地，值得将其作为独立的文体门类进行学科性的探究。文体的解放，与环境、写作者意识的开放相关联，不拘一格的笔记，是精神环境相对宽松、士人文化勃兴氛围下发展的结果。

传世的宋人笔记绝大多数分散在各种丛书中，有些书十分稀见，寻

---

① （宋）吴处厚：《青箱杂记》卷二，明稗海本。
② （宋）洪迈：《夷坚支志乙》卷四《优伶箴戏》，清景宋钞本。

觅极为不便，且版本芜杂，在长期的编辑刻印流传中，相当一部分笔记著作已非原貌，存在着不同程度的散佚，或因后人重辑而混乱不堪，错讹丛生，给使用者带来诸多困难。因此，对传世的宋人笔记进行系统整理，编纂出版一部笔记总汇，并对宋人笔记蕴含的价值进行深入系统的探讨和总结，是一项重大的基础性文化学术工程。

上海师范大学古籍整理研究所在老一辈学者的率领下，曾经整理出版过《宋史》《续资治通鉴长编》等大型宋代史籍。在宋代古籍整理方面积累了一定的资料和经验。20世纪80年代中期，我们在全国高等院校古籍整理研究工作委员会的支持下，曾进行过"宋人笔记电脑检索系统"的开发研究，尝试用现代化手段检索古籍。后因多种原因，此项目未能进一步展开，但我们却积累了一些经验，开始将古籍所的工作重点放在了宋人笔记文献整理方面。1999年，我们经过充分论证，决定系统地整理传世的所有宋人笔记，编纂整理成一部总集《全宋笔记》。我们向全国高校古委会申报立项。专家评审委员会审核后，建议我们先整理二十种笔记，待取得经验后，再全面展开。我们在完成二十种笔记的整理工作后，遂把整理范围进一步扩大到所有现存宋人笔记，制订了全面承担《全宋笔记》编纂整理的工作计划。

《全宋笔记》编辑整理的对象，以宋人著述的单行笔记专集为限，未成专集的，散见的单条笔记不在收录整理之列。其与四川大学古籍整理研究所编纂整理的《全宋文》错开收文，《全宋文》收载的是单篇散文、骈文，单行的宋人笔记，除序跋外不收。《全宋笔记》与《全宋文》形成了互补关系，避免了重复收文、重复整理。

编纂整理《全宋笔记》，碰到的首要问题是如何界定笔记。有关"笔记"的含义，学术界看法不一。古代笔记原是指没有一定体例，信笔札录的一种文体。我们认为笔记乃随笔记事而非刻意著作之文。古人随笔记录，意到即书，常常"每闻一说，旋即笔记"，具有叙事纷杂的特性。从写作体例来看，笔记随事札录，不拘一格，宋代笔记类作品名称与"笔"相关的有"笔记""笔录""笔说""试笔""笔谈""随笔""漫笔""余笔""笔志""笔衡"等，这些名称无不体现了宋人笔记随笔记事的特性，有别于正史的严肃划一，亦别于志怪传奇的天马行空。从内容看，涉及典制、历史、文学、民俗、宗教、科技、文化等，芜杂和包罗万象是其最大的特色。我们认为，笔记叙事虽或有所侧重，然其内部并无严密体系，各条记事互不相关，表现了其信笔札录、叙事纷杂的特性。凡题材专一，体系结构紧密的专集，虽亦有逐条叙事者，则已非随笔之属，如茶经、画谱、名臣言行录、官箴等。此外，纯粹的传奇志怪小说作品，与我们界定的笔记属性相去甚远，故皆不予收录。

中国古代目录分类中并没有笔记一说，目录学家们通常把那些随笔而记的作品归入小说家、杂家或杂史类，没有统一的划分标准。如宋代著名笔记《杨文公谈苑》《玉壶清话》《梦溪笔谈》《东斋纪事》《龙川略志》，在晁公武、陈振孙的目录书中都被列入小说家。宋人笔记源流实出于古小说。《隋书》中云"小说者，街说巷语之说也"①。刘知几曰"偏记小说，自成一家。而能与正史参行，其所从来尚矣"②，其对小说含义稍稍作了修正，增加了偏记之说，将偏记小说的社会内涵与资史作用揭示得一清二楚。欧阳修认为"细小之事虽有可纪，非干大体，自可存之小说，不足以累正史"（《闻见录》卷十五），视小说为存史之别体，与正史分别承担了不同的角色。

宋代笔记事实上承续了汉唐以来偏记小说的内涵而又有所发展。后人评论唐代的小说多落魄失意之人为之，"子虚乌有，美而不信"，而云宋小说"则出士大夫手，非公馀纂录，即林下闲谭。所述皆生平父兄师友相与谈说，或履历见闻、疑误考证，故一语一笑，想见先辈风流。其事可补正史之亡，裨掌故之阙"③。又如《曲洧旧闻》《遂初堂书目》《直斋书录解题》《文献通考》皆列之于小说家，内杂神怪谐谑，"多记当时祖宗盛德及诸名臣言行，而于王安石之变法、蔡京之绍述，分朋角立之故，言之尤详"，四库馆臣论云："盖意在申明北宋一代兴衰治乱之由，深于史事有补，实非小说家流也。"④宋代的史家十分重视笔记（当时所谓的小说）的价值，北宋的宋庠把偏记小说作为修订新唐书的重要史源（《历代名臣奏议》卷二七六），南宋的李焘在其名著《续资治通鉴长编》中颇多引用《湘山野录》《杨文公谈苑》《东斋纪事》等笔记作

---

① （唐）魏徵、令狐德棻：《隋书》卷三四《经籍志》，中华书局1973年版，第1012页。
② （唐）刘知几：《史通·内篇·断限》，载赵吕甫校注《史通新校注》，重庆出版社1990年版，第234页。
③ （明）桃源溪父：《宋人小说叙》，载《五朝小说·宋人小说》，明末刻本。
④ （清）永瑢等：《四库全书总目》卷一二一《曲洧旧闻》提要，中华书局1995年版，第1039页。

为史料叙述北宋史。

自宋代宋祁的《宋景文公笔记》问世后，宋代以笔记冠名的作品便多起来了。宋士大夫公余闲暇，在信笔札录所见所闻的同时，也记录或创作一些趣味性的故事，这就使得琐言、轶事、典制、杂记、故事常杂集于一部作品中，甚或亦有志怪传奇厕身其间，这些志怪传奇反映了当时人的宗教信仰观。例如我们收录的笔记体作品《夷坚志》，蕴含着丰富的宋代社会信息，涵盖社会各个方面，是宋代社会史研究的资料渊薮，向为治史者所重视。其所叙鬼神，体近传奇，虽以鬼神因果报应故事为多，然也不乏名物典章、社会风俗之真实记载。《夷坚丁志》卷一七《琉璃瓶》记载了宋徽宗时期民间锡匠运用水银"柔而重"的特性，巧镶金箔于琉璃瓶内胆的高超的手工技艺。同书卷十《张台卿词》及《夷坚支景》卷八《阳春县》叙事皆关当时典制。这些作品符合"与正史参行"的偏记小说之属性，正如陆游所论，"岂惟堪史补，端足擅文豪"[①]。我们这次整理收录了一些带有纪实性内容的志怪小说。此外，我们也收录了一些宋人通史性的读书笔记，如《习学记言》《西山读书记》《黄氏日抄》。至于专一的读书研究型的作品，我们将其归属于专书性著作，没有收录。

自唐创传奇小说，古代所谓小说的含义逐渐发生变化。南宋史绳祖撰《学斋占毕》，将笔记与小说并提，反映了笔记在宋代成为一种独立的文体，与小说有分道扬镳之趋势。我们之所以没用"小说"来命名我们整理的总集，用意在于避免与明代以后通俗小说的概念相混淆。我们也没取"笔记小说"为名，那样做，会把笔记当成限制性定语来修饰小说，给人仍以小说为主的感觉，而不能真实反映宋代笔记文体的面貌。这两种名称都不足以涵盖我们整理的笔记总集所蕴含的内容和时代意义。

我们界定的宋人笔记，是基于笔记的特点，同时也有将《全宋笔记》所收书控制在一定范围的考量，不至于太宽泛，避免因工作量过重而陷入无法完成的困境。

我们的整理计划，得到了业内专家的肯定和支持。大象出版社从弘扬和传承民族文化遗产的大格局出发，毅然挑起了出版《全宋笔记》的

[①] （宋）陆游：《题〈夷坚志〉后》，载《剑南诗稿校注》，上海古籍出版社1985年版，第2371页。

重担。做出这一决策,在当时全国古籍出版业并不景气的形势下,是需要巨大勇气的。这给了我们整理工作以莫大的信心。19年来我们与大象出版社合作得很好、很成功。

我们搜集梳理了散见于各类丛书和各大图书馆的五百多种传世的宋人笔记,对其中符合整理要求的477种笔记按统一体例做了编纂整理。

本书采用繁体字竖排,新式标点。每部笔记都撰写有点校说明。如属残佚之书,则尽可能从其他文献中搜罗逸文,辑补于书末,并注明出处。《全宋笔记》分十编进行编纂整理,每编十册,每册收笔记若干种,陆续推出,最终为学术界提供一部收罗齐全,经过系统整理点校,便于查找和使用的总集《全宋笔记》。

宋代笔记经千百年来的辗转传刻,版本混杂,真伪不一,有同书异名者,如江休复的《江邻几杂志》又名"嘉祐杂志",李邦献的《省心杂言》又名"省心录";亦有同名异书,如曾敏行的《独醒杂志》与吴宏的《独醒杂志》。有不少笔记系全抄同一作者他书而成者,如张邦基的《汴都平康记》,摘自《墨庄漫录》;赵彦卫的《东巡记》《御塞行程》,摘自《云麓漫抄》;吴曾的《辨误录》,摘自《能改斋漫录》;洪迈的《对雨编》摘自《容斋随笔》;程大昌的《程氏则古》,摘自《考古编》;周必大的《庐山录》《九华山录》,摘自《泛舟游山录》;《西湖游幸记》摘自《武林旧事》。有些笔记先已成书,后为他人所撰之书收录者,如《乙巳泗州录》《己酉避乱录》,全文收录于《玉照新志》。亦有笔记全抄他人笔记者:托名陶谷撰的《蕉窗杂记》,系截取《清异录》而成;托名杨万里撰的《诚斋挥麈录》,抄自《挥麈录》。亦有不少系伪书,如丘昶的《宾朋宴语》、章望之的《延漏录》、滕康的《翰墨丛记》、徐恺的《漫笑录》等,据学者考订,皆系伪作。此类笔记,均不在收录之列。

传世的宋人文集中,不乏笔记体作品,对此,我们的编纂原则是,这些笔记历史上未曾刊行过单行本的,则不收;如刊行过的,虽然没有传下来,但在作者的文集中是可以找到的,则收之。如周必大《泛舟游山录》,今不见单行本传世,《文忠集》却有完整收载,我们即以《文忠集》为底本加以整理。

整部宋人笔记已亡佚,但有逸文散见于其他文献,我们曾计划从中辑佚加以整理。然从整理实践工作来看,这一部分的任务非常繁杂,它将牵涉课题组太多精力，工作量太大，就此我们对项目原有计划做了调整，将钩稽辑校宋人亡佚笔记的任务做了切除，不再执行。仅对《杨文公谈苑》《倦游杂录》《秀水闲居录》等少数几部笔记做了尝试性的辑佚整理。故现在完成出版的《全宋笔记》不包含已亡佚笔记的辑校内容。这部分工作有待今后补充完善。

有些笔记或因作者生平不详，或因佚名，内容虽记宋代之事，然很难考订是否为宋人作品。如《东南纪闻》《五色线》《真率笔记》《碧湖杂记》《灯下闲谈》等，我们姑且收录，至于是否有误，还请读者给予指正。

本总集原计划编纂至第八编第六册便告结束，后根据学者的意见，我们对笔记做了进一步补充收录。从第八编第七册起至总集末，是后来做的补录，补录的笔记在排序先后上与前有差异。

《全宋笔记》对先前学术界已有整理本的笔记文献，多有匡正，在充分吸纳前人时贤成果的基础上，整理质量有所提高，例如《东京梦华录》，采用了北京国家图书馆收藏的袁克文藏本作校本，纠正了一些先前整理本未能纠正的错讹。《诸蕃志》是中外交通史名著，学界有不少整理和研究成果，此次整理，我们充分利用了出土的赵汝适墓志以及学界已有成果，并注意到《宋史·外国传》参考利用了《诸蕃志》，运用《宋史》相关材料以校正《诸蕃志》文字之误，比之先前出版的整理本更为精善。

更有大量的笔记文本为学界首次整理，仅如佛学类笔记，就有《罗湖野录》《云卧纪谈》《丛林盛事》《枯崖漫录》《林间录》《法藏碎金录》《人天宝鉴》《广清凉传》《续清凉传》《丛林公论》等，大多为宋代僧人所作，多佛门闻录，颇具佛学史研究价值。

笔记文献的卷帙篇幅大都偏小，然却蕴含着丰富的价值，对于研究宋代的政治、经济和文化具有较高的学术价值。如吴开所撰《漫堂随笔》，载北宋英宗至哲宗时期朝野见闻，对研究北宋中后期政治制度史多有裨益。传世的《说郛》删节本仅有三条，学界一般认为已无传本。我们通过细致考证，判定国家图书馆藏劳氏丹铅精舍本及南京图书馆藏清钱塘丁氏正修堂本实为该书传抄之本，并以丁氏本为底本做了整理。张淏撰《云谷杂记》，历代书目未见著录，四库馆臣从《永乐大典》中辑得，评价曰实踵（洪）迈书而作，盖能"专为考据之学"[①]。20世纪初，鲁迅先生曾从《说郛》中辑录出一卷，十分看重其价值。《洞天清录》记载古器书画，凡一百六十则，涉及古琴、古砚、古钟鼎彝器、怪石、砚屏、笔格、水滴、翰墨真迹、古今石刻、古画等，洞悉源流，辨析精审，历来为文物鉴赏家所重视。陈郁《藏一话腴》既有朝野遗闻轶事、史事杂论，也有文学评论。陈郁为著名诗人，对当时人的诗文评价颇有见地，为宋代文学批评研究提供了重要的文献史料。南宋先后经历了金、元少数民族政权的侵扰，宋朝军民奋起抗战，事迹可歌可泣，宋人笔记对此多有记载。如王致远《开禧德安守城录》记述了开禧年间德安府通判王允初率军民英勇抗金、浴血奋战、艰难守城108日的史实，并详论宋金攻战之策及攻守战具如对楼、流马、石炮等。其价值，诚如清孙诒让所言："所记虽一人一时之事，而为读《宋史》者拾遗补阙。"[②]又如陈规《守城录》，详细评述了北宋末年开封城防之战的失误。所载《守城机要》及有关武器装置、兵员布防、城池攻守的论述及实战事例，为研究古代军事、科技及古城池建制等提供了十分珍贵的史料。

在整理过程中，我们做了大量搜遗辑佚的工作，例如收录的范成大四种游记《揽辔录》《骖鸾录》《桂海虞衡志》《吴船录》，此次整理辑得大量佚文，应是目前最为完整的整理本。叶大庆的《考古质疑》，为重要的考据之作，考订精密，援引赅博。今传本乃从《永乐大典》中辑出，多有遗漏，此次整理，我们从《永乐大典》及其他文献中辑得多条。南宋初朱胜非撰《秀水闲居录》三卷，记载了南宋初的政治、军事、经济、选举制度及宋金对峙形势，于建炎三年（1129）发生的重大事件"苗刘之变"亦有详载，更广及北宋史事，对于研究南宋初期的历史有相当高的史料价值。原书已散佚不传，《说郛》本仅有八条，此次我们做了全面汇辑。再如洪迈的《夷坚志》，为宋代社会研究的资料渊薮。原书流传过程中有大量散佚，我们在充分吸收学界既有整理成果的基础上，又从宋代文献中辑得佚文100余条。

值得一提的是，《全宋笔记》编纂整理的过程也是辨伪存真的过程。

[①] （清）永瑢等：《四库全书总目》卷一一八《云谷杂记》提要，第1019页。

[②] （清）孙诒让：《〈开禧德安守城录〉后序》，《籀庼述林》卷六，中华民国五年（1916）刻本。

传世的笔记文献中，有不少题为宋人的作品，经考订，其实是元及元朝之后的作品，或是托名伪作。我们对混杂其间的伪书做了考订甄别，做了大量的辨伪、剔除工作。当然，我们这一工作肯定也有疏漏。

《全宋笔记》的出版，为学术界提供了一部搜罗齐全，经过系统编纂整理，便于查找和使用的宋人笔记总集，其学术价值主要体现为两点。一是把分散的符合笔记体裁的传世宋人笔记尽可能收录，予以编纂整理。收录整理的笔记数量是目前学术界同类出版物中最多，也是最全的，体现了《全宋笔记》的"全"的特点。二是本总集收录的大多数宋人笔记系首次校勘和标点，即使是学界已有整理成果的，我们也力求出新，做到后出转精，体现了"新"的特点。

古籍承载着中华民族数千年积淀下来的文化遗产，而文化遗产只有通过认真梳理和挖掘，大力弘扬和传承，才能彰显其价值，发挥其作用。《全宋笔记》整理出版，使得经整理过的宋代文献资料基本上呈现出一个完整的概貌，它连同北京大学、四川大学等单位编纂整理的《全宋诗》《全宋文》《全宋词》以及点校本《宋史》《续资治通鉴长编》《宋会要辑稿》《文献通考》等，构成了比较齐全的宋代研究资料库。《全宋笔记》整理出版，对于充分发掘和利用笔记文献的价值，传承祖国文化遗产，弘扬民族优秀文化，促进和繁荣学术研究，无疑有着重大的学术价值和社会意义。

除了编纂整理笔记文本之外，我们还从文史结合的角度全方位地对笔记的史料价值和文化含义做了深入的研究，深度挖掘宋人笔记的学术价值，探求中古时期社会文化繁荣和发展的轨迹，对这一文化遗产做全面的挖掘和利用。有学者指出：由《全宋笔记》起动，引起其他历史时期笔记总集的整理、出版，其意义当不仅限于文献整理。应当把笔记的系统研究提到日程上来，把笔记的分类如何从传统框架走向现代规范化的梳理，建立起科学体系，将笔记作为相对独立的门类文体进行学科性的探究。这是我们今后工作要进一步拓展的方向。

我们能最终完成102册、2266万多字的古籍整理工程，除了大象出版社的支持外，我们还有两个重要的因素。

一是古籍所同人齐心协力。上海师范大学古籍整理研究所与一般的高校研究所不同的是，它还有一个古典文献本科专业，担负着培养古籍整理人才的重任，每年招收30名本科生。因此，既要从事古籍整理研究，又要培养本科生。所里的教师本着对古籍整理事业的高度责任感，在繁忙的本科生、研究生教学工作之余，积极投入宋人笔记的整理工作。19年来，辛勤工作，识大体、顾大局，坚持不懈，有时为了一个版本、一条资料，不辞辛劳，奔走于图书馆、资料室之间，一路走来，付出了艰辛的劳动。

《全宋笔记》的编纂整理缘起，如果再往前，从20世纪80年代中期我所进行的"宋人笔记电脑检索系统"的开发研究算起，到现在《全宋笔记》的出齐，已度过了30个春秋。当年参与宋人笔记整理规划的老先生早已退休，有的甚至已经作古。正是他们对古籍整理事业所作的贡献，奠定了我们今天编纂整理《全宋笔记》的工作基础。可以说，《全宋笔记》凝聚了上海师范大学两代古籍整理人的心血。可以说没有全体同人的齐心协力，这一重大工程不可能完成。

二是我们的整理工作得到了全国学界的各方支持。业内专家给我们提出了宝贵的建议，使我们少走弯路。课题组与校外学者，与中国台湾地区、日本等的学者建立了广泛的学术联系，积极开展合作，项目组还邀请了中国台湾地区的专家学者来校，召开学术座谈会，就《全宋笔记》编纂体例、收书范围、宋人笔记的辑佚、青年人才的培养等问题，听取意见，进一步完善编纂整理与研究工作，提高整理研究水平。

我们先后邀请了31位国内外专家学者参与了《全宋笔记》的整理工作。在整理过程中，各地图书馆给予了鼎力支持，诸如国家图书馆、南京图书馆、上海图书馆、复旦大学图书馆、华东师范大学图书馆，以及像邵阳师范学校图书馆这样偏远的地方馆都为我们提供了方便。还有不少学界朋友百忙中替我们查询、核对资料，给予了热情帮助。正是这些专家学者、这些单位的大力支持和参与，使我们的整理质量在整体上得到了保障。

这里，我要着重一提的是，已永远离我们而去的傅璇琮先生、陈新先生。傅先生不仅为我们成果的出版牵线搭桥，还以其丰富的编辑出版经验，对整理工作给予了悉心指教。陈新先生作为出版社特邀编辑，认真审读稿件，尽心尽责，每审读完一批稿件，他都会附上一封信，详细说明审读情况，提出修改意见，字字见真情。特别是他近几年，不顾年老体衰，还在为我们看稿，体现了老一代出版人对古籍整理事业的奉献精神。他们为《全宋笔记》整理工作所作的贡献，我们将永远铭记。

为进一步提高、培养古籍整理专业人才的素养，课题组成员充分发挥研究生指导教师的作用，积极指导学生开展宋代笔记的研读工作，鼓励学生参与宋人笔记课题研究，提交宋人笔记的研读报告，参与笔记整理。通过项目的参与，提升学生的史料解读能力，培养独立研究能力，培养了不少学生对古籍整理的兴趣，有的研究生在老师指导下，写出了有一定水准的学术论文。还有不少研究生选择了以宋人笔记研究作为学位论文题目。

　　前贤云校书如扫落叶，随扫随有。《全宋笔记》整理工作规模宏大，参加整理笔记的学者众多，整理水平参差不齐，因而我们的工作存在许多不足，诸如残佚文字的收罗辑佚工作做得不是很彻底，有遗漏现象，所收笔记、校勘标点工作也有不少问题。这些不足留待今后再版时予以弥补，我们殷切期盼学界朋友多多指正。

中国书院文献及其价值

——《中国书院文献丛刊》代前言

湖南大学岳麓书院古籍整理研究所　邓洪波

　　湖南大学岳麓书院作为全国独一无二的仍在办学的千年学府，对研究、保护、传承书院优秀文化传统，开拓前进，有着义不容辞的责任。因此，收集、整理书院文物、文献，研究书院历史文化，是我们的分内之事。在认真考察当今书院文献的保存与整理研究现状的基础上，2015年我们以"中国书院文献整理与研究"为题，向国家社会科学规划办提出重大项目招标选题，有幸入选并成功中标。开题以来，整个工作进展顺利，现在影印本的《中国书院文献丛刊》即将分辑刊印，谨将我们的思考记录如下，权作丛书前言。

一　"书院文献"的界定

　　"文献"一词的出现，在我国已有2000多年的历史，历代关于"文献"一词的解释有100余种，可谓仁者见仁、智者见智。1983年全国文献工作标准化技术委员会制定的中华人民共和国国家标准《文献著录总则》（GB/T3792.1—1983）结合现代信息科学和现代文献的特征来给"文献"下定义，将"文献"定义为"记录有知识的一切载体"。"记录"包括多种文献生成形式，例如，传统的抄写、绘、刻、印，现代的光、电、磁记录等。"有知识"突破了传统的有历史价值的限制、拓宽了文献的涵盖面。"载体"既有传统的金石、竹木、绵帛、纸，又有现代的磁带、磁盘、胶片、网络服务器等，打破了传统材料的限制。但是，本课题受研究对象和时间范围的限制，所使用的"文献"概念仅指"文献"中的"古文献"一类，即孙钦善先生在《中国古文献学》所说的

"由文字记录的书面材料"①。而且,从古文献的基本类型来说,主要侧重"传世古文献",辅之以部分"出土古文献"。

众所周知,书院起于唐代,历史悠久,历代仅新建书院就有7500所以上。千余年来,因为记录其发展轨迹,形成了有关教育、学术、思想、文化、民俗、经济等各方面的数量巨大、种类繁多的书院文献。但是,"书院文献"一词当属晚近新名词。虽然李国钧教授于1998年鉴定《中国书院制度研究》时,有"该书专章论述书院藏书、刻书及中国书院文献书目提要,这可看作中国书院的第一篇有关版本目录学及书院文献学的纲目"一说,但"书院文献"一词究竟起于何时,尚待进一步考定。目前已知,1936年12月举办的"浙江省文献展览会"上,"书院文献"与"选举文献"和"档案"并列同一陈列室。② 可见,最迟在1936年年底,就有"书院文献"的称谓,此时距离书院被废35年。

千余年来,因为记录其发展轨迹,形成了有关教育、学术、思想、文化、民俗、经济等各方面数量巨大、种类繁多的书院文献。如何界定"书院文献"?我们思考的出发点是实际工作,服务于长期的书院资料建设的实际需要,主要属于"别类定义"的实践层面,还有待于上升到理论总结的高度。大致而言,我们认为"书院文献"应该包括五个方面。

第一,按照记录手段而言,凡是有关书院的抄、绘、刻、印的文字,以及图像、音频、视频等资料,都属于书院文献。

第二,书院文献就其载体而言,以传统的金石、纸张、竹木、绵帛为主体,也有一些现代才出现的磁带、磁盘、胶片、网络服务器等。就其载体形式而言,主要有刻本、写本、稿本、抄本、拓本等,数量之大、种类之广、体系之完备,在世界范围内均属罕见。

第三,书院文献,按照其存在形式,大致可以分为两类:专书文献(包括成本、成册、成卷的文献)和单篇文献(收录在其他文献中的单篇书院文献,有待析出编辑)。

第四,书院单篇文献,就其体裁形式而言,可以分成碑记、诗词赋、序跋、书启、楹联,以及各种公文、批复等,散见于文集、方志、笔记、

---

① 孙钦善:《中国古文献学》,北京大学出版社2006年版,第1页。
② 参见简又文《浙江文献展览会》,《逸经》第19期,1936年12月5日;编纂委员会编《浙江图书馆志》,中华书局2000年版。

类书、家谱、族谱、档案之中。据抽样统计，书院单篇文献的总量当在3万篇/首以上，其数甚巨，一时难以一一处理。

第五，书院专书（整本）文献，也可以叫作"整本文献"，据抽样统计，其总量在2000种以上，其中亡佚500种左右，存世1500种左右。书院专书（整本）文献，可以自成一体，内容丰富，文献与史料价值甚高，值得整理与研究。已经掌握的信息显示，成书于宋元时期而今又存世的就有朱子的《白鹿书院教规》、戴溪的《石鼓论语问答》、程端礼的《集庆路江东书院讲义》、胡师安等的《元西湖书院重整书目》等近十种，明代近200种，清代则数百种，自成系列，构成一个符合逻辑的完整文献链条。而揆诸内容，别类定义，大致可以分成六种类型：综合体现书院历史文化与规制的书院志，反映书院讲学与学术活动的书院文集、诗集、讲义、会语、语录，反映书院教学的课艺、日记、同门录，反映书院制度的学规、学则、会规、规条、章程，反映书院藏书、刻书的目录等，显示书院刻书成就的大型学术著作，记录着书院的历史进程及其所从事的文化、教育与学术事业，能够比较全面、系统地呈现书院的悠久历史、内部规制、多种功能、文化内涵，有很高的学术价值、史料价值。

需要说明的是，此次整理工作只针对书院专书（整本）文献，而不涉及单篇书院文献。理由有三。

一是书院文献的体量过于庞大，整理研究又处于初级阶段，而重大课题要限时完成，为了保质保量完成任务，不得不做取舍。

二是单篇书院文献太分散、规模太大，一时难以摸清家底，而以前又有过一定规模的整理研究。如笔者主持完成的《中国书院史资料》（全三册）、《中国书院学规》、《中国书院章程》、《中国书院楹联》、《中国书院诗词》、《中国书院学规集成》（全三卷）等，全是书院单篇文献的分类集结，总字数已经有600余万，可谓小具规模，已经渐为学术界所熟悉与利用。

三是书院专书（整本）文献的整理研究相对较弱，宝藏深埋人未知，理应发掘。有关情况，以下将做讨论，此不赘言。

二 书院文献整理与研究的学术价值与现实意义

书院文献极为珍贵，是一笔巨大的历史文化遗产。但由于各种原因，损毁严重，其保护现状堪忧，对其进行系统、集成式整理，加以保存、传播、利用，自有其积极的学术价值与现实意义。

书院是儒家的大本营，是中华文明最重要的创新与传承组织之一。每一种文明都有自身独特的文化系统和生存方式。唐宋以来，书院开展文化积累、研究、创造与传播的工作，将中国传统的教育、学术、文化、出版、藏书等事业融为一体，培植学风士气、民俗风情，养成国民思维习惯、伦常观念等，贡献甚大，促进了大一统国家的文化认同。因此，书院是儒家文化、中华文明最核心的要素之一。对书院文献的整理与研究，对于深入理解儒家文化的本质、特征、运作模式，探求其发展过程的规律及其与中华文明的关系，及评估中华文明在世界中的独特地位而言，都是一条重要的路径。

书院文献是研究中国古代教育史、学术史的关钥。书院既是教育组织，也是学术组织，千余年的书院制度，理论完备，涵盖面广，是最具中国文化特色的教育遗产、学术遗产。作为教育组织，唐宋以来，"要读中国教育史，要研究现在的教育制度，应着重研究书院制度"[1]，书院在自唐宋以来传统社会教育史中不但地位重要，而且是其中心议题；作为学术组织，自宋代学者开创书院与理学结合的传统以后，书院便与学术互为表里、盛衰共命，形成一体化态势，先后养成程朱理学、陆王心学、乾嘉汉学，乃至新学、西学的盛大局面。对其进行研究，可以进一步厘清书院与宋元明清学术文化的建构、学术派别的产生、学术成果的形成、学术思想的传播等之间的关系，推动教育与学术、文化等互动关系的探讨。

书院文献是中国古代政治史、经济史、文学史等学术领域研究不可或缺的重要史料。书院是在特定的政治、经济环境与文学世界中形成的，故而其文献除包含教育、学术方面的重要史料之外，还包括政治类、经济类、文学类等领域的相关文献。具体而言，书院与官方政策研究、书院与科举关系研究、书院与地方官僚关系研究、书院学田经济的研究、书院与商人关系研究、书院的商业化运作、书院诗文雅集活动研究，如此等等，既是书院学研究的重要内容，也是中国古代政治史、经济史、文学史所应关照的独特视角和场域。

---

[1] 季羡林：《论书院》，《季羡林真实人生》，新世界出版社 2012 年版，第 196 页。

书院文献的整理与研究，可以推进书院学、历史文献学、目录学、档案学、图书编纂学等学科建设。书院学是一门方兴未艾的学科，中华民国时期及20世纪八九十年代以来两次书院学研究高潮的形成，都与书院文献的整理、利用密不可分，21世纪出现的"书院走在复兴路上"的盛局[1]，亟须理论指导。但在繁荣热闹的表象之下，书院研究因为资料不足而显乏力，是为资料瓶颈，期待全面集结文献，寻找新的突破，开拓书院学研究的新局面。书院文献被视作专门性史料而遭受冷落，其史料与学术价值被严重低估，实际上，综合运用历史学、教育学、社会学、文献学等多学科研究方法，从不同视角、不同维度，对其进行大规模的系统整理与研究，全面认识其特点与价值，可以拓充历史文献学、目录学、档案学、图书编纂学等学科的发展空间，具有填补学术空白的意义。

书院文献的整理与研究，对当今传统文化及儒学复兴有重大意义。自新文化运动以来，历经七八十年的动荡、探索和反思，到20世纪八九十年代，传统文化在复兴、儒学在复兴，作为儒学发生地与传播基地的书院也在复兴。目前，海外新儒家、大陆新儒家及研究传统文化的学者业已形成了群体性主张。在此形势之下，各地书院也都在复兴或新建，依托官方的有岳麓书院（湖南）、尼山书院（山东）、中国文化书院（贵州）等，民间书院更如雨后春笋，如筼筜书院（厦门）、圣源尼山书院、阳明精舍（贵州）、四海孔子书院（北京）、桐江书院（浙江）等，还有不少基于现代化技术的非实体性网络书院，以及依书院精神建立起来的各大学的国学院，发展都极为迅速。据统计，现在仍活跃的传统书院达到674所，非传统书院（含网络）达713所，但是由于历史经验不足，存在问题很多，必须求教于古代书院及其文献。

书院文献的整理与研究，对当今教育改革有重大意义。教育教学是书院的主要功能。书院是当时学者和官府在反思、解决官学教育困难的基础上产生的，它反对功利主义，提倡返归身心的通识教育、古典教育。当今的学校教育就其形式及内容而言，被学术界及社会诟病者远非一日。早在20世纪20年代，毛泽东、胡适等人就已反思现代西方的学校教育模式，毛泽东还以湖南自修大学作为实验场。西式教育从目标上过分注

---

[1] 贾宇：《走在复兴路上的中国书院——国际儒联"书院教育与儒学普及研讨会"侧记》，《光明日报》2011年8月22日第15版。

重知识、技术，忽略道德教育、人格教育；主要导向是功利主义的，导致了师生关系冷漠；其形式过于机械，极端的制度管理与量化考核，对教育规律是一种严重扭曲，从而导致现代教育百病丛生。西方教育模式的弊端，恰恰是中国传统书院教育之所长。书院教育模式在未来的教育改革中自有其广阔的发展空间，但必须以文献整理与研究作为其学术基础。

书院文献是极为珍贵的文化遗产，对其进行整理是一项时不我待的抢救工程。历代成书的书院志、学规、章程、课艺、讲义、（讲会）会录、会纪、同门谱、藏（刻）书目录、山长志、学田志等类型，有刻本、写本、稿本、抄本、拓本等载体形式，种类较全，学术、史料与文献价值甚大，是一笔巨大的历史文化遗产。但由于各种原因，损毁严重，其保护现状堪忧，据抽样统计，现存馆藏有1020余种，而总数估计也就是1500种左右，亟须通过集成整理的方式加以保存、传播、利用，避免珍贵文献散落、损毁情况的进一步加剧。同时，大量珍贵文献被埋没在图书馆、资料室甚至私人手中，对学术文化发展也是一种巨大的损失。

书院文献整理有利于提升我国的文化软实力。书院是儒学的大本营，是中国文化软实力的重要载体。书院与孔子一样是中国文化的一种特殊符号，是儒家文化、中国文明区别于其他文化和文明的重要标志。目前，中国文化软实力是比较缺乏的。然而，在历史上中国却有强大文化软实力的输出，以至于最终形成了儒家文化圈，其中，书院是最主要的传播工具。书院早在明代开始，便走出国门，传到朝鲜（约900所）、日本（百余所），以及东南亚各国，甚至欧美地区，成为当时古代中国向世界输出文化软实力的主要途径，业已被历史证明。晚清时期，外国到中国建立学校，也称作"书院"，形成了独具特色的教会书院系统。可见，书院无论在东方世界，还是西方世界都具有巨大的认同感、感召力、吸引力。书院文献的整理与研究，将会为中国文化软实力的提升提供文献、理论支撑，以及历史镜鉴，将向世界更加清晰、完整地再现中国传统书院的形象，再现中国作为礼乐文化大邦的形象。

三 关于本书的几点说明

国家社会科学基金重大项目"中国书院文献整理与研究"以摸底、影印、点校、研究四者为基本框架。摸底，即摸清书院文献的家底，编制第一部书院文献专题书目，意在揭示书院文献的全貌，让学术界知道其真实而大量地存在，并能加以利用。影印，原汁原味、化一为千，意在为书院研究提供大型的基础性文献，尽量展现其多样性，嘉惠学林，推动研究。点校，则为书院研究提供中型的经过精选、分主题的系列文献。研究，注重学术，重点在书院文献研究，兼顾书院研究。其目的就是要摸清家底，编制出书院文献的总目录；以影印、点校两种方式，整理、公开尽量多的书院文献，进行文献学研究，初步将书院文献的体系构建起来。

本书属于上述框架中的影印部分，以"中国书院文献丛刊"为名，注意基础性、广泛性，力求全部影印现存书院专书（整本）文献。

以版本学、目录学指导辨别版本、遴选底本的影印工作，是本书遵行的总体编辑思路：区别原刊、重刊、递修；注重精刊本，而又不轻视通行本；配补残缺，辑成全本；木刻、铅印、活字本，不拘刊刻方式；孤本、副本、手抄本，聚珍而成善本。利用传统版本、目录学知识，精心影印书院文献集成。

具体而言，书院文献在制作和流传过程中形成了各种版本特征，如书写或印刷的形式、年代、版式、字体、行款、纸墨、装订、内容的增删修改，以及藏书印记、题跋、批校，等等。研究各种版本的特征与差异，鉴别真伪优劣，利用版本学的知识，对现存书院文献先做写本、刻本、活字本、铅印本、影写本、影印本，或宋元明清本，以及官刻、家刻、坊刻本等分别处理之后，再将无缺卷、未刊削的足本，精校精注本，旧刻旧抄本，手稿本、原稿本等甄别出来，选作底本，集成可称善本的影印本《中国书院文献集成》。

书院文献以实用为主，长期以来不受重视，少被收藏，基本没有伪书的问题，在选择底本时，我们要遵行先足本、精本，后古本、珍稀本；重视古本但不迷信，重视孤本、善本但不轻信；亲自对勘、比较，全面权衡等原则，同时辅以现代电子技术配补、修复，将影印的书院文献变成新的善本。

本书的编辑原则与体例，参见凡例，此不赘述。有鉴于书院文献分藏各地，难以在短时间内齐集，本书将分辑出版。每辑约100册，每册约600页。

本书资料的收集、整理与研究，得到国家图书馆出版社、上海科技文献出版社的大力支持，也将由两家出版社联合出版。

凡　例

一、书院起于唐代，千余年来，因为记录其发展轨迹，形成了有关教育、学术、思想、文化、民俗、经济等各方面的书院文献，其数量巨大、种类繁多。书院文献，按照其存在形式，大致可以分为两类：专书文献（包括成本、成册、成卷的文献）和单篇文献（散见于其他专书中的单篇诗文）。

二、本为大型丛书，以"中国书院文献丛刊"为名，辑录、影印各种成本、成册、成卷的整本书院专书（整本）文献。

三、收录文献时限，原则上起于唐朝，下至1949年。但实际上，则以南宋到清末为主，有需要可以延至中华民国。

四、本书编排，原则上以省区为单位，分别县市，按书院辑录。同一书院有多种文献，则按成书先后顺序排列。

五、为便阅读，依仿《四库全书》成例，凡辑录各书，皆撰写书前提要，除著录书名卷数、作者、版本、存缺卷数、馆藏单位，以及书院名称、院址、历史沿革等基本信息之外，或提要，或解题，或辨正，意在做"辨章学术，考镜源流"式的学术提升。

六、为便于查检，每辑编制作者、书名、书院三个索引，作为附录。

江苏文化的文献视野

——《江苏文库·文献编》前言

南京大学图书馆
南京大学古典文献研究所 程章灿

  文脉的传承有两个关键要素，一个是人，另一个是书。据《论语·八佾》记载，孔夫子当年说过："夏礼吾能言之，杞不足征也。殷礼吾能言之，宋不足征也。文献不足故也。足，则吾能征之矣。"① 这一段就是"文献"一词最早的出处。按照朱熹《四书章句集注》的解释，这里的"文"，指的就是典籍，也就是书；"献"，指的是贤人，也就是有文化、有知识的人；换言之，"文献"的核心内涵，无非是"人文"二字。孔子是东周时代人，他所生活的春秋末期，距离夏商二朝已远，虽然那时还存在夏朝的后代杞国以及殷商的后裔宋国，但是，要想理解夏商二代文化，最关键的是"文献足征"。如果文献不足，三代的文脉是无法传承的。重视文献，不仅是儒家的学术传统，也是中国的文化传统。教化有根，斯文有脉，千百年来，中国人发展出具有中国文化特色的源远流长的古典文献学体系，形成了悠远深厚的人文传统。

  江苏是人文荟萃之地，文化学术繁荣发达，是中国文化的重要渊薮，两千多年来，积累了丰厚的文献资源，形成了深厚的文献传统。汉成帝时，组织学者校阅宫廷藏书，首次对国家文献资源和文化家底进行清理。在这个过程中，祖籍江苏徐州的著名学者刘向主持校理工作，为每一部书撰写叙录（解题），汇总成《别录》一书，这是第一部带有解题的综合性分类目录。刘向去世后，其子刘歆继续整理群书，并将《别录》中各叙录的内容加以简化，把所著录的书分为六略，即六艺略、诸子略、

---

  ① （宋）朱熹：《四书章句集注·论语集注》卷二《八佾第三》，中华书局1983年版，第63页。

诗赋略、兵书略、术数略、方技略，前面加上一个总论性质的"辑略"，编成分类目录《七略》。其后，东汉学者班固又在《别录》《七略》的基础之上，撰成《汉书·艺文志》。《汉书·艺文志》的出现，标志着中国史志目录的成立。自汉以降，很多史书尤其是纪传体正史中，都设有艺文志或经籍志，影响所及，很多方志中也设有艺文志或经籍志。这些史志目录或记一代藏书，或记一代人著述，或记一地著作，与各种公私目录互相交织、彼此配合，构成了中国古典文献学的源远流长的传统。而在漫长的历史进程中，中国古典文献学也形成了鲜明的学术特点，清代学者章学诚在《校雠通义》中将其概括为八个字："辨章学术，考镜源流。"① 所谓"辨章学术，考镜源流"，就是" 分条析理""截伪续真"，理清学术文化传承的源流脉络。

总之，刘向、刘歆父子可以说是中国古典文献学的奠基者，《别录》《七略》不仅奠定了中国古典文献学的基础，也确立了中国古典目录学的民族特点。这可以说是江苏学者对于中国文化传承发展的一个伟大贡献。

汉末天下大乱，军阀混战，最后形成魏蜀吴三国鼎立的局面。就文化而言，三国之间既有竞争，又有交往。江苏当时主要处于孙吴境内，其整体人文积累和文化水准虽然不及中原，但是，丹阳韦昭和吴郡张勃的史学，广陵张纮、闵鸿和吴郡陆机、陆云兄弟的文学，都出类拔萃，并且带有突出的地方特色。特别值得一提的是，张勃撰有《吴录》，韦昭撰有《吴书》，集中关注吴地的历史文化。东吴建国以及三国鼎立的历史虽然短暂，却唤醒了吴地的文化自觉。三国之时，关于吴地士族，便有了所谓"四姓"亦即"四大家族"之说。"四大家族"各有自具特色的家风。《世说新语》记载："吴四姓旧目云：'张文、朱武、陆忠、顾厚。'"② 所谓"旧目"，意味着这种家风也就是家族文化传统，已经得到了社会舆论的认可。《世说新语》刘孝标注又引《吴录·士林》曰：

---

① （清）章学诚撰，叶瑛校注，靳斯点校：《校雠通义·叙》，中华书局1985年版，第945页。

② （南朝·宋）刘义庆著，（南朝·梁）刘孝标注，余嘉锡笺疏，周祖谟、余淑宜、周士琦整理：《世说新语笺疏·卷中之下·赏誉第八下》，中华书局2007年版，第582页。

"吴郡有顾、陆、朱、张,为四姓,三国之间,四姓盛焉。"①"四姓"名目既已载诸《吴录》,说明"四姓"的社会地位已经得以确立。

公元263年,魏灭蜀;265年,晋代魏;280年,晋灭吴,至此三国归一。可惜西晋统一有如昙花一现,内部争权夺利的"八王之乱",与外部异族的猛烈攻击,很快使建都洛阳的西晋政权土崩瓦解。中原衣冠士族纷纷南渡,王导辅佐晋元帝司马睿以建康(南京)为首都建立了东晋政权。这标志着中国政治和文化中心的南移,此前主要在北方发展的中华文化根脉,由此开始,转移到南方大地上继续生根成长。东晋之后,宋、齐、梁、陈四个朝代相继更迭。东吴、东晋、宋、齐、梁、陈,这六个朝代皆以建康为首都,历史上合称为"六朝"。江苏位于六朝政权领土的核心区域,在六朝文化更生中发挥了重要的作用。将这个时期的江苏称为中国文化的主要传承中心和复兴基地,是当之无愧的。

在政治与文化方面,六朝是典型的贵族社会。这时期的贵族,主要包括三个部分:皇室贵族、自北方南下的士族(简称侨姓)、南方吴郡的士族(简称吴姓)。这些贵族以及以这些贵族为中心形成的贵游文士集团,是这一时期文化传承与创造的核心力量。六朝皇族之中,除了东晋司马氏是南渡的北方人,其他五朝皇室都是江南人。其中,孙权是吴郡富春(今浙江杭州富阳区)人,陈朝皇室陈氏是吴兴(今浙江长兴)人,另外三朝君主都是在江苏生长起来的:宋高祖刘裕的祖籍是彭城(今江苏徐州),而生长于晋陵郡丹徒县京口里(今江苏镇江);齐梁二代皇室萧氏都是南兰陵(今江苏武进)人。刘宋皇帝与宗室中,颇有能文之士,如宋孝武帝刘骏、临川王刘义庆、南平王刘铄等。齐梁两代宗室对于文化学术的兴趣和热情尤其高涨,齐竟陵王萧子良在西邸召集文学之士萧衍、沈约、谢朓、王融、萧琛、范云、任昉、陆倕等人,讲论文义,时号"竟陵八友"②。梁武帝及其三子昭明太子萧统、梁简文帝萧纲、梁元帝萧绎,都好读书、藏书、著书,在文化学术上有很高的天分,并且取得了杰出的成就。以琅琊王氏和陈郡谢氏为代表的侨姓士族,以及以朱、张、顾、陆为代表的吴姓士族,都为六朝文化史贡献了许多精

---

① (南朝·宋)刘义庆著,(南朝·梁)刘孝标注,余嘉锡笺疏,周祖谟、余淑宜、周士琦整理:《世说新语笺疏·卷中之下·赏誉第八下》,第582页。
② (隋)王通著,张沛校注:《中说校注·天地篇》,中华书局2013年版,第44页。

英人物。这些精英人物的成长，一方面有赖于其家族内部优越的文化环境和父兄指导，另一方面则有赖于其世代相传的知识和图书资源。以陈郡谢氏为例，谢灵运自幼好学，参加以谢混为中心的谢氏家族内部的"乌衣之游"，与叔伯兄弟辈朝夕共游，在良好的文化环境中熏陶成长，又曾任刘宋王朝的秘书监，编撰当时宫廷藏书目录，得以博览群书，开阔眼界。再以吴郡陆氏为例，六朝人才辈出，南朝萧齐年间的陆澄好学博览，行坐手不释卷，其家中有藏书万余卷，故记诵甚博，著述良多。总之，这些贵族家庭有得天独厚的条件，因而，其子弟中往往脱颖而出很多青年才俊，诞生了很多文学家、艺术家和学问家，是造就六朝文化辉煌的主要力量。六朝是一个泛文学时代，各体文字皆讲究文学美感，诗赋二体尤其绚烂至极。魏晋之间，玄学独盛，开拓了时人思维的深度与广度。齐梁之间，"经史弥盛"[①]。总之，中国传统学术文化在六朝时代都有了长足发展，《后汉书》《宋书》《南齐书》《金楼子》《文选》《文心雕龙》《世说新语》等文化名著应运而生。这些名著不仅烙上了时代的印记，也不可避免地融入了江南地域文化的特质。

在图书文献整理传承方面，六朝时代主要贯串着两条线索。一条是文献存毁和聚散的线索。一方面是各种天灾和历次战乱，带来大大小小的"书厄"，造成图书的损毁散佚；另一方面则是通过搜聚抄藏，朝廷和民间图书数量持续增长。刘裕攻克长安，收聚后秦图籍，共有五经子史4000卷。侯景之乱后，建康文德殿图书仍有7万余卷，可见其时江南图书搜聚典藏之一斑。555年，梁元帝萧绎被围困于江陵，他无法接受政治失败、王朝覆亡的命运，走投无路，伤心至极，将数量达14万卷之多的皇室藏书付之一炬，造成了无可弥补的文献浩劫。这些图书是自六朝以来经过千辛万苦积聚起来的，刚从建康运到江陵不久，竟致毁于一旦，令人叹息！另一条是文献整理的线索。晋安帝元兴二年（403），桓玄代晋自立，曾下令以纸张取代竹简，作为书写和书籍收藏的主要载体。这说明当时纸已广泛流传，为文献生产及传播创造了有利条件。从公元5世纪开始，书籍史正式进入纸本时代。这是文献传承史上一个重要事件。另外，东晋李充编定《晋元帝四部书目》，他在曹魏郑默《中经》、

---

① （唐）魏徵、令狐德棻：《隋书》卷四九《牛弘列传》，中华书局1973年版，第1299页。

西晋荀勖《中经新簿》提出的甲、乙、丙、丁四部分类体系的基础上，调整乙、丙两部的次序，并将四个部类名目改定为经史子集。在李充之后，南齐王俭《七志》和萧梁阮孝绪《七录》，仍然基本延续《七略》和《汉书·艺文志》中的分类体系。但是，阮孝绪《七录》分内外两篇，其内篇五录依次为经典、记传、子兵、文集和技术，前四录相当于经史子集，与四部分法亦有相通之处。以经史子集标目的四部分类体系，被唐初的《隋书·经籍志》采纳，被清代中叶的《四库全书总目》继承，成为中国古典文献学中最为正统的图书分类体系，影响深远，直至今日。需要强调指出的是，晋元帝是晋室南渡的第一个皇帝，李充是在东晋首都建康为晋元帝整理宫廷藏书时确立经史子集四部分类的。这一分类体系植根于东晋初年的文献传承现状，从新的图书整理与知识管理角度出发，为"辨章学术，考镜源流"提供了坚实的学术支撑。这是江苏这片土地对于中国文化传承作出的又一贡献。

  隋唐两代，南京不再是全国的政治文化中心。在隋灭陈之役中，江南文化图籍也遭毁损，许多公私藏书被运去长安。初盛唐时代的江苏，虽然处于政治和文化的边缘，却不改人杰地灵，涌现了许多杰出的诗人和学者，如扬州张若虚、江都李邕、江宁王昌龄等。安史之乱后，天下衣冠士族，"荐绅先生多游寓于江南"[①]，促进了江南文化的发展。中唐以后，江苏境内诗人明显增多，无锡李绅、金坛戴叔伦、丹阳许浑、苏州顾况、陆龟蒙、彭城刘商、山阳（淮安）赵嘏等便是其中的翘楚。晚唐时代，苏州大藏书家徐修矩"守世书万卷"[②]，陆龟蒙与好友皮日休在苏州唱和，曾经借用徐家藏书数千卷。在学术方面，彭城刘知几著《史通》，创建了史学编纂与批评的理论体系。扬州人曹宪学问渊博，至今仍有《博雅音》传世。曹宪号称"文选学"的开山祖师，其弟子李善完成了对《文选》这部经典著作的注释，与《文选》这部文化经典永垂不朽。李善注引书之富博，可以印证当时当地书籍之流传，扬州"文选楼"亦由此名扬天下。苏州陆德明的《经典释文》，则是群经总义类的

---

  ① （唐）权德舆：《故太子右庶子集贤院学士赠左散骑常侍王公神道碑铭》，载清董诰等编《全唐文》卷五〇〇，中华书局1983年版，第5091页。
  ② （唐）皮日休：《二游诗》，载清彭定求等编《全唐诗》卷六〇九，中华书局1960年版，第7028页。

经典著作。《文选》和《经典释文》有一共同点，即弘扬经典、汇聚文献、集其大成。

介于唐宋帝国之间的五代十国，是中国历史中分裂割据的时代。建都南京的南唐李氏王朝，是当时南方"十国"之一，只传三世三帝，享国39年，其疆域核心区域是江苏，至其后期亦拥有江南之地。这样一个短命王朝，却因为有南唐二主、冯延巳、徐铉、徐锴等在文学、学术上闪耀的名字，而在文化史上留下了不可磨灭的痕迹。

宋代以"靖康之难"为界，分为北宋和南宋。就北宋而言，苏州范仲淹、晚年隐居镇江的沈括、高邮秦观、陈师道、张耒，或立功，或立德，或立言，而同臻不朽。南宋定都临安（今浙江杭州），南京一度作为行都，江苏尤其苏南毗邻政治中心，环太湖流域是当时文士往来最活跃的区域之一。籍贯江西的南宋著名词人姜夔曾在扬州、苏州一带活动，留下不少名篇。在宋代文学史上，尤袤、杨万里、范成大、陆游被合称为"南宋四家"，其中，尤袤是无锡人，范成大是苏州人，两位都是环太湖流域的文学家。

宋代江苏官学教育发展迅猛，府、州、县三级官学全面覆盖，这些学校不仅是开展教育、培养人才和商量学术之所，往往也是藏书和刻书之地，因而也就成为知识汇聚和文献传承之地。从宋代开始，江苏学子在科举考试中的表现令人刮目相看，北宋大观三年（1109）进士科考试，常州府被取中进士53人，占当年全国取中进士总数17.6%，受到宋徽宗降诏褒奖。江苏地方文献的编纂，从三国开始，在唐代延续，至宋代异军突起，取得了突破性的发展，唐代有许嵩的《建康实录》，宋代有龙衮的《江南野史》、朱长文的《（元丰）吴郡图经续记》、范成大的《吴郡志》、鲍廉的《重修琴川志》、张敦颐的《六朝事迹编类》、卢宪的《嘉定镇江志》、周应合的《景定建康志》、史能之的《咸淳毗陵志》等名著。这些地方文献有的出于本地人之手，有的出自流寓或者任职江苏的人士之手，于传承江苏历史文化有卓著功绩。当文献知识积累到一定数量，一般人较难记诵、掌握和使用时，类书就应运而生了。类书是中国古代整理文献和管理知识时使用的一种有效的著作方式。类书出现于六朝，唐代初年编有《初学记》《艺文类聚》等，宋代初年编有《太平御览》《文苑英华》《太平广记》《册府元龟》等类书，于文献整理与传承，厥功甚伟。这些类书大多是官修，由一个编纂团队完成。北宋丹阳人吴淑以一人之力，编撰《事类赋注》，以骈赋方式编撰类书，以文学创作方式来进行文献整理和知识管理，自出机杼，又使人赏心悦目。

六朝时代，书籍的生产与传播主要靠抄写，那是文献传承的写本时代。江苏是六朝写本生产传播的中心。中晚唐以后，开始有了雕版印刷，江苏的文献生产与传播也随之进入刻本时代。江苏人文底蕴本来丰厚，自六朝时代，公私藏书日益丰富，苏南一带尤其出类拔萃，为刻书业发展奠定了文化基础。例如，南宋诗人尤袤就是著名藏书家，其藏书楼名为"万卷楼"。他编有《遂初堂书目》，共著录图书3000多种，分为44类，经史要籍简要著录版本。这是现存最早的私人藏书目录之一，也开创了书目著录版本的先例。另外，唐宋时代经济迅猛发展，为刻书奠定了经济基础，而江南发达的造纸业，为刻书抄书提供了物质条件。从宋代开始，苏州、南京、扬州很快成为全国性的印刷出版中心，这一盛况延续至今。《景定建康志》就是在晚宋建康（今南京）刊刻的，当时建康府学中保存了很多书版。《吴郡志》《吴郡图经续记》等都是在苏州刊刻的，至于宋元之间在平江府（今苏州）碛砂延圣寺雕印的《碛砂藏》，更是一部闻名中外的佛教经典总集，其延续时间长、规模大，足以体现宋代江苏民间刻书的水平。

明清以后江苏文化的发展，在前代文化积淀和当地经济积累双重力量的助推之下，进入了加速前进的轨道。以科举考试和书院教育为制度保障，以诗书传家和家学家风为社会基础，以文献传承与文化创造为核心目标，广大文士积极投入抄书、校书、藏书、刻书、读书、编书、著书、注书等活动，为全社会营造了浓厚的书文化氛围。读书是中心，抄书、校书、藏书、刻书等，既是读书的准备，也是读书的方式；而编书、著书、注书等既是读书的延伸，更是对书的利用和再生产，也是书的传播流通的另一种方式。

清代藏书家张金吾在《爱日精庐藏书志序》中说："人有愚、智、贤、不肖之异者，无他，学不学之所致也。然欲致力于学者，必先读书。欲读书者，必先藏书。藏书者，诵读之资，而学问之本也。"[①] 人要成才，必须读书。藏书、读书、致学，构成文献传承的三部曲。范凤书曾

---

① （唐）张金吾著，冯惠民整理：《爱日精庐藏书志·序》，中华书局2012年版，第2页。

对历代藏书家做过统计，自汉至清，凡4716人，其中明清两代即有2900余人，占总数的60.0%有余；在地域分布上，江苏为967人，占20.5%，其中苏州268人、常熟146人、南京60人。以清代常熟为例，其著名藏书楼就有赵琦美脉望馆、钱谦益绛云楼、钱曾述古堂，毛晋汲古阁、张海鹏借月山房、张金吾爱日精庐、瞿氏铁琴铜剑楼、翁氏彩衣堂等。藏书聚而还散，散而复聚，楚弓楚得，聚散无常而又有常。张海鹏就搜集了毛晋汲古阁散出的藏书，瞿氏也继承了前代本地藏书家的收藏。明清两代数百年，常熟藏书家先后相继，奕世传承，形成了藏书史上独具特色而又声名显赫的一派，被称为"常熟派藏书家"。这无疑是常熟文化发达、文脉深厚的重要体现。

有的藏书家就是著名学者，如钱谦益。绛云楼中的大量明代文献收藏，是钱谦益编撰《列朝诗集小传》不可或缺的文献基础。有的藏书家则热衷于抄书、校书和刻书，如毛晋，他一生为书，以文献流播和文脉传承为志业，汲古阁藏书刻书皆独步一时，名扬大江南北，甚至远播海外，吴伟业《汲古阁歌》中所谓"鸡林巨贾争募印"，说的就是汲古阁所刻书在朝鲜半岛受到追捧的情形。

崇文重教，是江苏人才辈出、学术文化日进的重要基础。江苏各地兴办了很多书院，或官办，或民办官助，为国作育人材。扬州梅花书院、南京钟山书院、尊经书院、惜阴书院、江阴南菁书院、常州龙城书院，苏州紫阳书院，等等，都是十分著名的书院。这些书院一方面规模宏大，有良好的办学空间，能给学生提供读书学习的便利条件；另一方面经济实力雄厚，能够聘到学养深湛、著述丰富的学者出任山长，他们不专长以科举文战为目标，而能在读书方向与治学方法上给学生以正确而切实的指导。沈德潜、钱大昕、卢文弨、姚鼐、刘熙载、石韫玉、缪荃孙等人，都曾经担任过书院山长，倡导治学风气，作育人材无数。

人文荟萃、流派繁多，是明清江苏文化发展的一个亮点。这些学派散布于苏北、苏中、苏南各地，遍及各个学科领域，不仅显示了江苏各地的文化实力和影响力，也是长期历史积淀的结果。近300年学术史上，乾嘉学派影响最大，其中又分为皖派、吴派和扬州学派。一般认为，徽派最精，吴派最专，而扬州学派最为通达。吴派以苏南松江学者为主，其代表人物有惠栋、江声、余萧客、洪亮吉、孙星衍、王鸣盛、钱大昕、王昶等，其渊源则可以上溯到清初顾炎武；扬州学派则以高邮王念孙、王引之，江都汪中、焦循和仪征阮元、刘文淇，宝应刘宝楠，甘泉江藩等人为代表。他们致力于经史考据之学，崇尚实事求是之学，校书、编书、著书，影响广及全国，远至当代。泰州学派在学术思想史上影响也很大。文学史上，以诗歌而论，明代有"吴中四才子"，清代有袁枚的性灵诗派和沈德潜的格调诗派，有阳羡词派和常州词派；以散文而论，明代有常州唐顺之、昆山归有光等人倡导的唐宋派，清代有阳湖文派；以戏曲而论，有发源于昆山的昆曲，有以沈璟为代表的讲究格律和本色的吴江派。至于美术史上，明代有以苏州为中心的吴门派、以董其昌为代表的松江派，还有以太仓为中心的娄东派、以常熟为中心的虞山派、以常州为中心的常州派、以扬州为中心的扬州画派（"扬州八怪"）、以南京为中心的金陵画派（"金陵八家"）。乾嘉以来，江苏治金石之学的学者层出不穷，仪征阮元提出"北碑南帖"的"南北书派论"，遂孕育了近代金石书派，影响直到20世纪。总之，江苏在文化各领域形成的流派名目繁多，不胜枚举。每一个流派后面，都蕴藏着特殊的文化影响和创新，都有大量的杰出人物、精品佳作和文献著作的支撑。

地域化和家族化，也是明清江苏文化发展的一个亮点。上述各种流派，多以地域命名，是江苏文化地域化的最好证明。六朝时代，以朱、张、顾、陆为代表的吴郡"四姓"贵族，其人才已经呈现家族化的特征。家族化的特征，在"献（人）"的方面的体现，是明清江苏涌现的众多文化家族，如宝应刘氏、朱氏，高邮王氏，仪征刘氏、阮氏，江宁邓氏，金坛于氏，江阴缪氏，武进庄氏、刘氏、钱氏、袁氏，阳湖董氏、吕氏、恽氏、汤氏、张氏、左氏、赵氏，无锡华氏、秦氏，金匮杨氏，宜兴储氏、任氏，常熟翁氏、杨氏，吴县潘氏、吴氏，长洲文氏、顾氏、彭氏、王氏，吴江沈氏，昆山徐氏，如皋冒氏，太仓王氏、吴氏，等等。在"文（书）"的方面来说，就是各种家集、家学和学术著作的出现。徐雁平的《清代家集叙录》收录的家集共1244种，其中江苏就占有405种（可查阅的有349种），名列第一。在经学方面，清代江苏学者尤其成就卓著，家学渊源深厚，名家名著层出不穷。例如，元和惠栋及其曾祖惠有声、祖父惠周惕、父亲惠士奇，都研治经学，四世传经，家学传统深厚。仪征刘师培也出身于一个"四世传经"的经学世家。翁氏耕读传家，世泽绵延，最为重视藏书和读书。翁同龢曾撰对联云："绵世泽莫如为善，振家声还靠读书。"这副对联其实是对翁氏家训、家风的精练概括。

　　书是文脉的骨干。盛世修典，就是通过编纂整理出版大型文献丛刊，以传承文脉的。每个时代都抓住国力强盛之时，修纂大典，守先待后。乾隆中期，清朝臻于鼎盛，遂开四库馆，征求天下遗书。江苏扬州马裕（马曰琯）一家独进书716种，名列第一。《四库全书》所依据书本中，两江两淮公私进书，占三分之一，最称大宗。江苏的文献家底，由此可见一斑。《四库全书》修成后，抄成正本七分，分贮七阁。北方四阁，南方三阁。南方三阁亦称"江浙三阁"，集中在江南，即扬州大观堂文汇阁、镇江金山寺文宗阁和杭州西湖行宫文澜阁，可见清廷对江南文士的偏爱。江苏一省独占二阁，尤为难得。可惜文汇、文宗二阁所贮存的这部超大型文献丛书，皆在太平天国战火中焚毁。

　　丛书是中国古代文献的重要类型，是对群书做有体系、有意义的整合，规模可大可小，专题灵活多变。其中以地域为纲者，就是地域丛书，也称"地方文献丛书"。或以一省为范围，或以府州县为范围，或以某一名胜古迹为题。这类地域丛书的编纂，首先需要以省府州县方志中的艺文志或经籍志为基础，摸清地方文献的家底。江苏人文荟萃，文献资源极其丰富，历来重视对地方文献的整理，清点自己的文献家底，发掘自身的文化资源。这不仅包括域内各府州县方志的修撰，也包括对各府州县人士文献著述情况的调查整理和编印出版。江苏独立建省，始于康熙六年（1667），此前与安徽同隶江南省。《（乾隆）江南通志》中有艺文志五卷，收书数千种，虽然涵盖苏皖两省，但乾隆以后的著述有待增补。清末至中华民国先后三次修撰《江苏通志稿》，但由于工作量浩大，数据搜集统计费时，其中的艺文志或未完稿，或较为粗略。直到1991年，南京师范大学古典文献研究所组织编撰《江苏艺文志》，才对江苏古今著作文献家底做了全面清理，编制目录，卷帙宏大。最近，此书又增补修订重刊，在此基础上，考辨存佚，编成《江苏现存著述总目》，为《江苏文库》编纂奠定了基础。

　　《江苏文库》是涵盖江苏省域的地域文化丛书，其下又分书目、文献、精华、史料、方志、研究六编，可谓包容全面，规模宏大，前无古人，后待来者。这是第一次对江苏各类文献资源进行全面、综合的整理研究，是传承江苏文脉的根本之举。唐宋以来，以省内各地市县为中心的郡邑文学总集、地方文献总集，林林总总，卷帙多寡不等，但涵盖全省的文献全书则尚付阙如。新时期以来,《江苏地方文献丛书》《江苏人物传记丛刊》等陆续出版,近年来,省内各地地方文献总集,如《金陵全书》《扬州文库》《无锡文库》《泰州文献》等也相继问世,显现了越来越突出的文献传承和文化自觉意识。《江苏文库》后来居上,囊括全省,总览全局,集其大成,以文献的形式诠释江苏的文化自觉和文化自信。

《江苏文库·文献编》是《江苏文库》中体量最大的一部分。《文献编》收录历代江苏籍学人的代表性著作5000余种,集中呈现自历史开端至1911年出版的江苏文化文本,呈现"文化江苏"的整体景观,勾勒一以贯之的江苏文脉。这5000多种书目是从近十万种江苏现存书目中择要选优的结果,兼顾学术性和文献性,涵盖各时段及各学科门类。《文献编》采用传统的经史子集四部分类法编排。经史子集各部之下,根据《中国古籍总目》的分类体系,进行更细一层的分类。近代以来逸出传统四部分类体系的著作,如新学、诸教著作,亦酌情收录,以求全面体现江苏历代文化发展的全貌。

分条析理、截伪续真、守先传后、守正出新,以翔实深厚的文献整理,奠定学术创造和文化复兴的坚实基础。这是《江苏文库·文献编》的目标和使命。

文献学学科建设研究

古籍整理专业人才培养的现状与隐忧

华中师范大学历史文献研究所　董恩林

在中国，古籍整理是一项工作与事业，而且要与研究相结合，叫作"古籍整理研究"，对应的专业人才培养，则是文献学学科。文献学学科又分属汉语言文学与历史学两大学科门类，属汉语言文学的是二级学科古典文献学，属历史学的是二级学科历史文献学。至于图书情报专业下面的二级学科文献学，则是指现代文献学，即有关图书文献的分类、计量、交流、检索、利用、文献信息的二次开发等内容。

一

培养古籍整理专业人才的工作主要由高校承担，而高校又集中在中文和历史两大系科，目前几乎所有一本院校的汉语言文学与历史学下面都设有这两个文献学专业硕博士培养点和学位授权点，这两个学科是中国培养古籍整理人才的主要阵地，其中又分为两大方阵。

第一方阵是全国高等院校古籍整理研究工作委员会直接联系资助的21家古籍整理研究和人才培养机构和5家古文献专业本科生培养点。国家在20世纪70年代末80年代初决定恢复中断了十多年的古籍整理研究事业，为此专门设立了数以千万计的古籍整理研究事业基金，并组建了全国高等院校古籍整理研究工作委员会（以下简称"古委会"）来管理和组织使用这笔基金，目前由北京大学中文系教授安平秋先生担任主任，其秘书处设在北京大学中文系，由北京大学中文系教授杨忠先生担任秘书长。21家古籍整理研究和人才培养机构是：北京大学中国古文献研究中心、北京大学中国古代史研究中心、北京师范大学古籍整理研究所（院）、复旦大学古籍整理研究所、华东师范大学古籍研究所、华中师范大学历史文献学研究所、东北师范大学古籍整理研究所、吉林大学古籍研究所、暨南大学中国文化史籍研究所、南京大学古典文献研究所、南开大学古籍与文化研究所、山东大学古典文献研究所、陕西师范大学古籍整理研究所、上海师范大学古籍整理研究所、四川大学古籍整理研究所、武汉大学古籍整理研究所、西北师范大学古籍整理研究所、西南大学汉语言文献研究所、浙江大学古籍整理研究所、中山大学中国古文献研究所、中国政法大学法律古籍整理研究所。5家本科生古文献专业点是：北京大学中文系古典文献专业、上海师范大学人文学院中国古典文献、南京师范大学文学院古典文献学专业、浙江大学中文系古典文献学专业、陕西师范大学历史文化学院古典文献学专业。这21家专业古籍所都有培养古籍整理专业人才的文献学硕博士点，5家本科古文献学专业点则直接招收古文献学专业本科生，学制四年。这26家单位可以说是中国整理古籍和培养古籍整理专业人才的"国家队"。古委会对这21家古籍所和5家古文献专业本科生培养点实行定向资助和项目资助两种方式，每家研究所和文献专业本科生培养点每年可以从古委会得到10万—30万元年度经费支持，另外，古委会每年评审资助一批古籍整理项目，分重大和一般两种，一般项目可得到5万—10万元经费资助，重大项目可得到20万—40万元及40万元以上的资助，如笔者主持的《皇清经解》点校整理项目属古委会重大项目，得到40万元经费资助。另外国家还在国家新闻出版署设立了配套的古籍整理出版专项基金，数额也达2000万元之多，并设有全国古籍整理出版规划领导小组来管理和组织使用这笔基金，每年组织全国各地出版社申报古籍整理出版项目，经评审后给予专项出版经费资助。如2016年资助104项古籍整理著作，有影印本，有点校本，有校注本，涉及传统经史子集四部；2017年资助94项古籍整理著作。每一种古籍资助的出版经费都是十几万元、几十万元，远比古籍整理经费资助额度要大。

第二方阵是其他高校自己设立的古典文献学与历史文献学专业系科和古籍所。如清华大学人文学院在中国语言文学与中国史学下面分别设有古典文献学、历史文献学硕士、博士培养点，并设有科技史暨古文献研究所、中国礼学研究中心、出土文献研究与保护中心三个专门从事古籍整理与研究的机构；又如中国人民大学同样在文学院和历史学院分别设有中国古典文献学与历史文献学专业硕士、博士点；又如武汉地区除了武汉大学古籍整理研究所和敝校历史文献学研究所之外，湖北大学文学院下面也设有古籍整理研究所和古典文献学专业硕士、博士点；又如中南民族大学历史学院下面设有历史文献学专业硕士点。这些古籍整理研究机构大多都有古籍整理专业人才培养的硕士点，少数还具有博士点，如湖北大学古籍研究所即具有古典文献学专业人才培养的博士点。

以上两大方阵培养的古籍整理（文献学）专业硕士、博士研究生各有特色。第一方阵培养的硕士、博士研究生因为所在院系和学科点及导师大多数都常年承担国家古籍整理项目，学生经常能够参加古籍整理的实际工作，将所学古文献学理论随时应用于古籍整理的实际工作中，故实际动手能力较强，几乎毕业出来即可从事古籍整理工作。而第二方阵培养的硕士、博士研究生与古籍整理实际工作接触的机会相对要少，虽然不排除这个方阵中也有许多导师承担了国家和地方的古籍整理工作，但比第一方阵的机会要少得多。

这些文献学学科点和研究机构每年招收的硕士、博士研究生数量是可观的，以古委会属下的21家研究所为例，每年招收的硕士、博士研究生，最少的所也在10人以上，多的达40人以上。如笔者所在华中师范大学历史文献学研究所，每年招收硕士生15—18人、博士生5—10人。按照平均每个所每年招收硕士、博士研究生25人算，21家研究所每年培养的硕士、博士研究生就在500人以上。其他院校的古典文献学、历史文献学硕士、博士点每年招收和培养的硕士、博士研究生人数应该不少于这个数，如北京地区的清华大学、中国人民大学、首都师范大学、中央民族大学四家的文学院和历史学院所招古典文献学，历史文献学硕士、博士研究生总数，肯定不会少于北京大学和北京师范大学所招生人数的总和。武汉地区华中科技大学、中南民族大学和湖北大学所招古典文献学与历史文献学硕士、博士研究生总数也不会比武汉大学和我校所招硕士、博士研究生人数少。还有各省区社会科学院也招收古典文献学与历史文献学硕士、博士研究生，近十年成立的一些大学的国学院培养的本硕士、博士生也适于从事古籍整理专业工作，故中国各地古典文献学与历史文献学两大学科十年来培养的适于从事古籍整理工作的专业人才应该至少在千人以上。

至于这些文献学学科点和研究机构在培养文献学硕士、博士研究生的课程设置方面，则差别较大。如北京大学中国古文献研究中心给古典文献学专业硕士生开设的课程有："古文献学研究""古文献学前沿问题""古籍整理的理论与实践""中国经学史研究""小学经典导读"等。复旦大学古籍整理研究所给古典文献学专业硕士生开设的课程有："版本目录学""古籍校释学""文学文献学""美术文献与美术史""古籍整理与研究""海外汉籍收藏与研究"。南京大学古典文献研究所的古典文献学专业硕士生课程有："古籍整理与研究""古代典籍与文化""古典文学等，中古文献整理""三至十三世纪即魏晋南北朝至宋代文学研究""石刻与艺术文献研究""佛道藏文献研究""文献学理论及实践研究""域外汉籍研究"。武汉大学古籍整理研究所的古典文献学专业硕士研究生课程有："传统语言学典籍整理研究""古籍整理研究的理论与方法""古籍修复与保护""国学与汉学"等。北京师范大学古籍整理研究所（院）既有古典文献学专业，也有历史文献学专业，两个专业的课程形成对照：古典文献学硕士研究生的课程是："中国古典文献学""文字音韵学""古典文献要籍点读""中国古籍注释学""中国古代文学研究""中国传统文化概论""中国古代文化要籍导读""中国古文论研究""金元思想与文学研究""元代集部文献研究""明代诗文研究""《昭明文选》研究""苏轼研究""战国竹简概述"；历史文献学硕士生课程有："古籍目录学""版本校勘学""文字音韵训诂学""历史文献学概论""中国古代学术史""历史文献学史""古代经典研读""中国历史文献研读""陈垣史学与思想研究""宋明理学史""中国古代藏书史""地方志研究""古籍的装帧与修补"等。华东师范大学古籍研究所历史文献学硕士研究生课程有："古籍研究文献方法概论""古籍整理概论""《周易》经典导读""《四库总目》研读""古代文体与文章学研究""唐宋《文选》学研究""古代典籍与传统文化""版本目录学"等。西北师范大学古籍整理研究所古典文献学专业硕士研究生课程有："文字音韵训诂""版本目录学""目录学与中国学术史""文献学理论与方法""古籍整理理论与实践""中国学术史""中国文化史""断代文学文献""陇右文学与文献""专书研读"（《史记》《汉书》《四库全书总目》等）。笔者所在华中师范大学历史文献学研究所历史文献学专业硕士研究生的课程则有："历史文献学概论""文字音韵学""版本目录学""校勘学与古籍整理实践""方志学概论""经典名著导读""经典精读""中国经学史""国学概论""经学概论"等课程。

5个古文献学本科专业点的课程开设则有很大的共性。如北京大学中文系本科古典文献专业的课程有："古代汉语""现代汉语""中国古代文学史""语言学概论""中国现代文学史""文学原理""原典精读（3学期）""中文工具书""中国文化史""古代典籍概要""汉语音韵学""文字学""训诂学""国外汉学概论""目录学""版本学""校勘学""中国古文献学史"。南京师范大学古典文献学专业本科生开设的课程就有八门导读课程："论语""孟子""老子""庄子""诗经""楚辞""左传""史记"等导读，另有"文字学""训诂学""音韵学""目录学""版本学""校勘学"等专业主干课程。可见，版本、目录、校勘、文字、音韵、训诂六门课是两家共性。

　　除了上述各高校中文与历史两院系的古典文献学与历史文献学是专门培养古籍整理专业人才的主要阵地外，近十年，一些高校国学院开办的本科专业国学班，实际上与古典文献学、历史文献学专业点所进行的文献学教育、经典教育是一致的，也是古籍整理研究人才的培养渠道之一。如武汉大学国学班开设的课程有："四书""毛诗正义""周易""春秋左传""史记""汉书""后汉书""老子""庄子""荀子""楚辞""文选""文心雕龙""诗词写作""文字学""音韵学""训诂学""古文献学""中国文学史专题""中国哲学史""中国文化史""佛学专题""西方哲学史""西方文化史"。又如省属的南昌大学国学院国学班的课程有："文献目录学""说文解字注""文字学""音韵学""训诂学""中国文学史""中国通史""中国哲学史""西方哲学史""佛教哲学""圣经""英语经典""学术能力""诗词创作""文言文阅读与写作"等。这些本科国学班所进行的国学教育，一般以精读经子史经典为主，远比中文和历史系科所进行的传统经典、传统文化教育要全面深入得多，是中国传承优秀传统文化的一支新生力量，值得我们给予更大期待。

二

　　中国近30多年来，在培养古籍整理专业人才方面下了很大功夫，取得了巨大成绩，短时间内解决了20世纪80年代古籍整理人才青黄不接的问题，并储备了大量这方面的人才。笔者属于这支新培养起来的队伍中的第一代，是20世纪80年代中国建立学位制度后的第一届硕士研究生；如果以十年为一代计算的话，现在则到了第四代，即20世纪80年代出生的一代，如敝所已有四个"80后"专业研究人员了。当然也存在不少问题，从长远看，如果"承"清代乾嘉学者之"前"，"启"传承中华优秀传统文化之"后"，那差距还相当大。综合现有古籍整理专业研究人员所表现出来过去30多年古籍整理人才培养的缺陷和目前培养现状与培养体系存在的问题。大致说来，有四点。

第一，中国现有古籍整理人才培养模式存在先天性缺陷，那就是30多年来，中国古籍整理专业人才培养长期被人为分割为古典文献学与历史文献学两大系科，分属汉语言文学与历史学两大学科，各自为政，对古籍整理人才培养缺乏经过科学论证、经过实践检验的可行的统一的培养方案与课程体系。从上述所举几家研究所的硕士生课程来年，可谓五花八门，基本是因人而开课、因事而设课。其中一个最明显的问题是：中国汉语言文学或中文系的本科生、研究生偏重文学，除了文学史以后，基本不学中国通史，更不会开设"二十四史"与《资治通鉴》等史学经典名著课程，故史学基础比较差。而历史系科下面的本科生、研究生也不开设文学与文学史课程，更不会开设文学名著精读、文学写作课程；即使开设小学门类中的文字、音韵、训诂等课程，也由于历史学系教师本身知识结构的缺陷，基本达不到课程设置的要求。

这样一来，无论古典文献学，还是历史文献学学科点培养出来的古籍整理专业人才，理论上讲都是跛足的，因为古籍整理专业人才必须是文史不分家的通才。而古典文献学出身的人才缺乏史学、史传教育与知识，不通晓历史的人也是无法进行高端古籍整理工作的；历史文献学出身的人才更缺乏足够的文章之学教育和传统经典精读精研的经历与能力，更不可能进行深入的高水平的古籍整理工作。可喜的是近十年中国各地国学院纷纷举办本科国学班，多数做法是在全国统考本科招生基础上，从大一学生中遴选对国学有浓厚兴趣、自愿转入国学班学习的学生，进行专门的国学教育。

第二，无论古典文献学专业还是历史文献学专业，中国古籍整理专业人才培养，从本科生到博士研究生，对传统经典的精读精研，都非常缺乏，非常不到位，而这对于古籍整理专业来说是致命弱点，因为古籍整理需要广博的文史知识和深厚的小学功底，这种知识面和功底只能依靠通读精读历代传承下来的著名文史经典得到，单纯依靠课堂上讲授文字学、音韵学、训诂学等理论课程是没用的。理论上讲，中国很多大学的古典文献学、历史文献学专业都设置了经史子名著的"精读"课程，但实际上能够像中国古代书院那样一本一本地通读、一句一句地解析求义的极少极少，大多都变成了"导读"，即泛泛而论的宣讲。笔者曾受聘于一所著名大学的国学院，讲授了一学期的"春秋左传"精读课，笔者的做法是精选其中一些名篇，然后一句句精讲精读，不仅讲字词句义，还讲背后的微言大义，不仅讲篇章意义，还分析文章结构与写作手法，这样讲下来，结果发现大受学生欢迎。学生的反映是此前的经典精读课大多都只是导读而已，老师把经典作者、内容、背景等宏观讲一通了事。敝所也设有一门经典名著精读课，担任此课的老师历来都只是海阔天空地宏论一通，尽管笔者作为所长曾多次对此提出批评，但因为老师本身的知识结构限制而无法精讲，也就只能如此应付下去。

第三，无论是古典文献学还是历史文献学，数十年来，硕士、博士研究生的生源都不太理想，而且有每况愈下的趋势。其大背景是中国最近这几年虽然国家自上而下，都在提倡弘扬中华优秀传统文化，但整个社会仍然处于一种重空泛虚浮理论而轻实证考据的风气，类似于宋明时代，故真正代表中国古代考据学、稍微传承一点清代乾嘉考据学风的全国各高校文史两科的古典文献学、历史文献学本硕博学科点，实际报名人数都不多，每年都需要从其他学科考生中调剂，生源不充足，导致了非文史专业本科生报考者越来越多。如敝所20年来，每年都只能招到预定招生数的一半，另一半得从相关古代史专业考生中调剂；很多考生明明知道报考敝校中国古代史竞争激烈而报考历史文献学则相对容易，却宁愿报考古代史然后从古代史调剂到历史文献学。而古委会属下5个古文献学专业本科生培养点的学生和一些国学院国学班的学生，本科毕业后受大环境影响，大多没有进入古文献学专业攻读硕士、博士学位，而是选择转其他专业深造或转行就业。除了社会大背景外，一个次要因素是古典文献学、历史文献学、国学专业本科生，毕业时所获得的学位要么是文学，要么是历史学，要么是哲学，没有文献学、国学、经学等更能反映学生真实专业水平的学位，学生不得不服从学位制度的导向，舍弃自己实际所学的专业与知识。

第四，无论是古典文献学还是历史文献学专业，总体来讲，理论联系实际做得不够，十分缺乏古籍整理实践锻炼。理论上讲，现在中国各高校办学经费远比以前充足，但经费的使用远比以前复杂而困难。笔者个人在给硕士研究生讲授版本学时，多年前就曾定下方案，一学期课程中，至少要花两个学时带学生到省图书馆古籍特藏室参观和观摩古籍善本及其修复工作，支付500元劳务费给省图书馆主讲的老师即可。前些年这种事很简单，花了钱找教学秘书报一下即可解决。但现在却十分麻烦，要事先做预算，事先发邀请函，事后付钱还得扣税，并打到相关人员账户里，并需要他们的身份证号、银行卡号、手机号、收款凭证等。因此，我近几年就干脆不带学生去参观和观摩了。

　　以上这些缺陷，从过去30多年的古籍整理工作实践来看，造成的困难并不明显。因为过去中国30多年来的古籍整理工作，基本停留在抢救古籍文本、点校出版常见古籍的层面，对常见古籍一般的标点、译注与校勘等工作，并不感到太吃力。虽然目前出版的古籍整理作品，粗制滥造的比较多，但这并不全是作者水平低下造成的，而是作者大多假手学生、他人，并没有亲自进行点校整理工作的缘故。我在中华书局出版的《广成集》点校作品，实际早有《道藏》点校本，点校者是一位很有名望的学者，但其中确有不少错误，显然这些错误并非这位学者学识所致，而是假手他人所造成的。

　　问题是今后中国的古籍整理工作应该会慢慢进入一个新的阶段，即在前30多年点校常见古籍的基础上，进入对传统文化经典名著进行新注新解的工作。因为从中国文化传统来看，历代每隔一定时间，就需要对传统文化典籍进行重新注释、重新构建的工作，这一是因为每过一段时间后，后人对前人的注释疏解文字已无法轻易理解，必须由学者们用当代语言进行再次转注转译才能为新一代民众所理解，二是新的时代需要新的理论创造、新的思想构建，这同样需要借助传统经典进行新的诠释与构建。进行这种新的诠释与构建，没有对传统文化经典精湛的造诣、全面的研究、长期的揣摩，是完全不可能的。而要具备这种精湛而全面研究的功底，没有几十年的童子功和皓首穷经的钻研，也是难以做到的。可以说，现有的这四代古籍整理人才，基本都不具备这种条件。我们寄希望于中华优秀传统文化进入中小学课堂，希望有一批从小学时代即沉浸于中华优秀传统文化经典，然后一路埋首经史子集四部之学，一直深造到博士阶段，成为精通传统四部之学的通才，这才是传承中华优秀传统文化所需要的古籍整理专业人才。

古典文献学专业的特点与现状刍议

浙江大学古籍整理研究所　王云路

一　古典文献学的学科历史与特点

古典文献学学科具有不同于其他二级学科的特殊性：一是具有综合性的特点；二是学科边界模糊；三是学科历史悠久；四是具有基础性和实践性。

（一）古文献研究具有综合性的特点

中国古典文献学是整理、研究和利用古代文献的一门学科。古文献内容广泛、形式多样，包括经、史、子、集，以及佛、道文献，乃至诗、词、曲、赋等，涉及古代文化的各个门类、诸多方面，这决定了这门学科必然具有综合的特性。研究古文献需要掌握多方面的知识，运用多种研究手段和方法，如版本、校勘、目录、考证、辨伪、辑佚、编纂、检索等。这种综合性对于学习者和研究者知识面的宽度提出了很高的要求，只有长期坚守、持之以恒，才能有所获、有所成，所以前辈常说"板凳要坐十年冷"。

（二）古典文献学科定位具有模糊性

中国古典学术没有严格的分科观念，一方面由于古文献研究的综合性，另一方面古文献学偏重于实践性，因此，古典文献学在现代学科体系中不太容易定位。

我们先从横向看古文献学的学科建设。由于古文献研究的综合性，古文献学更多的是一种平面的、横向的铺展，在学科建设上往往采取与邻近学科、相关辅助学科以及学术专题相结合的方式展开。

例如，在书写载体上有金石文献、简帛文献、手写纸本文献等；在内容主题上有佛道文献、艺术文献、中医文献等；在收藏地区上有敦煌文献、海外汉籍、民间文献等。

又如，文献学与传统语言文字研究相结合，被称为"文献语言学"。文献学与地域文化研究相结合，或可称"地域文献学"。

再如，围绕某个学术专题，儒藏即儒家典籍文献的集成，子藏即诸子文献资料的集成，礼藏即中华礼学文献的集成。

可见，古文献学的分支或者扩展常常以横向渗透、交叉融入、综合集成等方式得以建立或实现。在这种学科的细分和扩张中，古文献学得到了发展，这是应该肯定的。但细分和扩张的同时，古文献学在理论建设上似乎没有及时跟进，尚缺乏一种顶层的设计和总体的规划，这使得它难以融入现代学术体系。

（三）古典文献学历史悠久

从纵向看，古文献学作为一门传统学问，其历史是相当悠久的，可以追溯到春秋时期孔子整理六经、西汉刘向父子编校古籍。古典文献是中华优秀传统文化的主要载体，是维持中国文化绵延数千年的重要纽带。古典文献研究需要特别重视传承，古文献学与中国传统学术一脉相承，本身就是传统文化的组成部分。因此，在把古文献学建设为现代学科的同时，不应该丢弃传统学术的思想和精神。在今后的发展中，古文献学在横向扩展和创建细分领域的同时，也需要在学科的立体建构和研究的深度上下大功夫。进一步增加学术含量，注入更多的人文精神，从而提升学科的学术品格和文化品格，重建古典文献学在传统人文学术研究领域的主体地位。

（四）古典文献学具有基础性和实践性

古典文献学是基础性学科，更是不少基础学科的基础，其重要性是毫无疑问的，它为古代汉语、古代文学、古代史、古代哲学、考古学等众多涉"古"学科提供了必不可少的文献基础，如果没有可读、可信、可用的古代文献，上述这些涉"古"学科的研究基础就是不牢靠的，那么即使有很新的研究视角、很好的学术观点、先进的理论方法，也只是空中楼阁、沙上建塔。

古典文献学是应用性和实践性学科，需要版本、校勘、目录、考证、辨伪、辑佚、编纂、检索等多种方法对古文献进行研究。更多的是面对一部部古书、一篇篇古文，要具体操作，而不是归纳和理论推导。

二 古典文献学的学科现状与地位

在现有学科评价体系中,古典文献学明显处于弱势地位。主要表现在四个方面。

(一) 在学科体系中归属不明

古文献学的学科定位尚未十分明确,它在当今的学术评价体系中处于相对弱势的地位。在教育部的学科体系划分中,中国语言文学一级学科下列中国古典文献学二级学科,中国史一级学科下列历史文献学二级学科,但在全国哲学社会科学规划的学科体系划分中,没有中国古典文献学,只是中国历史大类中有历史文献学,图书馆、情报与文献学大类中有文献学。这样一个学科体系的格局和分类,造成了古典文献学较为尴尬的处境,可以说是"前不着村后不着店"。

(二) 在成果评价中常遭冷落

古籍整理应该是古文献学的重要成果形式,不少优秀的古文献学家都有高质量的古籍整理点校的"传世之作",对此倾注了大量的心血和时间,甚至是毕生的精力,但目前在大多数高校的评价体制中,古籍整理类著作一般不被视作科研成果,或者相比其他论著地位较低。

文科的各级各类奖项分配给古文献学专业的比率较小,除了古委会所设立的古文献学奖学金之外,很少有为古文献学专门设立的奖项,古文献学专业在一定程度上被边缘化。

在申报省或国家的哲学社会科学成果奖励时,古籍整理著作往往没有单独的类别,或者归于历史,或者归于图书馆学,或者归于文学,总之是不着边际,常常被冷落,甚至遭忽略。

(三) 在学科发展中地位尴尬

在不少一流高校的期刊分类体系中,古文献学没有本学科的权威期刊,一级期刊为数甚少,核心期刊也不多,导致古文献学专业的师生论文投稿面非常窄,录取率相对较低,科研压力尤为突出。除了《文献》之外(今年还被排除在 C 刊之外),几乎没有纯正的文献学刊物。

由于在全国哲学社会科学规划的学科体系中没有中国古典文献学,因此,古文献学专业的科研人员申报国家社会科学基金没有完全对口的学科,只能挂靠到文学、史学、哲学、语言学或者图书情报等学科,这导致古文献学者在基金申报中缺乏优势，竞争力较弱。

（四）在课程设置中容易被取消

姜亮夫先生在20世纪90年代初曾对杭州大学古籍所古文献研究生提出最高要求：要求每个毕业生能把握整个专业与中国全部文化史——至少是学术史的能力，及各方面（指学术分类）的独立研究古籍能力。目前，古典文献学一般以文字、音韵、训诂、版本、目录、校勘为主要课程，这些课程主要是研究工具和方法，当然很重要，但从姜先生的要求来看，古文献专业还需要更多、更全面的课程。特别是今天的学生在原典的阅读上投入较少，这对于古文献学的学习和研究是较大的缺陷。此外，结合当前技术的进步，古文献学有必要开设一些电子文献检索等数字人文方面的课程，以适应时代的发展。

而同时，因为综合性的特点，古典文献学课程设置面广、方向多。以浙江大学古籍整理研究所为例，古典文献学专业研究方向有5个，而每年招收的硕士研究生与博士研究生人数均在10人以下，研究生人数按照专业方向均分的话，基本上每年每个专业方向1人左右，因此，学生选课较为分散，一般来说，某门课如有2名学生选，实际上已经属于正常情况。从2017—2018学年选课人数来看，古籍所绝大多数教师（占到10/13）的课程选课人数均不足5人，足以说明这是一个客观事实。

就专业性质而言，古典文献学涵盖面广，每位教师都有自己的专门之学，研究生跟随导师做研究也各有专攻，不可能所有的课程都选。另外，古典文献学的研究深度也决定了它不是一门普及的公选课，而是专业性较强、具有特色的冷门学科，因此，选课人数不可能多，保留专业特色相当重要。但是目前有"少于5人选课就取消课程"的倾向，这是很不利于保留学科和专业特色的。国家目前强调加大"冷门绝学"的研究力度，古典文献学开设课程大多属于这些门类，如果这些课都取消了，对于继承发扬传统文化是极为不利的。

历史文献学学科建设的内涵与发展向度

北京师范大学历史学院　周少川

21世纪以来，我国的古籍整理和古文献的研究呈现可喜的局面。国家启动了古籍保护计划，《中华大典》《儒藏》《清史》《中华再造善本》《中国古籍珍本丛刊》编纂等重大文化工程全面开展，出土文献的研究、数字化技术的运用、域外汉籍的搜求和出版，古籍整理和古文献研究取得举世瞩目的成就。与此同时，历史文献学研究拓展了新的领域，学科建设不断推进。学科是在科学发展中不断分化和整合而形成的，有的学科是学科分化所产生，有的则是由两门或两门以上学科整合生成的。在学科发展的过程中，学科内部和学科的外部环境有着多重的相互作用，形成一个复杂的系统。历史文献学是一门具有综合性特色的学科，认识其学科发展的历史，把握学科建设的内容与特点，了解学科发展的新方向，会使本学科的创新建设更富有成效。

本文拟就21世纪以来历史文献学学科的建设和发展略陈浅见，以就教于方家。

一　历史文献学学科建设的历史

历史文献学是一门既古老又年轻的学科。正如白寿彝先生在1981年所说的："对于历史文献的整理、研究，很早就有了。我们可以说，就在这个时候，历史文献学就开始出现了。但如果作为一个学科体系来要求，现在还正在建设中。"[1] 在我国古代，自孔子整理、编纂六经始，就

---

[1] 白寿彝：《谈历史文献学》，《白寿彝史学论集》，北京师范大学出版社1994年版，上册，第510页。

已经有对文献整理研究的实践了。数千年以降,历代文献学家积累了丰富的经验,也遗存下大量的文献整理研究的成果。不过只有进入20世纪后,才真正出现了以近代学科理念建设文献学学科的探索。自20世纪20年代以后,以"文献学"命名的著作开始问世。陈垣、陈寅恪、顾颉刚等史学家则在文献考据的工作中,为历史文献学的研究扩展了范围、充实了内容。特别是陈垣先生,在目录学、校勘学、避讳学、史源学等专学中,以其示范性研究,总结法则和范例,为文献学学科的建立奠定了坚实的基础。而顾颉刚先生在古书的辨伪方面、陈寅恪先生在中外历史文献的结合利用方面,也分别推动了文献学学科的建设。

然而,历史文献学学科的建立,是由白寿彝、张舜徽、刘乃和先生等前辈学者来完成的。20世纪80年代,中共中央领导和国务院,号召"整理古籍,把祖国宝贵的文化遗产继承下来";教育部提出了"救书、救人、救学科"[①] 一系列有关古籍整理研究和培养整理人才的方案,时代赋予了文献学学科建立与发展的良机。20世纪80年代以后,中国历史文献学迎来了发展的高峰。在学科建设方面,张舜徽先生的《中国文献学》、吴枫先生的《中国古典文献学》在1982年出版,二书在数十年文献学发展积累的基础上,对有关古文献的源流、部类、数量、考释、注疏、版本、校勘与流通阅读以及类书、四部书、丛书、辑佚、辨伪等做出了较为系统的梳理,建立了初具规模的文献学学科体系。刘乃和先生则从历史文献的繁富、历史文献的作用和历史文献学研究的意义、历史文献学的研究内容和文献学发展史等方面,阐述了学科的专业知识和主要理论问题。[②] 与此同时,许多专家、学者对文献学学科涉及的对象、目的、内容和方法提出了自己的见解,尤其是白寿彝先生,更是对文献学的基本理论、发展历史和分支学科的建立,在理论上构建了运行系统的框架。他认为历史文献学的学科内容可分为理论、历史、分类学及应用四个部分,其中理论部分包括:历史和历史文献的关系、历史学与历史文献的关系、历史文献作为史料的局限性、历史文献的多重性、历史

---

① 全国高校古委会秘书处:《高等院校古籍整理研究文件汇编》,1983年,第143—156页。

② 参见刘乃和《历史文献》,载白寿彝主编《史学概论》,宁夏人民出版社1983年版;《谈历史文献学的研究》,《中国历史文献研究》,广西人民出版社1994年版。

文献和相关学科等问题。① 另外，白先生还谈到了研究历史文献学的意义，以及历史文献和历史文献学的发展史等问题②，提出了学科研究的提纲，为历史文献学建构了理论框架。

此后，关于历史文献学学科构建的论著逐渐增多，以"历史文献学""古文献学""文献学""传统文献学"命名的著作多达十余种，而关于文献学各分支学科的论著、讨论文献学基本理论和学科体系的论文更是不胜枚举。这些论著充实了历史文献学学科的内容，深化了学科理论，推动着历史文献学学科建设的不断完善。

二 历史文献学学科建设的内涵

近20年来，随着我国学术的繁荣，有关学科发展和学科建设的呼声日高，然而在具体的实施过程中，对学科建设的内涵的认识却不甚了了，从而造成了定位模糊、名不副实、体系失范等弊病，影响了学科建设的迅速发展。因此，在讨论历史文献学的学科建设时，有必要对上述问题做简要的探讨。

首先必须看到，学科是按科学性质划分的门类，是在科学的发展中不断分化或整合而成的。以历史文献学而言，则是整合了多门学科而形成的一门颇具综合性特色的学科。对于这门综合性学科的建设，规范其学科范畴、认清其建设路径就显得尤为重要。那么，文献学作为一门独立学科，如何形成其独特的学科范式呢？从学科建设的层面来看，至少有三个层次。一是关于学科的基本理念，二是学科知识和理论的体系，三是学科的运作保障，亦即学科制度、研究机构和学术组织的建设等。

第一，学科的基本理念。至少应包括历史文献学研究的对象、研究任务，以及历史文献学学科的定位三个方面。对于历史文献学的研究对象和任务，前辈学者也多有阐论。比如，张舜徽先生在1980年发表的《关于历史文献的研究整理问题》一文中，开篇就讨论了"何谓文献？它的概念、整理对象是什么？"这个问题。他对于历史文献学的研究对象还有两点重要的界定。一是不能把具有历史价值的古迹、古物、模型、绘画概称为"文献"。区分的界限在于出土文物上有无文字。有文字的

---

① 参见白寿彝《谈历史文献学》，《白寿彝史学论集》，北京师范大学出版社1994年版，上册。
② 参见白寿彝《再谈历史文献学》，《白寿彝史学论集》，北京师范大学出版社1994年版，上册。

出土文物，这些文字可称为"文献"；无文字的实物，则应属于古器物学的研究对象。① 二是指出，"'历史文献'四字，自可理解为'古代文献'"②。即将"历史文献"理解为历史上出现的文献，将历史文献学的研究对象确认为古代文献，从而纠正了那种以为历史文献学只以史部文献为研究对象的偏狭观念。张先生还阐述了历史文献学学科的研究任务，他说：

> 研究历史文献的任务，主要是对那些保存下来了的和已经发现了的图书、资料（包括甲骨、金石、竹简、帛书）进行整理、编纂、注释工作，使杂乱的资料条理化、系统化，古奥的文字通俗化、明朗化，并且进一步去粗取精、去伪存真、条别源流、甄论得失，替研究工作者们提供方便，节省时间，使之不走弯路错路，这便是研究、整理历史文献的重要职责。③

近十年来，还有一些学者继续讨论了研究对象的问题，例如董恩林将此进一步确认为"文献的文本形态"④，这是对研究对象的新看法和新解读。

学科的研究对象决定了学科的研究领域，独特的、不可替代的研究对象，决定了独立的学科特色。因此，研究对象是学科基本理念的重要问题，当前对于文献学研究对象的认识，依然有不断深化、不断完善的空间。

对于历史文献学的学科定位，历来有一种不太妥当的看法，将其看作历史学的辅助学科。按照张舜徽等先生所言，历史文献自可理解为古代文献。由于古代文献是历史研究的基础和根据，因此，研究古代文献的历史文献学自然是历史学学科体系的组成部分，它与历史学有着内在

---

① 参见张舜徽《关于历史文献的研究整理问题》，《张舜徽学术论著选》，华中师范大学出版社1997年版。

② 张舜徽：《与诸同志再论历史文献的整理工作》，《张舜徽学术论著选》，华中师范大学出版社1997年版，第24页。

③ 张舜徽：《关于历史文献的研究整理问题》，《张舜徽学术论著选》，华中师范大学出版社1997年版，第8—9页。

④ 董恩林：《中国传统文献学概论》，华中师范大学出版社2007年版，第11—16页。

的、密不可分的逻辑联系，而不是外在的辅助关系。从历史学学科体系的组成标准来看，既有以客观历史为研究对象的世界史、中国史、经济史、文化史等学科，也有以历史学本身为研究对象的史学史、史学理论等学科，而历史文献学则是以历史资料为研究对象的学科。综上所述，在目前文献学还未能成为一级学科的情况下，无论从历史文献学与历史学的渊源关系而言，还是从现行学术管理体制规定的学科体系而言，将历史文献学定位为历史学的分支学科应是比较妥当的做法。

第二，关于历史文献学的学科体系。自白寿彝先生提出历史文献学应包括的四部分内容之后，很多历史文献学专著都将学科理论、学科历史、专业知识作为学科体系的基本组成部分。目前看来，这种结构还是合理的，但是各部分之中的具体内容仍然值得讨论。

首先，要改变文献学科轻视理论建设的偏见。对于文献学的理论探索，历来有一种偏见，认为文献学研究只有方法，没有理论，也不需要理论。受此影响，多年来文献学的理论建设比较薄弱，这种现象必须改变。因为从根本上讲，文献学研究的实践，如果没有理论总结，就不可能有本质的、规律性的认识和系统化的传承，也不可能有持续的创新发展。在这方面，陈垣先生为我们做出了示范。众所周知，中国古代的校勘成就显著，尤其是清代的乾嘉考据，更是硕果累累。然而，对于校勘之学则未有系统的学理总结。当时学者提出的所谓内校、外校、死校、活校，众说纷纭，却无一足以全面准确地概括校勘之法。只有到了20世纪30年代，陈垣先生在《元典章校补释例》中，才用近代科学的理论，将校勘方法概括为对校、本校、他校、理校的"校勘四法"，使得校勘学成为一门可以传承，并借以不断创新的专学。由此可见，理论建设并不是苍白空洞的说教，而是有血有肉、实实在在的法门。除了立场、观点、原则等一般性的指导理论外，更多的是从纷繁复杂的专业知识中对法则和学理的提炼，因而应引起充分的重视。

学科理论的内容一直比较薄弱，需要加以充实。总的来说，学科理论应包括本体论、认识论和方法论三个方面。历史文献学理论的本体论主要在于文献观，要解决文献概念、文献的本质和特征、文献的形态、文献的价值和功能等主要问题。

文献学的认识论，要明确学科的定位及文献学的学科结构；要讨论文献学本身及所属各门专学（目录、版本、校勘等）的研究对象和任务、实践意义和历史发展规律；要思考文献学与传统文化，文献学与当代文化建设等课题。

文献学的方法论，要研究文献学的传统方法，文献学与边缘学科、相关学科的关系，文献学对当代科技成果和国外文献学研究方法的吸收等问题。要考虑如何利用当代科学技术成果、引进相关学科和国外文献学学科的理论与知识来更新我国文献学的研究方法，同时也要考虑如何改进和发展文献学研究的传统方法。

历史文献学的专业知识则是关于分支学科的阐述。有的学者将许多学科作为历史文献学的分支学科，泛化学科的范围，从而模糊了学科的边界，淡化了学科的特质，不啻抹杀了学科。笔者认为，历史文献学的分支学科只包括目录、版本、校勘、辑佚、辨伪、注释六门专学。其他的一些专学，应分属于边缘学科和相关学科。

所谓边缘学科，是指由两个或两个以上学科为基础发展起来的，同两种或两种以上学科都有交叉关系的学科。比如，以文献学和图书馆学为基础的典藏学。据此而论，典藏、编纂、考证、史源、避讳等专学皆应属于历史文献学的边缘学科。而文字、音韵、训诂、金石、档案等专学则应属于历史文献学的相关学科。

第三，关于学科的运作和保障。其中包括了学者的职业化、固定的教席和教学培养计划、学位点、学会组织、专业期刊，以及与之配套的学术制度等。如果说第一、第二层面主要是关乎学科建设的软件部分的话，第三层面则是学科建设的硬件部分。而且，这一部分较多的涉及学术管理、行政部门，举凡教席的数量、职称的评定聘任、学位点的设立、重点学科的培育，以及成果的评价指标等，都要由学术管理和有关行政部门来操作和完成。鉴于目前历史文献学学科受重视程度不够、学术成果（如古籍整理成果）评价指标偏低的现象，在本学科的学科建设中，仍有必要呼吁相关管理部门加大对本学科发展支持的力度。

当然，就是在学科建设的运作和保障层面，学者本身的努力依然是至关重要的。比如，早在1979年，张舜徽先生就创立了本学科的全国性学术组织——中国历史文献研究会，创办了学术集刊《历史文献研究》（曾名"中国历史文献研究集刊"）。30多年来，学会和集刊在推动历史文献学的科研、教学，凝聚学术力量，促进学科建设等方面发挥了一定的作用，今后学会也将为此做出不懈的努力。

三 历史文献学学科发展的向度

进入21世纪以来，随着改革开放的深入开展，科学技术的突飞猛进，历史文献学与其他人文学科同样，既面临日益严峻的挑战，也面临前所未有的机遇。面对挑战和机遇，历史文献学学科发展的向度就是要不断深化对学科建设内容的认识，深入持久地开展历史文献学的学科建设，科学凝练、精准提升学科的基本理念，进一步完善学科体系，繁荣和发展历史文献学的学术研究。在学术和学科的相互关系中，学术是第一性的、决定的方面，学术的发展决定学科的发展。因此，只有不断繁荣历史文献学的学术研究，取得经典性的学术成果，才能从根本上推动学科建设的迅速发展。

历史文献学学科发展的另一个重要向度，就是要遵循学科发展的规律，从实践中来，到实践中去，将文献学的学术研究、学科建设和古籍整理的实践密切结合起来。历史文献学在20世纪80年代得以确立和发展，缘于当时兴起的古籍整理高潮急需人才培养和理论、方法的指导；而反过来看，历史文献学的学科知识和内容则是千百年来古籍整理经验和方法的学理总结和升华。因此，历史文献学的发展要从古籍整理的实践中汲取精华，要通过服务于古籍整理实践来实现文献学的学科价值和学术影响。具体而言，可从四个方面着力推动。

一是要从古籍整理的实践中加强理论和方法的总结，近百年来现代意义的古籍整理实践积累了丰富的经验，应该把实践中的理性认识系统归纳、提升到理论层面。比如，要从古籍整理的性质、发展方向和时代的高度认识其意义；把握批判继承、古为今用、推陈出新的原则，以及创造性转化和创新性发展的"双创"方针；说明开展古籍整理所必备的前提和条件；要从学理上阐析各类整理方式的目的和功用、程序和方法、具体的学术标准和要求；要从古籍整理的成功案例中梳理值得借鉴的技术和方法，做方法论上的总结。纵观百年古籍整理的发展，其中有不少成功的案例堪称经典，比如《四部丛刊》的原版缩印、百衲本"二十四史"的配版描润、"二十四史"和《清史稿》的校点、古籍今译的意境与传神、《大中华文库》的外译、古籍数据库建设，等等。要通过方法论的总结，既从事实上详细描述各种方法的内容，说明在实际操作中如何运用；又从理论上加以抽象和概括，阐明这种方法的特点、运用范围和革新意义。长期以来有一种偏见，认为古籍整理只是技术，不需要理论。其实古籍整理也和其他学科一样，如果没有理论指导和学理基础，就不能有本质的、规律性的认识，也不能有系统化传承和持续的创新发展。因此，从文献学的学理层面总结古籍整理的理论和方法，既为文献学增加新的学科内容，又可为古籍整理的持续发展夯实基础。

二是要吸取以往的经验教训，从学科理论的高度，为古籍整理工作制定符合实际操作的学术规范。除了推介古籍整理精品，从正面总结成功经验，还要从反面检讨以往古籍整理中出现的问题和错误，从学术上分析致误原因。古人曾有致误通例的归纳，我们也可按古籍整理的不同方式分别梳理标点致误通例、校勘致误通例、繁简字转换致误通例，等等，以吸取教训，提示来者规避错误。此外，应在学理研讨的基础上制定各类古籍整理形式的规范，从以往对古籍整理成果的评论中，提炼出各类古籍整理成果的评价标准，为不断提高精品意识和整理水平提供借鉴，从而指明古籍整理工作的发展方向。近年出版的许逸民《古籍整理释例》[1]，列举了7种整理形式的具体要求并加释例予以说明，严谨缜密，是从文献学的学术要求出发，探索建立古籍整理学术规范的有益尝试。

三是要把握新态势，开拓新局面。进入21世纪，我国政治、经济、文化的不断繁荣为文献学研究和古籍整理事业提供了新的发展机遇。一方面，国家高度重视传承发展中华优秀传统文化的文化发展战略，既赋予文献学研究和古籍整理工作在文化建设中的重要地位及作用，又提出了更高的要求。文献学学科发展要通过古籍整理实践，直接地为国家的文化发展战略服务；要遵循"双创"方针，不断开拓古籍整理的新领域，力争在原创性上有所突破，以解决目前古籍整理出版仍存在的大量简单重复、浪费资源的问题。另一方面，科学技术的突飞猛进也为文献学研究和古籍整理开辟了广阔前景。数字化、网络化为古文献和古籍的存储、检索、传输、复制、整理提供了极大的便利，随着信息处理功能的不断提高，还有不少新技术可用于简牍字迹的辨认、古书版本的鉴别、古籍碎片的拼缀，等等。文献学的学科发展要密切把握科技发展新态势，研究开发利用新技术，以提高文献研究、古籍整理的效率和水平。并以

---

[1] 参见许逸民《古籍整理释例》，中华书局2011年版。

开阔的视野，借鉴国外整理古籍的科技手段和文献研究的方法，不断开拓古籍整理和学科发展的远大前景。

四是要纠正历史文献学教学与古籍整理实践脱节的现象。多年来，文献学教学存在着教材陈陈相因、内容老旧、结论过时，以及学生的文献学知识只限于纸上谈兵，在点校古籍等整理实践面前不知所措、无能为力等问题。学科建设未能发挥文献学理论联系实际、学以致用，在培养古籍整理人才、指导古籍整理工作的作用，其症结就在于脱离了古籍整理的实践。解决这些问题，除了上述关于文献学从古籍整理实践中及时总结经验，丰富和更新文献学学科理论和专业知识外，还要在文献学教学中结合新近古籍整理的实例，传授古籍整理实践的技能和知识，并借鉴陈垣"史源学实习"课程的方法，安排一定的课时，组织学生进行古籍整理实习，让学生了解古籍整理最基本的程序和方法；研究生则可以参加有关古籍整理的项目，让他们在实践中加深对专业知识的认识，增长才干。

五是历史文献学发展需要良好的学科发展环境。在学科建设的运作层面上，学科发展需要强有力的社会支撑体系，我们期待得到有关管理部门更多的关注，优化管理制度，以及在资金、人员等资源上有更多的投入。在内部环境上，则需要专业的教学科研人员加强自律，克服当前存在的一些学风浮躁、学术肤浅的弊端。在加强学科建设的同时大力加强学风建设，发扬本学科久已有之的严谨专精、实事求是的优良学风，不断创新进取。只有内外合力，才能把历史文献学建设成为一门真正具有中国特色、中国风格和中国气派的优秀学科。

古文献专业硕士、博士研究生研究方向设置中的因与革

——复旦大学古籍整理研究所的经验和教训

复旦大学古籍整理研究所　陈正宏

复旦大学古籍整理研究所创建于 1983 年，中国古典文献学专业是自建所之初就开始招生的专业，而且是从未间断过招生的专门培养科学学位研究生的两大专业之一（另一专业是中国古代文学）。在前后三代专业教授的规划和努力下，该专业从单一的古籍整理方向，发展成为现在具有版本目录学、古籍整理、比较文献学等六个研究方向的规模。

本人 1981 年考入复旦大学中文系，1985 年作为第一批推免生被录取为本校古籍整理研究所（以下简称"古籍所"）古文献学专业硕士研究生，1988 年硕士研究生毕业留校，之后一直在复旦古籍所工作，目前是本所古文献专业的负责人，因此对 30 多年来复旦古籍所古文献专业的整体情况比较了解，对古文献专业研究生研究方向的设置、研究生招生、课程安排等具体情况，曾亲身参与，积累了一点经验，也有不少教训，借今天这个同行交流的机会，和大家分享一下，请各位前辈和同行给予批评指正。

一　古文献专业研究方向的演变

众所周知，20 世纪 80 年代，复旦大学古籍整理研究所成立后，面上的工作，主要是进行全国高校古委会项目《全明诗》的编纂。当时复旦大学中文学科尚未获得一级学科博士点，古文献专业只能招收硕士研究生，方向也只有一个，就是古籍整理。但是当时的导师阵容，今天看来堪称豪华，不仅有本校的蒋天枢、章培恒、徐鹏教授，还外聘了当时健在的古籍届耆宿顾廷龙、吕贞白等先生。

20世纪90年代中期，因为从南京师范大学引进了吴金华教授，从本校图书馆聘请了古籍部主任吴格研究馆员兼任，加上相对年轻的留校人员，古文献专业增加了古籍校释学、版本目录学等方向。由于此时复旦大学中文学科已经获得一级学科博士点，古典文献学专业也开始招收博士研究生。之后，随着本所专任教师陈正宏、钱振民相继晋升为教授（研究员），供职于日本金泽大学的李庆先生被聘为兼职博士研究生导师，博士研究生招生方向，又先后增加古典文献的整理与研究、古典文献学与计算机技术的应用、海外的汉籍收藏与研究等方向。当然，这个阶段因人设置方向的痕迹也比较明显。

2004年，趁复旦大学研究生院统一修订研究生培养计划，我们经过讨论协商，将本所古文献专业研究生的研究方向，扩充修订为六个：版本目录学、古籍校释学、海外的汉籍收藏与研究、文学文献学、美术文献学与美术史、古典文献学与计算机技术的应用。这次修订比较大地改正了原来方向设置上逻辑层次不明的缺点，但将传统的古籍整理方向取消，现在看来是不合适的。2016年，复旦大学研究生院研究生培养计划再度修订，本专业则增加了一位博士研究生导师——苏杰教授。因此在2004年版的基础上，我们再度修改专业研究方向为如下六个：

（1）版本目录学；（2）古籍校释学；（3）比较文献学；（4）文学文献学；（5）美术文献学与美术史；（6）古籍整理与研究。

这次修订恢复了古籍整理方向，主要由钱振民研究员担任导师；考虑到苏杰教授的专长是西方文献学和古籍校释学，陈正宏教授原本就从事东亚汉籍的研究，因此将原来的海外的汉籍收藏与研究方向，整合扩充为比较文献学。整体上兼顾了传统和创新，逻辑层次也更分明。目前复旦大学古籍所古文献专业的招生和培养方向，就是以此为据的。

因为诸多原因，世纪之交以后，复旦大学古籍所的第一重点专业是古代文学，不再是古典文献学，本所古典文献学专业专任教师长期只有两位，最近才增加到三位。但就是这么个小专业，到目前为止，已经培养了115位研究生，其中博士研究生41人（包括2位日本学生、3位韩国学生），硕士毕业生74人（其中有中国台湾、中国香港学生各1位）；

另外，先后有 4 位日本高级进修生在本所古文献专业进修一至两年。

这些从复旦大学古籍所古文献专业毕业的硕士研究生、博士研究生和国外高级进修生，不乏目前已成为海内外著名专业机构的领军人物和专业骨干，他们的工作单位，包括上海图书馆历史文献中心、浙江图书馆古籍部、复旦大学图书馆古籍部、华东师范大学图书馆古籍部、上海师范大学图书馆古籍部、上海博物馆、天一阁博物馆、苏州博物馆、复旦大学、上海大学、暨南大学、东北师范大学、天津师范大学、湖南大学岳麓书院、商务印书馆、上海古籍出版社、复旦大学出版社以及日本庆应大学斯道文库、韩国圆光大学中文系等。

生前在本所古文献专业攻读博士学位的日本留学生三浦理一郎（吴格先生指导），因病去世后，家属还将其所有与古文献学有关的藏书捐赠给复旦大学古籍所。在复旦大学图书馆古籍部的协助下，我们在所资料室专门设立了"三浦文库"，供校内外专业人士阅览。

目前，复旦大学古籍所就读的古文献专业研究生有 23 位，其中硕士研究生 8 位，博士研究生 15 位（包括韩国和越南学生各 1 位）。博士研究生比硕士研究生多，一是因为我们所古文献研究生招生名额倒挂，每年硕士研究生招生名额只有 2 个，而博士研究生招生名额有 3 个，这是非常奇怪的；二是目前不少博士研究生都延期毕业。

二 方向与课程的关联及人才培养的方式

与古典文献学专业研究方向设置直接相关的，还有专业课程。我想以我个人的研究生时代作引子，略做说明。

复旦大学古籍所创始人章培恒教授精通古典文献学。1984 年，他第一次在"文革"后的复旦大学开设"古籍整理"课，人气爆棚，堂堂满座。我有幸选这门课，并被这门学问深深地吸引，因此在后来选择研究生专业时，毫不犹豫地选择了古文献专业；选择导师时，又毫不犹豫地选择了章培恒先生。研究生入学一年后，蒋天枢教授被返聘担任古籍所硕士研究生导师，同门都因为听说蒋先生异常严厉，望而却步，我则在章师的劝诱下，得登蒋师之门。

我攻读硕士学位时，复旦大学古籍所古文献专业的专业课程有三门："古文献专业理论""古籍整理实践""版本目录学"。这三门课中的前两门课，当时都是章培恒先生亲自上的。"版本目录学"，任课教师并不固定。我那一届，原本是蒋天枢先生请上海图书馆于为刚先生来复旦大学讲的，但临到学期开始时，于先生病了，只能临时换了葛兆光先生授课。

给我个人印象十分深刻的，是章培恒先生上的"古文献专业理论"课和"古籍整理实践"课。

章先生上的"古文献专业理论"课，不是讲一般的古文献概论，而是讲从事学术研究需要的理论，真正的理论。大概谁也想不到的是，章先生给我们开设此课，用的教材竟是马克思的著作——《神圣家族》，还是中央编译局编译的权威版本；而读的方法，则类似于中国传统的读经，就是每一句每一段都不放过，逐章讨论。我的理解，章先生带我们古文献专业的硕士研究生读马克思，并不是为了让我们了解一般的政治哲学，而是为了培养研究生的治学境界和讨论学术问题的逻辑。他在人文科学的研究中，强调研究者对于人性认知的重要性，除了现实，我想应该还来自于苦读马克思的著作；而他对于逻辑的重视，又是他能写出意图清晰、论证严密的学术论著的前提。感谢章先生，这门课使我受益无穷。

"古籍整理实践"课，在当时我们的理解，就是给古书加标点。一年的时间，章先生带着我和我的两位师兄通读了《史记》。课程在章先生家里上，预习用的教材，是中华书局标点本，而上课时抽查标点水平用的本子，则是章先生家藏的局刻本。方法是每周先布置预习，然后到章师家，由章师当场翻出与预习部分相同的某一册线装书的某几页，指定一位同学当场口头标点（所有的标点符号都要念出来）。这种不免令人恐惧的授课形式，也是至今复旦大学古籍所古文献专业不少专业课常用的上课方式。其实现在回想起来，当时我们标点《史记》之外，章先生也在课上和我们讨论了许多与古书有关的话题，这种就着具体文本来讨论的方式，其实比那些概论课有更好的效果。

很遗憾的是，今天我们专业的教师已经没有能力重开章先生那样高水准的理论课了。不过我们在其他一些课程方面，为古文献各方向的同学延续了古籍所课程的传统，也带去了新的体验。其中方向设置和课程挂钩方面做得比较好的，是版本目录学和古籍整理。版本目录方向除了上有古籍实物展示的"版本目录学"专业课之外，自2003年以来，还坚持由教师带队，组织研究生去图书馆古籍部编目。最开始是在浙江图书馆，现在主要在宁波天一阁博物馆；同时，专业还尽量提供相应的编目机会，先后联系派送研究生赴国内的浙江省博物馆，以及海外的法国亚洲学会图书馆、英国剑桥李约瑟研究所图书馆，参与编纂古籍藏书目录。此外，本所古文献专业所有方向的研究生入学后，都要上一年的必修课"古籍整理实践"，标点古籍；其中古籍整理方向还参加导师项目，锻炼整理古籍的能力。

需要说明的是，自编纂《全明诗》时代起，章培恒先生就树立了一个很好的榜样：导师尊重学生的选择，原则上不强求学生参加教师项目，即使参加也注重培养研究生读古书和从事独立研究的能力，而不是纯粹的打工。这一传统至今仍是复旦大学古籍所古文献专业的主流做法。

三 一点教训：关于古籍保护方向

在古文献专业研究方向的设置方面，我们也走过一点弯路，就是古籍保护方向。

2007年开始实施的中华古籍保护计划，是一项很有意义的工作。考虑到计划实施之初，全国范围内古籍保护（尤其是古籍修复）人才奇缺，我曾和上海图书馆陈先行研究员联名写信给有关方面，建议利用高校古籍所和著名图书馆现有的力量，以双导师的形式，在古典文献学专业内培养古籍保护方向的研究生。当时复旦大学古籍所自行探索，先走一步，在古文献专业下增设了一个古籍保护方向，并聘请上海图书馆已经退休的著名古籍修复师童芷珍女士来所授课，并联合指导硕士研究生。

2014年，在上海古籍出版社的大力支持下，我们为童芷珍女士出版了她编著的《古籍修复技术》，作为"复旦大学古籍整理研究所古文献专业教材"第一种面世。我在给该书写的序中，写了如下一段话：

> 古籍保护是复旦古籍所古文献专业近年新设的研究方向，采用一位专任教授和一位外聘高级技师合作指导的双导师制方式，培养本专业三至四年制科学学位研究生。我们的理想，是用精耕细作而非粗放漫洒的方式，花大约十年的时间，培养一小批真正既具有出色的古籍修复技术，又具有较高的古文献理论素养，精通一到两门外语，能够成为未来中国古籍修复与保护学术骨干的复合型专业人才。可以非常明确地说，学生数量不是我们追求的目标，质量才是

我们最看重的。①

我们的意愿足够良好，为此也花费了很多的心血，但是很遗憾，这个方向我们已经在两年前不得不取消了。主要的原因有二。一是专业教师不稳定。众所周知，三年前，复旦大学成立以前校长为院长的古籍保护研究院，主要依托复旦大学图书馆，在图书馆学专业下，开始招收古籍保护方向专业学位研究生。图书馆方面可以给予相关专业教师以更高的报酬，而我们根本不可能（甚至每年的授课费也要拆东墙补西墙），流动就成为必然（当然，这种流动，在我看来也是合理的）。二是招生问题，无论是直研还是统考，复旦大学古籍所古文献专业从来不缺考生，但我们在招生中发现，报考学术学位的考生中，连续几年，都很少有选择报考古籍保护的，而我们也不可能像图书馆专业那样，招收有图书馆学知识而基本没有古文献常识的考生。

古籍保护方向设置又取消了，当然还有很多复杂的其他原因。此事给我们的教训，是涉及全局性的专业方向设置问题，不应单凭热情，而应和全国高校古委会等上级机构联系沟通；同时应注重前期准备，自主培养专业教师，而不是简单地外聘。

顺便说一句，虽然在古籍所古文献专业中取消了古籍保护方向，我个人还是很关心古籍保护事业。我目前的忧虑是，相关专业招收的学生，如果没有古汉语和古籍整理基础，即使学了古籍修复，最后修的还是纸，不是书。

四　结语

今年，复旦大学研究院再次要求各院系修订研究生专业目录，新的培养方案中首次出现了"学科与专业概括"的栏目。经过本专业教师的讨论，我们把古典文献学的学科和专业概括为：

> 古典文献学在文史研究中具有基础性的特殊意义，是迄今仍较多保留了传统学术内涵与形式的一门古老学科。它以古典体式的文

---

① 陈正宏：《序》，载童芷珍著《古籍修复技术》，上海古籍出版社2014年版，第1—2页。

本为研究对象，以实证与考据为主要研究方法，以版本学、目录学、校勘学为主要分支，以为一切文史研究提供经过鉴别、整理和基础性考释的可靠文献为学术目标。同时它也注重比较东方西方各种文献学传统的异同，以期在一种更为宽阔的视野下认识和理解中国文献和中国文化。

这一概括，突出了古文献学的传统学科性质，这一点我想大家不会有异议。但同时，这一概括也试图把其他国别的文献学引入古典文献学的领域，采用比较的方式拓展古文献学的边界和视野，这是否合适，可以讨论。需要说明的是，我们做出这样的概括，并以此为据设置复旦大学古文献专业的研究方向，既是基于复旦大学古籍所古文献专业30多年的研究生培养工作实际，更是基于如下的现实需要，即古文献学需要突破重围，重新回到文史学科的基础地位，而不是不断地被边缘化。

古籍整理事业需要一种精神

——安平秋先生在闭幕式上的讲话

刚才大刚建议,为四川大学古籍整理研究所的年轻人鼓掌,我也建议为舒大刚先生精彩的总结,报以热烈的掌声!古籍整理事业人才辈出。这次在成都开会,从整个办会的过程,看得出四川大学古籍整理研究所人才济济。而刚才舒大刚教授的一篇总结,精到、精要、精彩,也说明四川大学古籍整理研究所人才济济。

由于时间有限,我在这里只想谈一点感想。舒大刚先生刚才总结说,本次会议既是一次学术研讨会,又是一次工作会议;既是一次老朋友叙旧的会,又是一个新朋友在一起、新老朋友相识相聚的会议,我想是这样的。同时,本次会议,也是对年轻人进行培养的一个会议,还是高校古籍整理工作下一次会议的预备会,下一步发展的起步会议。

全国的古籍整理事业,是在中华人民共和国成立之后,尤其是在20世纪50年代中期,受到党中央的重视才开展起来的。当时毛泽东同志提出干部要读马列经典、读"二十四史"和《资治通鉴》,提高干部素质和从中吸取政治经验。在此之后,才有国务院古籍整理出版规划小组的成立,才有规划,才有人才培养,才有北京大学古典文献专业的设立。从20世纪50年代中期起步,这个势头一直很好,直到1966年"文化大革命"开始时才中断。

到了1972年,北京大学古典文献专业单独招生。因此,1972年北京大学有了第一批工农兵学员专门学古典文献专业。到了1978年,粉碎"四人帮"之后,教育部在武汉召开了一个文科会议。这个文科会议对我们古文献来说是一次逆反,因为会议做出了撤销古典文献专业的决定。按照这个决定,北京大学的古典文献专业将要停止招生,引发了北京大学古典文献教研室老师的不同意见以及抗争。1981年5月初,北京大学古典文献专业的老师联名写了一封信给陈云同志,反映情况。陈云同志派人于7月召开座谈会,并且有一系列讲话。那一系列的讲话,后来就形成一个统一的文件,即"中发〔1981〕37号"文件——《中共中央关于整理我国古籍的指示》。我记得这个文件是在1981年9月发的,此后,全国的古籍整理工作,尤其是高校的古籍整理工作才真正地进入了第二个阶段。也就是说,在50年代之后,在"文革"十年之后,全国古籍整理工作在1981年又开始了。

首先,国务院古籍整理出版规划小组得以恢复,规划小组成员重新得到确认。因为出版规划小组老一辈的人员有些已经去世了,如吴晗、魏建功等,于是就补充了一些新人。其次,在国务院古籍整理出版规划小组恢复工作之后,1983年,教育部建立了全国高校古委会,来统筹全国高校的各个研究所的工作和当时建立的四家古典文献专业本科生的教学工作。这是20世纪80年代。应该说全国的古籍整理工作在80年代进入了一个新生的时期,并且一直延续到90年代。到了1994年,国务院将国务院古籍整理出版规划小组改名为"国家古籍整理出版规划小组",先是划归了教育部,而教育部已经有全国高校古委会,全国高校古委会主任周林同志又兼任国务院古籍整理出版规划小组的副组长。组长李一氓先生去世之后,1992年上半年换届,任命匡亚明同志为国务院古籍整理出版规划小组的组长,周林同志依然是副组长。在1994年两个机构都归教育部(当时称教育委员会,以下简称"教委")所属时,是整合还是不整合,当时的教委很慎重,最后由国务院决定,把国家古籍整理出版规划小组放到了新闻出版总署。此后,这个规划小组工作有所发展。到了1999年,这个小组名称加了"领导"两个字,叫作"国家古籍整理出版规划领导小组",又得到了一些发展。当时,规划领导小组与全国高校古委会这两家机构在工作中虽然有一些不同意见,但总体上是彼此呼应、彼此支持的,尤其是到了21世纪后,国家古籍整理出版规划领导小组的负责人更加年轻化和专业化,对传统文化和古籍整理更有全局观,与全国高校古委会的合作也更为融洽。在2007年,文化部抓古籍的收藏与保护,建立了古籍保护中心及其办公室。这个中心及其办公室的工作,主要是由国家图书馆的专家来承担的,其中有不少是我们高校培养的古文献专业的毕业生,有些是非常杰出的毕业生,这个中心的工作做得有声有色,同全国高校古委会也合作得很好。目前,随着中央和国家机关的机构调整，国家古籍整理出版规划领导小组的工作与职能也处于新的调整之中，我们相信它的职能和工作都会得到加强。

虽然全国高校古委会这些年处境相当艰难，但是我们做了大量工作。首先是与古籍小组、古籍保护中心两个机构工作相配合，促进古籍整理整体事业的发展。我们是怀着一种博大的胸怀、一种宽容、一种包容、一种团结、一种合作来建设这个事业的。回过头来看，全国高校古委会这些年遇到的困难远比以前多。我举一个例子。我于1996年接受任务，接替周林同志做全国高校古委会主任。按理说，到了2000年，四年一届，就应该换届了。我从2000年年底向教育部党组提出，希望换届换人。以后多次提出，但是直到今天，还没有换届换人。2015年，我还给当时的部长袁贵仁同志写了一封信。2016年，新的部长上任，我又写了一封信。袁贵仁同志当时有回应，派人事司的副司长和主管事业处的处长来调研、来商量。新的部长没有回应，而今年已经是2018年了。我们是在这样一种情况下工作的。而且在2015年，我们知晓教育部把全国高校古委会从直属事业单位变成了事业单位。其实，在3年前的2012年，教育部就已经这么做了，只是我们当时不知道。同时，从2000年开始，我们申请经费从原来的500万元增加到1500万元，但是最后只同意增加到1000万元，直到今天仍然是1000万元。不是我们没有争取，而是教育部相关部门也有他们的想法。我们必须按照组织程序来做工作，不能越过教育部直接去找上面，我们的组织观念强。像这样的种种原因、种种情况，使我们的工作做起来有很多的困难，这也是我们很久没有召开各所所长会议的原因之一。我记得王云路先生多年前，好像是七八年前，曾经就提议过在浙江大学古籍整理研究所开一次会，类似这次在四川大学的会议，所长们聚一聚。我们当时比较谨慎，也有点为难。这次会议，我们今天全国高校古委会秘书处来了几位，杨忠、卢伟……还有没来的曹亦冰等几位。坚持了这么多年，从1983年全国高校古委会建立到现在35年的时间，我们一直坚持工作，但我们是兼职，有许多难处。因为我们是教员，要上课、要做科研，你不从事教学、没有科研成果，在北京大学没办法评副教授、教授，你就没有社会效益和经济效益。同时，我们又要在全国高校古委会工作，大家都是"双肩挑"，甚至是一个人当三个人用。杨忠先生今天在这里，他已经77周岁了，我也77周岁，按理说我们早就应该从全国高校古委会工作岗位上退下来了。我们也早有这个想法，但为什么没有退？一是你有要求，教育部不回应，这是一个原因。二是环顾我们的工作，环顾国内各个古籍所工作，退下来又会怎样？所以我过去说，1996年我接任全国高校古委会主任的时候，是鞠躬尽力，身体还行。那么后来是一身的病痛，就是鞠躬尽瘁了。昨天我发现武侯祠有一副对联是"只手挽残局，常归谈笑；鞠躬悲尽瘁，剩有讴歌"。这个当然说的是诸葛武侯，但是对于全国高校古委会来说，也是全国高校古委会秘书处的所有人一起支撑起了整个全国高校古委会的日常工作，是为了全国各个所、各个专业谋利益而做的牺牲。同时，对联"鞠躬尽瘁"中间的"悲"字用得好，"鞠躬悲尽瘁"啊！我理解是"悲奋"，为事业奋发而不顾个人得失。所以我们个人没有什么名利的贪图，如果贪图名利，早就不在全国高校古委会和秘书处工作了。你如果贪图名利，也可以离开全国高校古委会，到更好的单位去，甚至可以评上各种各样的资深教授、终身教授、讲席教授，等等。我们没有要这些东西，我们也不看重这些东西。今天，我之所以讲了一些近似诉苦的话，我是想说，我们在全国高校古委会工作，是需要一种精神的，需要一种为事业献身的精神。这次两天的会议，就是一次为了下一步古籍整理事业发展的预备会。因为这么多年高校古籍整理事业还能发展，靠的是什么？第一靠的是这种精神，第二靠的是全国高校各个古籍所所长的努力，靠的是各个古籍所所有从事古籍整理研究工作的同行们的努力，也靠5家古典文献专业的主任、老师们的努力！今天在座的有研究生，有更年轻的人，我想今后要靠你们的努力，一代一代相传。我们所需要的一种精神，实际上是一种奉献精神。这是太普通，也太需要的精神。它应该成为我们全国高校从事古籍整理和研究工作的所有人员的共同的精神。

"全国高校古籍整理与文献学学科建设学术研讨会"综述

四川大学古籍整理研究所　王小红

全国高等院校古籍整理研究工作委员会（以下简称"全国高校古委会""古委会"）与四川大学《巴蜀全书》编纂组联合主办、四川大学古籍整理研究所承办的"全国高校古籍整理与文献学学科建设学术研讨会"，于2018年10月11日至12日在四川成都召开。来自全国高校古委会秘书处以及北京大学、北京师范大学、复旦大学、湖南大学、华东师范大学、华中师范大学、吉林大学、暨南大学、南京大学、南京师范大学、南开大学、上海师范大学、武汉大学、西北师范大学、浙江大学、四川大学等高校古籍整理研究所（或文献所，或中心，以下统一简称"古籍所"）、文献学专业负责人和专家学者共60余人到会或提交了论文。这次学术研讨会是为回顾和总结35年来全国高校古籍整理研究的工作情况、正确认识文献整理与研究的范围和任务、进一步促进文献学学科建设及其与国学研究的良性互动的形势下召开的。与会学者集中对三大议题进行了深入有益的研讨。议题之一是35年来高校古籍整理工作的交流与总结，其中又分为全国古籍整理事业的发展和古委会工作概况、各古籍所工作总结两方面；议题之二是专题文献研究；议题之三是文献学学科的建设和研讨，包括对文献学学科的内涵、特点、知识与理论建构、人才培养等。兹将大会研讨内容进行综述。

一　新中国古籍整理事业的发展和全国高校古籍整理研究工作概况

关于新中国古籍整理事业的发展和全国高校古籍整理研究工作情况，古委会主任、北京大学安平秋先生在会议开幕式、闭幕式的讲话，古委会秘书长、北京大学杨忠教授在《中国高校的古籍整理研究工作》的重要发言中都有简要回顾，大体以1966年"文化大革命"开始、1981年中共中央发出《中共中央关于整理我国古籍的指示》为时间节点，分为三个发展阶段。其中，20世纪50年代中期到1966年"文化大革命"开始，是新中国古籍整理事业的全面起步阶段，有两个标志性事件：其一是国务院科学规划委员会古籍整理出版规划小组的成立，其二是北京大学古典文献专业的创办和招生。1966年开始"文化大革命"，使上述古籍工作处于停顿状态，直到1972年经周恩来同志以及有关副总理批示后，北京大学古典文献专业才恢复招生，招收第一批工农兵学员。然而到1978年粉碎"四人帮"之后，教育部在武汉召开文科会议，却做出了撤销古典文献专业的决定，引发了北京大学古典文献教研室老师的不同意见和抗争。老师们在1981年5月初联名写信给陈云同志反映情况，很快得到了陈云同志的重视和处理，中共中央随后发出了一个重要文件——《中共中央关于整理我国古籍的指示》。这是一个开辟中国古籍整理事业新时代的文件，专门对古籍整理与研究、古籍出版工作以及古文献学学科建设和人才培养做了部署，使因"文化大革命"停止工作很久的国务院古籍整理出版规划小组恢复了工作，也使撤销的北京大学古典文献专业得以恢复。不久之后的1983年9月，教育部党组批准建立了古委会，用以统筹全国高校自1981年以后陆续成立的20余个古籍所和4家古典文献专业的工作。从此之后，全国的古籍整理工作进入了一个新生时期。尤其是高校古籍整理工作从起步开始发展壮大，很快就成了全国古籍整理工作的主力军。不论是古籍整理工作者数量还是出版的古籍整理研究成果，高校都占全国的80%以上。

35年来，古委会统筹全国高校古籍整理的主要工作有以下三个方面：第一，接受教育部的委托，负责组织协调全国高校古籍整理的科学研究和人才培养工作；第二，为高校开展古籍整理研究和人才培养工作创造必要的条件；第三，负责财政部直拨的高校古籍整理和人才培养经费的分配和使用，并且检查使用情况。其中，古籍整理研究项目的规划管理是古委会的重点工作之一，30余年直接资助的项目达1413项，另外还有大量的间接资助项目，合计共约6000项。这些项目中，最为知名当数大型断代诗文总集项目，也就是大家俗称的"七全一海"（即《全唐五代诗》《全宋诗》《全宋文》《全元戏曲》《全元文》《全明诗》《全明文》《清文海》，后加《两汉全书》《魏晋全书》，成为"九全一海"）

工程，由多个高校的古籍所参与，花费数年或十数年完成。除了古委会的直接立项项目，全国高校的教师也完成了很多非常重要的项目，如《大清史》的文献部分、《中华大典》、《儒藏》等，还有大量的国家社会科学基金、教育部社会科学基金立项的项目，以及这些年古委会花费很多精力做的海外汉籍复制工程。这些科研项目的开展，注重整理与研究相结合，注意普及与学术两个方面，坚持以项目带动学科建设和人才培养，为全国古籍事业提供了许多宝贵经验。

除了科研，全国高校古籍整理工作还重在人才的培养。对此，杨忠教授总结说，"文革"以前，古典文献专业本科招生只有北京大学一家，现已发展到北京大学、浙江大学、上海师范大学、南京师范大学和陕西师范大学5家；研究生的培养更多，由各高校古籍所承担，35年来共招收硕士研究生、博士研究生7000余人。专业人才的培养既有明确的培养规格、科学系统的课程体系，还有理论与实践相结合的教学方法，以及严谨的学风，因此培养出了一大批具有真才实学的专家。

新中国古籍整理研究工作在取得巨大成绩的同时，也存在一些问题和困难，诸如古籍整理成果数量多而精品少，且重复成果多造成资源浪费，古籍保护、整理、出版三方面的工作还不够协调等。因此，作为国家古籍工作主力军的全国高校古籍工作，今后还需不懈努力，为弘扬中华优秀传统文化做好文献基础工作。

二 古委会直属各古籍所的工作汇报与经验交流

参加会议的古委会直接联系的科研机构负责人和教师代表，畅所欲言，共议古籍整理、共话学科建设、共叙交流合作。大家都表示，期盼这样一个工作会议的召开已经很久了，一方面是因为全国高校各古籍所成立35年来，整个社会环境都发生了巨大的变化，每一个古籍所、每一个研究个体都需要好好地静下心来盘点总结；另一方面大家都深刻地感受到古籍所在各自所在的大学一直以来都有一种生存危机。在当前有利的或者不利的形势下，为了谋求进一步的发展壮大，各兄弟所需要更好地交流和合作，在经验教训方面互通有无，达到互相扶持、共同进步的目的。

（一）各古籍所的发展，具有一个鲜明的共同特征，即以承担重大科研项目来带动机构发展、学科建设、人才培养，形成了各具特色的学术方向

复旦大学古籍整理研究所所长陈广宏教授指出，这一共同特征，也正是古委会从一开始就给予各古籍所的指导思想。北京大学中国语言文学系古文献研究中心杨海峥教授说，在这种思想指导下，北京大学古文献研究中心围绕国家社会科学基金重大项目"国外所藏汉籍善本丛刊"等，由首席专家安平秋教授带领，形成了有特色的学术群体，还配套开设"海外汉籍研究"等课程，在收获丰硕科研成果的同时，促进了教学的发展，培养了人才。

北京大学中国古代史研究中心的建立，是1981年由邓广铭、周一良、田余庆、宿白、王永兴5位教授联名提出组织方案及工作规划，1982年10月正式成立。一直以来，该中心承担了许多重大项目，科研成果卓著，培养了一大批中青年优秀学者，成为在国内外有影响的学术带头人和学术骨干。

复旦大学古籍整理研究所所长陈广宏介绍该所35年来的发展，认为该所早期开始的《全明诗》《全明文》编纂工作是一个原点，因编纂工作需要专业人才，由此产生了元明清文学硕士点、博士点，以及古典文学硕士点。后来在20世纪90年代中期，首任所长章培恒先生一方面引进吴金华教授，建立了汉语言文字学博士点；另一方面聘请复旦大学图书馆吴格教授，建立了古典文献学博士点。学科博士点的建立，使古籍所有了自己的运行规则，即以大项目的开展来带动学科发展。

华东师范大学古籍研究所严佐之教授指出，该所建所35周年以来，大型科研项目《朱子全书》使其走出困境，《朱子学文献大系》则促使其继续前行，形成了朱子学文献系列特色学术方向。其中，在20世纪90年代初面临新老交替困境时，华东师范大学古籍研究所积极贯彻古委会提出的通过重大科研项目来培养人才队伍建设以形成学术特色的精神，提出编纂《朱子全书》，正好调动了全所中文、历史、哲学、教育等各个专业的科研人员的积极性，共同来研究朱子这样一个百科全书式人物。在编纂《朱子全书》的过程中，大家又认识到朱子学是学术界很有发展趋势的一个领域，而朱子学及朱子学史的研究需要有大量的文献基础，因此有了建立朱子学文献平台的设想，遂按照一个一个专题，系统地整

理朱子学文献，形成了《朱子学文献大系》。

上海师范大学古籍整理研究所是在"二十四史"点校工作小组的基础上扩展创建的，以大项目带动建所和后来的发展。"二十四史"点校工作小组还做过《宋史》的点校，整理了《续资治通鉴长编》和《文献通考》。所长张剑光教授梳理该所十余年来出版的古籍整理成果，有联合华东师范大学出版的《中华大典·历史典·编年史分典》和《历史典·人物分典》，以及徐时仪的《〈一切经音义〉：三种校本合刊》《朱子语类汇校》、汤勤福的《宋史礼志辨证》、燕永成的《皇宋十朝纲要》《宋太宗实录》、钟翀的《上海城市地图集成》、孙逊的《越南汉文小说集成》、查清华的《唐诗学文献集萃》等；大型科研项目，除戴建国教授主持的国家社会科学基金重大项目《全宋笔记》已经完成外，还有4项国家社会科学重大项目在研。多年来，上海师范大学古籍整理研究所科研工作的顺利开展与重大项目的强劲推动有重大的关系，全所形成了以整理唐宋文献为主的研究特色。

南开大学古籍与文化研究所所长陈挈教授汇报该所情况时说，该所成立于1983年，为古委会直接联系的第一批科研机构。但是到了2000年，该所经历了十余年院系调整的震荡，人员被拆分到渡过难关后逐渐扩大研究队伍，才争取到更大的发展空间。该所早期进行的大型科研项目《清文海》编纂，为古委会重点资助的"九全一海"项目之一，是该所的一个标志性成果，带动了学科建设和人才的培养。该所还完成了《儒藏精华》清人集部校点29部；经学史研究也出版了一系列成果，并且新开创了以地理研究为基础，对出土文献进行专题研究与整理的学术方向。

南京大学古典文献研究所的学术研究领域在1990年以前主要是魏晋南北朝及唐代文献，第二任所长周勋初先生担任第一主编的《全唐五代诗》已于近年完成出版。现任所长程章灿教授说，在传统的中古文学文献基础上，该所近年来发展出清代文学文献、域外汉籍、中国古代文献文化史、江苏地方文献整理等新的特色研究方向。其中，程章灿教授负责的国家社会科学基金重大项目"中国古代文献文化史"，总体考虑在今天的学术事业中对传统的古典文献学进行重新衡量、重新思考；该所参与江苏地方文献整理工作，负责《文献编》，也带动研究生的培养，尤其是论文的选题加大了地方文献的研究，突出地体现了以重大科研项目带动学科建设和人才培养的特色。

山东大学古籍整理研究所成立于1983年，由校长吴富恒教授兼任首任所长。2002年，该所与文史哲研究所、民俗学研究所等科研单位联合组建文史哲研究院，并于2003年改名为古典文献研究所。2012年，古典文献研究所又随同文史哲研究院，与儒学研究院、儒学研究中心和文史哲编辑部整合成新的山东大学儒学高等研究院，成为儒学高等研究院下属6个二级科研单位之一。该所成立初期，承担了"先秦文献四十种人名汇考""柳宗元集校注""清史稿艺文志拾遗"等古籍整理与研究项目，以唐以前文献整理与研究、目录版本校勘学和汉语历史文献语言研究为主要研究方向，出版《古字通假会典》《毛诗训诂研究》《山东文献书目》等学术专著数十种。2010年，该所先后承担了"《子海》整理与研究""俄藏中文古籍的调查编目、珍本复制与整理研究""法国国家图书馆所藏中文古籍的编目、复制与整理""《五经正义》汇校与研究"等国家社会科学基金重大项目，以及教育部哲学社会科学研究重大委托项目"大英图书馆所藏中文古籍的整理与文献学研究"，及国家重点文化工程"全球汉籍合璧"，形成了新的学术研究方向：先秦汉魏六朝文献整理与研究、经学文献整理与经学史研究、目录版本学研究。历经35年的发展，山东大学古典文献研究所在境外汉籍调查整理、目录版本校勘学及先秦两汉文史文献研究领域居于全国学术前列，形成了以古代典籍整理与思想内涵发掘的有机统一的鲜明学术特色。

暨南大学古籍研究所所长刘正刚教授在《暨南大学古籍研究所三十五年来的成就》的报告中说，该所在我国重点侨务高等院校——暨南大学的建设和发展中发挥了重要作用，为中国港澳台地区和内地培养了大批硕士研究生和博士研究生。该所也坚持以项目带动学术研究和学科建设，35年来承担国家社会科学基金项目和古委会项目数十项，出版学术专著、古籍整理与研究著作百部以上，发表学术论文500余篇。其中，汤开建教授参与组织编纂的《明清时期澳门问题档案文献汇编》《港澳大百科全书》《香港6000年（远古—1997）》等，为迎接香港、澳门回归献礼。该所下设三个研究室：历史文献与文化研究室、古典文献与文化研究室、港澳台及海外文献与文化研究室，重点建设历史学和文学两个学科，有古代史、历史文献学、古典文献学3个硕士、博士点。

四川大学古籍整理研究所所长舒大刚教授在《从〈汉语大字典〉到

〈巴蜀全书〉》的报告中,结合介绍该所历史沿革,重点梳理了35年来的重大科研项目及特色学术方向。四川大学古籍整理研究所于1983年由当时号称学校文史学科"三驾马车"的著名学者徐中舒先生、缪钺先生、杨明照先生领衔创建,是古委会直属的第一批古籍所之一。建所之初,由徐中舒先生挂帅,联合川、鄂两省学人编纂了《汉语大字典》,《汉语大字典》与当时华东地区多所高校合作编纂的《汉语大词典》一起,成为当时汉语语言辞书的双璧。1984年古籍整理研究所负责人换届换人,由曾枣庄先生和刘琳先生两位副所长任主编、全体老师共同参与编纂完成的《全宋文》,是古委会重点资助的"九全一海"项目之一,带动了历史文献学专业的发展,培养了一大批研究生。在20世纪末经历短暂的院系调整困境之后,古籍所又展开了儒学文献的调查研究和编纂即《儒藏》工程、四川省重大文化工程《巴蜀全书》编纂,还发展出新的学科点——中国儒学,四川大学因此也成为全国最早的中国儒学硕士点、博士点。通过近几年的建设,四川大学古籍整理研究所形成了自己的特色:一是通过《全宋文》的编纂,形成了宋代文献与宋代文化研究特色;二是通过《儒藏》编纂,形成了儒家文化研究特色;三是2010年启动《巴蜀全书》编纂,形成了巴蜀文献和巴蜀文化研究特色;四是用电子技术辅助古籍整理的特色。

西北师范大学古籍整理研究所是一个以整理研究中国古代汉文文献及西北地方文献为中心的科研教学机构,坚持"立足甘肃,面向全国,以陇右文献的整理研究为重点,形成自己特色"的建所方针,并以整理丝绸之路方志文献、文史哲文献、民俗文献、西行记文献作为长期的工作中心。所长漆子扬教授总结35年来的工作说,该所先后出版陇右文献丛书35部,敦煌文献丛书、文史研究专刊24种,促进了古典文献学和历史文献学(敦煌学)两个专业的发展,形成了具有鲜明特色的研究方向,即文献整理与研究相结合、传世文献与出土文献研究相结合、地方文献整理与地域文化研究相结合。

湖南大学岳麓书院古籍整理研究所于2018年成为古委会直属科研机构之一,是最年轻的成员。该所挂靠千年学府岳麓书院,邓洪波教授任首任所长。邓教授在本次会议上介绍岳麓书院及古籍所的情况时说,岳麓书院在历史上时兴时废,中华人民共和国成立后,岳麓书院于1979年着手修复工作。1984年成立岳麓书院文化研究所。1986年修复工作陆续完成，正式对外开放。1988年列为全国文物保护单位。2005年湖南大学改岳麓书院文化研究所为岳麓书院。经过20年的发展，岳麓书院已经形成从本科、硕士、博士到博士后的完整的人才培养格局。近年来，岳麓书院获得国家社会科学基金重大项目9个，其他项目近百项。在获得第8个国家社会科学基金重大项目时，考虑到其中7个都与文献整理有关，于是着手成立古籍所，于2016年3月17日正式成立。这是书院发展的内生性需求，也表明岳麓书院大型古籍整理相关项目的开展，直接促成了湖南大学岳麓书院古籍整理研究所的成立。

北京师范大学是经教育部批准建立古籍整理研究机构的第一个高校，成立时间在1981年12月。享誉海内外的一代文献学大师陈垣先生，著名学者白寿彝、启功、郭预衡、刘乃和、许嘉璐、李修生、曾贻芬等先生都曾在该所工作。该所承担的大型科研项目《全元文》，为古委会立项的"九全一海"项目之一。另外，该所还出版了《文史英华》《古本戏曲剧目提要》《陈垣年谱配图长编》《元代书院研究》《元代史学思想研究》《全魏晋赋校注》《元人别集丛刊》《元代古籍集成》等古籍整理成果，形成了元代文化研究、陈垣文献学研究、传世文献与出土文献研究等特色学术方向。2008年，经北京师范大学批准，古籍整理研究所更名为古籍与传统文化研究院。然而，在2017年下半年，北京师范大学出于机构调整的需要和部分老师的要求，提出拆分古籍与传统文化研究院。对此，虽然学院的许多教师向主管校长、校长及校党委强调古籍与传统文化研究院存在的重要性和必要性、提出不同意拆分的意见，也多次召开座谈会进行商讨，但最终还是未能阻止学院被拆分，使历史、中文两大学科的教师被分流至历史学院和文学院。虽然古籍与传统文化研究院的名称和印章依然保留，但是作为独立的机构几乎是名存实亡。

被拆分到历史学院的老师，于2017年9月重新成立了古籍所；被分到文学院的教师，成立了古典文献研究所。重新成立的古籍所的周少川教授参加本次会议，他说，古籍所与历史学院原有的历史文献学教研室在科研队伍和教学计划方面资源共享，逐渐融为一体，形成"一班人马，两个排头"的状况，并延续原古籍与传统文化研究院的学术特色方向：一是元代文献、文化的整理和研究，如元代史学思想研究、元代文献探研、元代通鉴学史研究等；二是古籍整理与文献学专题研究，有版本目录学方向的《中华大典·文献目录典》，有中西文献的交流系列

《王徵与晚明西学东渐》《金尼阁与中外文献交流》等,有经学专题研究,有出土文献专题研究等;三是元代的学术与学术史研究,如元代笔记整理与研究,用网络、数据等新技术进行元代类书的整理研究等。重新成立的古典文献研究所魏崇武教授也参加本次会议,他说,古典文献研究所在保留元代文化研究中心之外,研究方向以元代文献研究整理为基础继续进行扩展,已扩展到经学文献、语言文献等方面,整体发展进入了后《全元文》时期,但依然延续原古籍与传统文化研究院在元代文献、文化研究方面的特色,正在进行《全元文补编》工作,承担完成了北京大学《儒藏》"集部·金元分部"工作,出版了25种元别集的整理本,另有元人诗序整理与研究、元赋整理与研究、元人著述总目丛考、现存元人著作总录提要、方回诗文集编年校注、元人总集续录等一系列大型科研项目,培养了一批以元代学术问题为选题的博士研究生和硕士研究生,而以《全元文》主编李修生为首任会长的元代文学学会,在引领全国元代文学研究方面做了大量工作。

(二)各古籍所目前所面临的问题和困难都有共通性

与会代表普遍认为,各古籍所的发展目前都存在或多或少的问题,并且不少问题都有共通性。

一是古籍所在各自所在的大学一直以来都有一种生存危机。早在1983年,经教育部批准在全国条件较好的大学建立、由古委会直接联系的第一批古籍整理研究机构,自成系统,科研经费与人才培养补贴经费均由古委会提供,是在人事、经费方面具有独立核算能力的学校直接管理机构。例如,四川大学建立古籍整理研究所时,古委会提供的经费是每年4万元(后升至8万元,再升至10万元),编制20人。而当时学校经费划拨给全校文科建设一共就10万元左右,因此那时古籍所在学校的地位非常高。然而到了20世纪90年代中期,许多高校进行新一轮的院系调整,这批古籍整理研究机构受到冲击,少数被解体,其教职员工被分拆到相关院系中,更多的则是以一个整体机构划归到或历史或文学或考古等实体学院中,虽然仍保有人事、经费独立核算建制,但是人事编制数、经费所占比重却没有随着学校的快速发展而成比例增长,相反还有大幅度下降,所以在学校的地位也随之下降,加之学科建设往往与学院是一体,实际形成了校院两级行政管理机制。这种生存危机近年来激烈地爆发,就是全国第一个古籍整理研究机构——北京师范大学古籍整理研究所（2008年更名为古籍与传统文化研究院）在2017年被拆分，让业内人士叹息。

二是学科定位模糊。与会代表都认为，古籍整理在我国目前所属学科为历史学、文学和图书情报学三个一级学科，定位不明确，导致项目申报和成果评奖都非常困难。这个问题非常突出，本文将在下文"古文献学学科建设和人才培养"一节中加以详细叙述，此不赘述。

三是古籍整理成果在科研评价体系中的比重低。张剑光教授说，全国各高校现行的考核制度重个人科研项目、重论文而轻集体大型项目、轻专著，更不用说轻古籍整理成果了。这也是目前各古籍所面临的最大困境之一。舒大刚教授也指出，在四川大学，古籍整理编校、点校成果在人文社会科学成果评价体系中的权重仅为专著的20%。只有暨南大学古籍所近几年经过全体老师的不断争取，古籍成果权重在学校的考核评估中已有很大改善，达到了专著的80%，但这种改善似乎很难推广到其他高校。

四是学术队伍难以扩大，人员年龄结构问题突出，培养人才困难。这也是全国所有古籍所35年来难以解决的共同难题。正如陈广宏教授所说，复旦大学古籍整理研究所目前只有专职科研人员13人，较最初成立时的人员编制数20人有较大缩水。与此相反的是，现在的专业和研究方向较最初有了大发展，因此这13人只好分布在多个专业的硕士、博士点，造成古籍所整体规划和资源合理布局难以进行。另外，这13名专职科研人员，65岁以上1人，55岁以上7人，45岁以上3人，40岁及以下2人，这完全是一个倒挂的年龄分布结构，亟待培养年轻古籍整理人才。舒大刚教授也说，四川大学古籍整理研究所现在以七七级、七八级毕业的人员为科研主力，他们将逐渐谢幕，因此必须采取有力的措施，推动年轻一代尽快成长。然而，受时代的影响，现在自愿投入古籍整理事业的年轻人很少，培养和引进年轻科研骨干更是不易。

五是专业分散，无法进行大型科研项目和出版标志性成果，因而难以形成独具特色的学术方向。邓洪波教授说，这是新成立的古籍所、人员偏少的古籍所面临的突出问题。正如湖南大学岳麓书院古籍整理研究所，虽然已有7个跟文献整理相关的国家社会科学基金重大项目，但是项目负责人都是老教师，需要年轻人来助力，所以2016年以后岳麓书院陆续引进了30多名来自国内国外不同专业的年轻人。这些年轻人入职湖南大学后，却面临着学校五年期限的所谓"非升即走"的考核要求，"升"即职称上升，上升的条件必须是多发表高级别论文、申获个人的国家社会科学基金项目和教育部社会科学项目等，而参加大型科研项目不是必要条件，因此年轻人没有动力参与大型科研项目，加之专业分散，多数与古文献无涉，造成全所很难像早年成立的古籍所那样花三五年、十年甚至更长的时间去集体攻关和产生标志性成果，重个人科研轻集体科研也难以形成独特的学术方向。

以上各所的工作汇报，都明确了以科研工作为指导思想，都强调古籍整理与科研工作相结合、与学科建设和人才培养相结合等。在新形式之下，各古籍所面临的问题和困难如何解决，需要相关部门来巩固和加强古委会的建设以及全国高校古籍所的发展，更需要大家积极献言献策。

三 专题文献整理与研究

提交本次会议的学术论文，集中在专题文献方面。既有从先秦到近代各个时期的个案文献或文献学家的研究，也有对特定类别的文献研究，如笔记、书院文献等。这些专题文献研究，许多都涉及古籍整理的重大课题。

（一）个案文献研究

华中师范大学历史文献学研究所所长张固也教授发表了《也谈楚简〈恒先〉与八股文》一文，认为出土道家文献、上博楚简《恒先》共13个简，500余字，一个字没缺，颇为奇特。其结构严整，条理清晰，有人称之为"八股文的滥觞"，却只是从辞章学拿来一个排偶概念，先入为主地认定它是八股文，然后再用八股文的结构硬套。其实由于时贤所拟六种编联方案并不合理，即使采用同一编联方案，分章往往大相径庭，根本看不出与八股文的结构有何联系。因此，该文提出一种新的编联方案，因有"恒气之生，因有作行"二句在中间起到承上启下的作用，全篇起承转合十分清楚，任何人看一眼就能把它分成四章，而不容有异。《恒先》全文就是一篇哲学分析文章，讲事物的起源都有本质，"恒先"同于"道"。

西北师范大学古籍整理研究所赵逵夫教授在《尉缭与〈尉缭子〉考论》一文中，系统考证了尉缭的生平、重要思想、历史地位和著作《尉缭子》的相关问题。文章由《汉书·艺文志》看尉缭的生活时代，认为尉缭是六国之末至秦始皇前期的人物，生于魏昭王前期，约魏襄王十八年（前301）前后。卒年可能就在魏国末年（魏亡于前225）。《尉缭子》中"梁惠王"为"梁王"之误，尉缭即六国之末的尉缭。先秦时"缭""弱"二字可以通借，尉缭即顿弱，"顿"为姓，"弱"为氏，"缭"为名，"尉"为官名。赵教授全面分析了《尉缭子》各篇，并联系当时魏国和战国末年发生的具体历史事件来窥探《尉缭子》各部分产生的时间，认为《尉缭子》之书为一人之作，其中大体属前半部分的篇章产生于魏安釐王早期和中期，而其余的篇章有的成于魏安釐王晚期，有的成于秦始皇时。

南京师范大学文学院赵生群教授发表了《中华书局点校本〈史记〉修订工作回顾》一文，详细介绍了中华书局点校本《史记》的修订始末。《史记》是中华人民共和国成立后中华书局点校本"二十四史"中比较特殊的一种。《史记》居"二十四史"之首，因急于向国庆十周年"献礼"，虽然其从汉代开始都有不少校勘志，但是它的第一个点校本还没来得及写校勘记就于1959年10月出版了，成为中华书局点校本"二十四史"及《清史稿》点校本中唯一没有校勘记的一部，留下了不小的遗憾，也给后来的修订工作带来了很大的工作量。2005年年初，中华书局开始着手大规模修订点校本"二十四史"及《清史稿》的前期调研工作，引起了学界广泛、热烈的响应。点校本《史记》修订工作由赵生群教授领衔的南京师范大学《史记》修订组承担。由于《史记》的版本和史料特别复杂，尤其是成书以来递经传抄翻刻，流传至今的古代抄本、刻本有60多种，2000多年的研究成果比后面的二十几部正史的研究成果加起来还要多，因此修订组主要从全面的版本校勘和修订标点两个方面入手展开工作，如复核底本、复核张文虎《札记》、汇校众本、撰写校勘记、修正标点、完善三家注内容等。在本次中华书局点校本"二十四史"及《清史稿》的修订工程中，点校本《史记》修订本依然成为第一部完成修订、首先出版发行的史书，具有示范意义。出版以后，反响很大，温家宝同志及海内外学者纷纷发来贺信表示祝贺。

吉林大学古籍研究所副所长朱红林教授发表了《说"下酒"——〈周礼〉郑注的考古学研究之二》一文。《周礼·天官·酒正》"缇齐"，郑玄注曰"如今下酒矣"，贾公彦、孙诒让皆以"糟床下酒"为释，刘善泽对此提出反对意见，以为"下酒"实为"若下酒"之误。朱教授认为，刘善泽的意见是正确的，因为《酒正》"五齐"，其他"四齐"郑玄皆以汉代名酒相比况，唯独解释"缇齐"时，以"下酒"作比，这是不合逻辑的，因为"下酒"作为过滤酒糟，是一道酿酒工序，不是酒名。另外，尽管汉代考古数据中出现了"糟床下酒"的酿酒程序，但用它来证明郑注是不合适的。

浙江大学中国语言文学系方一新教授发表了《关于重新校释汉文大藏经的一点想法》一文。方一新教授近20年一直在进行佛经的考辨和佛经词汇研究，经常接触佛经文献，熟悉各系列藏经的优缺点，认为无论是历史时期编纂的《高丽藏》（全称《高丽大藏经》）、《径山藏》、《思溪藏》，还是近代以来编纂的《频伽藏》（全称《频伽精舍校刊大藏经》）、《大正藏》（全称《大正新修大藏经》）、《中华藏》（全称《中华大藏经》）等，存在的错误都比较多。其中的《大正藏》，尽管中华电子佛典协会每年在进行修订，错误也在减少，但问题仍然较多。而从100多年以前在敦煌藏经洞发现的写经里的佛经，可以跟刻经做一个对勘，以减少错误。因此，他呼吁，在现代科技手段的帮助下，经过国家层面的统筹规划，充分利用旧的藏经、刻经和写经等文献，有计划、分步骤地制订整理、校释新版《大藏经》应该尽早提上议事日程，以便给读者一个可靠的文本，为日后的相关研究奠定坚实的基础。部分学者回应方教授，认为《大藏经》如果能有一个相对的全本和定本，那必是学界之幸事。

四川大学古籍整理研究所吴洪泽教授发表了《〈遂初堂书目〉撰著过程蠡测》一文。他认为，近些年来尤袤的研究渐热，特别是在生平事迹、诗歌创作以及《遂初堂书目》等方面，成绩斐然。但是，对一些历史上存在的问题，研究者往往简单陈述，而未深入挖掘，进而提出合理解释。比如，对《遂初堂书目》的作者，虽尤袤撰著说占了主流，但由于其中含有尤袤死后的书籍，于是又有了尤袤撰、后人补以及后人补撰等说，莫衷一是，难免令人遗憾。该文详细探讨了《遂初堂书目》的撰著过程，并做出如下推测：《遂初堂书目》是以《益斋藏书目》为蓝本，继承了《益斋藏书目》的分类体系和著录方法，在分类整理遂初堂藏书的基础上，由尤袤家人增补完成的，完稿时间下限在宝庆元年（1225），而最大可能在嘉泰年间（1201—1204）。至于撰著人署名，准确的应是尤袤撰、后人补录，而如朱彝尊等直接署为"尤氏《遂初堂书目》"也算准确。

　　华东师范大学古籍研究所所长顾宏义教授因参加《朱子全书》的编纂而接触到大量的朱子书信，利用书信时发现现有的很多研究成果存在编年不可靠和疏漏等问题，其中有些问题不是后人整理所致，而是在宋代编纂时已经产生。他在会上发表《朱熹与师友门人往来书札述论》一文，认为这个现象往往被当下的研究者、使用者忽视，在研究中产生新的问题。他还说，朱子书信还存在重复的问题，包括一封书信在同一人名下重复出现，或者在不同的人名下重复出现。通过研究，他还发现朱熹有很多的书信没保存下来，没有保存下来（即佚信）与现存书信的比例，差不多是一比一。而后代学者不断收集朱熹的佚信，又产生出佚信的真假问题。鉴于以上诸问题，顾宏义教授用六七年的时间梳理朱熹与师友门人往来书信的基本情况，辨析了其中涉及的若干问题，认为在书信的研究中，"书信的编年"是重点和难点所在。他还详细举例论述了朱熹书札的重要价值，认为书信研究能够改写很多历史学家的论断。比如余英时在《朱熹的历史世界》中指出朱熹跟当时宰相王淮的关系非常糟糕，然而通过朱熹的书信来看，其实他们的关系并非余先生说的那样，至少在唐仲友之前是非常不错的。他的报告还反映出其与四川大学郭齐教授编撰《朱熹文集编年评注》的合作情况，可见两个古籍所互通有无，形成了很好的合作关系。

　　全国高等院校古籍整理研究工作委员会、北京大学中国古文献研究中心吴国武副教授发表了《略说〈四库总目〉与东亚汉籍分类观念的近代衍变》一文。《四库全书总目》的编纂，不仅标志着中国古典学的成立，还是东亚世界的一个重大事件，在纂修之初和整个过程中，日本和韩国均密切关注，两国的书目编纂都受到《四库全书总目》的影响很深。吴教授以《四库全书总目》四部分类体系在东亚世界的回响为线索，勾勒汉籍分类观念的近代衍变，进而探索东亚汉文古典学的共同传统及其区域特色。四部分类法形成于隋唐，承变于宋明，在日本、韩国相应时代亦有双向互动。乾隆年间纂修《四库全书全书》、编纂《四库全书总目》，四库分类构造成为汉籍分类的主流，汉文典籍及其学问日趋兴盛。进入晚清民国，面对西学东渐和变局丛生，四库分类构造在汉文古典学发展中得到扩充丰富、调整完善。从编纂《四库全书总目》到续修《四库全书总目》的170年间，汉籍分类观念及汉文古典学经历了衍变和融通，在现代东亚世界呈现出同中有异、异中有同的学术格局。

日本早稻田大学文学学术院中国古籍文化研究所稻畑耕一郎教授在《文献学家傅增湘的诗文资料整理与研究》报告中，认为学界多研究傅增湘在藏书、版本目录、校勘学等方面成就，很少关注其诗文。于是，稻畑耕一郎教授系统地梳理文献学家傅增湘的生平、治学经历、主要著作等，发现傅增湘所作诗多发表在《雅言》上，一共有317首，另外在《艺林月刊》的专刊《游山专号》有154首，还有数首发表在《中和月刊》上。他结合中日两地的资源，采用了大量的书信和实物为证，以严谨考据的形式，展示出广阔的国际视野。他认为，学问研究没有国界，正如王国维所说"学无古今中外"。

（二）专类文献研究

陕西师范大学古籍整理研究所周晓薇教授发表《新出隋代墓志铭整理研究》一文，从新出土的隋代墓志铭的收集情况、基本要素的资料统计与说明、所进行的整理与研究工作等几方面，汇报了这一类文献的整理与研究工作。

北京大学中国古代史研究中心副主任史睿副研究馆员发表《唐宋礼仪图绘略考》一文，详细论述了封禅大典与东封图、朝贺大典与职贡图/王会图、都城礼仪空间与宫室图等内容，指出有关礼仪的礼图和画绘不一样，礼图反映的是礼仪本体，它是图谱性的、说明性的；图绘则是当时一个礼仪场景的描绘，是对礼仪的整体认知和表达，可以跟礼典、礼经做对应，但二者对研究礼制、礼学都有重要意义，两者需要互相释证，不能互相代替，亦不可或缺。

上海师范大学古籍整理研究所戴建国教授发表的《求全与出新——写在〈全宋笔记〉出齐之际》一文，介绍了《全宋笔记》的立项、整理、编纂及出版过程。在古委会的立项支持下，该所于20世纪80年代后期承担了运用电子计算机技术检索《全宋笔记》课题，将笔记这种独具一格、随笔记事的文体作为独立的文体门类进行探究，进行了大量搜遗辑佚、编纂整理、辨伪存真等工作。出版的《全宋笔记》，为学术界提供了一部收罗齐全、便于查找和使用的宋人笔记总集，具有重大的学术价值和社会意义。

湖南大学岳麓书院古籍整理研究所所长邓洪波教授在《中国书院文献及其价值——〈中国书院文献丛刊〉代前言》一文中，报告了其负责的国家社会科学基金重大项目"中国书院文献整理与研究"的研究情况，尤其探讨了"书院文献"的含义、书院文献整理与研究的意义，指出书院文献极为珍贵，是一笔巨大的历史文化遗产，但由于各种原因，损毁严重，其保护现状堪忧，对其进行系统、集成式整理，亟须加强保护、传播、利用。

专题文献是全国高校古籍整理和研究的重点所在，因此引起了与会代表的热烈讨论，互相交流经验教训，分享提升规划。周少川教授认为，做专题文献研究，古籍整理和学术研究结合起来是一个值得继续提倡和努力的方向。北京师范大学古籍与传统文化研究所老所长白寿彝先生一直讲，古籍整理不能只是替他人做嫁衣，而是要在文献基础上乘胜前进，再做研究。他认为，华东师范大学古籍研究所从《朱子全书》转到做《朱子学文献大系》很好，做到了三个维度：一是思想的维度，二是史的维度，三是文献的支撑。这样做出来的专题文献研究有深度。

南京师范大学赵生群教授认为，专题文献研究应当注重与出土文献相结合。只有将出土文献和传世文献相结合，才能做出新的判断。他举例说，《史记·秦始皇本纪》记载"始皇帝五十一年而崩"，意思是秦始皇51岁就去世了。清代史学家钱大昕曾经指出，秦始皇没有活到51岁，这里的"五"应该为"立"，但是当时没有找到相关证据。这次在中华书局点校本《史记》的修订过程中，他们发现了新的材料，即日本高山寺所藏的抄本《史记》正好作"立"，再加上其他旁证材料，就在修订《史记》点校本时改正了这个错误。

四　古文献学学科建设和人才培养

高等院校开展古籍整理研究工作，一开始就将重点放在人才培养上。因为有了高质量的后继人才，整理研究的事业才能持续不断地进行下去。古籍整理人才培养，古文献学学科的建设是基础。因此，本次会议，古文献学的学科建设和人才培养也是主要议题之一，得到了与会代表的重点关注，大家从学科发展的历史和现状、存在的问题和建议两个方面进行了广泛而深入的讨论。

（一）学科建设和人才培养的历史与现状

在中国现行分科分类下，古文献学分为古典文献学和历史文献学两个二级学科，分别归属文学和历史学两个学科门类。在实际的学科建设中，有本科生、研究生两个层次的人才培养。在本次会议上，杨海峥和陈正宏两位多年来在教学一线工作的老师详细梳理了古典文献学专业在本科生、研究生培养方面的历史发展、目前的情况，反映出古文献学在人才培养方面取得了显著成绩。

1. 北京大学古典文献专业——新中国最早设立的培养古籍整理专门人才的专业

杨海峥教授从本科到硕士、博士都在北京大学古典文献专业学习，工作后又一直从事古典文献的教学和研究工作，可以说她对自己的专业非常熟悉。中华人民共和国成立后，古典文献专业在北京大学最早创办，专门用于培养古籍整理人才。杨教授在《北京大学古典文献专业学科建设的回顾与展望》报告中，从培养古籍整理与研究人才的两个渠道——教学和科研介绍了北京大学古典文献专业的发展情况。

关于教学，创建于1959年的北京大学古典文献专业，虽然历史久、教学体系完备，但也存在课程设置陈旧、授课内容和授课方式僵化等问题，所以近年来在课程设置等方面做了一些调整和改革，如将专业特色课程"中国古代文化"开设成全校公选课，并做成1000分钟的慕课，通过这样的方式来扩大古典文献学科的影响力，从而拓展生源。自2013年以来开设的研究生课程"古文献学前沿"，都是聘请海内外相关领域的专家学者从治学实践和经验方面进行专题讲授，让学生关注和了解学术热点，拓展思路、视野、知识面。为适应当前小班化教学的需求，该专业还开设了"古典文献学讨论班"，采取师生之间交流一些文献学的重点问题如文献学学科的界定、内涵、古籍整理的具体操作方式等问题，取得了比较好的效果。为培养学生实践能力，北京大学古典文献专业开设一些实践性课程，如本科生的"古籍鉴定与保护"和研究生的"古籍整理理论与实践"课程。"古籍鉴定与保护"不是在学校课堂上授课，而是由老师带着学生去国家图书馆，由国家图书馆的老师上课。老师讲课时说到元刻本、明刻本、清抄本时，就会把相应的古籍从书库拿出来给学生进行辨别，使学生从实践中学习；讲到古籍修复时，老师就让学生实际动手进行操作。通过这样的学习，学生不仅学到了知识，而且锻炼了实践能力，所以这门课深受学生的欢迎，在学校的课程评估中一直名列前茅。与此类似，研究生的"古籍整理理论与实践"课程也注重理论与实践相结合，带学生到国家图书馆、中华书局等古籍收藏、整理、研究、出版机构，听专家授课。通过这些课程的学习，同学们收获良多，在毕业后走向工作岗位时，他们能很快地完成角色转换，胜任古籍整理相关工作。

关于科研，北京大学古典文献专业一直坚持通过古籍整理和研究的实践工作去培养人才。尤其是老师们带着研究生一起参与国家社会科学基金重大项目"国外所藏汉籍善本丛刊"工作，并开设"海外汉籍研究"课程，在教学中重视国际合作交流以及关注国外学术发展动向。这种教学形式，使许多学生在读研期间能够到美国、日本的名校如哈佛大学、普林斯顿大学、东京大学、早稻田大学去做长期或者短期的交流，为他们后来的海外进一步深造或于国外高校就职打下了坚实的基础。海外学习的优秀学生，在毕业后多回国参加到本专业的教学和科研工作中，促进了学科的发展和繁荣。总的来说，北京大学古典文献专业培养人才，一方面坚守传统，夯实基础，设置和加强传统专业课程，进行教材的编写和修订；另一方面开阔视野，增强能力，增加新的课程、学术考察、国际交流等内容，并与古籍出版社、古籍保护等单位合作，增加学生的实践机会和能力，在新时代下更加凸显本专业的特色与优势。

2. 复旦大学古籍整理研究所古典文献学专业方向的发展演变和课程的设置

陈正宏教授在《古文献专业硕博士生研究方向设置中的因与革——复旦古籍所的经验和教训》的报告中，详细介绍了复旦大学中国古典文献学专业研究生的培养，尤其是专业方向的发展演变、方向与课程的关联等。复旦大学古籍整理研究所成立时，创所所长章培恒先生尚任复旦大学中文系主任，他带领全所人员进行古委会重点项目《全明诗》的编纂，并以此为重心，开展科研和学科建设。在整合学校中文系原有的明代社会、思想、文学研究方向外，古籍所增加了中国古典文献学专业，进行研究生的培养。这个专业的发展一直与科研紧密结合，并因不同科研项目的推进而开拓出更多更新的专业方向。最早招生时，因编纂《全明诗》需要古籍整理专门人才，所以中国古典文献学专业研究方向只有一个：古籍整理。到了20世纪90年代，南京师范大学吴金华教授和学校图书馆吴格教授被聘请到古籍所，围绕他们从事的古籍整理项目，在中国古典文献学专业中增加了古籍校释学、版本目录学方向，并成功获批中国古典文献学专业和汉语言文字学专业为博士点，以及国家重点学科。这两个专业与原有同为国家重点学科的古代文学（元明清方向）博士点，初步构成文学、文献、语言诸领域彼此交叉的格局，不断促进中古文献整理研究领域新的学术方向的形成，即文学文献学、美术文献学、四库学、海外中国古籍的收藏与研究、古典文献学与计算机技术的应用等方向。在2004年按照学校统一的要求修订的研究生培养方案中，中国古典文献学专业的研究方向扩充为6个，分别是版本目录学、古籍校释学、海外汉籍收藏与研究、文学文献学、美术文献学、古典文献学与计算机技术运用。这次修订，较大地改正了原有的研究方向、逻辑层次不明确的缺点，但是同时也把最早的古籍整理方向取消了，直到2016年再次修订的研究生培养方案时才得以恢复。目前，考虑到新晋升的苏杰教授长于西方文献学和古籍校勘校释学，陈正宏教授从事东亚汉籍的研究，于是海外汉籍收藏与研究方向被进一步整合、扩充、合并为比较文献学方向，整体上兼顾了传统和创新，逻辑层次也比以前更加分明了。在世纪之交，由于多种原因，复旦大学古籍整理研究所的第一重点专业是古代文学，不再是中国古典文献学，所以中国古典文献学的专任教师长期以来只有两三位。但就是如此小的一个专业，到目前为止已经培养了115名研究生，其中博士研究生41名，包括2名日本学生，3名韩国学生；硕士研究生74名，包括中国台湾、中国香港的学生各1名。另外，先后有4名日本的高级进修生在本专业进修1—2年。培养的学生现在已经有不少成为海内外专业机构的领军人物和专业骨干。目前在读研究生有23名，其中硕士研究生8名，博士研究生15名（包括韩国和越南学生各1名）。

关于方向与课程的关联，复旦大学古籍整理研究所最早的课程设置由老所长章培恒先生制定，其主体内容延续到现在。然而，章先生当时设置的课程，有些现在无法开设，诸如用一年时间标点《史记》，专业理论课讲马克思主义著作而不讲现在的文献学概论，从逻辑学着手教学生如何做学术理论研究等。不过，章先生当时在学术理论方面的教学，对现在的学科建设也有启发，即古文献学学科之所以近几十年来在夹缝中生存和发展，就是因为很多地方还缺乏理论。如何从理论上把古文献学的必要性提到一个真正的高度，让它成为一个真正能够令人信服的学科，这一点非常重要。目前，复旦大学古籍整理研究所中国古典文献学专业的课程建设和研究方向结合效果好的主要有两个方向：一是版本目录学，二是古籍整理。版本目录学方向一直组织学生去浙江省图书馆、宁波天一阁博物馆等实践单位做编目工作，学生的编目质量好，很受欢迎。有些学生还多次被派送到海外的法国亚洲学会图书馆、英国剑桥李约瑟研究所图书馆等，参与编纂古籍藏书目录。

（二）学科建设存在的问题和改革意见

古文献学在人才培养方面取得重大成绩、积累众多经验的同时，也存在不少问题和困难。本次会议上，与会学者对此热烈讨论，提出了许多建设性意见。

1. 古文献学学科面临的困难以及应对之策

华中师范大学历史文献学研究所董恩林教授发表的《大陆古籍整理专业人才培养的现状与隐忧》一文，主要探讨古籍整理事业和古文献学学科面临的困难以及应对之策。他说，目前出现了某些高校撤销古籍所的情况，这是给全国高校古籍整理系统发出的严重警示，大家应该有危机意识，思考今后的生存问题。董教授说，为充分调动社会力量，积极引入民间资本，国家古籍保护中心于2013年12月发起筹备成立中国古籍保护协会，并获文化部批复，后经国家民政部正式批复，于2015年1月正式成立。他多次与中国古籍保护协会的人员一起开会，发现文化部给中国古籍保护协会投入大量经费，使他们近几年在古籍普查、保护方面做了大量工作；而反观古委会直属的上级主管部门教育部，在很多方面不支持或支持不够，使古委会的工作面临很多困难。虽然目前有少数古籍所在人才建设和经费投入方面不存在任何问题，但是从整个高校古籍整理系统来看，面临的挑战和困难还很多，应当引起大家的重视。我们不能被动地坐以待毙，而是主动地出击，迎接挑战，发扬"穷则变，变则通"思想。为此，他提出了以下四条新的发展思路：其一，与中国古籍保护协会主动对接，用我们古文献的专业优势与他们合作；其二，以全国高校古籍整理系统的名义，提出并制定古籍整理的专业标准，向全社会公开；其三，制订新一轮的深度的古籍整理规划，有计划、有组织地推出新校新注古籍整理成果，在大力提倡弘扬中华优秀传统文化的当今中国社会，古籍是中华优秀传统文化的载体，我们全国高校古籍整理系统的科研人员可以大有作为；其四，梳理现有古籍整理人才培养情况，正确定位和建设文献学学科。其中，第四条是基于多年来各古籍所发展和古文献学学科建设中存在的突出问题而做的分析,即学科定位模糊的问题,引起了与会学者的强烈共鸣。

董教授说,30年多来,全国高校古籍整理系统在培养古籍整理专业人才方面下了很大功夫,取得了巨大成绩,短时间内解决了20世纪80年代古籍整理青黄不接的问题,并储备了大量专业人才。但是,目前的培养体系和学科现状仍然存在很多问题。其中,最大的问题是现有古籍整理人才培养模式存在先天性缺陷,长期被人为分割为古典文献学与历史文献学两大系科,分属汉语言文学与历史学两大学科,缺乏经过科学论证、经过实践检验的可行的统一的培养方案与课程体系。这样一来,历史文献学专业侧重历史,古典文献学专业侧重文学,古典文献学专业培养出来的研究生,缺乏历史学素养;而历史文献学专业的学生,缺乏文学素养,双方各有各的短处。有人提出建立文献学一级学科,但学科门类属于历史学还是文学,依然是破解不了的困境,所以当前文献学的学科建设面临的最大困境不是它是三级学科、二级学科、一级学科的问题,而是学科的定位不准确。

复旦大学古籍整理研究陈正宏、武汉大学古籍整理研究所于亭等多位教授补充说,目前古文献学归属历史学、文学和图书情报学三个一级学科,非常混乱,不但产生了董教授所说的人才培养模式存在先天性缺陷的问题,还导致各古籍所在项目申报和成果评奖方面的诸多困难。浙江大学古籍整理研究所所长王云路教授在发表《古典文献学专业的特点与现状刍议》时进一步补充,认为学科定位模糊产生的后果,在实际工作中主要体现为:在现有学科评价体系中,成果评价常遭遇冷落、学科发展地位尴尬、课程设置容易被取消;在理论建设中主要体现为:由于没有严格的分科观念,导致研究对象非常广,研究内容有纵向横向比较问题、书写载体问题、专题内容、区域问题、门类问题、专题的宽与窄等,不利于学科的理论发展。北京师范大学历史学院周少川教授在《历史文献学学科建设的内涵与发展向度》一文中也发表了与王云路教授相似的主张,认为现在无论是古典文献学,还是历史文献学,许多教材都是膨胀的,将典藏学、史源学、考证学、编纂学等都归入古文献学,导致古文献学似乎已经没有学科边界了,就像一个不断吹大的气球,很快就要破了。

那么,如何解决学科定位模糊的问题?王云路、严佐之教授提出应该建立大学科门类，认为古文献学具有综合性的特点，即方位全、门类广，学科理论如何构架、分支，需要梳理得更清晰一些，不能仅仅注重版本、目录、校勘学等传统工作，而是需要从纵向与横向、从学术和文献史的研究梳理出一个学科构架，建立一个独立的学科门类。他们认为，版本、目录、校勘、注释等都属于应用型的文献学，还有理论文献学；从纵向来说，古文献学可以有文献学通史与断代文献学史之分，从横向来说，可以有中土文献学与域外文献学之别；从书写载体来说，可以有金石、简帛、碑帖、写本、刻本之别；从主题来说，可以有自然科学、社会科学、基础文献学之论。因此，与其说古文献学是一门学科，不如说是一个门类。如果古文献学内容的划分能涵盖各个方面，我们大的学科门类的建立就能理直气壮。赵生群教授也认为，古文献学的范围是极其广泛的，经、史、子、集全部囊括。在现有的教育部划定的学科里，有20多个一级学科都涉及文献学，所以它远远大于一级学科，是最特殊的一家。从这个意义上说，一个一级学科是无法容纳文献学的，因此，正如王云路教授所言，我们要建成一个学科门类。西北师范大学赵逵夫教授认为，设置二级学科，可以按照目前的文、史、哲来分类，把经学、诸子文献等归入哲学史文献，将佛教、道教归入宗教史文献，另外还有科技史文献等；二级学科的划分，也要考虑不同的单位、不同的学科、不同的需要、不同的目标等因素，如自然科学文献，是文献学和各学科知识相结合产生的，如果文献整理者没有相关学科知识，是难以承担任务的，所以这方面的文献整理和研究，应由具有专门学科知识同时又具有文献学知识的人员来完成。至于现有的古典文献学、历史文献学与图书情报学整合的问题，他建议，应该与相关学科多多沟通协商，最大可能地求同存异，才有合作的可能。四川大学舒大刚教授也说，他曾与董恩林教授讨论，认为文献学是一个基础学科，是一个通论性的学科，不论哪一个学科，都需要文献学，需要文献学的一些基本知识、基本理论、基本方法等，包括文献分类的知识，版本、目录、校勘的知识等。至于各个学科如史学、文学、图书情报学的文献学，都属于专题文献学。文献学不但可以成为一级学科，而且也要在其他门类发展，如比较文学、语言学下可以设文献学专业，艺术学下也可以设文献学专业，哲学下也可以设文献学专业，推而广之，任何一个学科都可以。

武汉大学于亭教授说，关于一级学科或学科门类建立的话题，其实学者们在学科领域内已经讨论了很久，现在到了需要真正推动起来的时候了。但是推动起来又有一个问题，即一级学科建立起来以后，其所属二级学科、二级学科群如何架构？是不是就把古典文献学、历史文献学变成这个一级学科的二级学科？如果这样，这两个二级学科之间的重复又如何解决？所以，他很赞同安平秋先生的意见，即目前全国的古籍工作由古籍的收藏与保护、古籍的整理与研究、古籍的出版与规划三个部分组成，这三部分工作应当成为我们思考古文献学下面二级学科架构的一个出发点。同时，在架构一级学科的过程中，对当前古典文献学、历史文献学的知识体系和理论体系需要提升和更新，让其更具包容性，把古文献的理论、整理、保护、修复和相关工作都能够纳入，真正做到把相关的现有三个二级学科即历史文献学、古典文献学和图书情报学整合在一起。

学科的定位需要大家群策群力，努力争取。王云路教授提出，从现在开始，大家都来讨论，先有一个初步的框架想法，然后再一步一步地进行建设。董恩林教授对此非常赞同，他说，对于古文献学学科的定位和体系建设等问题，现在达成共识的时机还不成熟，而是应该成立专门的研讨班子进行讨论，提出问题和建议，然后再举行一次本学科领域及相关学科的专题会议，进行认真的讨论，要一次性地把学科架构、理论依据和课程设置等都讨论好，然后再普遍地征求专家学者的意见，形成较为成熟的意见后，再向上级主管部门提出。赵生群教授也说，学科的定位要理顺，不是三言两语可以讨论清楚的，也不是一个单位的呼吁能起作用的，我们将来应该组织一个专门的会议，召集全国古籍整理研究的主要力量，形成一个强大的社会合力，从学理上来探讨清楚。周少川教授还建议，古委会应该成立一个专门的理论研究专业委员会来进行文献学学科的理论研究，并且在经费上予以专项支持。

对此，全国高校古委会安平秋和杨忠教授回顾了以前大家所做的努力，希望大家加以借鉴。安平秋先生说，我们要严谨地区别文献、古文献、古典文献、历史文献等概念，范围要清晰、准确。他还说到，至于提议将文献学建成一级学科，古委会在1985年就进行了这一工作，当时经过一些人的讨论，最后由他起草，以裘锡圭、章培恒、金开诚的名义，向国务院学位委员会办公室提交了一份书面意见。当时提的文献学，既包含历史文献学和古典文献学，也包含图书情报的版本学、目录学。国务院学位委员会办公室在古委会不知情的情况下，就向一些专家征询意见。很快，来自三位老专家的意见反馈回古委会。这三位老专家，第一位是北京师范大学的白寿彝先生，他坚决反对，理由是，如果古典文献学把历史文献学吞并了，历史文献学怎么办？第二位是宿白先生，他的意见几乎与白寿彝先生一模一样。第三位是朱德熙先生，他的意见虽然与前两位的不一样，但依然否定我们的提议，认为要是古典文献学和历史文献学能组成一个一级学科，语言学早就应该成为一级学科了。这三位老先生都是德高望重的，他们发表的反对意见对我们的这一工作非常不利。由此可见，我们申请文献学一级学科的努力，得到的不是国务院学位委员会办公室的否定，而是几乎与古文献学是大同行的老前辈、老专家的否定。所以下一步我们如何去申请文献学一级学科，这个历史情况值得大家参考。杨忠教授也说，当年老一辈的学者没有先建一个古典文献学专业，再设一个历史文献学专业的想法。在他们的概念里面，古典文献就是一个大的文献学的概念，我们可以称为古文献学。不管是古典文献、历史文献，还是自然科学文献、地方文献档案等，都属于大的文献学的范围。过去大家努力过，呼吁建成一级学科，但是受到一些学者的质疑。他们的想法，深刻地影响了教育部的学科设置方案。那是30多年前的情况了，到了今天，对于这个问题，大家还是可以讨论的，争取早日解决。

  舒大刚教授也回应此问题说，在新一轮的学科调整之前，历史文献学属于历史学一级学科下与考古学、世界史并列的八大二级学科，调整后，考古学、世界史成了一级学科，为什么文献学不能成为一级学科？近几年，他联合四川大学古典文献学的学科带头人项楚先生，向四川省、教育部提出建议，希望申报立项一个国际视野下的文献学研究项目，想为文献学学科争得一席之地。然而，建议提交上去之后，没有回复。他说之所以有建立大文献学的建议，是因为四川大学古籍整理研究所有一定的基础。十多年前四川大学历史文献学专业开始培养博士研究生，有一个从专经文献来进行学术史研究的计划，有研究《易经》文献的，有研究《尚书》文献的，有研究《诗经》文献的，等等。通过这一计划完成的博士学位论文，后来都出版了，但是因为时间早，影响不是太大。现在启动的这个项目，就是计划在原有的专经学术史的基础上，形成专经文献学系列。在儒学领域，每一经都值得做专经文献学研究。他认为现在呼吁成立文献学学科门类，应该比呼吁成立国学门类希望大得多，但他又担心重蹈前些年呼吁建立儒学一级学科的覆辙，出现社会反响大而主管部门无响应的尴尬局面。

关于学科的理论建设，于亭教授在《浅论当前文献学学科的知识建构和理论发展》报告中赞同王云璐教授的意见，认为文献学的当前发展，一方面是文献学的应用，包括人才培养、学科定位以及队伍建设等；另一方面是文献学的理论建设，而后者更为迫切。他以他十余年来一直研究的《一切经音义》为例，指出其在收集所有的版本进行对勘时，发现了一个很可怕的问题，即以现有的古典文献学专业的校勘学知识和其他知识，无法解释《一切经音义》的高丽藏本系统和碛砂藏本系统之间存在的巨大版本差异，这个差异从文献学意义上来说，与其说是一本书，不如说它是两种不同的书，虽然它们的主体框架完全是一模一样的，但是版本歧义却超出了我们一般所说的致误和错格现象。又如《切韵》系韵书所展现出来的译文和歧义即文本歧异现象，与一般意义上的《集韵》系韵书不一样，《切韵》系韵书可能就是一本书、一种书，而《集韵》系韵书在版刻时代是更多种书。怎样来解释这种现象？实际上，现代学术史意义的文献学的整套理论和实践方法，是建立在清儒对古籍整理、校勘的基础上的，诸如"辨彰学术，考镜源流"的目录学，是在版本的收藏和鉴赏基础上进行的静态描写以及对辑佚文性质的定义和利用，以及死校和活校的校勘方法，后来由陈垣先生定义为"校法四例"，等等。这种以"存真复原"为目的，以说明"部次流别"的传统文献学，是以刻本文献作为隐含前提的一种文本记忆，是"静态"认知。这种文本记忆在面对写本的时候，固然有其有效性，但很多时候无法很好地解释写本的异文和流传的情况，所以在这种情况下如果还用"讹""脱""衍""乙"这样的方式来解释写本，就会掩盖写本的很多问题。传统的文献学理论，以文本"常量"和"变量"二元对立式的描写和考据为畛域，对于文本形成的动态过程缺乏解释力。当前文献学学科的知识建构和理论发展，一是针对上千年的写本我们没有一个合适的、更好的、动态的文献学框架；二是针对现有的文献学的知识和遗产，我们还有进一步探讨和丰富的可能。正如傅斯年在《历史语言研究所工作之旨趣》中所说：："凡一种学问能扩张它研究的材料便进步，不能的便退步。"① 中华民国时期建构起来的文献学框架，在新时代应该得以更新。

谈到理论建设，周少川教授也说，历史文献学是一门既古老又年轻的学科，20世纪以来，经过几代人的努力，最终在80年代成为一门独立的学科。历史文献学学科的发展，首先要解决它的内涵，其中最重要的内涵是基本理念，就是文献学本身的研究对象是什么，研究任务是什么。不少人想当然地认为研究对象就是文献，其实很多学科的研究对象都是文献，所以文献学的基本理念问题目前仍然没有解决。现在不仅是古文献学学科需要进行理论建设，古籍整理也需要理论建设。很多人认为古籍整理不需要理论，把古籍标点好就完了，而刘乃和先生在几十年前就讲，古籍整理不是在故纸堆里讨生计，而是要真正深入地去弘扬祖国的优秀传统文化，如果没有理论建设，学科是不能发展的。总之，当前古文献学的学科发展需要在学术研究的基础上认准学科定位，进一步完善学科体系，不断优化学科环境；要遵循学科发展规律，将古文献学的学术研究、学科建设和古籍整理实践密切结合起来，学科的发展要从古籍整理的实践中汲取精华，并通过古籍整理实践来实现文献学的学科价值和学术影响。

2. 专业设置与教学改革的问题

学科建设和人才培养中的专业设置、教学方式，会随着时代的变化进行革新，但所有的改革并非都能成功，也有一些教训值得在今后的工作中加以汲取。陈正宏教授说，复旦大学古籍整理研究所曾尝试过研究生教学方式创新，着手的角度正是安平秋先生主张的古籍收藏与保护、整理与研究、出版的"三位一体"。在2003年开始实行中华古籍保护计划时，陈教授考虑到计划实施之初全国范围内古籍保护尤其是书库人才奇缺的问题，曾与上海图书馆的陈先行研究员联名写信给有关方面，建议利用高校古籍所和图书馆的现有力量，以双导师的形式在中国古典文献学专业培养古籍保护方向的研究生。当时复旦大学自行探索，先走一步，增设古籍保护方向，聘请上海图书馆已经退休的著名修复师童芷珍为学生授课。2014年，在上海古籍出版社的大力支持下，童芷珍出版了

---

① 傅斯年：《历史语言研究所工作之旨趣》，《傅斯年谈教育》，辽宁人民出版社2015年版，第143页。

《古籍修复技术》一书，该书遂成为复旦大学古籍所中国古典文献学专业的教材。这一方向的增设和教学方式的创新，初衷非常好，希望学生将理论与实践更好地结合。但非常遗憾的是，这一方向在2016年不得不取消，取消的原因有两方面。一是2014年末复旦大学成立了以前校长杨玉良为院长的中华古籍保护研究院，主要依托复旦大学图书馆，在图书馆学专业下也设置古籍保护方向。学校在研究生招生名额、经费等方面给予该院大力支持，使古籍所原有的教师和潜在的生源都流向他们。二是招生问题，无论是推荐免试还是统考，古典文献学专业从来不缺考生，但是报考古籍保护专业的学生却一直很少。这一事情带来的教训是，涉及全局性的、专业方向设置等问题，千万不能仅凭一时热情，而是要和古委会等上级机构多沟通，即使是在二级学科下设置三级方向也应该如此；同时，前期的调研、规划等准备工作一定要做充分，尤其要自主培养专业教师，而不是简单的外聘。

当然，陈教授并非提倡只坚持传统，而是主张随着时代的发展，专业必须革新。因此，在2018年复旦大学研究生院再次要求各院系修订研究生专业目录时，复旦大学古籍所的老师经过讨论，将古典文献学专业进行了重新概括与定位，主要包括两部分：一部分突出了古文献学的传统学科性质，对此大家不会有异议；另一部分则试图把其他国别的文献学引入古典文献学的领域，采用比较的方式拓展古文献学的边界和视野，其是否合适，大家可以讨论。他进一步补充说，这样的概括，并以此为据设置复旦大学中国古典文献学专业的研究方向，既是基于复旦大学古籍整理研究所该专业30多年的研究生培养工作的实际，更是基于如下的现实需要，即古文献学需要突破重围，重新回到文史学科的基础地位，而不是不断地被边缘化。他认为大学教育有两个最为基本的教育理念，一是哲学，一是文献学。哲学是最高的，教学生如何做人。文献学是所有文史专业的学生都要学习的基础学科，但它现在只是一个二级学科，一个非常小、非常专门的学科。至于文献学学科今后的发展方向，他从自己与古籍保护工作者合作的情况得出一个结论：从事古典文献学专业的老师都是谦谦君子，而从这个专业之外加入古籍整理工作的人并非都是君子。那些毫无古文献基础、不尊重专业而随意加入的人，俨然是想把古文献的学问变成一个不需要古文献基础的东西。他们非常明确地说古籍保护工作需要其他各种专业的人才，就是不需要古籍整理的人才。

这当是一个非常严肃的问题，值得我们深思。

五 古籍整理事业的新时代展望

本次会议对全国高校古籍整理研究 35 年来的工作做了全面总结。提交会议的论文质量很高，言之有物，持之有据，观点新、考证精，反映出与会学者都有严肃认真的学术态度。会上一系列讨论学科建设的发言，都是来自教学科研第一线，既有老师们在长期的人才培养和学科建设过程中总结出来的经验之谈，又有对现状和未来的思考，甚至是忧虑，都表达出对文献学专业的热爱、对未来的憧憬，是对文献学学科建设进行的一次广泛而又高层次的探讨。35 年来，我国的古籍整理研究成果丰硕、机构健全、人才辈出，为保存和弘扬中国传统文化，提高民族自信心作出了重大贡献。当前，我国正大力弘扬中华优秀传统文化，全民掀起学习热潮。然而，传统文化热潮的背后，却隐藏着"文献冷"。而文献是文化的主要载体，也是人类文明传承和发展的重要手段。浩瀚的文献是中华文化实力的一个重要标志，理所当然应当成为我们中国人文化自信、文化自强的一个研究对象。以文献为研究对象的古籍整理研究事业应该在一代又一代的坚守中传承发展。因此，在闭幕式上，舒大刚教授代表组委会所做的总结发言和安平秋先生的讲话，都对古籍整理事业寄予希望。

舒大刚教授总结说，本次会议，既是一个工作会，也是一个学术会；既是一个古籍整理会，也是一个人才培养会、学科建设会；既是全国高校古籍整理研究 35 年来的工作总结会，也是对未来发展进行展望的会；既是对宏观话题进行讨论的会，也是对一些微观问题进行深度考察的会；同时它既是一个老朋友叙旧会，也是一个新才俊迎新会，还有可能是老中青传帮带的会。有幸在 35 年前甚至更早的时候，为了整理国故，当时的党中央成立了专门的古籍整理领导机构，有组织地、有计划地推进古籍整理工作。虽然这一工作在后来有些时期受到冲击，但是至少在 1981 年《中共中央关于整理我国古籍的指示》下达以后，尤其是在古委会成立以来，通过建立 20 多所高校古籍所，形成了对古籍整理研究工作的制度性、系统性、持续性，取得了"九全一海"等标志性成果，其他系列成果也举世瞩目。同时，古籍整理研究工作为文献学学科的恢复和重建培养了一大批人才，也是我们落实党中央近年来提倡的文化自信、文化自强、文化建设的基础，是中华民族的文化底蕴所在。当前中国大力提倡弘扬中华优秀传统文化，对我们古籍整理工作者来说，既有挑战，也有机遇。大家热烈讨论申报文献学为一级学科或学科门类的问题，不仅仅是强调文献学学科本身的价值，也是希望引起所有学科都重视文献。这样的展望，视野可谓又宽又高。重视文献，让文献学为各种学科的发展奠定牢固的基础，为提高这些学科的价值保驾护航。他引用张元济先生的话说"睹乔木以思故家，考文献而爱旧邦"[1]，整理古文献，研究古文化，我们古籍人深陷其中而不自拔，即使其他的机会再多、诱惑再大，我们也不改初心，牢记使命。真正的中华文化主要载于古文献中，我们越是研究古文献，越读、越钻研经典，就会越热爱我们的国家、热爱我们的民族。正如王国维先生所说："衣带渐宽终不悔，为伊消得人憔悴。"[2] 尽管古籍整理事业很艰难，但这是为我们老祖宗留下来的文化遗产作贡献，值得大家坚守一生！

安平秋先生在闭幕式最后发表讲话，他说，本次会议，既是一次学术研讨会，又是一次工作会议；既是一次老朋友叙旧的会，又是一个新老朋友相识相聚的会议。同时，本次会议，也是对年轻人进行培养的一个会议，还有可能成为高校古籍整理工作下一次会议的预备会，下一步发展的起步会议。他的讲话，重点向与会专家学者介绍了35年来全国高校古籍整理工作的历史沿革、面临的困难，也对高校古籍整理事业寄予希望。安平秋先生指出，古委会的工作虽然多年来遇到很多困难，诸如古委会在教育部地位的变化、秘书处人员的短缺和兼职科研人员工作量的繁重等，但大家克服种种困难，秉持为事业献身的精神，与全国高校各古籍所的所长们、所有从事古籍整理研究工作的同行们、全国5家古典文献专业的主任和老师们一起，持之以恒，努力奋斗，共同创造了全国高校古籍整理35年来的辉煌成就。这35年来的工作也表明，承担古委会工作、从事高校古籍整理事业都需要一种奉献精神。他希望年轻的学者，不论是年轻教师，还是有志的在读学生，都要怀着一种博大的胸怀，发扬奉献精神，共同来建设我们的古籍整理事业，把这项事业一代一代传承下去。

---

[1] 张元济：《印行〈四部丛刊〉启》，《张元济论出版》，商务印书馆2011年版，第34页。

[2] 王国维：《人间词话》，上海古籍出版社2009年版，第28页。